Das Weltraumrecht in Europa

SCHRIFTEN
zum internationalen und zum öffentlichen
RECHT
Herausgegeben von Gilbert Gornig

Band 110

Zu Qualitätssicherung und Peer Review der vorliegenden Publikation

Die Qualität der in dieser Reihe erscheinenden Arbeiten wird vor der Publikation durch den Herausgeber der Reihe geprüft.

Notes on the quality assurance and peer review of this publication

Prior to publication, the quality of the work published in this series is reviewed by the editor of the series.

Isabelle Reutzel

Das Weltraumrecht in Europa

Eine Analyse der nationalen Regelungen zur Raumfahrt

PL ACADEMIC RESEARCH

Bibliografische Information der Deutschen Nationalbibliothek
Die Deutsche Nationalbibliothek verzeichnet diese Publikation in der Deutschen Nationalbibliografie; detaillierte bibliografische Daten sind im Internet über http://dnb.d-nb.de abrufbar.

Zugl.: Marburg, Univ., Diss., 2013

D 4
ISSN 0943-173X
ISBN 978-3-631-65116-2 (Print)
E-ISBN 978-3-653-04231-3 (E-Book)
DOI 10.3726/ 978-3-653-04231-3

PL Academic Research ist ein Imprint der Peter Lang GmbH.
Peter Lang – Frankfurt am Main · Bern · Bruxelles · New York · Oxford · Warszawa · Wien

www.peterlang.com

A mes parents
Françoise et Jean-Claude Arnold

Vorwort

Die vorliegende Arbeit wurde im Sommersemester 2008 von dem Fachbereich Rechtswissenschaften der Philipps-Universität zu Marburg als Dissertationsthema angenommen und im Oktober 2012 inhaltlich abgeschlossen. Gesetzentwicklungen und einschlägige Literatur bis zu diesem Zeitpunkt fanden Eingang und Berücksichtigung.

Der Anlass zur juristischen Analyse der nationalen Weltraumgesetze in Europa ergab sich im Sommer 2008 unter anderem aus dem Erlass eines französischen Gesetztes sowie deutscher Überlegungen zur Erarbeitung eines nationalen Weltraumgesetzes durch das für Raumfahrt federführende Bundesministerium für Wirtschaft- und Technologie in Zusammenarbeit mit dem Raumfahrtmanagement des Deutschen Zentrums für Luft- und Raumfahrt (DLR). Durch meine berufliche Tätigkeit im DLR konnte ich an den gesetzesvorbereitenden Untersuchungen teilnehmen und die vorgenommenen rechtsvergleichenden Analysen in die legislativen Vorarbeiten einfließen lassen. Zahlreiche Gesprächsergebnisse mit Wissenschaftlern, Vertretern von deutscher und europäischer Industrie, Mitarbeitern nationaler und europäischer Raumfahrtagenturen sowie Regierungsvertretern von für die Thematik relevanter, europäischer Staaten verleihen dieser Arbeit einen empirischen Charakter.

Mein erster Dank gilt dem Betreuer meiner Doktorarbeit, Herrn Prof. Dr. Dr. h.c. mult. Gilbert Gornig, für die Möglichkeit, das Thema in dieser Weise aufarbeiten zu können und für die ehrenvolle Aufnahme in die von ihm herausgegebene Schriftenreihe „Schriften zum internationalen und zum öffentlichen Recht". Bei Herrn Prof. Dr. Christoph Safferling möchte ich mich für die Übernahme der Zweitkorrektur bedanken.

Mein besonderer Dank gilt weiterhin allen meinen Kommilitonen, die ebenfalls ihren beruflichen Weg im Raumfahrtsektor eingeschlagen haben, jederzeit für Fragen und Gespräche zur Verfügung standen und somit zum Gelingen dieser Arbeit beigetragen haben.

Schließlich und hauptsächlich gilt meine ewige Dankbarkeit meinem Ehemann, Herrn Dr. Sven Reutzel, ohne den diese Arbeit in vielerlei Hinsichten nicht zustande gekommen wäre. Sein andauernder Beistand und seine endlose Unterstützung als zuverlässiger Lektor, fachnaher Kritiker, aufmunternder Psychologe, liebender Partner und viel mehr, haben das Vorhandensein der vorliegenden Arbeit überhaupt erst ermöglicht.

Bonn, im Januar 2014
Dr. Isabelle Reutzel

Gliederung

Inhalt

Einführung

> *„Es stimmt, die Erde ist die Wiege der Menschheit, aber der Mensch kann nicht ewig in der Wiege bleiben.*
> *Das Sonnensystem wird unser Kindergarten.*"[1]
>
> Konstantin Eduardowitsch Ziolkowski (1857–1935)
> Sowjetischer Raumfahrtpionier

Als am 4. Oktober 1957 die piepsenden Signale des *Sputniks* durch den Weltraum erklangen, trat die Menschheit ins Raumfahrtzeitalter ein[2]. Nach diesem ersten Erfolg der Union der Sozialistischen Sowjetrepubliken (UdSSR), einen künstlichen Satelliten in eine Erdumlaufbahn zu bringen, folgten bis heute über ein halbes Jahrzehnt[3] Raumfahrtforschung, -entwicklung und -anwendung, nicht zuletzt gekrönt durch den Vollausbau der Internationalen Raumstation (*International Space Station* – ISS) mit einer dauerhaften Besatzung von sechs Astronauten seit dem Jahr 2009. Somit hat sich die Menschheit in die Lage gebracht, einen dauerhaften Aufenthaltsort im Weltraum zu gestalten und zu erhalten. Auch wenn die Utopie einer Besiedlung des Mars bislang nicht in Erfüllung gegangen ist, so hat die Raumfahrt entscheidende Ergebnisse in der Weltraumforschung erzielt und zahlreiche Fragen über den Ursprung und die Entwicklung unseres Lebens beantwortet. Mit dem Voranschreiten der hoheitlichen Nutzung des Weltraums erzielten die Raumfahrtindustrien und -forscher der raumfahrttreibenden Staaten entsprechende Erkenntnisgewinne und Fähigkeiten in der Technologieentwicklung, so dass mehr und mehr auch der Einstieg kommerzieller Akteure in die Raumfahrt ermöglicht wurde – vor allem die durch die Nutzung des Weltraums ableitbaren Profitmöglichkeiten brachten viele Unternehmen dazu, Raumfahrt als neuen Geschäftsbereich zu betrachten. Die Satellitentelekommunikation, später gefolgt durch die Erdfernerkundung, erwies sich als erster marktreifer Geschäftsbereich.

---

1 Aus einem Schreiben des Jahres 1911 von Ziolkowski, zitiert in: Carson, Exploring the Solar System, S. 22.

2 Launius, in: Space Policy 2007, S. 141 (141).

3 Der 50. Jahrestag des Raumfahrtzeitalters wurde am 21. März 2007 in den Gebäuden der UNESCO (United Nations Educational, Scientific and Cultural Organisation) in Paris gefeiert.

Hierzu entwickelten sich zügig die industriellen Märkte, vom Satellitenbau über Startdienstleistungen[4] bis hin zum kommerziellen Betrieb, so dass nichtstaatliche Rechtsträger schließlich die alleinige Position der Staaten in der Raumfahrt nach und nach ablösten[5]. Mitunter führte auch der individuelle Traum privater Unternehmer sich selbst – wenn auch nur für einen kurzen Augenblick – im Weltall aufhalten zu können dazu, dass ausschließlich privat finanzierte Raumschiffe entwickelt wurden[6], und dass ein privatwirtschaftlicher Weltraumtourismus sich verbreitete. Es ist zu erwarten, dass weitere privatwirtschaftliche Nutzungsformen des Weltraums entstehen werden.

Aufgrund der hohen Kosten und mitunter der Risiken einer Raumfahrtaktivität für Bevölkerung und Umwelt, vor allen Dingen aber angesichts möglicher Hoheitsansprüche auf den Weltraum, auf andere Himmelskörper und deren Ressourcen, wurde noch vor dem ersten „Mondspaziergang“ von Neil Armstrong am 21. Juli 1969 der Weltraum zum Gegenstand der Rechtswissenschaften, indem der internationale Rechtsrahmen für Raumfahrtaktivitäten festgelegt wurde. Dabei handelt es sich um fünf Verträge des Völkerrechts, die im Rahmen der Vereinten Nationen verabschiedet wurden und die den Ausgangspunkt für die Entwicklung des nationalen Weltraumrechts darstellen: der Vertrag über die Grundsätze zur Regelung der Tätigkeiten von Staaten bei der Erforschung und Nutzung des Weltraums einschließlich des Mondes und anderer Himmelskörper vom 27. Januar 1967 („Weltraumvertrag“)[7], das Übereinkommen über die völkerrechtliche Haftung für Schäden durch Weltraumgegenstände vom 29. März 1972 („Weltraumhaftungsübereinkommen“)[8], das Übereinkommen über die Registrierung von in den Weltraum gestarteten Gegenständen vom 14. Januar 1975 („Registrierungsübereinkommen“)[9], das Übereinkommen über die Rettung und Rückführung von Raumfahrern sowie die Rückgabe von in den Weltraum gestarteten Gegenständen vom 22. April 1968 („Weltraumrettungsübereinkommen“)[10] und das Übereinkommen zur

4 Die Wertschöpfung im Raumfahrtbereich betrifft nicht nur die entsprechende letztliche Anwendung, sondern erstreckt sich über einen enormen Beschaffungs- und Entwicklungsprozess, s. hierzu: Canales, in: Advances in Space Research 2004, S. 2203 (2203). S. auch den Vierten Teil der vorliegenden Arbeit.

5 S. Gerhard, Nationale Weltraumgesetzgebung, S. 2.

6 Vgl. Anousheh Ansari, s. Launius, in: Space Policy 2007, S. 141 (143).

7 UN Dokument A/RES/2222/XXI, BGBl. 1969 II, S. 1969.

8 UN Dokument A/RES/2777/XXVI, BGBl. 1975 II, S. 1210.

9 UN Dokument A/RES/3232/XXIX, BGBl. 1979 II, S. 651.

10 UN Dokument A/RES/2345/XXII, BGBl. 1972 II, S. 238.

Regelung der Tätigkeiten von Staaten auf dem Mond und anderen Himmelskörpern vom 18. Dezember 1979 („Mondvertrag“)[11].

Dieses internationale Weltraumrecht regelt all jene Beziehungen zwischen Staaten und internationalen Organisationen, die sich aus der Erforschung und Nutzung des Weltraums ergeben[12]. In diesen völkerrechtlichen Verträgen verpflichten sich die Vertragsstaaten, eine ständige Kontrolle und Überwachung ihrer nationalen Raumfahrtaktivitäten durchzuführen. Nicht nur diese Verpflichtung, sondern auch die tatsächliche Entwicklung und Durchführung von privaten Raumfahrtaktivitäten gaben Gesetzgebern Anlass, auf nationaler legislativer Ebene tätig zu werden und Weltraumgesetze zu verabschieden. Die privaten Aktivitäten im Weltraum ziehen nämlich eine Verpflichtung nach sich, ein Verfahren zu etablieren, das sicherstellt, dass die unter den Vertragsstaaten vereinbarten Nutzungs- und Erforschungsbedingungen auch von nichtstaatlichen Rechtsträgern eingehalten werden – wenn solche stattfinden. So hat sich neben dem internationalen Weltraumrecht auch ein nationales Weltraumrecht entwickelt.

Wie die Raumfahrt kann auch die Europäische Union auf über 50 Jahre Entwicklungsgeschichte zurückblicken. Seit dem Inkrafttreten der Römischen Verträge am 25. März 1957 (Vertrag zur Gründung der Europäischen Wirtschaftsgemeinschaft und Vertrag zur Gründung der Europäischen Atomgemeinschaft)[13] haben sich die europäischen Gemeinschaften zu Subjekten des Völkerrechts entwickelt und zur Entstehung eines gemeinsamen Markts auf dem europäischen Kontinent beigetragen. Mit der zwischenstaatlichen Europäischen Weltraumorganisation (*European Space Agency* – ESA) ist Europa zu einem bedeutenden Raumfahrtakteur geworden. Die jüngste Entwicklung der Europäischen Union stellt die Weichen für die zukünftige Gestaltung der europäischen Raumfahrt: Das Inkrafttreten des Vertrags von Lissabon zur Änderung des Vertrags über die Europäische Union und des Vertrags zur Gründung der Europäischen Gemeinschaft[14] am 1. Dezember 2009 stellt die jüngste Etappe des europäischen Aufbaus dar und repräsentiert für die Raumfahrt eine entscheidende Entwicklung. Mit diesem Vertrag wird der

---

11 UN Dokument UN GA 34/68, nicht von der Bundesrepublik Deutschland gezeichnet.

12 Gibson, Die Zukunft im All, S. 163.

13 Vertrag zur Gründung der Europäischen Wirtschaftsgemeinschaft vom 25. März 1957, BGBl. 1957 II, S. 766, und der Vertrag zur Gründung der Europäischen Atomgemeinschaft, BGBl. 1957 II, S. 753.

14 Vertrag von Lissabon zur Änderung des Vertrags über die Europäische Union und des Vertrags zur Gründung der Europäischen Gemeinschaft, ABl. 2007/C 306/01; BGBl. 2008 II, S. 1038.

Europäischen Union die notwendige rechtliche Basis für ein Tätigwerden im Raumfahrtbereich gewährt. Bislang fehlte nämlich eine ausdrückliche Kompetenzerteilung der Raumfahrt an die Europäischen Gemeinschaft, was diese allerdings nicht hinderte, auf Basis anderer Kompetenzerteilungen – wie etwa zur Forschung oder zum Verkehr – hier dennoch tätig zu werden. Nun wird die Raumfahrt zur geteilten Kompetenz der Europäischen Union, welche gemäß Art. 189 des Vertrags über die Arbeitsweise der Europäischen Union (AEUV oder AEU-Vertrag) mit der Ausarbeitung einer europäischen Raumfahrtpolitik beauftragt wird.

A. Problemdarstellung und Untersuchungsziel

Die nationale Weltraumgesetzgebung wurde im letzten Jahrzehnt vielfach analysiert[15] und war Gegenstand zahlreicher Forschungsarbeiten. Insbesondere im Rahmen des Forschungsprojekts "*Project 2001 – Legal Framework for the Commercial Use of Outer Space*" des Instituts für Luft- und Weltraumrechts der Universität zu Köln und des Deutschen Zentrums für Luft- und Raumfahrt e. V. (DLR)[16], ergänzt durch das Projekt "*Project 2001 Plus – Global and European Challenges for Air and Space Law*"[17], fanden umfangreiche Untersuchungen zum Thema nationale Weltraumgesetzgebung statt. Auch wurde die Notwendigkeit einer Angleichung der damals bestehenden nationalen Vorschriften bezüglich privater Raumfahrtaktivitäten mehrfach angesprochen. Dennoch wurde die europäische Perspektive mangels Aktualität nur ansatzweise behandelt, und es finden sich lediglich Hinweise zur Problematik der gesetzgeberischen Kompetenz der Europäischen Union im Bereich der Raumfahrt. Hinzu kommt, dass ab dem Jahr 2006 mehrere europäische Staaten nationale Weltraumgesetze erlassen haben, die in die vorherigen Untersuchungen nicht einbezogen worden waren, so dass Bedarf an einer aktuellen Untersuchung gegeben ist.

Wie sich aus Art. 189 AEUV ergibt, geht die Europäische Union von einer starken, unabhängigen und wettbewerbsfähigen europäischen Raumfahrtindustrie aus. Die vorliegende Arbeit wird sich mit dem Weltraumrecht in Europa befassen und untersuchen, ob der bestehende Rechtsrahmen dazu beiträgt, die europäische

---

15 S. z. B. Gerhard, Nationale Weltraumgesetzgebung.

16 Böckstiegel, Project 2001.

17 Hobe/Schmidt-Tedd/Schrogl, Proceedings of Project 2001 Plus – Global and European Challenges for Air and Space Law at the Edge of the 21st Century.

Raumfahrtindustrie auszubauen, sie wettbewerbsfähig zu machen und die notwendigen Anforderungen der Europäischen Union für die Durchführung ihrer Politiken zu erfüllen. Die Ausgangsthese der hiesigen Untersuchung ist, dass die im Folgenden aufgezeigten Unterschiede der geltenden nationalen Raumfahrtgesetze ein Hindernis bei der Entstehung einer wettbewerbsfähigen europäischen Raumfahrtindustrie darstellen.

B. Notwendige Begriffsbestimmungen

Die Untersuchung der Weltraumgesetzgebung beruht auf dem Vergleich der bestehenden Weltraumgesetze in Europa. Dies betrifft die Raumfahrtgesetze sieben Staaten, sechs davon Mitglieder der Europäischen Union, namentlich Belgien, Frankreich, die Niederlande, Österreich, Schweden und das Vereinigte Königreich von Großbritannien und Nordirland. Außerdem wird auch das Gesetz Norwegens, ein nicht der Europäischen Union, aber der ESA zugehöriger Mitgliedstaat, in den Untersuchungsbereich einbezogen. Die Raumfahrtgemeinschaft in Europa beschränkt sich nämlich nicht nur auf die Mitglieder der Europäischen Union, sondern umfasst auch die Mitgliedstaaten der internationalen Organisation ESA mit Sitz in Paris, Frankreich, einer der Europäischen Union nicht eingegliederten, im Raumfahrtbereich tätigen Organisation. Der Begriff „Europa" oder auch „europäisch" wird in diesem Zusammenhang benutzt und beschreibt die Raumfahrtgemeinschaft unabhängig von der Mitgliedschaft in den oben genannten Organisationen. Hiermit gemeint sind die Raumfahrt-nationen Europas, also die Mitgliedstaaten der Europäischen Union und der ESA. Sollte eine engere Gemeinschaft gemeint sein, so wird dies ausdrücklich erwähnt.

Zum Zweck der vorliegenden Arbeit werden außerdem folgende Ausdrucksweisen alternativ angewandt: nationales Weltraumrecht und Weltraumgesetze. Hingegen bezieht sich der Begriff „Internationales Weltraumrecht" ausschließlich auf die fünf Weltraumverträge völkerrechtlicher Natur, erarbeitet von der Generalversammlung der Vereinten Nationen, wie im Zweiten Teil der vorliegenden Arbeit dargestellt. Alternativ werden die Begriffe „Weltraumverträge" oder „weltraumspezifiches Völkerrecht" verwandt. Sollte der Kontext einer abweichenden Auslegung bedürfen, so wird dies in entsprechender Weise erläutert. Auch die Begriffe „Weltraumgesetz" beziehungsweise „Raumfahrtgesetz" sowie „weltraum-" und „raumfahrtspezifisches Recht" bedürfen an dieser Stelle der Auslegung. Das Weltraumrecht widmet sich sowohl dem Gebiet des Weltalls als auch den Aktivitäten der Menschen bei der Erforschung und der Nutzung dieses Gebiets. Damit ist das Weltraumrecht nicht nur ein Gebietsrecht, sondern auch ein Recht menschlicher beziehungsweise interstaatlicher Betätigung im erdumgebenden Raum[18]. Hiermit werden vorzugsweise Begriffe wie „Recht der Weltraumtätigkeiten“ oder „Recht der Weltraumaktivitäten“ verwendet. Parallel zu den Begriffen haben sich mittlerweile die Bezeichnungen „Weltraumrecht“ und „Raumfahrtrecht“ eingebürgert.

C. Aufteilung

Die vorliegende Arbeit besteht aus vier Abschnitten. Zunächst widmet sich die Arbeit der Geschichte der Raumfahrt (Erster Teil – Raumfahrt – Vom Traum zur Realität) und ermittelt deren Bedeutung unter politischer und strategischer Perspektive für Europa. Dabei wird die mehr als 50jährige Entwicklung der Raumfahrt in gebotener Länge dargestellt. Dieser Abschnitt bietet ebenfalls das notwendige Porträt der Raumfahrtakteure in Europa, von einzelnen Raumfahrtorganisationen der europäischen Mitgliedstaaten über die Europäische Raumfahrtorganisation ESA bis hin zur Europäischen Union. Bevor der Rechtsrahmen der einzelnen Mitgliedstaaten in einer vergleichenden Weise dargestellt wird, werden bestehende Kodifikationen des Weltraumrechts aufgezeigt (Zweiter Teil – Überblick über die Quellen des Weltraumrechts in Europa). So werden der internationale Rechtsrahmen, der den Ausgangspunkt für jegliche nationale Umsetzung darstellt, sowie die im Folgenden untersuchten nationalen Gesetze skizziert. Ferner werden an Hand der internationalen Anforderungen der Weltraumverträge die Umsetzungen in nationales Weltraumrecht rechtsvergleichend analysiert (Dritter Teil – Rechtsvergleichende Darstellung der nationalen Weltraumgesetzen in Europa). Schließlich findet eine Erörterung der industrierelevanten Einflüsse dieses Rechtsrahmens statt (Vierter Teil – Kritische Betrachtungen).

D. Untersuchungsmethode

Die notwendigen Untersuchungen für die vorliegende Arbeit beruhen vorwiegend auf der Forschung und Analyse der bestehenden Literatur und dem Rechtsvergleich betroffener Gesetze. Die Arbeit hat darüber hinaus einen empirischen

18 Marcoff, Droit International Public de l’Espace, S. 26.

Charakter: Sie basiert auf der beruflichen Erfahrung der Verfasserin und lässt die Ergebnisse vielfältiger Fachgespräche mit Experten sowohl aus dem öffentlichen als auch dem privatwirtschaftlichen Bereich der Raumfahrt einfließen. Aufgrund der erbetenen Vertraulichkeit der Gespräche werden die Ansprechpartner allerdings nicht namentlich zitiert. Durch die Beschäftigung der Verfasserin im Raumfahrtmanagement des Deutschen Zentrums für Luft- und Raumfahrt e. V. (DLR), das mittels Gesetz[19] mit der Wahrnehmung der Raumfahrtaufgaben durch das Bundesministerium für Wirtschaft und Technologie (BMWi) beauftragt ist, gelang es, eine praktische Einsicht in die Anwendung der betroffenen Gesetze zu erhalten – zunächst über ihre Arbeiten in der Rechtsabteilung, folgend in der Abteilung für ESA-Angelegenheiten. Eine vierteljährliche berufliche Abordnung zum ESA-Hauptquartier in Paris ermöglichte zahlreiche Gespräche mit Mitarbeitern der ESA und des *European Center for Space Law* und lieferte vertiefte Einblicke zu relevanten Themen. Schließlich ist die Verfasserin Teilnehmerin an der vom BMWi geführten Arbeitsgruppe zur Vorbereitung des Gesetzgebungsverfahrens für ein nationales Weltraumgesetz in Deutschland.

19 Raumfahrtaufgabenübertragungsgesetz (RAÜG) BGBl. 1998 I, S. 2510.

Erster Teil
Raumfahrt – Vom Traum zur Realität

Die historische Entwicklung der Raumfahrt lässt sich drei epochalen Phasen zuordnen.

Die erste Phase entspricht dem sogenannten "*Space Race*", auch "*Space Conquest*" genannt, und symbolisiert die Eroberung des Weltraums durch zwei miteinander wetteifernde Staaten, namentlich die Vereinigten Staaten von Amerika (USA) und die Union der Sozialistischen Sowjetrepubliken (UdSSR)[20]. In dieser Epoche gelang die Entwicklung neuer technologischer Kapazitäten, die den Zugang zum Weltraum erstmals ermöglichten. Das "*Space Race*" war ein symbolreicher Wettkampf der beiden verschiedenen politischen Systeme um die Vormachtstellung im All für die Vorherrschaft auf der Erde. Der Wettkampf begann im Jahr 1957 mit dem Start des ersten künstlichen Satelliten der Erde – dem *Sputnik*. Vor dem Hintergrund des Kalten Krieges wurde die Raumfahrtsszene dabei von den USA und den UdSSR dominiert. Das Ziel der beiden Kontrahenten lag darin, die Raumfahrt als Prestigeobjekt zu nutzen (was besonders durch die nationalen Programme *Mercury*, *Gemini* und *Apollo* in den USA sowie *Wostok* und *Sojuz* in der UdSSR deutlich wurde) und dabei die Überlegenheit ihres politischen und wirtschaftlichen Systems zu beweisen. Diese Phase endete mit der ersten Mondlandung im Jahre 1969[21] und wird im Folgenden Abschnitt A beleuchtet.

Die zweite Phase der historischen Entwicklung der Raumfahrt umfasst die Zeit von 1970 bis etwa 1980 und entspricht dem Beginn ihrer kommerziellen Nutzung. Internationale Organisationen wurden gegründet, die ihren Schwerpunkt in der Entwicklung und Nutzung von Raumfahrtprogrammen besaßen und die vorwiegend kommerziellen Zwecken dienten, insbesondere im Bereich der Satelliten-Telekommunikation. Das Ende dieser zweiten Phase wird durch

---

20 Huntress, in: Acta Astronautica 2006, S. 303 (303); vgl. Launius, in: Space Policy 2007, S. 141 (141). Andere Autoren setzen den Anfang des Space Race auf die Rede von US-Präsidenten John F. Kennedy vor dem US-amerikanischen Kongress am 25. Mai 1961, s. Jones, in: Space Policy 2004, S. 45 (45).

21 So auch Manciaux, in: Ravillon, Droit des activités spatiales, Rn. 106; vgl. Couston, in: Revue Française de Droit Aérien et Spatial 2002, S. 13 (14).

den Fall der Berliner Mauer und die Dismembration der UdSSR symbolisiert[22]. Diese Phase wird Gegenstand der Betrachtungen in Abschnitt B.

Die dritte und gegenwärtige Phase des Raumfahrtzeitalters entspricht der kommerziellen Nutzung der Raumfahrttechnologien, wobei neben den Staaten auch private Unternehmen als selbstständige Akteure im All tätig werden. Diese Phase begann in den Achtziger Jahren des vergangenen Jahrhunderts und erstreckt sich bis heute. Diese Epoche wird in Abschnitt C vorgestellt.

Mit der fortschreitenden europäischen Integration ist eine spezifische politische Entwicklung im Bereich der europäischen Raumfahrt zu erkennen. Seit den 1980er Jahren befasst sich die Europäische Gemeinschaft beziehungsweise die Europäische Union mit Raumfahrt, welche seit dem 26. April 2007 Gegenstand einer eigenständigen Raumfahrtpolitik in Europa ist. Mit dem Vertrag von Lissabon fällt die Raumfahrt in eine geteilte Zuständigkeit der Europäischen Union und ihrer Mitgliedstaaten. Diese Entwicklung mit gemeinsamen Aktionen von ESA und Europäischer Union wird ergänzend in Abschnitt D dargestellt.

A. Raumfahrt – Strategische Entwicklung für staatliche Interessen

Die Raumfahrt, wie wir sie heute kennen, gründet auf der historischen Entwicklung vor dem Hintergrund des Kalten Kriegs. Die Beherrschung der Raumfahrttechnik, insbesondere der Trägertechnologie, hatte für die Raumfahrtstaaten eine Vielzahl politischer, strategischer und sozialer Auswirkungen. Im Folgenden wird diese Technologieentwicklung dargestellt. Es erfolgt dabei auch eine Darstellung der prägenden Ereignisse, die sich für die Raumfahrt als förderlich erwiesen.

I. Ausgangslage

Die ursprünglich rein wissenschaftlich orientierte Raumfahrtforschung bot den Staaten eine Vielzahl von Möglichkeiten zur Umsetzung ihrer geopolitischen Ziele. Politisch motiviert wurde die Raumfahrtforschung in Zeiten

22 So auch Manciaux, in: Ravillon, Droit des activités spatiales, Rn. 106; vgl. Couston, in: Revue Française de Droit Aérien et Spatial 2002, S. 13 (14).

des Kalten Krieges enorm vorangetrieben, was letztlich zur Entfaltung vielfacher, nutzerorientierter Anwendungen führte.

1. Anfänge – Naturwissenschaftliche Grundlagenforschung

Obwohl schon seit langem in der Literatur und der Wissenschaft die Vorstellung von Reisen zum Mond, zu anderen Planeten oder Sternen bestand, waren erst im 20. Jahrhundert das theoretische Wissen und die Beherrschung der notwendigen Technologien so weit fortgeschritten, dass die Raketen die notwendige Höhen sowie Geschwindigkeiten erreichten, um tatsächlich unseren Planeten zu verlassen, Nutzlasten in die Erdumlaufbahn zu bringen und in die Tiefen des Weltraums vorzustoßen[23].

Die wissenschaftlichen Aspekte der Weltraumtechnologie wurden zum ersten Mal von dem Russen Konstantin Ziolkowski erörtert[24]. Im Jahr 1883 stellte er seine ersten Pläne für ein „Weltraumfahrzeug mit Raketenantrieb vor"[25]. Mit seinem Werk über die Grundgleichung der Raketentechnik, die er 1903 in einem russischen Wissenschaftsmagazin unter dem Titel: „Erforschung des Weltraums mittels Reaktionsapparaten" veröffentlichte, verknüpfte er den erhabenen Traum der Menschen, das All zu betreten, mit den mathematischen und physikalischen Gesetzmäßigkeiten der Raketenforschung[26].

In den USA wurden die ersten nennenswerten wissenschaftlichen Untersuchungen von Robert Goddard durchgeführt, der im Jahre 1919 mit seinem "*A Method of Reaching Extreme Altitudes*" eine bedeutende Inspiration für deutsche Raketenforscher lieferte. Seine Arbeit wurde von dem deutschen Hermann Oberth[27] im Jahre 1923 weiter vertieft. Oberth erörterte wissenschaftliche Fragestellungen zum Transport von Menschen in den Weltraum und zu ihrem dortigen Aufenthalt, was bereits im Jahr 1865 von Jules Verne im Roman „Von der Erde zum Mond"[28] visionär beschrieben worden war. Nachfolgewerke wie „Über die Erreichbarkeit der Himmelskörper"[29] von Walter

23 Balogh, Raumfahrt und Recht, Faszination Weltraum. Regeln zwischen Himmel und Erde, S. 56 (56).
24 Glenn/Merges, Outer Space, Problems of Law, S. 1.
25 Lange, Ein Jahrhundert im Flug, S. 123 (123).
26 Jenks, Space Law, S. 10.
27 Oberth, Die Rakete zu den Planetenräumen.
28 Originatitel: De la Terre à la Lune.
29 Hohmann, Über die Erreichbarkeit der Himmelskörper.

Hohmann im Jahr 1925 zeugten von der Begeisterung der Wissenschaft für dieses zunächst fiktionsgeprägte Thema.

2. Fortsetzung – Militärisch getriebene Technologieentwicklung

Die Grundlageforschung enthusiastischer Forscher bis Anfang der 1930er Jahre bildete den Grundstock für die Entwicklung zur späteren Hochtechnologie, die nur durch die Symbiose militärischer Interessen und staatlicher Finanzierung möglich wurde. Nicht nur die Wissenschaft hatte Interesse an der privaten Raketenforschung, sondern auch staatliche Institutionen, insbesondere das spätere Heereswaffenamt in Deutschland unter der Führung von General Professor Karl Becker[30], der sich über die Aktivitäten der Raketenpioniere regelmäßig unterrichten ließ. Grund hierfür waren Bestimmungen des Versailler Vertrages vom 28. Juni 1919, in denen die Rüstung Deutschlands starken Einschränkungen unterworfen wurde. Das Heereswaffenamt suchte deshalb nach neuen Waffen, die vom Versailler Vertrag nicht erfasst waren und geeignet erschienen, die Kampfkraft der Reichswehr zu stärken; Raketen gehörten zu diesen potenziellen Waffen[31]. Die militärische Führung wollte die neue Technologie für ihre Zwecke nutzen und sah darin die Möglichkeit, den Versailler Vertrag zu unterlaufen[32]. Im Jahr 1932 wurde der Ingenieur und Berufsoffizier Walter Dornberger damit beauftragt, eine neue Waffe herzustellen, die die bislang erreichten Distanzen übertreffen konnte. Dornberger sollte die Verwendbarkeit von Raketen als Waffen eingehend prüfen[33]. Zu diesem Zweck besuchte er den Raketenhafen des Amateur-Vereins für Raumschifffahrt in Berlin, wo er die Forschung von Wernher von Braun über Raketen entdeckte. Dornberger stellte daraufhin die gesamte Forschergruppe um Wernher von Braun in den Dienst des Heereswaffenamts. Da die Nationalsozialisten, die in Deutschland seit dem Jahr 1933 an der Macht waren, die Rakete ausschließlich als Waffe sahen, entschied sich das Heereswaffenamt, die Raketenforschung eigenverantwortlich unter strenger Geheimhaltung durchzuführen[34]. Somit wurde die Raketenforschung dem Heereswaffenamt unterstellt, und erhielt Aufträge von der deutschen Rüstungsindustrie[35].

---

30 Greschner, in: Kaiser/Welck, Weltraum und internationale Politik, S. 255 (258).
31 Dornberger, V-2 – Der Schuß ins Weltall, S. 25.
32 Lange, Ein Jahrhundert im Flug, S. 123 (125).
33 Braun/Ordway, Raketen, S. 144.
34 Lange, Ein Jahrhundert im Flug, S. 123 (125).
35 Greschner, in: Kaiser/Welck, Weltraum und internationale Politik, S. 255 (261).

Zu Beginn des Zweiten Weltkrieges war die Raketenforschung in Deutschland weit fortgeschritten. Der vorläufige Forschungshöhepunkt war der erfolgreiche Test der zunächst als „Aggregat 4“ bezeichneten Rakete A-4 im Oktober 1939, aus der später die „Vergeltungswaffe 2“ (auch V2 genannt) wurde. Diese erste Großrakete der Welt wurde als Fernwaffe vor allem gegen London und Antwerpen eingesetzt. Aufgrund der relativen Zielungenauigkeit und dem außerordentlich schlechten Verhältnis von Kosten zur Zerstörungswirkung wurde dieser Raketentyp allerdings aus militär-ökonomischen Gründen als ein Fehlgriff betrachtet. Die Arbeiten an der A-4 wurden 1940, nach der Weisung Adolf Hitlers, das Projekt von der Dringlichkeitsliste zu streichen, erheblich gefährdet: Geld- und Materialtransfer wurden eingefroren, ein Teil des Personals zur Wehrmacht eingezogen. So stand das Projekt A-4 kurz vor dem Zusammenbruch[36]. Die persönliche Intervention von Dornberger rettete letzten Endes das Projekt und am 3. Oktober 1942 kam der Durchbruch: eine A-4 Rakete startete fehlerfrei, erreichte rund vierfache Schallgeschwindigkeit, stieg in 84 Kilometer Höhe und flog 187 Kilometer weit[37].

3. Kalter Krieg – Raumfahrt als Wettstreit der Systeme

Vor dem Zusammenbruch des „Dritten Reichs“ waren die Deutschen in der Raketentechnik eindeutig führend und initiierten weltweit den Weg zur Raumfahrt. Die Militärstrategen und Politiker der UdSSR und der USA erkannten das Potenzial der Raketentechnik, das in erster Linie darin lag, dass Raketen praktisch nicht abgefangen werden konnten. Sie versuchten, aus dem besetzten Deutschland nicht nur Geräte und Blaupausen, sondern auch Handlungswissen zu erbeuten. So wurden nach Kriegsende Dornberger und die meisten Wissenschaftler und Techniker um Wernher von Braun in die USA gebracht, einschließlich aller Pläne und restlicher Vorräte der V2. Sie wurden in streng geheimen Raketenprojekten der US-amerikanischen Streitkräfte eingesetzt[38] und schufen die Grundlagen für die späteren US-amerikanischen Erfolge in der bemannten Raumfahrt. Aber auch aus der sowjetischen Besatzungszone wurden deutsche Wissenschaftler in die Sowjetunion deportiert und bildeten dort die Grundlage der Raketenentwicklung für die nächsten Jahrzehnte. Damit begann bereits in den letzten Tagen des Zweiten Weltkrieges ein Wettlauf zwischen West und Ost, der über mehrere Jahrzehnte andauern sollte.

---

36 Dornberger, V-2 – Der Schuß ins Weltall, S. 77.

37 Greschner, in: Kaiser/Welck, Weltraum und internationale Politik, S. 255 (261).

38 Glenn/Merges, Outer Space, Problems of Law, S. 4.

Auch wenn die Tests der Gruppe um von Braun in der Nachkriegsära große Begeisterung in der wissenschaftlichen Welt erweckten, sah die Nachkriegszeit zunächst wenig Entwicklung in der Raumfahrttechnologie. Der weltweite Bedarf an Wiederaufbau war immens und die Prioritäten gänzlich anders gestellt, sowohl in Europa, das weitestgehend in Trümmern lag, als auch in den USA, die mit ihren interessenspolitischen Bemühungen gegen den erstarkenden Kommunismus zunächst ebenso wenig in Raumfahrt investierten. Im Gegensatz dazu arbeitete die UdSSR nach dem Zweiten Weltkrieg im Geheimen sofort weiter an der Entwicklung der Trägertechnologie. Allerdings lieferte diese erst vergleichsweise spät Ergebnisse, und nur Wenige waren anfänglich in die geheime Forschung eingeweiht[39]. Dennoch erlangte die Raumfahrtforschung verteidigungspolitisch höchste Beachtung, als am 26. August 1953 der sowjetische Rundfunk bekannt gab, dass die UdSSR über eine eigene Interkontinentalrakete verfüge; dies bestätigten die US-amerikanischen Geheimdienste. Danach wurde das militärische Raketenprogramm in den USA verstärkt vorangetrieben, allen voran die Bereiche Trägerraketen- und (Spionage)-Satellitentechnologie.

Die erste Runde des Raumfahrtwettkampfs gewann jedoch die UdSSR, als sie am 4. Oktober 1957 mit der eben fertig gestellten militärischen Interkontinentalrakete den ersten künstlichen, von Menschenhand gebauten Satelliten in eine erdnahe Umlaufbahn schoss: den 86,3 Kilogramm schweren "*Sputnik 1*"[40]. Als Folge dieses Ereignisses wurde der US-amerikanischen Öffentlichkeit schlagartig bewusst, dass die UdSSR den technologischen Rückstand der Nachkriegszeit fast vollständig aufgeholt hatte. Von diesem Zeitpunkt an wurde die Raumfahrt auch in den USA nach Kräften gefördert – es kam zu einem regelrechten Wettlauf. Zunächst jedoch erbrachte die sowjetische Raumfahrt zahlreiche bedeutende Erstleistungen, wie am 3. November 1957, als die UdSSR mit dem Start vom "*Sputnik 2*" das erste Lebewesen, die Polarhündin Laika, in den Weltraum brachte[41]. Die Sonde "*Lunik 2*" führte 1959 erstmals eine Mondlandung durch. Am 1. Februar 1958 gelang es den USA, mit ihrem ersten Satelliten „Explorer 1" ihre technologischen Fähigkeiten im Weltraum zu demonstrieren. Dennoch folgten fortlaufend immer weitere sowjetische Erfolge. Die USA lagen zu dieser Zeit gegenüber der UdSSR so stark im Hintertreffen, dass der US-General James Gavin vom „technologischen *Pearl Harbour*" sprach. Die UdSSR schaffte nämlich neben dem ersten Abschuss einer Interkontinentalrakete die Positionierung des ersten Satelliten in

39 Glenn/Merges, Outer Space, Problems of Law, S. 4.

40 Greschner, in: Kaiser/Welck, Weltraum und internationale Politik, S. 255 (270).

41 Böckstiegel, in: Böckstiegel, Handbuch des Weltraumrechts, S. 1 (2).

der Erdumlaufbahn sowie die erste Datenübertragung vom All zur Erde. Der damalige US-Präsident Dwight D. Eisenhower musste der erfolglosen Tätigkeit seiner Raketentechniker ein Ende bereiten. Am 29. Juli 1959 unterschrieb er ein Gesetz, das eine neue Regierungsorganisation ins Leben rief: die *National Astronautics and Space Administration* (NASA). Die zivile Organisation sollte friedlichen Zwecken „zum Wohle der gesamten Menschheit" dienen und die Grundlagen des US-amerikanischen Weltraumprogramms legen[42], doch änderte dies an der sowjetischen Übermacht im "*Space Race*" zunächst wenig. Das Wettrennen im Kampf der Systeme um die Vorherrschaft im Weltall war damit endgültig eröffnet.

Der erste bemannte Raumflug am 12. April 1961 mit der sowjetischen „*Wostok 1*"-Kapsel, die Jurij Gagarin als ersten Menschen in eine erdnahe Umlaufbahn schoss, zeigte die damalige außerordentliche Geschwindigkeit der Technologieentwicklung. In der Sowjetunion zählte die erfolgreiche Durchführung des ersten bemannten Raumflugs zu einem der größten Erfolge des Weltraumprogramms und wurde als großer Triumph im Kalten Krieg gegen die USA angesehen, wie u. a. der Historiker und Raumfahrtexperte Asif Siddiqi in seinem Buch "*Challenge to Apollo: The Soviet Union and the Space Race, 1945–1974*" beschrieb[43]. 20 Minuten nach Beginn des Flugs konnten in den USA Fernsehsignale aus dem *Wostok*-Raumschiff empfangen werden, die Gagarin in seiner Kabine zeigten.

Drei Monate nach seiner Amtseinführung verkündete US-Präsident John F. Kennedy darauf hin: „Niemand ist müder als ich, [...] die USA als Zweiten hinter den sowjetischen Triumphen zu sehen. Wir werden, so hoffe ich, unsere Bemühungen dieses Jahr realisieren können, aber wir liegen zurück."[44]. Die folgenden „Bemühungen" der USA konzentrierten sich auf eine bemannte Mondlandung. Zunächst umkreiste am 20. Februar 1962 erstmalig der US-Amerikaner John H. Glenn Jr. dreimal die Erde im Rahmen der Mission "*Friendship 7*" des *Mercury* Programms. Bei dem darauf folgenden *Gemini*-Programm wurde die US-amerikanische Forschung im Bereich der bemannten Raumfahrt mit dem Ziel der ersten menschlichen Mondlandung vorangetrieben. Diese gelingt mit der "*Apollo 11*"-Mission, im Rahmen derer der US-Amerikaner Neil Armstrong am 20. Juli 1969 als erster Mensch den Mond betrat. Damit wurde das "*Space Race*" doch letztlich zu Gunsten der USA entschieden.

---

42 Sadeh, Space Politics and Policy An Evolutionary Perspective, S. xi (xi).

43 Siddiqi, NASA Special Publication 2000, S. 282 (282).

44 Hall/Shayler, The Rocket Men: Vostok & Voskhod. The First Soviet Manned Spaceflights, S. 158.

Im Januar 1962 brachten auch Kanada und das Vereinigte Königreich von Großbritannien und Nordirland mit Hilfe der USA Forschungssatelliten in die Erdumlaufbahn. Frankreich wurde mit einer selbstständig entwickelten Trägerrakete/Satelliten-Kombination[45] zur dritten Raumfahrtnation. Somit beteiligen sich nicht nur die beiden konkurrierenden Supermächte USA und UdSSR allein an der Raumfahrt.

II. Erkenntnisgewinne der technologischen Errungenschaften

Als die USA und die UdSSR im Jahr 1955 ihre Absicht offen verkündeten, künstliche Satelliten in die Erdumlaufbahnen zu schießen[46], rief dies unterschiedliche Reaktionen der Staatengemeinschaft hervor, die von eingeschränkter Begeisterung bis zu absolutem Desinteresse reichten. Im Jahr 1957 änderte sich die allgemeine Wahrnehmung allerdings drastisch, als aus den politischen Erklärungen beider Großmächte Realität wurde. Die fulminante Entwicklung der Raketentechnologie und der gerade entstehende Zugang zur Weltraumnutzung erbrachte offenkundig eine Vielzahl neuer staatlicher sowie ziviler Anwendungsmöglichkeiten. Im Jahr 1959 veröffentlichte Isabella de Rode-Verschoor im Rahmen des zweiten Kolloquiums über das Weltraumrecht des *International Institute for Space Law* (IISL) eine ausführliche Liste der Bereiche, die von der Raumfahrt beeinflusst werden konnten. Dazu zählten etwa die Bildung, das Militär, die Politik, die Astronomie, die Rechtswissenschaft, die Wirtschaft, die Soziologie, die Medizin und sogar die Religion[47]. Beispielhaft werden im Folgenden einige Anwendungsbereiche dargestellt.

1. Staatliche Positionierung

Abgesehen von der militärischen Nutzung war die ursprüngliche Triebfeder zur Entwicklung der Raumfahrttechnologien das nationale Prestige. Die UdSSR

45 Kries/Schmidt-Tedd/Schrogl, Raumfahrtrecht, S. 5.

46 Dies wurde am 29. Juli 1955 von Dr. Bronk, Vorsitzender der *National Academy* und Dr. Waterman, Vorsitzender der *National Science Fondation*, im Namen von Präsident Dwight D. Eisenhower mitgeteilt. Die sowjetische Ankündigung erfolgte vier Tage später; Cheng, in: Studies in International Space Law, S. 3.

47 Rode-Verschoor, IISL Proceedings 1959, S. 134 (134); vgl. auch Manciaux, in: Ravillon, Droit des activités spatiales, Rn. 105.

und die USA entwickelten ihre jeweiligen nationalen Raumfahrtprogramme vor dem Hintergrund des geostrategischen Wettbewerbs. Das mit den Raumfahrtprogrammen verbundene Prestige verschaffte beiden Nationen eine neue Art Bestätigung ihrer Dominanz, sei es in den Bereichen der Kultur, der Politik oder der Wirtschaft. So nutzte zwischen 1958 und 1964 der Ministerpräsident der UdSSR Nikita Chruschtschow die Förderung von Raketen- und Raumfahrttechnologien zum Beispiel zur allgemeinen Modernisierung von Militär und Wirtschaft. Gleichzeitig beabsichtigte er, Raumfahrt als Demonstrationswerkzeug der „Weltmacht UdSSR" zu nutzen. Raumfahrt wurde damit lange zur symbolischen Kriegsführung genutzt, eine konkrete Aggression im Sinne eines bewaffneten Konfliktes gab es jedoch zu keiner Zeit[48].

2. Gesellschaftliche Wahrnehmung

Die enorm öffentliche Aufmerksamkeit und gesellschaftliche Auswirkungen der Raumfahrt wurden in der Literatur verschiedentlich analysiert[49]. Die Verbesserung der technologischen Möglichkeiten schärfte das jeweilige Nationalgefühl. Auch in den am symbolischen "*Space Race*" nicht beteiligten Staaten waren die gesellschaftspolitischen Auswirkungen der Raumfahrt spürbar[50]. So wurde nachgewiesen, dass zum Beispiel auch in dem Vereinigten Königreich von Großbritannien und Nordirland zu Zeiten des Kalten Krieges Raumfahrt „als Abenteuer ins Unbekannte" wahrgenommen wurde und sowohl Erwartungen und Hoffnungen als auch eine Form von Nervosität auslöste. Als sich die Raumfahrt allerdings immer mehr zum „Tagesgeschäft" entwickelte, trat nach der anfänglichen Begeisterung an ihre Stelle Desinteresse, und Raumfahrt stieß mitunter sogar vermehrt auf Ablehnung[51].

3. Militärische Anwendungen

Die Entwicklung der Raumfahrttechnologien brachte im militärischen Bereich eine grundlegende Wandlung. Vom Menschen ins All gebrachte Satelliten spielen fortan eine entscheidende Rolle bei anfangs staatlichen Aufklärungsaufgaben. Sie ermöglichen die Sammlung strategisch relevanter Informationen, die auf keine andere Weise gesammelt werden können und entziehen sich gleichzeitig dem

---

48 Hays/Lutes, in: Space Policy 2007, S. 206 (207).

49 S. z. B. Jones, in: Space Policy 2004, S. 45 (47).

50 S. insbesondere diesbezüglich Jones, in: Space Policy 2004, S. 45 (45).

51 Jones, in: Space Policy 2004, S. 45 (47).

unmittelbaren Zugriff Anderer: So hatten zum Beispiel die USA Anfang der 1950er Jahre mit einem US-amerikanischen Flugzeug das Hoheitsgebiet der UdSSR überflogen, um Informationen zu sammeln, was zum Abschuss des Flugzeugs durch die UdSSR führte. Satelliten haben hingegen den Vorteil, dass sie nicht ohne weiteres abgeschossen beziehungsweise von Dritten angeeignet werden können und gleichzeitig einen hohen Informationsinhalt liefern. Sie könnten aber zu einer aktiven Bedrohung werden, wenn von ihnen aus ein Angriff auf die Erde vorgenommen werden kann[52]. So ließen sich etwa nukleare Nutzlasten wie Atombomben auf Satelliten in den Weltraum transportieren und auf die Erde ausrichten.

Auch wenn einige Experten die Meinung vertreten, die Bedeutung der Raumfahrt auf das Militär werde überschätzt[53], ist dennoch die Auswirkung der Raumfahrt auf die Bereiche Sicherheit und Verteidigung eindeutig: Es wurde klar, dass Raumfahrttechnologien sowohl für zivile als auch für militärische Zwecken eingesetzt werden und zur Sicherheit eines Staates beitragen können[54]. Dennoch bleibt der Einsatz der Raumfahrttechnologie nicht ohne Nebenwirkung: Einerseits kann zwar das Hoheitsgebiet eines Staates beispielsweise durch den Einsatz von Beobachtungs- oder Spionagesatelliten zum Zweck der militärischen Aufklärung besser verteidigt werden, andererseits liefern aber gerade die dazu notwendigen Raumfahrtinfrastrukturen eine Abhängigkeit von komplexen Technologien, und die Infrastrukturen im All und auf der Erde bieten neue Angriffsfläche für potenzielle Gegner.

4. Kommerzielle Geschäftsfelder

Die erste kommerzielle Nutzung des Weltraums erfolgte mit der Gründung der *Communications Satellite Corporation* 1962 und dem Start des ersten kommerziellen Nachrichtensatelliten "*Early Bird*" der internationalen Organisation Intelsat[55], wobei als erster Meilenstein der friedlichen Nutzung des Weltraums der am 12. August 1960 von den USA gestartete Kommunikationssatellit „*Echo 1*" zu nennen ist[56]. In den Zeiten der "*Space Conquest*" herrschte eine einfache Wahrnehmung der kommerziellen Raumfahrtaktivitäten[57]:

52 Rivoire, in: IISL Proceedings 1958, S. 97 (97).

53 Rode-Verschoor, in: IISL Proceedings 1959, S. 134 (134).

54 Hays/Lutes, in: Space Policy 2007, S. 206 (208).

55 Hermida, National Space Legislation, S. vxiii. Für eine detaillierte Beschreibung, s. Erster Teil, B. I. 2. b).

56 Böckstiegel, in: Böckstiegel, Handbuch des Weltraumrechts, S. 1 (2).

57 Kries/Schmidt-Tedd/Schrogl, Raumfahrtrecht, S. 41.

Der Weltraum sollte für grenzenlose kommerzielle Anwendungen und Rendite sorgen[58]. Dennoch waren in dieser Zeit die Staaten und die internationalen Organisationen die Hauptakteure der Raumfahrt. Die Teilnahme an Raumfahrtprojekten durch private Unternehmen hatte, wenn überhaupt, eine zweitrangige Bedeutung und alle für die Raumfahrt notwendigen Technologieentwicklungen und mit Raumfahrtaktivitäten verbundene Risiken wurden von den Staaten getragen[59].

III. Prägende zeitliche Ereignisse

Neben dem Hintergrund des Kalten Krieges fanden weitere Ereignisse statt, welche die Entwicklung der Raumfahrt maßgeblich beeinflussten. So haben die internationalen Veranstaltungen im Rahmen des Geophysikalischen Jahres die weltweite Forschung enorm beschleunigt. Infolgedessen wurde der Antarktisvertrag verabschiedet, der ein Beispiel für einen friedlichen politischen Rahmen der Raumfahrtforschung vorgab.

1. Geophysikalisches Jahr

Die Veranstaltungen des Internationalen Geophysikalischen Jahres fanden vom 1. Juli 1957 bis zum 31. Dezember 1958 statt. Sie förderten ein koordiniertes Engagement der 66 teilnehmenden Staaten in Bezug auf die erstmalige und gemeinschaftliche Erkundung der Umwelt der Erde[60]. Die größten Fragen dieser Zeit waren sowohl verbunden mit der Raumfahrt als auch mit der Antarktis[61]. Vor diesem Hintergrund wurde die Forschung im Kontext des Geophysikalischen Jahres stark vorangetrieben. So wurden sowohl von US-amerikanischer als auch von sowjetischer Seite Initiativen ergriffen, die den gemeinsamen Start unbemannter Satelliten im Erdorbit erlaubten. Während der Veranstaltungen wurden Kooperationsmechanismen zwischen den Teilnehmern eingeführt, welche die Vorteile der friedlichen und organisierten Zusammenarbeit für die Forschung und die Wissenschaft veranschaulichten[62].

---

58 Hermida, National Space Legislation, S. vxiii.

59 Hermida, National Space Legislation, S. vxiii.

60 Haanapel, in: IISL Proceedings 1985, S. 145 (145).

61 So Belanger, in: Journal of Government Information 2004, S. 482 (483).

62 Weiteres zu der Veranstaltung, s. Haley, Space Law and Government, S. 62 ff.

2. Antarktisvertrag

Der Antarktisvertrag[63] wurde am 1. Dezember 1959 von 13 Staaten, unter anderen von den USA, der UdSSR und dem Vereinigten Königreich von Großbritannien und Nordirland, unterzeichnet und sollte die Beziehungen der Staaten mit Bezug auf die Antarktis klären. In der Zeit des Internationalen Geophysikalischen Jahres war der antarktische Kontinent mehr oder weniger unbekannt. Nach seiner Entdeckungs- und Erforschungszeit in der ersten Hälfte des 20. Jahrhunderts erfolgten vielfältige wissenschaftliche Studien über dieses Gebiet. In dieser Zeit erfolgte auch die Schaffung eines heute noch geltenden politischen und juristischen Rahmens. Dieser wurde in der Hochphase des Kalten Kriegs ins Leben gerufen und entsprach dem Bedarf der in der Antarktis engagierten Staaten und Organisationen, ihre Kräfte zu bündeln, um die Forschung und die Wissenschaft vorantreiben zu können[64]. Somit werden laut Art. I des Antarktisvertrages alle Maßnahmen militärischer Art wie die Errichtung militärischer Stützpunkte und Befestigungen, die Durchführung militärischer Manöver sowie die Erprobung von Waffen jeder Art in der Antarktis verboten. In Art. IV werden staatliche Ansprüche auf dieses Gebiet *de facto* ausgeschlossen[65].

Der Antarktisvertrag führte zu bedeutenden Vorschriften im Bereich der internationalen Beziehungen, da er den wissenschaftlichen, politischen und juristischen Fragestellungen dieser Zeit Rechnung trug und offene Fragen endgültig klärte. Den Staaten war bewusst, dass ein allgemeiner Konsens über mögliche, den Frieden bedrohende Themen sowie deren Entschärfung für alle Parteien von Vorteil war, weshalb der Antarktisvertrag als Prototyp für weitere internationale Abkommen – insbesondere im Weltraumbereich[66] – betrachtet wurde. Vor diesem Hintergrund schlug der US-amerikanische Präsident Dwight D. Eisenhower am 22. September 1960 der Generalversammlung der Vereinten Nationen (*United Nations Organisation* – UNO) vor, die inhaltlichen Bestimmungen des Vertrags auf den Weltraum auszuweiten. Nicht nur hoheitsbezogene, sondern auch weitere Bestimmungen des Antarktisvertrages wurden später als Muster für die Verhandlungen über den internationalen Rechtsrahmen für Weltraumaktivitäten zu Grunde gelegt, insbesondere diejenigen, die

63 The Antarctic Treaty, unterzeichnet am 1. Dezember 1959, 402 UNTS 71.

64 So Belanger, in: Journal of Government Information 2004, S. 482 (483).

65 Daillier/Pellet, Droit International Public, Rn. 348.

66 Stovitz, in: IISL Proceedings 1985, S. 165 (169).

sich mit Friedenssicherung und Kriegsbeseitigung beschäftigen[67]. Nennenswert sind beispielsweise die Bestimmungen des Vorworts und des Artikels I zur Nutzung der Antarktis ausschließlich für „friedliche Zwecke“[68] für alle Zeiten, die Freiheit der wissenschaftlichen Forschung (Art. II) oder die Unterwerfung des Personals unter die Gerichtsbarkeit der Vertragsstaaten (Art. III).

IV. Fazit

Die vielseitigen Auswirkungen des Kalten Kriegs auf die wissenschaftliche Forschung im Raumfahrtbereich sind deutlich. Die globale politische Szene der 1950er und 1960er Jahre war der Hauptanlass zur Entwicklung der Raumfahrt, die als Mittel benutzt wurde, die Dominanz eines politischen Systems zu beweisen. Der *Sputnik*-Start wurde in diesem Zusammenhang das Signal, das einen neuen Wettbewerb eröffnete[69]. Die Entstehungszeit der Raumfahrt lässt sich dennoch nicht nur unter dem Motto „Wettkampf und Dominanz“ beschreiben. Neben ihren militärischen und strategischen Aspekten bietet die Raumfahrt nicht abzusehende Möglichkeiten technologischen Fortschritts und wissenschaftlichen Erkenntnisgewinns. In Anbetracht dessen haben die Bemühungen der wissenschaftlichen Gemeinschaft dazu beigetragen, dass die Forschung unabhängig von staatlichen Konflikten vorangetrieben werden konnte. Zu Beginn des Raumfahrtzeitalters blieben Raumfahrtaktivitäten dennoch allein den Staaten vorbehalten, denn aufgrund der hohen Kosten war kein privater Akteur in der Lage, ein eigenes Raumfahrtprojekt selbstständig durchzuführen.

B. Raumfahrt – Internationale Organisationen für zwischenstaatliche Zusammenarbeit

Nach dem Entstehen der Raumfahrt ergab sich ein weltweit bemerkbares Bestreben zur Gründung internationaler Organisationen, deren Ziel es war, Nutzungsmöglichkeiten der Raumfahrt zu entwickeln und umzusetzen. In dieser

---

67 Galloway, in: IISL Proceedings 1997, S. 18 (19).

68 Zu den Einflüssen des Antatischen Vertrags auf die Entstehung des internationalen Weltraumrechts, s. Queneudec, in: Le droit de l’espace et la privatisation des activités spatiales, S. 91 (93).

69 So Jankowitsch, in: Brünner/Soucek/Walter, Raumfahrt und Recht, Faszination Weltraum. Regeln zwischen Himmel und Erde, S. 21 (22).

Phase endete die exklusive Monopolstellung der USA und der UdSSR zugunsten der Entstehung nationaler oder internationaler Organisationen[70]. Der Zugriff auf diese Rechtsform erschien damals begründet (I), wurde aber später in Frage gestellt (II).

I. Gründung internationaler Organisationen

In Europa entsprach die Gründung internationaler Organisationen dem politischen Willen einiger Staaten, sich in Partnerschaft mit anderen Ländern trotz der hohen Kosten an der Raumfahrt zu beteiligen (1). Dies wurde später von der Gründung kommerziell orientierter Organisationen begleitet (2).

1. Politische Erwägungen

Die Gründung internationaler Organisationen in Europa ist auf die Notwendigkeit zurückzuführen, eine unabhängige Raumfahrtkapazität aufzubauen und zu nutzen. Bis zu den erfolgreichen Starts des europäischen Trägersystems Ariane war Europa für den Zugang zum Weltraum von den USA abhängig und musste für seine Starts auf US-amerikanische Träger zugreifen. Diese Abhängigkeit wurde von einigen europäischen Staaten als nicht weiter tragbar angesehen[71] und stellte die politische Begründung für die Entwicklung und Nutzung eines eigenen europäischen Trägers dar. Die Zusammenarbeit europäischer Staaten in den Bereichen der technischen und wissenschaftlichen Forschung sollte somit zur Unabhängigkeit Europas beitragen[72]. So wurden 1964 zwei internationale Organisationen gegründet: die *European Space Research Organisation* ESRO für wissenschaftlichen Satelliten und die *European Launcher Development Organisation* ELDO für den Trägerbereich. Zunächst wurde unter der Ägide der ELDO das europäische Trägersystem Ariane entwickelt, um den Start von Weltraumgegenständen vom eigenen Territorium aus durchführen zu können. Später wurde das Programm von der ESA fortgeführt[73]. Am 24. Dezember 1979, mit dem ersten erfolgreichen Start

70 Hermida, National Space Legislation, S. vxix; vgl. Kries/Schmidt-Tedd/Schrogl, Raumfahrtrecht, S. 5.

71 Workgroup of the Strategy and International Affairs Committee of the French Aeronautics and Astronautics Association, (3AF), in: Space Policy 2009, S. 99 (99).

72 Sadeh/Lester/Sadeh, in: Space Policy 1996, S. 207 (207).

73 Zur Entwicklung des Ariane-Programms, s. Sadeh/Lester/Sadeh, in: Space Policy 1996, S. 207 (207).

des europäischen Trägers „Ariane 1“, gelang es der ESA, ihre Fähigkeit zu beweisen und eigenständig an dem großen Abenteuer Raumfahrt teilzunehmen. Europa bildete damit neben den USA und der UdSSR die dritte Weltraummacht weltweit.

2. Kommerzielle Zwecke

Auch kommerzielle Organisationen wurden ins Leben gerufen. Ihre Gründungen sind darauf zurückzuführen, dass kein Staat in der Lage war, allein die notwendigen Gelder für die komplette Umsetzung eines Raumfahrtprojektes aufzubringen (a). So wurden zahlreiche internationale Organisationen mit kommerziellen Zielsetzungen gegründet (b).

a. Ziel der Gründungen

Die Gründung internationaler Raumfahrtorganisationen erfolgte aus den bereits erwähnten politischen und strategischen Motivationen. Aber auch die Entwicklung der kommerziellen Nutzung der Raumfahrt, insbesondere im Bereich der Telekommunikation[74], welche in diesen Zeiten als Staatsaufgabe betrachtet[75] und ausschließlich in Form staatlicher Monopole[76] ausgeübt wurde[77], erwies sich als Hauptmotivationsgrund für das Vorantreiben der Raumfahrttechnologien. Aufgrund der zum Teil immensen Projektkosten lag die kommerzielle Nutzung von Raumfahrttechnologien von jeglicher Realisierbarkeit noch weit entfernt, und die Nutzung des Alls war lange Zeit nur Regierungen oder zwischenstaatlichen Organisationen vorbehalten. Durch die Einrichtung internationaler Raumfahrtorganisationen konnten die Staaten sicherstellen, dass sie die Kontrolle über die globalen und regionalen Telekommunikationsnetzwerke behielten, diese nicht ausschließlich dem privaten Sektor überlassen wurden[78], und

74 Sagar, in: Le droit de l'espace et la privatisation des activités spatiales, S. 43 (43). S. insbesondere UNGV Res. 1721 (XVI) vom 20. Dezember 1961, in der Satellitentelekommunikation als gesellschaftlicher Fortschritt betrachtet wird, die möglichst früh allen Nationen der Welt gleichberechtigt zur Verfügung stehen sollte.

75 Mit Ausnahme der USA, s. Sagar, in: Le droit de l'espace et la privatisation des activités spatiales, S. 43 (43).

76 Die Ausnutzung und der Einsatz von Nachrichtensatelliten auf einer gewerblichen Basis begannen mit der Gründung der Kommunikationssatellitengesellschaft Communications Satellite Corporation im Jahr 1962.

77 Sagar, in: Le droit de l'espace et la privatisation des activités spatiales, S. 43 (43).

78 Sagar, in: Le droit de l'espace et la privatisation des activités spatiales, S. 43 (43).

dennoch gleichzeitig auch die weitere Forschung in diesem vielversprechenden Geschäftsfeld vorangetrieben wurde.

b. Internationale Raumfahrtorganisation im Einzelnen

Der Raumfahrt- und Weltraumnutzung gewidmete internationalen Organisationen sollten einerseits Missionen für die allgemeine Daseinvorsorge erfüllen und andererseits kommerzielle Dienstleistungen anbieten[79].

Im Jahr 1964 wurde die internationale Telekommunikationssatelliten-Organisation Intelsat (*International Telecommunications Satellite Organisation*) gegründet mit dem Ziel, ein globales Satellitenkommunikationssystem für internationales und nationales Fernsehen sowie für Telefon- und Datenübertragungen umzusetzen. Im Jahr 1965 erfolgte durch Intelsat der Start des ersten kommerziellen Telekommunikationssatelliten, „*Early Bird*". Dieser Satellit, offiziell *Intelsat 1*, hatte eine Kapazität von 240 Telefongesprächen beziehungsweise von einem Fernsehkanal und übertrug am 21. Juli 1969 die erste Mondlandung im Rahmen der US-amerikanischen *Apollo*-Mission[80].

Im Jahr 1971 wurde Intersputnik (*International Organisation of Space Communications*) gegründet, eine internationale zwischenstaatliche Organisation mit Schwerpunkten in der Satellitenkommunikation[81]. Sie hatte die Aufgabe, ein internationales Satellitenkommunikationssystem für ihre Mitgliedstaaten zu entwickeln. Aus politischer Sicht stellte die Gründung Intersputniks die Gegenreaktion des Ostblocks auf die Gründung Intelsats dar, deren Konvention die UdSSR nicht beigetreten war[82].

Inmarsat (*International Maritime Satellite Organisation*) wurde 1979 unter Federführung der *International Maritime Organisation* gegründet[83]. Ihr Ziel war die Entwicklung von Raumfahrttechnologien für die weltweite kommerzielle maritime Kommunikation, da früh erkannt wurde, dass die maritime Sicherheit vom Einsatz neuer Raumfahrttechnologie profitieren könnte[84].

Ebenso wurde Eutelsat (*European Telecommunications Satellite Organisation*) mit der 1985 in Kraft getretenen Konvention gegründet. Ihre

---

79 So Ravillon, in: Ravillon, Droit des activités spatiales, Rn. 218.

80 Sagar, in: Le droit de l'espace et la privatisation des activités spatiales, S. 43 (45).

81 Veshchunov, in: Proceedings of the Third ECSL Colloquium, S. 77 (78).

82 So Veshchunov, in: Proceedings of the Third ECSL Colloquium, S. 77 (78).

83 Die Konvention wurde am 3. September 1976 unterschrieben und ist am 16. Juli 1979 in Kraft getreten.

84 Sagar, in: Le droit de l'espace et la privatisation des activités spatiales, S. 43 (46).

Aufgabe war die Einführung eines digitalen Satellitennetzwerks in Europa, um öffentlich-rechtliche Telekommunikationsdienstleistungen in Europa anzubieten und darüber hinaus die Weiterentwicklung der europäischen Raumfahrtindustrie zu unterstützen[85]. Im Gegensatz zu anderen internationalen Organisationen bot Eutelsat ihre Dienstleistungen auch Nutzern an, deren Staaten nicht Mitglied der Gründungskonvention waren.

Eumetsat (*European Meteorological Satellite Organisation*) wurde 1986 mit 17 Mitgliedern ins Leben gerufen, um meteorologische Daten zu liefern. Eumetsat bildete im Vergleich zu den anderen internationalen Raumfahrtorganisationen eine Ausnahme, da sie nicht dem Wettbewerb im Bereich Telekommunikation unterworfen war[86]. Die erzeugten Satellitenbilder bilden auch heute noch die Grundlage moderner Meteorologie.

Arabsat (*Arab Satellite Communications Organisation*) wurde 1976 als eine regionale Organisation gegründet, um den arabischen Ländern Hörfunk- und Fernseh- sowie Telekommunikationsdienstleistungen anzubieten.

Diese kurze und nicht abschließende Auflistung zeigt, dass unterschiedliche Gründe zur Entstehung von internationalen Raumfahrtorganisationen geführt haben. Der historische Erfolg dieser Organisationen ist unumstritten[87]. Am Anfang ihres Bestehens konnten sie ihre Zielvorgaben voll erfüllen, jedoch hat die Entstehung anderer Telekommunikationssysteme und -anbieter ihre Bewährung mitunter in Frage gestellt[88].

II. Privatisierung der internationalen Organisationen

Der Grund zur Privatisierung vieler internationaler Raumfahrtorganisationen ist darin zu sehen, dass sich ihre Tätigkeiten in der Satellitentelekommunikation nicht mehr im Einklang mit deren ursprünglichen Rechtsformen befanden. Diese Thematik soll im vorliegenden Abschnitt erörtert werden.

1. Von der institutionellen Struktur zur Privatisierung

Die Umstellung der Aktivitäten der internationalen Organisationen vom kommerziellen Betrieb eigener Satellitensysteme bis hin zur Vermarktung von

85 S. auch Roisse, in: Proceedings of the Third ECSL Colloquium, S. 63 (63).
86 Sagar, in: Le droit de l'espace et la privatisation des activités spatiales, S. 43 (46).
87 Sagar, in: Le droit de l'espace et la privatisation des activités spatiales, S. 43 (46).
88 Ravillon, in: Ravillon, Droit des activités spatiales, Rn. 218.

Dienstleistungen warf die Frage auf, ob die betroffenen Organisationen nun einen kommerziellen Charakter bekommen hatten und ob die gemeinnützige Form einer internationalen Organisation noch zu rechtfertigen war[89].

In den 1980er Jahren begann eine Veränderung des Umfelds der internationalen Raumfahrtorganisationen. So hat die Entwicklung der Raumfahrttechnologien, die Entstehung wettbewerbsfähiger privater Satellitensysteme und die wachsende Privatisierung von nationalen Telekommunikationsunternehmen dazu geführt, dass die internationalen Raumfahrtorganisationen nicht mehr die einzigen Dienstleistungsanbieter auf dem Markt waren. Durch die Abschaffung der Wettbewerbsschranken in den USA und Europa wurde der Zugang zu Satellitenkapazitäten nicht nur den bisherigen Mitgliedern der Raumfahrtorganisationen, sondern allen potenziellen Nutzern[90] gewährleistet. Die internationalen Raumfahrtorganisationen genossen jedoch durch ihren Rechtsstatus Privilegien[91], die ihnen Wettbewerbsvorteile verschafften. Die Sonderstrukturen der internationalen Raumfahrtorganisationen wurden daher weltweit in Frage gestellt[92], und es wurden klassische Unternehmensstrukturen sowie neue Formen und Arbeitsweisen[93] für die Betreiber gefordert[94], welche diese gegenüber kommerziellen Satellitenbetreibern gleichstellen sollten. Die internationalen Raumfahrtorganisationen begannen Ende der 1980er Jahre mit ihrer Privatisierung und stellten ihre Struktur[95] und Arbeitsweise um[96].

2. Privatisierungsumsetzung

Aufgrund der oben dargestellten Überlegungen erfolgte eine Umwandlung der rechtlichen Struktur der meisten internationalen Raumfahrtorganisationen. Betroffen waren diejenigen, deren rechtliche Natur nicht mehr in Einklang mit den

89 S. hierzu Veshchunov, in: Proceedings of the Third ECSL Colloquium, S. 77 (79).
90 Sagar, in: Le droit de l'espace et la privatisation des activités spatiales, S. 43 (49).
91 Sagar, in: Le droit de l'espace et la privatisation des activités spatiales, S. 43 (49).
92 Ravillon, in: Ravillon, Droit des activités spatiales, Rn. 218 ff.
93 Sagar, in: Le droit de l'espace et la privatisation des activités spatiales, S. 43 (49).
94 Sagar, in: Le droit de l'espace et la privatisation des activités spatiales, S. 43 (50).
95 Sagar, in: Le droit de l'espace et la privatisation des activités spatiales, S. 43 (50).
96 Diese Überlegungen betrafen allerdings nicht alle Organisationen. Insbesondere innerhalb der ESA wurde 1986 ein Space Commercialisation Office gegründet, dessen Ziel es war, die industrielle Nutzung des Weltraums zu unterstützen und den Übergang der Raumfahrttechnologien und der Raumfahrtsysteme an die private Wirtschaft zu ermöglichen, s. Ravillon, in: Ravillon, Droit des activités spatiales, Rn. 32.

von ihnen durchgeführten Tätigkeiten stand. Organisationen, die ausschließlich wissenschaftliche Missionen ohne kommerzielle Zwecke durchführten (wie die ESA oder Eumetsat), waren von der Privatisierung nicht betroffen[97]. Eine strikte Trennung von reglementarischen Funktionen einerseits und Betriebs- und Dienstleistungsfunktionen andererseits setzte sich durch[98]. Die Privatisierung der internationalen Raumfahrtorganisationen stellte eine Änderung ihres rechtlichen Status gemäß den Prinzipien einer privaten Unternehmensführung dar[99]. Dies betraf insbesondere Intelsat, Inmarsat und Eutelsat. Intersputnik, deren Privatisierung nach der Dismembration der UdSSR erfolgte, erlebte vergleichbare Veränderungen[100].

III. Fazit

In der zweiten Phase der Entwicklung der Raumfahrt konzentrierten sich die Staaten und die internationalen Organisationen auf die praktische Nutzung der in der ersten Phase erworbenen Technologien. Dabei trugen die Staaten und die internationalen Raumfahrtorganisationen wesentlich zu der Weiterentwicklung der Raumfahrttechnologien, -systeme und -anwendungen bei. Dies hatte allerdings zunächst wenig Einfluss auf die institutionell geprägte Struktur der Raumfahrt, da die unternommenen Tätigkeiten weiterhin von Staaten geführt wurden, und diese Aktivitäten ihre staatliche und öffentlich-rechtliche Natur behielten. Eine wesentliche Änderung stellte allerdings die folgende Kommerzialisierung der Raumfahrt dar, denn sie führte zur Entstehung der privaten Akteure in der Raumfahrtszene.

C. Raumfahrt – Kommerzielle Nutzung durch Private

Als die Raumfahrtanwendungen marktreif wurden, entstanden private Unternehmen, die sich die Raumfahrttechnologien aneigneten und ihre Nutzung

---

97 So Sagar, in: Le droit de l'espace et la privatisation des activités spatiales, S. 43 (56).
98 So Ravillon, in: Ravillon, Droit des activités spatiales, Rn. 216.
99 Zu der praktischen Umsetzung, s. Ravillon, in: Ravillon, Droit des activités spatiales, Rn. 219 ff.; vgl. Sagar, in: Le droit de l'espace et la privatisation des activités spatiales, S. 43 (50).
100 Sagar, in: Le droit de l'espace et la privatisation des activités spatiales, S. 43 (50).

vermarkteten. So entwickelte sich die Raumfahrt weiter, von staatlich finanzierten Organisationen hin zu kommerziellen Unternehmen[101]. Die Marktreife der Raumfahrt hatte vielfaltige Auswirkungen, die bis heute andauern.

I. Einstieg Privater in die Raumfahrt

Die dritte Phase der Raumfahrt begann Anfang der 1990er Jahre und erstreckt sich bis zum heutigen Tag. Diese Epoche ist durch die Suche nach wirtschaftlichem Profit in der Raumfahrt gekennzeichnet[102]. Sie entstand, als die Staaten die Raumfahrtaktivitäten und -dienstleistungen nicht mehr als exklusiv hoheitliche Angelegenheit betrachteten[103], und die Privatisierung der Raumfahrt für kommerzielle Aktivitäten unterstützten[104]. Dabei verblieben militärische und strategische Aspekte sowie der Klimaschutz und die Daseinsvorsorge weiterhin Aufgaben der Staaten. Dies trifft für die USA zu und gilt zum Teil auch bereits für Europa. Satellitenkommunikationen, Erdfernerkundung, Satellitennavigation und Startdienstleistungen werden hier bereits vielfach von Privatunternehmen für Privatkunden angeboten[105]. Auch in ursprünglich traditionell staatliche Bereiche der Raumfahrt, wie etwa dem Trägerbereich[106], hielten seit Ende der 1990er Jahre private Unternehmen ihren Einzug[107].

1. Marktreife der Raumfahrttechnik

Insbesondere im Bereich der Satellitenanwendungen sind viele Raumfahrttechnologien langjährig erprobt und tragen nur noch geringe technische Risiken[108]. Nicht nur die höhere Marktreife der raumfahrtbezogenen Technologien ermöglichte die progressive Kommerzialisierung der Raumfahrt – auch das wirtschaftliche Umfeld trug dazu bei: die Reduzierung der öffentlichen

---

101 So auch Peeters, in: Space Policy 2002, S. 199 (199).
102 Kries/Schmidt-Tedd/Schrogl, Raumfahrtrecht, S. 41.
103 Hermida, National Space Legislation, S. xx; Sagar, in: Le droit de l'espace et la privatisation des activités spatiales, S. 43 (45); vgl. Petroni/Santini, in: Space Policy 2012, S. 25 (25).
104 Kerrest, in: Le droit de l'espace et la privatisation des activités spatiales, S. 1 (1).
105 Hermida, National Space Legislation, S. xiii.
106 Mehr hierzu s. Couston, in: Revue Française de Droit Aérien et Spatial 2002, S. 13 (14).
107 Wie z. B. mit der Sea Launch Initiative.
108 So Peteers, in: Space Policy 2002, S. 199 (199).

Finanzierung der Raumfahrt[109], die Änderung des geopolitischen Umfelds, erweiterte Marktopportunitäten, die Globalisierung des Marktes und der diesbezügliche Rechtsrahmen[110] forcierten die wachsende Beteiligung[111] privater Akteure an der Raumfahrt. In Europa kamen noch weitere Faktoren hinzu. So riefen nationale Agenturen Projekte ins Leben, die nach ihrer Entwicklungsphase die notwendige Marktreife entwickelten[112], und vom privaten Sektor weiter betrieben werden konnten. Dadurch eigneten sich private Unternehmen die notwendigen Technologien und fachlichen Fähigkeiten zur Nutzung von Raumfahrttechnologien an und konnten eigene Projekte unabhängig (weiter-) entwickeln, produzieren und vermarkten[113].

2. Gestalterischer Einfluss auf die Struktur der Raumfahrt

Die Beteiligung privater Unternehmen an der Raumfahrt hat die Struktur des Raumfahrtmarkts entscheidend beeinflusst. Kommerzialisierung und Privatisierung hielten ihren Einzug in die Raumfahrt. Kommerzialisierung bedeutet in diesem Zusammenhang nicht notwendigerweise die Übernahme der Aktivitäten durch nichtstaatliche Akteure, sondern vielmehr die Nutzung und den Zugriff privater Personen auf das Angebot an Raumfahrt-Infrastrukturen und -Dienstleistungen[114]. Der stetige Anstieg kommerzieller Aktivitäten führte im Jahr 1996 dazu, dass diese Form der Weltraumnutzung in ihrem Umfang die staatlichen zivilen Raumfahrtbudgets auf einem Niveau von ca. 40 Mrd. $ überholte und seither ihren Vorsprung weiter ausbaut[115]. Einen weiteren Umbruch in der Weltraumnutzung stellt die Privatisierung[116] dar. Wirtschaftlich gesehen bedeutet Privatisierung einerseits, dass die kommerziell orientierte Weltraumnutzung nicht mehr allein von staatlichen Akteuren oder

---

109 S. Fig. 2 in: Peteers, in: Space Policy 2002, S. 199 (200).

110 So Peteers, in: Space Policy 2002, S. 199 (200).

111 So Peteers, in: Space Policy 2002, S. 199 (199).

112 S. z. B. EUMETSAT/ESA, Cospar Information Bulletin, Volume 1987, Issue 108, April 1987, S. 67 ff.

113 S. z. B. das SPOT-Projekt von CNES, in: Peteers, in: Space Policy 2002, S. 199 (200).

114 So Couston, in: Revue Française de Droit Aérien et Spatial 2002, S. 13 (15); vgl. Kerrest, in: Schriften zum Luft- und Weltraumrecht 2006, S. 51 (51).

115 Kries/Schmidt-Tedd/Schrogl, Raumfahrtrecht, S. 41.

116 Die Privatisierung entspricht der teilweisen oder ganzen Übertragung der Aktien, des Anlagevermögens oder Tätigkeiten vom öffentlichen Sektor hin zum Privaten. Mehr zu diesem Thema im französischen Kontext wird in: Introduction, L'évolution du droit de l'espace en France, S. 7, Fn. 2, erläutert.

internationalen Organisationen durchgeführt wird, sondern dass auch private Rechtsträger, nationaler oder transnationaler Art[117], eigenständige Raumfahrtaktivitäten durchführen[118]. Andererseits bedeutet die Privatisierung auch, dass private Unternehmen Anteile an ursprünglich öffentlichen Betreibern bekommen und somit die Kontrolle über deren Aktivitäten übernehmen. Insoweit stellt die Privatisierung der Raumfahrt eine Änderung der Leistungen und der Strukturen des Marktes dar[119]. Sie betraf zunächst die Satellitenkommunikation, die seit den 1960er Jahren marktreif ist. Seit den 1980er Jahren wurde sie auf breiter Front privatwirtschaftlich. Hingegen setzte die Kommerzialisierung in der Erdfernerkundung und in den Startdiensten erst in den Achtzigern und die Privatisierung in diesen Bereichen in den Neunzigern des vorigen Jahrhunderts ein[120].

II. Fazit

Die Kommerzialisierung der Raumfahrtaktivitäten begann ursprünglich in den USA und führte zu strategischen Allianzen unter beteiligten Unternehmen. Auch als in Europa die öffentlichen Investitionen in die Raumfahrt wesentlich gekürzt wurden, unternahm der europäische private Sektor Kommerzialisierungsmaßnahmen. Die Kommerzialisierung und die Privatisierung beeinflussten alle Bereiche der Raumfahrt und haben die Strukturen der Startdienstleistungen, der Satellitenkommunikationen sowie der Erdfernerkundung wesentlich verändert[121]. So lösten im Bereich der Träger weltweite kommerzielle Kooperationen[122] den ursprünglichen politischen Wettkampf ab. Im Bereich der Satellitenkommunikationen führte die Privatisierung zur Deregulierung des Marktes[123]. Die Finanzierung, die Versicherung, der Start und Betrieb von Satelliten und das geistige Eigentumsrecht im

117 Zu einer detaillierte Darstellung der Struktur der Industrie, s. Peteers, in: Space Policy 2002, S. 199 (202).
118 So auch Couston, in: Revue Française de Droit Aérien et Spatial 2002, S. 13 (16); vgl. Kerrest, in: Schriften zum Luft- und Weltraumrecht 2006, S. 51 (51).
119 Ravillon, in: Ravillon, Droit des activités spatiales, Rn. 31; vgl. Phan van Phi, in: Le droit de l'espace et la privatisation des activités spatiales, S. 39 (39).
120 Kries/Schmidt-Tedd/Schrogl, Raumfahrtrecht, S. 41.
121 So Ravillon, in: Ravillon, Droit des activités spatiales, Rn. 175.
122 S. Ravillon, in: Ravillon, Droit des activités spatiales, Rn. 200.
123 S. Ravillon, in: Ravillon, Droit des activités spatiales, Rn. 210.

Rahmen der Raumfahrtprojekte waren in dieser Phase starken Veränderungen unterworfen[124].

D. Raumfahrt als Gegenstand europäischer Politik

In fast allen Raumfahrtnationen in Europa ist das für ESA-Programme aufgewandte Budget höher als die Budgets der entsprechenden nationalen Programme[125]. Dies allein verdeutlicht die zentrale Rolle der ESA in Europa[126]. Zunächst erfolgt daher eine Darstellung der ESA (I) sowie der Europäischen Union aus der besonderen Sicht ihrer Beteiligung in der Raumfahrt (II). Der gemeinsame Weg der ESA und der Europäischen Union soll anschließend erörtert werden (III).

I. Darstellung der beteiligten Organisationen

Im Folgenden soll die Europäische Weltraumorganisation ESA (1) und die Europäische Union (2) dargestellt werden.

1. Europäische Weltraumorganisation ESA[127]

Die ESA ist eine internationale Organisation, deren Ziele in ihrer Konvention verankert sind (a). Ihre Arbeitsweise (b) beruht zum Großteil auf der Umsetzung ihrer besonderen Industriepolitik (c).

---

124 S. Ravillon, in: Ravillon, Droit des activités spatiales, Troisième Partie, Les conséquences des phénomènes de commercialisation et de privatisation des activités spatiales, Rn. 306 ff.

125 Ausnahme: Frankreich, wo im Jahr 2009 52% des Raumfahrtbudgets in das nationale Programm investiert wurde. Deutschland investierte zu gleicher Zeit 62% seines Raumfahrtbudgets in die Programme der ESA (Quelle: Euroconsult).

126 Das kumulierte Raumfahrtbudget von Deutschland, Frankreich, Großbritannien, Italien und Spanien betrug im Jahr 2009 3,642 Millionen €. Davon wurden 2,117 Millionen € in die ESA investiert (Quelle: Euroconsult).

127 Darstellung der ESA, insbesondere ihrer Rolle in Bezug auf die Weltraumverträge, vgl. Dunk, in: IISL Proceedings 2008, S. 547 (550).

a. Einführung

Die ESA ist eine zwischenstaatliche Organisation, gegründet mit einer am 30. Mai 1975 unterschriebenen Konvention durch zehn europäische Staaten[128]. Das „Übereinkommen zur Gründung einer Europäischen Weltraumorganisation"[129] trat 1980 mit der Ratifizierung Frankreichs in Kraft. Die ESA löste damit zwei bestehende europäische Organisationen mit raumfahrtbezogenen Schwerpunkten, nämlich die 1962 gegründete Europäische Organisation für die Entwicklung und den Bau von Raumfahrtzeugträgern ELDO und die ebenfalls 1962 gegründete Europäische Weltraumforschungsorganisation ESRO, ab. Die ESA ist eine internationale Organisation ohne supranationale Kompetenzen[130], und die Umsetzung der Entscheidungen des obersten Führungsgremiums, des ESA-Rats, beruht allein auf der Bereitschaft zur Zusammenarbeit ihrer Mitgliedstaaten[131]. Gemäß Art. XV Abs. 1 der ESA-Konvention hat die ESA Rechtspersönlichkeit[132]. Ihr Hauptsitz ist Paris, und sie verfügt über weitere Einrichtungen, die über die Hoheitsgebiete ihrer Mitgliedstaaten verteilt sind[133]. Seit Gründung der ESA[134] wuchs die Zahl ihrer Mitgliedstaaten von 10 auf 20 an, wobei nur ein Teil der Mitgliedstaaten der ESA auch der Europäischen Union angehörten. Auch sind nicht alle Mitgliedstaaten der Europäischen Union Mitglieder der ESA.

---

128 Bohlmann, in: Hobe/Schmidt-Tedd/Schrogl, Current Issues in the Registration of Space Objects, S. 47 (47).

129 BGBl. 1976 II, S.1861 ff.

130 Hobe/Kunzmann/Reuter, Zukünftige Struktur der europäischen Raumfahrt, S. 13.

131 Hobe, in: Legal Aspects of the Future Institutional Relationship between the European Union and the European Space Agency, S. 9 (10).

132 Hobe/Heinrich/Kerner/Froehlich, Die Europäische Weltraumagentur als "Implementing Agency" der Europäischen Union, S. 53.

133 Dazu gehören das European Space Research and Technology Center (ESTEC) in Noordwijk, die Niederlande, das European Space Operations Centre (ESOC) in Darmstadt, Deutschland, das European Space Research Institute (ESRIN) in Frascati, Italien, das European Astronaut Center (EAC) in Köln, Deutschland und das European Space Astronomy Center (ESAC) in Madrid, Spanien.

134 Die Mitglieder der ESA sind Belgien, Dänemark, Deutschland, Finnland, Frankreich, Griechenland, Irland, Italien, Luxemburg, die Niederlande, Norwegen, Österreich, Polen, Portugal, Rumänien, Schweden, die Schweiz, Spanien, die Tschechische Republik und das Vereinigte Königreich von Großbritannien und Nordirland. Kanada ist assoziiertes Mitglied. Im Rahmen des Programms „European Cooperating States" kooperieren zudem Estland, Slowenien und Ungarn mit der ESA.

Die Gründung und die Politik der ESA beruhen auf dem europäischen Bestreben[135] nach einem unabhängigen Zugang zum Weltraum[136] und auf der Förderung der europäischen Zusammenarbeit[137]. Nach dem Ende des Kalten Krieges strebten die Mitgliedstaaten der ESA die Position der dritten großen „Weltraummacht" an und wollten dabei sogar Russland überholen[138]. Dies ist ihnen in Bezug auf den Trägerbereich gelungen, denn die ESA-Trägerrakete Ariane 5[139] ist mittlerweile sogar ein ernstzunehmender Konkurrent zu Wettbewerbern aus den USA.

Die Ziele und Aufgaben der ESA sind in Art. II der ESA-Konvention dargestellt: „Zweck der Organisation ist es, die Zusammenarbeit europäischer Staaten für ausschließlich friedliche Zwecke auf dem Gebiet der Weltraumforschung, der Weltraumtechnologie und ihre weltraumtechnischen Anwendungen im Hinblick auf deren Nutzung für die Wissenschaft und für operationelle Weltraumanwendungssysteme sicherzustellen und zu entwickeln"[140]. Hauptaufgabe der ESA als internationale Organisation ist somit vor allem die Durchführung der von den Mitgliedstaaten vereinbarten Weltraumaktivitäten und-programme[141]. Um diese Ziele zu erreichen, werden die Koordination und Integration der nationalen Weltraumprogramme[142] und die Durchführung einer geeigneten Industriepolitik angestrebt[143]. Gemäß ihrem Zweck als Forschungs- und Entwicklungsorganisation wird die ESA nicht selbst kommerziell tätig, sondern überträgt Produktion und Vermarktung der Weltraumanwendungen in deren Betriebsphase auf andere Einrichtungen[144]. So liegt zum Beispiel der Betrieb der Ariane-Rakete in Händen von Arianespace, einer Aktiengesellschaft nach französischem Recht[145].

---

135 S. oben, Erster Teil, C. I.

136 Dies ist kein veraltetes Konzept, denn die 2008 gezeichnete ESA-Programme betonen das europäische Streben nach Unabhängigkeit, s. dazu das ESA-Programm zur Weltraumüberwachung (Space Situational Awareness – SSA).

137 Hobe/Kunzmann/Reuter, Zukünftige Struktur der europäischen Raumfahrt, S. 13.

138 Hobe/Kunzmann/Reuter, Zukünftige Struktur der europäischen Raumfahrt, S. 13.

139 Ariane erreichte vor kurzem die Anzahl 150 erfolgreicher Starts, so Hobe/Kunzmann/Reuter, Zukünftige Struktur der europäischen Raumfahrt, S. 14.

140 S. auch Spude, in: Böckstiegel, Handbuch des Weltraumrechts, S. 667 (698).

141 Spude, in: Böckstiegel, Handbuch des Weltraumrechts, S. 667 (701).

142 Art. II lit. c der ESA-Konvention.

143 Art. II lit. d der ESA-Konvention.

144 Spude, in: Böckstiegel, Handbuch des Weltraumrechts, S. 667 (683).

145 Reuter, Die ESA als Raumfahrtagentur der Europäischen Union, S. 8.

b. Arbeitsweise der ESA

Zur Durchführung ihrer Programme stehen der ESA zwei verschiedene Instrumentarien zur Verfügung: Art. V der ESA-Konvention unterscheidet zwischen Pflichtprogrammen und optionalen Programmen[146]. Die Pflichtprogramme sind in Art. V Abs. 1 der ESA-Konvention verankert. Dazu gehören grundlegende Tätigkeiten wie Ausbildung, Dokumentation und Forschung sowie insbesondere das Wissenschaftsprogramm der ESA[147]. Die Finanzierung dieser Aktivitäten erfolgt durch Beiträge der Mitgliedstaaten, die sich proportional nach dem jeweiligen Bruttosozialprodukt der Länder berechnen[148].

Mehr als 85% des Haushaltes der ESA beanspruchen dennoch optionale Programme. Bei diesen Programmen können die Mitgliedstaaten selbst entscheiden, ob und in welchem Umfang sie sich beteiligen[149]. Die optionalen Programme betreffen die bemannte Raumfahrt, die Forschung unter Weltraumbedingungen, die Erdfernerkundung, die Satelliten-Telekommunikation, die Satellitennavigation und die Trägerentwicklung[150]. So werden die großen Raumfahrtprogramme der ESA wie Ariane, Galileo[151] und die europäische Beteiligung an der internationalen Raumstation ISS als optionale Programme durchgeführt[152]. Die große Flexibilität dieser Programme ist eine der wichtigsten Faktoren für die bisherigen Erfolge der ESA[153] und vor allem auf die Anwendung des Rückflussprinzips[154] zurückzuführen[155]. Mit diesem industriepolitischen Werkzeug der ESA wird

---

146 Reuter, Die ESA als Raumfahrtagentur der Europäischen Union, S. 8.

147 Reuter, Die ESA als Raumfahrtagentur der Europäischen Union, S. 9.

148 Reuter, Die ESA als Raumfahrtagentur der Europäischen Union, S. 9.

149 Reuter, Die ESA als Raumfahrtagentur der Europäischen Union, S. 9; vgl. Hobe/Kunzmann/Reuter, Zukünftige Struktur der europäischen Raumfahrt, S. 26 ff.

150 Bohlmann, in: Hobe/Schmidt-Tedd/Schrogl, Current Issues in the Registration of Space Objects, S. 47 (47).

151 Galileo ist das europäische Satellitennavigationssystem, s. http://www.dlr.de/next/desktopdefault.aspx/tabid-6804/11164_read-25462/, zuletzt abgerufen am 2. Oktober 2012.

152 Reuter, Die ESA als Raumfahrtagentur der Europäischen Union, S. 9.

153 Auch so: Reuter, Die ESA als Raumfahrtagentur der Europäischen Union, S. 9; Hobe/Kunzmann/Reuter, Zukünftige Struktur der europäischen Raumfahrt, S. 4; vgl. Hobe/Heinrich/Kerner/Froehlich, Die Europäische Weltraumagentur als "Implementing Agency" der Europäischen Union, S. 298.

154 So auch Smith/Hörl, in: Acta Astronautica 2007, S. 210 (210).

155 Eine ausführliche Darstellung zur politischen Motivation der Staaten darüber, Mitglieder der ESA zu werden und zur politischen Entstehungsgeschichte der ESA findet sich in: Sadeh/Lester/Sadeh, in: Space Policy 1996, S. 207 (212 ff.).

garantiert, dass die finanzielle Beteiligung der teilnehmenden Staaten in Form von Aufträgen vorwiegend an ihre nationale Industrie, aber auch an heimische Universitäten oder außeruniversitäre Forschungseinrichtungen zurückfließt[156].

c. Rückflussprinzip

Das Rückflussprinzip ist das wichtigste industriepolitische Werkzeug der ESA[157]. Es ist in Art. VII der ESA-Konvention verankert und in einer detaillierten Weise in Annex V der Konvention festgeschrieben[158]. Demnach erfolgt die Vergabe von Aufträgen zur Realisierung von ESA-Programmen an die Raumfahrtindustrie der teilnehmenden Staaten nach dem Schlüssel[159], der sich nach den Beiträgen der jeweiligen Mitgliedstaaten im ESA-Haushalt ausrichtet. Beteiligt sich ein Staat an den Kosten eines Programms, so ist bei den jeweiligen Ausschreibungen darauf zu achten, dass in einem entsprechenden Verhältnis Aufträge innerhalb des Programms an die nationale Raumfahrtindustrie beziehungsweise Universitäten oder außeruniversitäre Forschungseinrichtungen dieses Mitgliedstaates zurückfließen[160]. Hierbei sind auch Verwaltungskosten zu berücksichtigen, die separat auf die Programme umgelegt werden. Der genaue Rückflusskoeffizient variiert dabei je nach Programm zwischen 0,8 und 1[161].

2. Europäische Union

Die Europäische Union (a) ist erst seit dem Inkrafttreten des Vertrags von Lissabon ein „offizieller" Akteur (b) der europäischen Raumfahrt. Dies hinderte sie dennoch nicht daran, in diesem Bereich durch die Nutzung ihrer Kompetenzen in anderen übertragenden Bereichen (c) tätig zu sein. Für die vorliegende Arbeit wird die Europäische Union ausschließlich in Bezug auf die Raumfahrt erörtert; für fachspezifische Erläuterung wird auf die entsprechende Literatur verwiesen.

---

156 Hobe/Heinrich/Kerner/Froehlich, Die Europäische Weltraumagentur als "Implementing Agency" der Europäischen Union, S. 298.

157 Zu der Beschaffungspolitik der ESA im Allgemeinen, s. Hobe/Hofmannovà/Wouters, A Coherent European Procurement Law and Policy for the Space Sector, S. 70 ff.

158 Zum Rückflussprinzip im Allgemeinen, s. Eisermann, in: Böckstiegel, Project 2001, S. 657 ff.; vgl. Hobe/Kunzmann/Reuter, Zukünftige Struktur der europäischen Raumfahrt, S. 49 ff.

159 Die Ermittlung des Schlüssels wird dargestellt in: Hobe/Hofmannovà/Wouters, A Coherent European Procurement Law and Policy for the Space Sector, S. 71 ff.

160 Reuter, Die ESA als Raumfahrtagentur der Europäischen Union, S. 10.

161 Hobe/Kunzmann/Reuter, Zukünftige Struktur der europäischen Raumfahrt, S. 50.

a. Einführung

Die Europäische Union kann auf eine fünfzigjährige Geschichte der Zusammenarbeit europäischer Staaten zurückblicken[162]. Im Jahr 1952 wurde die Europäische Gemeinschaft für Kohle und Stahl gegründet, und die sektorielle Zusammenarbeit der Mitgliedstaaten wurde 1957 durch die „Römischen Verträge" um die Europäische Wirtschaftsgemeinschaft und die Europäische Atomgemeinschaft erweitert. Der weitere Aufbau der Europäischen Union erfolgte neben der Erweiterung ihres geographischen Bereiches dank dem Beitritt neuer Mitgliedstaaten durch die fachliche Erweiterung ihrer Kompetenzen, zunächst hauptsächlich im wirtschaftlichen Bereich[163]. Dieser Prozess führte über die Einheitliche Europäische Akte (EEA) 1986, über den Vertrag von Maastricht (1992), den Vertrag von Amsterdam (1997) zum Vertrag von Nizza (2000)[164]. Die Ablehnung des 2004 in Rom unterzeichneten Vertrags für eine europäische Verfassung stürzte die Union in eine strukturelle Krise[165]. Jedoch wurde im Jahr 2007 eine Übereinstimmung darüber getroffen, dass eine strukturelle Reform der Europäischen Union vorangebracht werden sollte – dies erfolgte mit der Verabschiedung eines Reformvertrages („Vertrag von Lissabon"). Dieser ist ein Änderungsvertrag[166], der aus dem Vertrag über die Europäische Union und dem Vertrag über die Arbeitsweise der Europäischen Union besteht und auf der bestehenden Struktur der vorherigen Europäischen Union aufbaut[167].

Die Europäische Union hat 27 Mitglieder, die nicht mit denen der ESA übereinstimmen[168]. Das Engagement der Europäischen Union in der Raumfahrt ist

---

162 Vgl. Hobe/Kunzmann/Reuter, Zukünftige Struktur der europäischen Raumfahrt, S. 59 ff.

163 So Hobe/Hofmannovà/Wouters, A Coherent European Procurement Law and Policy for the Space Sector, S. 2.

164 Hobe/Heinrich/Kerner/Froehlich, Die Europäische Weltraumagentur als "Implementing Agency" der Europäischen Union, S. 17 ff.

165 Hobe/Heinrich/Kerner/Froehlich, Die Europäische Weltraumagentur als "Implementing Agency" der Europäischen Union, S. 19.

166 Hobe/Heinrich/Kerner/Froehlich, Die Europäische Weltraumagentur als "Implementing Agency" der Europäischen Union, S. 20.

167 Hobe/Heinrich/Kerner/Froehlich, Die Europäische Weltraumagentur als "Implementing Agency" der Europäischen Union, S. 21 ff. und 298 ff.

168 Die Mitglieder der Europäischen Union sind Belgien, Bulgarien, Dänemark, Deutschland, Estland, Finnland, Frankreich, Griechenland, Italien, Irland, Lettland, Litauen, Luxemburg, Malta, die Niederlande, Österreich, Polen, Portugal, Rumänien, Schweden, die Slowakei, Slowenien, Spanien, die Tschechische Republik, Ungarn, das Vereinigte Königreich von Großbritannien und Nordirland und Zypern.

vergleichsweise neu und hat sich im Laufe der Jahre entwickelt[169]. Die Europäische Union verfügte zunächst über keine explizite Kompetenz für die Raumfahrtpolitik, sah jedoch einen Bedarf an Raumfahrtanwendungen für verschiedene weitere Politiken[170]. So kamen Raumfahrttechnologien in den Bereichen des Binnenmarktes, der Verkehrs-, der Umwelt- sowie der Forschungspolitik zum Einsatz. Bevor die Europäische Union eine eigene Kompetenz im Raumfahrtbereich bekam, wurde etwa in dem letztgenannten Politikbereich ein regulativer Rahmen für den Telekommunikationssektor[171] sowie die Frequenzpolitiken der Raumfahrtprojekte Galileo und GMES[172] erarbeitet[173]. Der Weg zur Übertragung einer eigenen Raumfahrtkompetenz an die Europäische Union wird nun dargestellt.

b. Zuständigkeit der Gemeinschaft über raumfahrtbezogene Themen vor dem Vertrag von Lissabon

Von der Ermächtigungsgrundlage der Kompetenzen der Europäischen Union ließ sich vor dem Inkrafttreten des Vertrags von Lissabon keine unmittelbare Kompetenz im Bereich der Raumfahrt ableiten. Dies bedeutete jedoch nicht, dass die

---

169 S. insb. hierzu Hobe/Heinrich/Kerner/Froehlich, Die Europäische Weltraumagentur als "Implementing Agency" der Europäischen Union, S. 298.

170 Hobe/Heinrich/Kerner/Froehlich, Die Europäische Weltraumagentur als "Implementing Agency" der Europäischen Union, S. 1.

171 RL 94/46/EG der Europäischen Kommission vom 13. Oktober 1994 zur Änderung der RL 88/301/EWG, insb. betreffend die Satellitenkommunikation, Abl. Nr. L 268 vom 19. Oktober 1994, S. 15; s. auch die Entscheidung 710/97/EG des Europäischen Parlaments und des Rates vom 24. März 1997 über ein koordiniertes Erlaubniskonzept für satellitengestützte persönliche Kommunikationsdienste in der Gemeinschaft, Abl. Nr. L 105 vom 23. April 1997, S. 4; die RL 97/13/EG des Europäischen Parlaments und des Rates vom 10. April 1997 über einen gemeinsamen Rahmen für Allgemein- und Einzelerlaubnisse für Telekommunikationsdienste, Abl. Nr. L 117 vom 7. Mai 1997, S. 15; die Entscheidung 676/2002/EG des Europäischen Parlaments und des Rates vom 7. März 2002 über einen Rechtsrahmen für die Frequenzpolitik in der Europäischen Gemeinschaft, Abl. Nr. L 108 vom 24. April 2002, S. 1.

172 GMES (Global Monitoring for Environment and Security) ist „eine gemeinsame Initiative der Europäischen Kommission und der Europäischen Weltraumorganisation ESA zum Aufbau einer eigenständigen Systems für die globale Umwelt- und Sicherheitsüberwachung", s. http://www.dlr.de/rd/desktopdefault.aspx/tabid-2441/3589_read-5358/, zuletzt abgerufen am 2. Oktober 2012.

173 Mejìa-Kaiser, in: IISL Proceedings 1994, S. 257 (257); vgl. Hobe/Heinrich/Kerner/Froehlich, Die Europäische Weltraumagentur als "Implementing Agency" der Europäischen Union, S. 298 ff.

Europäische Union keine Aktivitäten im Bereich Raumfahrt unternommen hatte, denn Raumfahrtanwendungen entwickelten sich immer mehr zu wichtigen Instrumenten für die Umsetzung der Unionspolitiken.

aa. Allgemeine Kompetenzen der Europäischen Union im Bereich der Raumfahrt

Bei der Suche nach Kompetenzgrundlagen für ein Tätigwerden der Europäischen Union im Raumfahrtbereich muss festgestellt werden, dass ihre Gründungsverträge die Raumfahrt nicht ausdrücklich erwähnen[174]. Es wurde daher mangels eigenständiger Kompetenz *ad hoc* je nach Bedarf im Rahmen der Umsetzung der Politiken der Europäischen Union auf andere Ermächtigungsgrundlagen in den Verträgen zurückgegriffen[175], insbesondere zunächst seit der EEA und dem Maastrichter Vertrag[176]. So wurden zum Beispiel die Befugnisse der früheren Europäischen Gemeinschaft im Bereich der Forschung[177] (Grundlagenforschung bis hin zu anwendungsorientierter Forschung) oder für Weltraumanwendungen[178] (wie zum Beispiel die Erdfernerkundung oder die Satellitennavigation) als Grundlagen benutzt. Mit Einführung der Europäischen Forschungsrahmenprogramme[179]wurde das Engagement der Europäischen Union in der Raumfahrt erheblich gefördert[180]. Weitere Kompetenzgrundlagen wurden im Amsterdamer Vertrag gefunden, insbesondere in Art. 163-173 EGV über die Forschung und die technologische Entwicklung. Auch bei der Industriepolitik, der Gemeinsamen Außen- und Sicherheitspolitik sowie dem Bereich der Satellitennavigation[181] kamen Raumfahrttechnologien zum Einsatz.

---

174 S. auch Smith/Hörl, in: Acta Astronautica 2007, S. 210 (210).

175 Hobe/Heinrich/Kerner/Froehlich, Die Europäische Weltraumagentur als "Implementing Agency" der Europäischen Union, S. 23 ff.

176 S. auch Smith/Hörl, in: Acta Astronautica 2007, S. 201 (212); vgl. Hobe/Heinrich/Kerner/Froehlich, Die Europäische Weltraumagentur als "Implementing Agency" der Europäischen Union, S. 298.

177 Reuter, Die ESA als Raumfahrtagentur der Europäischen Union, S. 13 und 19.

178 S. Reuter, Die ESA als Raumfahrtagentur der Europäischen Union, S. 17.

179 S. auch Smith/Hörl, in: Acta Astronautica 2007, S. 201 (212).

180 S. Reuter, Die ESA als Raumfahrtagentur der Europäischen Union, S. 13 und 19; vgl. Smith/Hörl, in: Acta Astronautica 2007, S. 210 (212); Hobe/Heinrich/Kerner/Froehlich, Die Europäische Weltraumagentur als "Implementing Agency" der Europäischen Union, S. 3; S. 23 ff; S. 298 ff.

181 Insb. Art. 170 EGV; s. Beschluss 2006/700EG des Rates vom 1. September 2006 über die Unterzeichnung, im Namen der Gemeinschaft, des Kooperationsabkommens

Dabei übernahm die Europäische Union das Satellitenzentrum der Westeuropäischen Union in Torrejòn, Spanien[182]. Darüber hinaus diente die Flexibilitätsklausel des Art. 308 EGV[183] als Grundlage zur Schaffung der europäischen Aufsichtsbehörde für das *Global Navigation Satellite System*[184]. Dieser Artikel ermöglicht ein Tätigwerden der Gemeinschaft, wenn entsprechende Befugnisse zur Erreichung der Gemeinschaftsziele erforderlich erscheinen, diese sich aber weder ausdrücklich noch implizit aus primärrechtlichen Bestimmungen ableiten lassen. Schließlich wurde als Rechtsgrundlage auch die Kompetenz zur Rechtsangleichung gemäß Art. 95 EGV in Bezug auf die Errichtung und das Funktionieren des Binnenmarktes genutzt[185].

bb. Verfassungsvertrag[186]

Der Vertrag über eine Verfassung für Europa ist ein 2004 unterzeichneter völkerrechtlicher Vertrag, der das politische System der Europäischen Union hätte reformieren sollen. Obwohl dieser nie in Kraft trat[187], wird er dennoch an dieser Stelle erörtert, da er zum ersten Mal eine ausdrückliche Kompetenz für die

---

über ein globales ziviles Satellitennavigationssystem (Global Navigation Satellite System – GNSS) zwischen der Europäischen Gemeinschaft und ihren Mitgliedstaaten einerseits und der Republik Korea andererseits, ABl. L 288 vom 19. Oktober 2006, S. 30.

182 Hobe/Heinrich/Kerner/Froehlich, Die Europäische Weltraumagentur als "Implementing Agency" der Europäischen Union, S. 298.

183 Für die Inanspruchnahme dieses Artikels sind vier Bedingungen zu erfüllen. Mehr hierzu und zu den Schwierigkeiten bei der Inanspruchnahme des Artikels, s. Reuter, Die ESA als Raumfahrtagentur der Europäischen Union, S. 19.

184 S. VO 1321/2004 des Europäischen Parlaments und des Rates vom 12. Juli 2004 über die Verwaltungsorgane der europäischen Satellitennavigationsprogramme, ABl. L 246 vom 20. Juli 2004, S. 1.

185 Hierauf wurde zum Beispiel die Satellitenmobilfunkentscheidung vom 30. Juni 2008 gestützt, s. Entscheidung 626/2008/EG des Europäischen Parlaments und des Rates vom 30. Juni 2008 über die Auswahl und Erlaubnis von Systemen, die Satellitenmobilfunkdienste erbringen. Text von Bedeutung für den EWR, ABl. L 172 vom 2. Juli 2008, S. 15; vgl. Hobe/Heinrich/Kerner/Froehlich, Die Europäische Weltraumagentur als "Implementing Agency" der Europäischen Union, S. 3; S. 24.

186 Eine ausführliche Darstellung findet man bei: Reuter, Die ESA als Raumfahrtagentur der Europäischen Union, S. 25 ff.

187 Eine ausführliche Darstellung der Unterzeichnungsgeschichte des Vertrags von Lissabon findet man bei: Hobe/Heinrich/Kerner/Froehlich, Die Europäische Weltraumagentur als "Implementing Agency" der Europäischen Union, S. 20 ff.

Europäische Union in der Raumfahrt vorsah, die in den Art. I-14 Abs. 3[188] und Art. III-254[189] verankert war[190]. Damit waren in Bereichen der geteilten Zuständigkeit sowohl die Union als auch die Mitgliedstaaten befugt, gesetzgeberisch tätig zu werden und bindende Rechtsakte zu erlassen[191]. Durch Art. I-14 und III-254 des Verfassungsvertrages hätte die Europäische Union eine weite Kompetenz zur Durchführung von Maßnahmen im Bereich der Raumfahrt bekommen. Diese hätte parallel zu den Zuständigkeiten der Mitgliedstaaten bestanden. Diese Ermächtigungsgrundlage, die sich durch Auslegung der Art. I-14 Abs. 3 und Art. III-254 des Verfassungsvertrages erkennen lässt, wurde auch im Vertrag von Lissabon eingefügt.

cc. Vertrag von Lissabon

Raumfahrtanwendungen sind zu unverzichtbaren Hilfsmitteln für die Durchführung vieler Politikbereiche der Europäischen Union geworden, und mit dem Vertrag von Lissabon erlischt das Paradox, wonach die Europäische Union in der Raumfahrt immer weiter tätig wurde, ohne dafür eine förmliche Rechtsgrundlage

188 Art. I-14 Abs. 3 des Verfassungsvertrages lautet: „(3) In den Bereichen Forschung, technologische Entwicklung und Raumfahrt erstreckt sich die Zuständigkeit der Union darauf, Maßnahmen zu treffen und insbesondere Programme zu erstellen und durchzuführen, ohne dass die Ausübung dieser Zuständigkeit der Union die Mitgliedstaaten hindert, ihre Zuständigkeiten auszuüben".

189 Art. III-254 des Verfassungsvertrages lautet: „(1) Zur Förderung des wissenschaftlichen und technischen Fortschritts, der Wettbewerbsfähigkeit der Industrie und der Durchführung ihrer Politik arbeitet die Union eine europäische Raumfahrtpolitik aus. Sie kann zu diesem Zweck gemeinsame Initiativen fördern, die Forschung und technologische Entwicklung unterstützen und die Anstrengungen zur Erforschung und Nutzung des Weltraums koordinieren.

(2) Als Beitrag zur Erreichung der Ziele nach Absatz 1 können durch europäisches Gesetz oder Rahmengesetze die notwendigen Maßnahmen festgelegt werden; dies kann in Form eines europäischen Raumfahrtprogramms geschehen.

(3) Die Union stellt die zweckdienlichen Verbindungen zur Europäischen Weltraumorganisation her".

190 Eine ausführliche Darstellung der Entstehungsgeschichte des Artikels ist in: Hobe/Kunzmann/Reuter, Zukünftige Struktur der europäischen Raumfahrt, S. 204 ff., zu finden.

191 Hobe/Kunzmann/Reuter, Zukünftige Struktur der europäischen Raumfahrt, S. 22; vgl. Hobe/Heinrich/Kerner/Froehlich, Die Europäische Weltraumagentur als "Implementing Agency" der Europäischen Union, S. 24 ff.

zu besitzen[192]. Die Übernahme der Raumfahrtkompetenz[193] erfolgt ausdrücklich im Vertrag von Lissabon[194] und gehört zu den „geretteten Bausteinen“ des zuvor gescheiterten Verfassungsvertrages[195], wobei der Ausschluss von Harmonisierungen der Rechts- und Verwaltungsvorschriften der Mitgliedstaaten in Art. 189 Abs. 2 AEUV zum ersten Mal im Vertrag von Lissabon erscheint.

Gemäß den Bestimmungen des Art. 189 des Titels XIX des Vertrags von Lissabon wird die Raumfahrt zum Kompetenzbereich der Europäischen Union gemacht. Dieser Artikel ist in Verbindung mit Art. 4 Abs. 3 AEUV, der Unterkategorien bei den geteilten Kompetenzen der Union bildet, zu lesen. Demnach ist die neue Raumfahrtkompetenz der Union als geteilte Kompetenz wahrzunehmen[196]. Die ausdrücklich raumfahrtbezogene Befugnis beschränkt sich auf einen einzelnen Artikel, gemäß dem die Europäische Union eine europäische Raumfahrtpolitik ausarbeitet. Im ersten Absatz des Artikels werden die Ziele der Aktion der Europäischen Union dargestellt, während der zweite Absatz mögliche Mittel zur Erreichung dieser Ziele angibt. Auf dieser Basis soll die Europäische Union in die Lage versetzt werden, raumfahrtbezogene Maßnahmen zu erlassen, ohne dabei auf eine andere Rechtsgrundlage zurückgreifen zu müssen. Dies soll erfolgen, ohne „jegliche Harmonisierung der Rechtsvorschriften der Mitgliedstaaten“[197].

---

192 So auch Baut-Ferrarese, in: Revue Française de Droit Aérien et Spatial 2008, S.163 (164).

193 Hobe/Heinrich/Kerner/Froehlich, Die Europäische Weltraumagentur als “Implementing Agency” der Europäischen Union, S. 28 ff.

194 Vertrag von Lissabon zur Änderung des Vertrags über die Europäische Union und des Vertrags zur Gründung der Europäischen Gemeinschaft, ABl. C 306 vom 17. Dezember 2007.

195 Hobe/Heinrich/Kerner/Froehlich, Die Europäische Weltraumagentur als “Implementing Agency” der Europäischen Union, S. 23.

196 Der Vertrag von Lissabon ordnet und klärt die Zuständigkeiten der Europäischen Union. Demnach sind drei Arten der Zuständigkeiten zu unterschieden: die ausschließliche Zuständigkeit, bei der nur die Europäische Union Gesetze erlassen kann, und die Mitgliedstaaten der Europäischen Union die Rechtsakte umsetzen; die geteilte Zuständigkeit, bei der die Mitgliedstaaten der Europäischen Union die Gesetze erlassen und verbindliche Rechtsakte verabschieden können, sofern die Europäische Union dies nicht tut; die ergänzende Zuständigkeit, bei der die Europäische Union Maßnahmen zur Unterstützung oder Ergänzung der Politik der Mitgliedstaaten der Europäischen Union beschließt; hierzu, s. Hobe/Heinrich/Kerner/Froehlich, Die Europäische Weltraumagentur als “Implementing Agency” der Europäischen Union, S. 34 ff. und S. 306 ff.

197 Das Harmonisierungsverbot erschien zum ersten Mal im Text am 19. Juni 2007, s. Hobe/Heinrich/Kerner/Froehlich, Die Europäische Weltraumagentur als “Implementing Agency” der Europäischen Union, S. 29.

Dieses Harmonisierungsverbot wurde mehrfach kritisiert[198], und die Aufnahme dieser Einschränkung wirft die Frage auf, ob, wie der Ausschuss für Industrie, Forschung und Energie des Europäischen Parlaments fragt, dieses nicht „einige Hindernisse für die Umsetzung einer gemeinsamen europäischen Raumfahrtpolitik mit sich bringen kann“[199].

Es ist anzumerken, dass es nicht ersichtlich ist, inwieweit die von Art. 189 erwähnte „Raumfahrtpolitik“ überhaupt ohne Harmonisierung der bereits bestehenden (nationalen) Politiken realisierbar sein könnte. Vielmehr wird von der Literatur empfohlen, diese Raumfahrtkompetenz als eine Unterstützungs-, Koordinierungs- oder Ergänzungsmaßnahme im Sinne des Art. 2 Abs. 5 und Art. 6 AEUV wahrzunehmen[200]. Die Aufnahme einer raumfahrtspezifischen Kompetenz in den Vertrag von Lissabon klärt die Frage der Zuständigkeit der Europäischen Union und deren Mitgliedstaaten daher nur ansatzweise. Die Stellungnahme des Ausschusses für konstitutionelle Fragen des Europäischen Parlaments stellte bereits 2008 bezüglich des Verfassungsvertrages fest, dass der Vertrag verschiedene neue Rechtsgrundlagen enthielt, mit denen vermeintlich neue Zuständigkeiten anerkannt zu werden schienen, es sich jedoch hierbei hauptsächlich um Bereiche handelte, in denen die Union bereits durch Anwendung anderer Artikel, insbesondere den Art. 308 EGV tätig war. In erster Linie ging es demnach um die Klärung der Frage, „in welcher Weise die Union von diesen Zuständigkeiten ohne Einschränkung Gebrauch machen (...) kann, so dass die raumfahrtbezogene Zuständigkeit der Europäischen Union in den Vertrag von Lissabon übertragen wurde“[201]. Es ist allerdings nicht ausgeschlossen, dass die Europäische Union auch weiter auf andere Kompetenzen zugreifen kann, um raumfahrtbezogene Maßnahmen zu begründen[202].

---

198 S. Hobe/Heinrich/Kerner/Froehlich, Die Europäische Weltraumagentur als “Implementing Agency” der Europäischen Union, S. 30 ff.

199 EP Dok. A6-0013/2008, S. 91.

200 S. Hobe/Heinrich/Kerner/Froehlich, Die Europäische Weltraumagentur als “Implementing Agency” der Europäischen Union, S. 37 und S. 307 ff., über die „richtige“ Natur der Raumfahrtkompetenz im Vertrag von Lissabon.

201 EP Dok. A6-0013/2008, S. 40.

202 S. Hierzu Hobe/Heinrich/Kerner/Froehlich, Die Europäische Weltraumagentur als “Implementing Agency” der Europäischen Union, S. 32 und 38 ff.

II. Gemeinsamer Weg der ESA und der Europäischen Union

Das parallele Bestehen von ESA und Europäischer Union ohne eine Form der institutionalisierten Zusammenarbeit hat die Entwicklung und die Ausübung von Raumfahrtaktivitäten auf dem europäischen Kontinent nicht behindert. Jedoch wurde der Bedarf einer Festlegung eines Kooperationsrahmens für die beiden Organisationen in der Geschichte der ESA und der Europäischen Union vielfach angesprochen[203] und das Ausbleiben einer europäischen Raumfahrtpolitik immer öfter kritisiert[204]. Dies basiert auf der einschneidenden Erkenntnis, dass die ESA mit der langjährigen Erfahrung in der Durchführung von Raumfahrtprogrammen die fachliche Expertise und die notwendigen Ressourcen für komplexe Raumfahrtprojekte besitzt[205], während die Europäische Union über die notwendigen politischen Strukturen verfügt, um eine zivile europäische Raumfahrtpolitik zu erarbeiten[206]. Wie die Erarbeitung und Umsetzung der europäischen Raumfahrtpolitik nach langen Jahren der progressiven Annäherung der beiden Organisationen gelungen ist, wird in den folgenden Erläuterungen dargestellt.

1. Ausgangsgeschichte[207]

Noch vor dem Inkrafttreten des Einheitlichen Europäischen Aktes 1987[208] liegt der „Ausgangspunkt"[209] der Annäherung der ESA und der Europäischen Union in einer Resolution des Europäischen Parlaments vom 17. Juni 1987[210]. In dieser Resolution wurde eine kohärente Politik für die Raumfahrtaktivitäten der Europäischen Gemeinschaft angestrebt. Das Europäische Parlament forderte von der Europäischen Kommission eine Koordinierung der Raumfahrtaktivitäten, insbesondere in den Bereichen der Satellitentelekommunikationen und

203 So Smith/Hörl, in: Acta Astronautica 2007, S. 210 (211).
204 So Madders/Wouters, in: Space Policy 2004, S. 31 (31); vgl. Madders/Thiebaut, in: Space Policy 2007, S. 7 ff.
205 So Smith/Hörl, in: Acta Astronautica 2007, S. 210 (211).
206 Madders/Thiebaut, in: Space Policy 2007, S. 7 ff.
207 S. die ausführliche Darstellung bei: Ravillon, in: Ravillon, Droit des activités spatiales, Rn. 55 ff.
208 Hobe/Kunzmann/Reuter, Zukünftige Struktur der europäischen Raumfahrt, S. 72.
209 So Smith/Hörl, in: Acta Astronautica 2007, S. 210 (214).
210 Eine Darstellung der vorherigen Geschichte der beiden Organisationen findet man bei: Hobe/Hofmannovà/Wouters, A Coherent European Procurement Law and Policy for the Space Sector, S. 1 ff.

der Erdfernerkundung. Darauf gab das Europäische Parlament eine Untersuchung der Bereiche und Fähigkeiten der raumfahrtbezogenen Industrie in Auftrag, um die Europäische Kommission im Rahmen der Forschungs- und Entwicklungsprogramme der Gemeinschaft unterstützen zu können[211]. Dabei erkannte das Europäische Parlament die ESA als Hauptakteur für die europäische Kooperation im Weltraumbereich an und unterstützte sie in ihren Bemühungen um die Entwicklung eines unabhängigen europäischen Zugangs zum Weltraum[212]. Das Europäische Parlament unterbreitete in der Resolution auch den Vorschlag, die Beziehungen zwischen der ESA und der Europäischen Gemeinschaft zu institutionalisieren und forderte die Europäische Kommission und den Europäischen Rat auf, Verhandlungen in diesem Sinne vorzubereiten.

Im folgenden Jahr[213] machte die Europäische Kommission die Feststellung, dass eine übergeordnete Raumfahrtpolitik, inklusive wirtschaftlicher, sozialer, industrieller und auch verteidigungsrelevanter Aspekte fehlte. Sie forderte zu diesem Zweck einen Ausbau der Beziehungen zwischen der ESA und der Europäischen Gemeinschaft. Die Europäische Kommission fügte hinzu, dass die Europäische Gemeinschaft als Vertreterin der Interessen aller europäischen Bürger[214] für die zuvor genannten Politikbereiche über die notwendige demokratische Legitimität verfüge[215].

Ab dem Jahr 1992[216] und erneut im Jahr 1996[217] festigte die Europäische Kommission die Kooperation zwischen der ESA und der Europäischen Union im Bereich des Binnenmarktes und der Wettbewerbsfähigkeit. Der endgültige Schritt in Richtung einer festen Zusammenarbeit[218] wurde im Jahre 1998 durch den gegenseitigen Abschluss von Resolutionen über die Verstärkung der Synergien

211 So Smith/Hörl, in: Acta Astronautica 2007, S. 210 (212); vgl. Hobe/Kunzmann/Reuter, Zukünftige Struktur der europäischen Raumfahrt, S. 73.

212 Smith/Hörl, in: Acta Astronautica 2007, S. 210 (214).

213 Die Gemeinschaft zur Raumfahrt: Ein kohärenter Ansatz, KOM(88)417 endg.; Spude, in: Böckstiegel, Handbuch der Weltraumrechts, S. 667 (701); vgl. Hobe/Kunzmann/Reuter, Zukünftige Struktur der europäischen Raumfahrt, S. 74.

214 Madders/Thiebaut, in: Space Policy 2007, S. 7 ff.

215 Hobe/Kunzmann/Reuter, Zukünftige Struktur der europäischen Raumfahrt, S. 74.

216 Die Europäische Gemeinschaft und die Raumfahrt: Herausforderung, Chancen und neue Aktionen, KOM(92)360 endg.; dazu auch Hobe/Kunzmann/Reuter, Zukünftige Struktur der europäischen Raumfahrt, S. 80.

217 Die Europäische Union und die Raumfahrt: Förderung von Anwendungen, Märkten und industrieller Wettbewerbsfähigkeit, KOM(96)617 endg.

218 "a first step towards cooperation", so Smith/Hörl, in: Acta Astronautica 2007, S. 210 (214).

zwischen den beiden Organisationen durchgeführt[219]. Im Jahre 1999 forderten die europäischen Fachminister[220] im Rahmen des ESA-Rates und mit Unterstützung des Europäischen Parlaments[221] die Europäische Kommission und die Exekutive der ESA auf, gemeinsam eine kohärente europäische Strategie für die Raumfahrt zu erarbeiten.

2. „Drei-Weisen-Gutachten" und neues Kapitel der europäischen Raumfahrt

Einen „Wendepunkt"[222] in der Entwicklung der Raumfahrtpolitik Europas[223] ergab sich mit dem am 9. November 2000 vorgestellten sogenannten „Drei-Weisen-Gutachten"[224]. In diesem vom ESA-Generaldirektor in Auftrag gegebenen Gutachten wurde die Europäische Union als *„major player"* in der Raumfahrt identifiziert, was zur Erkenntnis führte, dass strukturelle Reformen der institutionellen Architektur der europäischen Raumfahrt für „unabdingbar"[225] gehalten wurden. Ferner setzte sich der Bericht mit der Frage der Zukunft der ESA und ihrer Beziehungen mit der Europäischen Union auseinander. Es wurde empfohlen, dass die ESA zur Raumfahrtagentur der Europäischen Union bestimmt werden sollte[226]. Insbesondere wurde betont, dass die Festlegung der Europäischen Raumfahrtpolitik auf die Europäische Union und ihre Organe übergehen müsse, um mehr politischen Einfluss für die europäische Raumfahrt zu sichern[227]. In dieser

---

219 Entschließung des Rates vom 22. Juni 1998 über ein verstärktes Zusammenwirken der Europäischen Weltraumorganisation und der Europäischen Gemeinschaft, OJ 98/C 224/01.

220 Entschließung des ESA-Ministerrates, Brüssel, 11. und 12. Mai 1999 und 2112. Sitzung des Rates der Europäischen Union-Forschung (Brüssel, 2. Dezember 1999).

221 Entschließung des Europäischen Parlaments vom 18. Mai 2000 zu dem Arbeitsdokument der Europäischen Kommission „In Richtung eines kohärenten europäischen Ansatzes für die Raumfahrt" (SEK[1999]789-C5-0336/1999 – 1999/2213 [COS]).

222 S. Reuter, Die ESA als Raumfahrtagentur der Europäischen Union, S. 13.

223 So Hobe/Kunzmann/Reuter, Zukünftige Struktur der europäischen Raumfahrt, S. 92 ff.

224 Bildt/Peyrelevade/Späth, Towards a Space Agency for the European Union.

225 So Reuter, Die ESA als Raumfahrtagentur der Europäischen Union, S. 14.

226 Weitere Integrationsmodelle wurden auch angesprochen, s. hierzu Madders/Wouters, in: Space Policy 2003, 41 (45).

227 Bildt/Peyrelevade/Späth, Towards a Space Agency for the European Union, S. 11.

Hinsicht müsse die Rollenverteilung von ESA und der Europäischen Kommission geklärt und einige Aufgabenbereiche klar voneinander getrennt werden[228].

Ein „neues Kapitel" der europäischen Raumfahrt wurde am 16. November 2000 mit der Verabschiedung gleich lautender Resolutionen der Europäischen Kommission und des ESA-Rates über eine europäische Strategie für Raumfahrt aufgeschlagen[229]. Diesen gemeinsam erarbeiteten Resolutionen konnten sich alle europäischen Staaten anschließen, unabhängig davon, ob sie der ESA oder der Europäischen Union angehörten. In der Resolution betonte die Europäische Kommission, dass „weltraumgestützte Infrastrukturen" zunehmend an Bedeutung gewinnen und eine entscheidende Rolle für das wachsende politische Gewicht der Europäischen Union spielen[230], und sie fügte hinzu, dass „weltraumgestützte Informationen eine immer wichtigere Rolle bei einer Vielzahl von europäischen Politiken spielen[231]. Neben der politischen Bedeutung der Raumfahrt wurde auch betont, dass „auf Grund ihrer starken Hebelwirkung"[232] Raumfahrt ein wirtschaftlicher Faktor sei. Diese Klarstellung der Rolle der Raumfahrt zur Umsetzung der gemeinschaftlichen Politiken wurde von der Auflistung konkreter Zielsetzungen begleitet, unter ihnen die „Stärkung der Basis für Raumfahrtaktivitäten" und die „Nutzung der wirtschaftlichen und gesellschaftlichen Vorteile dank bedarfsorientierter Verwertung der Kenntnisse und Technologien aus der Raumfahrt". Dazu gehöre, unter anderem, „geeignete Rahmenbedingungen für Raumfahrtaktivitäten" zu schaffen[233]. In Anbetracht des weltweiten Wettbewerbs betonte die Europäische Kommission weiter, dass Raumfahrt zum Bestandteil der Politiken der Europäischen Union werden soll und machte somit einen Versuch, Raumfahrt in die europäische Entwicklung zu integrieren[234]. Hierzu wurde eine Reihe von Vorschlägen gemacht, wie zum Beispiel der Abschluss eines Rahmenabkommens zwischen der ESA und der Europäischen Union, welches die politische und finanzielle

---

228 Weiter hierzu s. Martin-Moreno, in: Ravillon, Droit des activités spatiales, Rn. 63 ff.; Hobe/Kunzmann/Reuter, Zukünftige Struktur der europäischen Raumfahrt, S. 93 ff.; vgl. Smith/Hörl, in: Acta Astronautica 2007, S. 210 (211).

229 Smith/Hörl, in: Acta Astronautica 2007, S. 210 (214).

230 OJ C 371, Mitteilung der Europäischen Kommission, KOM(2000)597 endg. und ESA/CM/CXL VIII/Res. 1 (endg.), S. 2.

231 Beispielsweise in den Bereichen Umwelt, Verkehr, Telekommunikation, Kultur, Forschung, Landwirtschaft, Fischerei, Regionalentwicklung und internationale Beziehungen, s. KOM(2000)597 endg, S. 2.

232 KOM(2000)597 endg., S. 9.

233 KOM(2000)597 endg., S. 3.

234 KOM(2001)718 endg., S. 18.

Zusammenarbeit regeln sollte[235]. Mit dieser Resolution wurde eine gemeinsame Arbeitsgruppe (*Joint Task Force*) der Europäischen Kommission und der ESA eingeführt[236]. Somit wurde eine dauerhafte Struktur für gemeinsame Projekte der Europäischen Union und der ESA geschaffen, welche die *ad hoc* Strukturen der Projekte Galileo und GMES endgültig ersetzen sollte. Der ESA-Rat auf Ministerebene begrüßte im November 2001 die Arbeit der *Joint Task Force*, betonte weiter die Wichtigkeit der Zusammenarbeit in der Raumfahrt[237] und regte an, dass dieses Thema auf „höchster politischer Ebene in Europa" weiterverfolgt wird[238].

3. Weißbuch der Europäischen Kommission zur europäischen Raumfahrt

Erste konkrete Schritte für die Entwicklung eines kohärenten institutionellen Rahmens für europäische Raumfahrtaktivitäten wurden im Grünbuch der Europäischen Kommission zur Europäischen Raumfahrtpolitik vom 21. März 2003 vorgestellt und leiteten Überlegungen zu einer einheitlichen europäischen Weltraumpolitik ein[239]. Das Grünbuch stellt eine Vorstufe[240] zum Weißbuch vom 11. November 2003[241] dar, welches einen konkreten Aktionsplan für die Unterstützung der Raumfahrttechnologien und -aktivitäten und zur Umsetzung einer erweiterten europäischen Raumfahrtpolitik in der Europäischen Union beinhaltet[242]. Im Weißbuch wurde betont, dass eine europäische Raumfahrtpolitik nur durch ein entsprechendes Rahmenabkommen zwischen der ESA und der Europäischen Union umgesetzt werden könne; die Europäische Kommission

---

235 Ausführlich hierzu s. Ravillon, in: Ravillon, Droit des activités spatiales, Rn. 65 ff.

236 KOM(2000)597 endg., S. 19.

237 ESA/C-M/CLIV/Res. 1 (final) "Space Serving European Citizens"; s. hierzu Madders/Wouters, in: Space Policy 2003, S. 41 (41).

238 Madders/Thiebaut, in: Space Policy 2007, S. 7 (9).

239 KOM(2003)17. Das Grünbuch enthält eine Darstellung der Situation der europäischen Raumfahrt und soll eine Diskussion über die mittel- und langfristige Nutzung der Raumfahrt im Interesse Europas sowie über die Raumfahrtpolitik Europas einleiten. S. auch eine genaue Analyse bei Hobe/Kunzmann/Reuter, Zukünftige Struktur der europäischen Raumfahrt, S. 110 ff.; Hobe/Hofmannovà/Wouters, A Coherent European Procurement Law and Policy for the Space Sector, S. 19 ff.

240 Hobe/Heinrich/Kerner/Froehlich, Die Europäische Weltraumagentur als "Implementing Agency" der Europäischen Union, S. 2; vgl. Smith/Hörl, in: Acta Astronautica 2007, S. 210 (215).

241 „Die Raumfahrt: Europäische Horizont einer erweiterten Union", KOM(2003)673.

242 Reuter, Die ESA als Raumfahrtagentur der Europäischen Union, S. 14.

sprach sich für die Verabschiedung eines solchen Abkommens vor Ende des Jahres 2003 aus. Weiter betont das Weißbuch, dass viele europäische Staaten ihre Raumfahrtpolitiken national entwickelten, dennoch gleichzeitig durch die ESA eine europäische, gemeinsame Dimension ins Leben gerufen hatten. Die Europäische Kommission regte an, ihre politische Erfahrung zu nutzen und die einzelnen nationalen Anstrengungen in einem europäischen Ansatz zu bündeln. Sie betonte zudem, dass eine europäische Raumfahrtpolitik auch dem langfristigen Frieden und der Sicherheit in Europa dienen könnte[243]. Obwohl ursprüngliche Absicht der Europäischen Kommission, formulierte das Weißbuch noch keine Raumfahrtpolitik. Es stellte dennoch die Weichen für die gemeinsame Zukunft der ESA und der Europäischen Union, indem es zwei Vorbedingungen für die Umsetzung einer europäischen Raumfahrtpolitik nannte, nämlich die allgemeine Erhöhung des Raumfahrtbudgets in Europa und die Annahme einer raumfahrtspezifischen Kompetenz im künftigen Vertrag über eine Verfassung für Europa[244].

4. Rahmenabkommen vom 25. November 2003

Am 25. November 2003 unterschrieben die ESA und die Europäische Union ein Rahmenabkommen (das „Rahmenabkommen“)[245], das eine „neue Phase gemeinsamer Kooperation“ zwischen beiden Organisationen einleitete[246]. Das Rahmenabkommen trat am 28. Mai 2004 für vier Jahre in Kraft mit einer stillschweigenden Verlängerung um vier Jahre, sofern die Parteien nicht anders entscheiden. Das Rahmenabkommen sollte als politisches Signal verstanden werden[247], denn in dieser Zeit offenbarten sich die Finanzierungsschwierigkeiten im Großprojekt Galileo, für das *ad hoc*-Beschaffungsstrukturen geschaffen werden mussten. Das Rahmenabkommen widerspiegelt also die Suche

243 S. hierzu insb. Smith/Hörl, in: Acta Astronautica 2007, S. 210 (211).

244 Madders/Thiebaut, in: Space Policy 2007, S. 7 (9); vgl. Reuter, Die ESA als Raumfahrtagentur der Europäischen Union, S. 31 f.

245 Abgedruckt in: ABl. Nr. L 261 vom 6. April 2004, S. 64 ff., und ausführlich analysiert in: Reuter, IISL Proceedings 2004, S. 148 ff. Zu der Vorgeschichte des Abkommens, s. Madders/Wouters, in: Space Policy 2003, S. 41 (41), und Madders/Wouters, in: Space Policy 2004, S. 31 (31).

246 So Hobe/Heinrich/Kerner/Froehlich, Die Europäische Weltraumagentur als “Implementing Agency” der Europäischen Union, S. 293; vgl. Reuter, in: ZLW 2004, S. 56 ff.

247 So Smith/Hörl, in: Acta Astronautica 2007, S. 210 (211).

nach einer gemeinsamen institutionellen Struktur und einer thematischen Ausrichtung[248].

Das Rahmenabkommen stellte eine Formalisierung der Kooperation zwischen der ESA und der Europäischen Union dar und ist als Zeichen wahrzunehmen, dass institutionelle Anpassungen für die Definition einer europäischen Raumfahrtpolitik notwendig waren[249]. Mit dem Rahmenabkommen wurde die Raumfahrt zum Bestandteil der europäischen Gesellschaft und Wirtschaft und die ESA zum Bestandteil der europäischen Integration.

Mit dem Abschluss des Rahmenabkommens stand im Vordergrund, dass europäische Raumfahrtaktivitäten den europäischen Politiken entsprechen und dabei zu wirtschaftlichem Wachstum beitragen sollten. Als erstes Ziel des Rahmenabkommens standen die Entwicklung einer progressiven und konsequenten europäischen Raumfahrtpolitik sowie eines unabhängigen und kosteneffektiven europäischen Zugangs zum Weltraum im Vordergrund[250]. Die europäische Raumfahrtpolitik sollte darauf abzielen, zur Unterstützung der neuen europäischen Tätigkeit die Nachfrage nach Diensten und Anwendungen aufeinander abzustimmen[251]. Die Grundlage sollte dem institutionellen und operationellen Rahmen beider Organisationen unter Berücksichtigung ihrer jeweiligen Expertise entsprechen, die Entwicklung gemeinsamer Projekte ermöglichen und dabei unnötige Doppelungen von Kapazitäten vermeiden.

Das Rahmenabkommen gründete neue Strukturen, nämlich den Weltraumrat[252], das Gemeinsame Sekretariat[253] und die "*High Level Space Policy Group*" (HSPG)[254]. Das Sekretariat und die HSPG bereiten die Sitzungen der Weltraumräte vor[255]. Der Weltraumrat soll die institutionellen Beziehungen der

---

248 Hobe/Heinrich/Kerner/Froehlich, Die Europäische Weltraumagentur als "Implementing Agency" der Europäischen Union, S. 297.

249 Smith/Hörl, in: Acta Astronautica 2007, S. 210 (215); obwohl es bereits seit 1994 Entwürfe für ein solches Abkommen gab: s. Hobe/Hofmannovà/Wouters, A Coherent European Procurement Law and Policy for the Space Sector, S. 21 ff.

250 S. Hobe/Heinrich/Kerner/Froehlich, Die Europäische Weltraumagentur als "Implementing Agency" der Europäischen Union, S. 297.

251 Hobe/Heinrich/Kerner/Froehlich, Die Europäische Weltraumagentur als "Implementing Agency" der Europäischen Union, S. 297.

252 Art. 8 Abs. 1 und 2 des Rahmenabkommens.

253 Art. 8 Abs. 3 des Rahmenabkommens.

254 Art. 8 Abs. 4 des Rahmenabkommens.

255 Hobe/Heinrich/Kerner/Froehlich, Die Europäische Weltraumagentur als "Implementing Agency" der Europäischen Union, S. 3 und S. 299; vgl. Ratsdokument der Europäischen Union 15000/04 vom 19. November 2004.

ESA und der Europäischen Union fördern und der europäischen Raumfahrtpolitik durch ein schlüssiges und umfassendes europäisches Weltraumprogramm eine Richtung geben[256]. Die HSPG besteht aus Vertretern der Europäischen Union und der Mitgliedstaaten der ESA unter dem gemeinsamen Vorsitz der ESA und der Europäischen Kommission. Die Ergebnisse der Sitzungen der HSPG dienen als Vorlage für den Europäischen Rat beziehungsweise den Wettbewerbsrat der Industrie- und Forschungsminister der Mitgliedstaaten der Europäischen Union sowie den ESA-Rat. Beide Räte tagen in den Weltraumräten und verabschieden koordinierte Beschlüsse[257] in Form von unverbindlichen „Leitlinien“[258] über die Ausrichtung beider Organisationen zueinander[259]. Somit stellt sich der Weltraumrat als „permanente Kommunikationsplattform dar, die es dem Rat der Europäischen Union und dem ESA-Rat erlauben, ihre Politik aufeinander abzustimmen“[260]. Das Rahmenabkommen bildet einen wichtigen „Meilenstein“ für die Entwicklung der Beziehungen zwischen der ESA und der Europäischen Union, die nach einem Jahrzehnt der Annäherung in eine neue Phase ihrer Kooperation eintreten[261].

5. Europäische Raumfahrtpolitik

Die europäische Raumfahrtpolitik lässt sich als „Ergebnis einer gemeinsamen Suche von der Europäischen Union und der ESA nach einer kohärenten Strategie in der europäischen Raumfahrt“ darstellen[262]. Die Erarbeitung einer europäischen Raumfahrtpolitik war eines der Hauptziele, die im Rahmenabkommen vom 25. November 2003 aufgeführt worden waren (Art. 1 Nr. 1 des

---

256 Art. 8 des Rahmensabkommens.

257 Diese Beschlüsse müssen von beiden Organisationen nach ihrem eigenen Verfahren angenommen werden, s. Reuter, Die ESA als Raumfahrtagentur der Europäischen Union, S. 31.

258 S. hierzu Hobe/Heinrich/Kerner/Froehlich, Die Europäische Weltraumagentur als "Implementing Agency" der Europäischen Union, S. 299.

259 Madders/Thiebaut in: Space Policy 2007, S. 7 (8); vgl. Reuter, in: ZLW 2004, S. 56 (61).

260 So Hobe/Heinrich/Kerner/Froehlich, Die Europäische Weltraumagentur als "Implementing Agency" der Europäischen Union, S. 304.

261 So Smith/Hörl, in: Acta Astronautica 2007, S. 210 (210); vgl. Hobe/Heinrich/Kerner/Froehlich, Die Europäische Weltraumagentur als "Implementing Agency" der Europäischen Union, S. 297.

262 So Hobe/Heinrich/Kerner/Froehlich, Die Europäische Weltraumagentur als "Implementing Agency" der Europäischen Union, S. 297.

Rahmenabkommens). So sollten die Europäische Union und die ESA an der „schrittweisen Entwicklung einer umfassenden Raumfahrtpolitik [arbeiten], deren Ziel die Abstimmung zwischen Angebot und Nachfrage nach Raumfahrtsystemen ist“[263].

Die ersten Impulse zur Erarbeitung einer europäischen Raumfahrtpolitik kamen ein Jahr nach dem Abschluss des Rahmenabkommens anlässlich der ersten Tagung des Weltraumrats am 25. November 2004.[264] Es wurden dabei Leitlinien zu einem europäischen Raumfahrtprogramm beschlossen[265], und es erfolgten grundsätzliche Überlegungen zur europäischen Raumfahrtpolitik sowie zu den beiden Leuchtturmprojekten Galileo und GMES. Bei den nächsten Sitzungen am 7. Juni und 28. November 2005 wurden jeweils weitere Leitlinien zum europäischen Raumfahrtprogramm[266] und zur Verwaltung und Finanzierung von GMES[267] verabschiedet. Inhaltlich wurde formuliert, dass die Europäische Union für die Bündelung der Nutzeranforderungen sowie die Festlegung des Regelungsumfelds verantwortlich sein soll, während die Entwicklung von Raumfahrttechnologien, die Raumfahrtforschung sowie die Bereitstellung der für Raumfahrt erforderlichen Infrastrukturen in den Aufgabenbereich der ESA fallen[268]. Es ist anzumerken, dass es bei den Beschlüssen der ersten beiden Räte um ein „europäisches Raumfahrtprogramm“ ging. Das Gemeinsame Sekretariat hatte ein solches Programm für Ende 2005 angekündigt[269] und auf der zweiten Sitzung des Weltraumrates vorangetrieben, so dass beabsichtigt wurde, bei der dritten Sitzung des Weltraumrates Ende 2005 eine Raumfahrtpolitik und ein Raumfahrtprogramm für den Zeitraum bis 2013 zu verabschieden[270]. Es stellte sich jedoch heraus, dass der Weltraumrat

263 S. hierzu Hobe/Heinrich/Kerner/Froehlich, Die Europäische Weltraumagentur als “Implementing Agency” der Europäischen Union, S. 297.

264 S. hierzu Hobe/Heinrich/Kerner/Froehlich, Die Europäische Weltraumagentur als “Implementing Agency” der Europäischen Union, S. 298.

265 Text wiedergegeben im Dokument des Rates des Europäischen Union 15000/04 vom 19. November 2004.

266 S. hierzu Hobe/Heinrich/Kerner/Froehlich, Die Europäische Weltraumagentur als “Implementing Agency” der Europäischen Union, S. 299.

267 S. hierzu Hobe/Heinrich/Kerner/Froehlich, Die Europäische Weltraumagentur als “Implementing Agency” der Europäischen Union, S. 299.

268 Leitlinien des Weltraumrats auf der Sitzung vom 7. Juni 2005, Punkt 3 a).

269 S. die Mitteilung der Europäischen Kommission an den Rat und das Europäische Parlament „Europäische Raumfahrtpolitik – erste Ansätze“, KOM(2005)208.

270 S. hierzu Hobe/Heinrich/Kerner/Froehlich, Die Europäische Weltraumagentur als “Implementing Agency” der Europäischen Union, S. 299.

unter dem Konzept „europäisches Weltraumprogramm“ eigentlich ausschließlich die beiden begonnenen Projekte Galileo und GMES meinte[271].

Erste Ergebnisse bezüglich einer Raumfahrtpolitik wurden erst zwei Jahre später erzielt[272], als am 26. April 2007 der ESA-Generaldirektor Jean-Jacques Dordain und die Europäische Kommission ein als „europäische Raumfahrtpolitik“ bezeichnetes gemeinsames Dokument vorlegten[273], das bei der vierten Sitzung des Weltraumrates begrüßt wurde und zur Entschließung der Europäischen Raumfahrtpolitik von 22. Mai 2008 führte. Mit diesem Dokument[274] wird die erste gemeinsame Strategie der ESA und der Europäischen Union bezüglich der Raumfahrt in Europa festgelegt. Sie beruht auf dem Entschluss, Raumfahrt als Mittel einzusetzen, um die Unabhängigkeit, die Sicherheit und den Wohlstand Europas zu gewährleisten. Der unabhängige Zugang Europas zum Weltraum wird dabei als fundamental betrachtet.

In der Entschließung zur Europäischen Raumfahrtpolitik werden acht Schwerpunkte adressiert: Anwendungen (Galileo und GMES), Sicherheit und Verteidigung, Zugang zum Weltraum, Internationale Raumstation und Weltraumforschung, Wissenschaft und Technik, Industriepolitik und internationale Beziehung sowie Führungsstruktur in der Raumfahrtpolitik. Dabei sieht der Weltraumrat das von ihm bevorzugte institutionelle Modell zur Führungsstruktur der Raumfahrtpolitik im „Einsatz der ESA als Verwalterin der raumfahrtbezogenen Aktivitäten der Europäischen Union und Beschaffungsstelle unter Anwendung des Rechts der Europäischen Union“[275]. So sollte die Europäische Union die Nutzerbedarfe ermitteln, die dauerhafte Verfügbarkeit der entwickelten Dienste sowie deren Finanzierung sicherstellen, während die ESA die dazu notwendigen Raumfahrttechnologien entwickelt[276]. Diese Konstellation der Zusammenarbeit beträfe ausschließlich die Raumfahrtaktivitäten der Europäischen Union, da die

---

271 S. hierzu Hobe/Heinrich/Kerner/Froehlich, Die Europäische Weltraumagentur als “Implementing Agency” der Europäischen Union, S. 299.

272 S. hierzu Hobe/Heinrich/Kerner/Froehlich, Die Europäische Weltraumagentur als “Implementing Agency” der Europäischen Union, S. 299.

273 S. die Mitteilung der Europäischen Kommission an den Rat und das Europäische Parlament vom 26. April 2007, KOM(2007) 212.

274 Ratsdokument 10037/07 von 25. Mai 2007, veröffentlicht in ABl. C 136 vom 20. Juni 2007, S. 1 ff.

275 S. hierzu Hobe/Heinrich/Kerner/Froehlich, Die Europäische Weltraumagentur als “Implementing Agency” der Europäischen Union, S. 300.

276 Hobe/Heinrich/Kerner/Froehlich, Die Europäische Weltraumagentur als “Implementing Agency” der Europäischen Union, S. 304.

Programme der ESA eigenständig blieben und ihre Unabhängigkeit nicht in Frage gestellt werden würde[277]. Diese Verwaltungsrolle der ESA schlösse dabei die Anwendung ihres eigenen Rechts und ihres industriepolitischen Modells keinesweg aus, da der Weltraumrat das Rückfluss-Prinzip als Erfolgsmittel der ESA anerkannte und gleichzeitig die Europäische Kommission aufforderte, Mittel zur Finanzierung ihrer Raumfahrtprojekte zu erarbeiten, welche die „Besonderheiten des Raumfahrtsektors“[278] berücksichtigen[279]. Bis dato ist dies jedoch noch nicht erfolgt, und das Recht der Europäischen Union findet nach wie vor Anwendung wenn es um Raumfahrtaktivitäten der Europäischen Union geht[280].

Seit dem Jahr 2008 wurde die europäische Raumfahrtpolitik inhaltlich weiter entwickelt und die Projekte Galileo und GMES vorangetrieben[281]. Durch die französische Ratspräsidentschaft der Europäischen Union wurde im Rahmen eines informellen Ministertreffens der für Raumfahrt zuständigen Minister in Französisch-Guyana am 21.-22. Juli 2008 die hohe Bedeutung der beiden Projekte betont und eine „Einigung darüber erzielt, dass eine politische Führung der Europäischen Raumfahrtpolitik und die ihrer Rolle entsprechende Mittelausweisung im Haushalt der Europäischen Union notwendig sind“[282].

Diese Vorgabe wurde durch den Beschluss des am 26. September 2008 tagenden fünften Weltraumrats weiterentwickelt und stellte die Grundlage für den Fortschrittsbericht der Europäischen Kommission vom 11. September 2008[283] dar, in dem sich die Europäische Kommission für die Weiterentwicklung von Galileo und GMES sowie „anstehende Aufgaben“[284] in weiteren Bereichen aussprach.

---

277 S. hierzu Hobe/Heinrich/Kerner/Froehlich, Die Europäische Weltraumagentur als “Implementing Agency” der Europäischen Union, S. 300.

278 S. hierzu Hobe/Heinrich/Kerner/Froehlich, Die Europäische Weltraumagentur als “Implementing Agency” der Europäischen Union, S. 300; auf die Besonderheiten des Raumfahrtsektors und der europäischen Raumfahrtindustrie wird im Folgenden im Vierten Teil – Vorbemerkung eingegangen.

279 S. Entschließung zur Europäischen Raumfahrtpolitik, Nr. 14.

280 S. hierzu Hobe/Heinrich/Kerner/Froehlich, Die Europäische Weltraumagentur als “Implementing Agency” der Europäischen Union, S. 300.

281 S. hierzu Hobe/Heinrich/Kerner/Froehlich, Die Europäische Weltraumagentur als “Implementing Agency” der Europäischen Union, S. 301.

282 So Hobe/Heinrich/Kerner/Froehlich, Die Europäische Weltraumagentur als “Implementing Agency” der Europäischen Union, S. 301.

283 Arbeitsdokument der Europäischen Kommission vom 11. September 2008, Europäische Raumfahrtpolitik – Fortschrittsbericht, KOM(2008)561.

284 So Hobe/Heinrich/Kerner/Froehlich, Die Europäische Weltraumagentur als “Implementing Agency” der Europäischen Union, S. 302.

Die spätere Entwicklung der besagten Aufgaben zeigte, dass die Priorisierung erneut bei den Großprojekten Galileo und GMES lag, und dass die Bearbeitung der „anstehenden Aufgaben“ wie beispielsweise die Erarbeitung eines Regulierungsrahmens für die Industriepolitik sowie Normung und Haftungsthemen[285] prioritär immer weiter nach hinten geschoben wurde[286]. Nichtsdestotrotz präsentiert die Entschließung des fünften Weltraumrats vom 26. September 2008[287] die Ausarbeitung einer „Vision für eine Raumfahrtpolitik“ in Europa. Darüber hinaus werden neue Prioritäten formuliert, um Europa als Raumfahrtakteur in der Raumfahrtszene zu etablieren. Folgende Maßnahmen sollen erfolgen: Erarbeitung eines integrierten Konzepts für die internationale Zusammenarbeit, Nutzung der Synergien zwischen den zivilen und militärischen Raumfahrtprogrammen, Entwicklung wettbewerbsfähiger Startkapazitäten, Erhalt eines einsatzfähigen Weltraumbahnhofs, Erlass eines Regulierungsrahmens für nachgelagerte Dienste, Optimierung der Entscheidungsprozesse in der Raumfahrt und Definition der Finanzierungsregeln für die Raumfahrtaktivitäten der Europäischen Union.

Dieser starke europäische Antritt spiegelt sich im Ergebnis des ESA-Rates am 25. und 26. November 2008 wider, bei dem die von der fünften Weltraumratssitzung verabschiedete Strategie vorangetrieben wurde. Dabei beschloss man die Weiterentwicklung der ESA sowie der Projekte Galileo und GMES. Auch wurde ein Vorbereitungsprogramm zur Erfassung der Weltraumlage (*Space Situational Awareness* – SSA) ins Leben gerufen.

Im Rahmen des sechsten Weltraumrats am 29. Mai 2009 nahm die Europäische Kommission einen Vorschlag für eine GMES-Verordnung an, und der Europäische Rat bekräftigte erneut, dass die Europäische Union im Zuge der Festlegung ihres nächsten mehrjährigen Finanzrahmens eine Haushaltsstrategie erstellen muss[288].

6. Mitteilung der Europäischen Kommission vom 4. April 2011

Die Fortführung der Europäischen Raumfahrtpolitik erfolgte mit der am 4. April 2011 veröffentlichten Mitteilung der Europäischen Kommission, bezeichnet als „Weltraumstrategie der Europäischen Union im Dienst der Bürgerinnen

285 KOM(2008)561, S. 11 ff.

286 So Hobe/Heinrich/Kerner/Froehlich, Die Europäische Weltraumagentur als “Implementing Agency” der Europäischen Union, S. 302.

287 Ratsdokument 13269/08 vom 29. September 2008, veröffentlicht in ABl. C 268 vom 23. Oktober 2008, S. 1 ff.

288 KOM(2009)589 endgültig, S. 2.

und Bürger“ [289], die einen weiteren Schritt in die Richtung der Annahme eines europäischen Raumfahrtprogramms darstellt[290]. Die Mitteilung stellt eine wesentliche Grundlage für spätere Verhandlungen zwischen den Mitgliedstaaten und der Europäischen Union bezüglich des mehrjährigen Finanzrahmens der Europäischen Union für den Zeitraum 2014 bis 2020 dar. Darüber hinaus enthält die Mitteilung politische Überlegungen über die neulich erworbene Raumfahrtkompetenz der Europäischen Union[291]. Seit dem Inkrafttreten des Vertrags von Lissabon war nämlich unklar, wie die Europäische Union diese Kompetenz interpretieren und nutzen werde[292], und wie sie der Aufgabe, ein europäisches Raumfahrtprogramm zu erlassen, nachkommen solle[293]. Der Weltraumrat hatte bei seiner siebten Sitzung die Weichen für die Klärung der Position der Europäischen Union diesbezüglich gestellt[294]. Mit der Mitteilung geht die Europäische Kommission auf diese Aufforderung ein und präsentiert die „Grundlage für die mittelfristige Aktion der Europäischen Union in der Raumfahrt“[295]. Entsprechend der Position, welche die Europäische Union über die letzten Jahre entwickelt hatte, wird erneut hervorgehoben, dass Raumfahrt ein nützliches Werkzeug für die Umsetzung der Politiken der Europäischen Union ist, und dass sie zur strategischen Unabhängigkeit Europas beiträgt[296]. Darauf werden vier Prioritätsbereiche identifiziert, die es voranzutreiben gilt. Diese sind im Folgenden:

---

289 Mitteilung der Europäischen Kommission an das Europäische Parlament, den Rat, den Europäischen Wirtschafts- und Sozialausschuss und den Ausschuss der Regionen auf dem Weg zu einer Weltraumstrategie der Europäischen Union im Dienst der Bürgerinnen und Bürger, KOM(2011) 152, endg.

290 Frühere Schritten waren mit dem Arbeitsdokument der Europäischen Kommission SEC(2007)504 vom 24. Juni 2007 bereits getätigt worden, S. Sánchez Aranzamendi, ESPI Perspectives 46, S. 1.

291 So Sánchez Aranzamendi, ESPI Perspectives 46, S. 1.

292 S. Sánchez Aranzamendi, ESPI Perspectives 46, S. 1; vgl. Hobe/Heinrich/Kerner/Froehlich, Die Europäische Weltraumagentur als “Implementing Agency” der Europäischen Union, S. 307.

293 Zu den Umständen, die zu dieser Unklarheit führen, s. Sánchez Aranzamendi, ESPI Perspectives 46, S. 1.

294 Ratsdokument 16864/10 vom 26. November 2010, Globale Herausforderungen: aus den europäischen Weltraumsystemen uneingeschränkt Nutzen ziehen.

295 S. Sánchez Aranzamendi, ESPI Perspectives 46, S. 1: “reference for EU action in space in the midterm”, eigene Übersetzung.

296 Je auswählte Bereiche, in welchen die Raumfahrteffizient eingesetzt werden kann, werden in: Sánchez Aranzamendi, ESPI Perspectives 46, S. 2, aufgelistet.

- der vollständige Aufbau von Galileo und die Entwicklung nachgelagerter Märkte,
- die Umsetzung von GMES für hoheitliche Zwecke und die Unterstützung der Nachfrage durch den privaten Sektor und
- die Weiterentwicklung der Sicherheitsaspekte der Raumfahrt durch GMES und ein europäisches SSA-Programm.

Auch die Weltraumexploration wird thematisiert, wenngleich diese nicht als dringende Priorität gekennzeichnet wird. Im Übrigen handelt es sich hierbei gänzlich um Schwerpunkte, die seit der vierten Sitzung des Weltraumrats stets als vorrangige Themen dargestellt wurden. Abschließend gibt die Mitteilung einen Ausblick über die Wichtigkeit der Pflege der internationalen Beziehungen als Türöffner für die europäische Raumfahrt auf dem weltweiten Markt.

Ein wesentlicher Beitrag der Mitteilung zu den Überlegungen über die Weltraumstrategie ist die Einführung der Sicherheitsthematik in die Überlegungen über die strategische Ausrichtung der europäischen Raumfahrt. Dabei wird die duale Natur der Raumfahrttechnologien betont, sowie die Notwendigkeit, die bestehenden zivilen und militärischen Ressourcen effektiv zu nutzen. Die Europäische Kommission bietet an, nationale Einrichtungen wenn notwendig zu koordinieren und bei Bedarf neue Infrastrukturen zu entwickeln. Dieselbe Koordinierungsrolle sieht die Europäische Kommission für sich im Bereich der Industriepolitik und identifiziert Herausforderungen und Ziele, die jedoch von den Mitgliedstaaten und der ESA angegangen werden müssten. Die Europäische Union schließt dabei nicht aus, dass sie auf Harmonisierungsmaßnahmen mit anderen rechtlichen Grundlagen als der Art. 189 AEUV zugreifen könnte.

In Anbetracht dessen kommt die Europäische Kommission zu der Schlussfolgerung, dass eine Anpassung der Steuerung, mit anderen Worten der *Governance,*[297] der europäischen Raumfahrt notwendig ist und dass die Rolle der ESA, je nach der Entwicklung der Raumfahrt in Europa, revidiert werden könnte. In diesem Sinne plädiert die Europäische Kommission für die Anwendung des Subsidiaritätsprinzips[298] und bestätigt ihren Anspruch auf eine politische Führungsrolle, indem sie ankündigt, als Koordinatorin für eine bessere Nutzung der Raumfahrtkapazitäten in Europa aufzutreten oder gegebenenfalls

297 Unter dem Begriff „Governance" wird Folgendes verstanden: „Werkzeug für die erfolgreiche Umsetzung von Programmen, das für ein innovationsförderndes Umfeld sorgt", s. Schrogl/Mathieu/Bruston/Rieder, in: ESPI Perspectives 18, S. 1, eigene Übersetzung.

298 S. Sánchez Aranzamendi, ESPI Perspectives 46, S. 4, Fn. 11.

Lücke füllen zu wollen. Ob ihr dies gelingt, hängt von der Reaktion der Mitgliedstaaten der Europäischen Union ab und wird in den Verhandlungen über den zukünftigen mehrjährigen Finanzrahmen entschieden.

7. Ausblick

Das Rahmenabkommen stellt einen Meilenstein für die Entwicklung der Beziehungen zwischen der ESA und der Europäischen Union dar und veranschaulicht den politischen Willen seitens der Regierungen der Mitgliedstaaten und der Europäischen Union, die begonnene Zusammenarbeit in der Raumfahrt weiter zu intensivieren. Dies gelang mit der Verabschiedung einer Entschließung zur europäischen Raumfahrtpolitik durch den Weltraumrat, die durch die folgende Entschließung von 2008 vorangebracht wurde. Die gegenwärtige Struktur der europäischen Raumfahrt bleibt allerdings unklar beschrieben und weist somit auf die Defizite der Europäischen Raumfahrtpolitik hin[299]. Diese betreffen sowohl strukturelle Themen (wie etwa das Fehlen einer strengen Kompetenzaufteilung und intransparente Entscheidungsprozesse) als auch materielle Fragen, so dass bereits verschiedene Szenarien für die Umstrukturierung der europäischen Raumfahrt vorgeschlagen und dargestellt wurden[300]. Ein erstes Szenario sieht den Beitritt der Europäischen Union zur ESA-Konvention vor[301]. Im Rahmen eines zweiten Szenarios soll das bereits existierende Abkommen zwischen der ESA und der Europäischen Union weiterentwickelt werden und beiden Organisationen verbindliche Aufgaben zuweisen[302]. In dem dritten, dem sogenannten Integrationsmodell-Szenario wird die Integration der ESA in die Europäische Union vorgesehen[303]. Nach der Übertragung einer Raumfahrtkompetenz an die

---

299 So auch Reuter, Die ESA als Raumfahrtagentur der Europäischen Union, S. 32; vgl. Hobe, in: Legal Aspects of the Future Institutional Relationship between the European Union and the European Space Agency, S. 9 (13); vgl. Smith/Hörl, in: Acta Astronautica 2007, S. 210 (211).

300 S. dazu allgemein Hobe, in: Legal Aspects of the Future Institutional Relationship between the European Union and the European Space Agency, S. 9 (13).

301 Reuter, Die ESA als Raumfahrtagentur der Europäischen Union, S. 32.

302 Reuter, Die ESA als Raumfahrtagentur der Europäischen Union, S. 32.

303 Dies wurde insbesondere von den Organen der Europäischen Union vorgeschlagen, s. dazu das Weißbuch der Europäischen Kommission zur Europäischen Raumfahrt, KOM(2003)673, S. 43, sowie die Entschließung des Europäischen Parlaments vom 17. Januar 2002 zur Europäischen Raumfahrt, P5_TA(2002)0015, Punkt 18. Zum Integrationsmodell allgemein, s. Madders, in: Legal Aspects of the Future Institutional Relationship between the European Union and the European Space Agency, S. 34.

Europäische Union und dem Inkrafttreten des Vertrags von Lissabon stellt sich die Frage, wie die Mitgliedstaaten und die Europäische Union in den kommenden Jahren den Art. 189 AEUV interpretieren und umsetzen werden.

E. Fazit

Vor dem Hintergrund des Kalten Krieges wurde die Raumfahrtforschung in den 1950er und 1960er Jahren innerhalb der beiden konkurrierenden politischen Systeme der USA und der UdSSR betrieben und vor allem aus ideologischen Gründen vorangetrieben. Dies führte zu enormen technologischen Fortschritten. Auch in Europa erfolgte eine verbreitete Nutzung von Raumfahrttechnologien, nicht zuletzt ermöglicht durch die Gründung internationaler Organisationen und das wachsende Engagement der Europäischen Union in der Raumfahrtszene. Mit der erweiterten internationalen Zusammenarbeit verlor die Raumfahrt ihren exklusiven politisch-strategischen Charakter und wurde vermehrt zum Gegenstand kommerzieller Geschäftsfelder, so dass die Aktivitäten von Staaten und internationalen Organisationen fortschreitend durch private Akteure ergänzt wurden, die in der Lage waren, Raumfahrtdienstleistungen eigenständig anzubieten. Auf die rechtliche Wahrnehmung dieser Entwicklung wird im Folgenden eingegangen.

Zweiter Teil
Überblick über die Quellen des Weltraumrechts in Europa

Über den Begriff „Weltraumrecht“[304] existiert keine abgestimmte Definition. Allgemein betrachtet kann das Weltraumrecht alle Normen und Regeln, welche die Erforschung und die Nutzung des Weltraums regeln[305], umfassen – entsprechend lässt sich dem internationalen und nationalen Weltraumrecht vieles zuordnen, wie etwa das allgemeine Völkerrecht, politische Beschlüsse der Staaten[306], internationale bilaterale oder multilaterale Abkommen (unabhängig von deren Namen, entweder *International Cooperation Agreements, Memoranda of Understanding, Charters*)[307] oder Verhaltenskodices[308]. Allerdings beschäftigen sich alle diese Rechtsquellen nicht ausschließlich mit Weltraumtätigkeiten und nicht alle beeinflussen den internationalen Rechtsrahmen der Weltraumtätigkeiten in relevanter Weise[309]. Die vorliegende Arbeit fokussiert sich daher auf die Untersuchung der relevanten internationalen Verträge der Vereinten Nationen und der nationalen Weltraumgesetze der Mitgliedstaaten der ESA und der Europäischen Union.

Im Folgenden erfolgt somit eine Darstellung des kodifizierten internationalen Weltraumrechts (Abschnitt A), das die Grundlage für das nationale Weltraumrecht bildet (Abschnitt B).

A. Weltraumspezifische völkerrechtliche Verträge

Um die weltraumspezifischen völkerrechtlichen Verträge darstellen zu können (II) erscheint es angebracht, in einem ersten Schritt auf den Ausschuss der Vereinten Nationen für die friedliche Nutzung des Weltraums (I) einzugehen.

---

304 Lafferranderie, in: Benkö/Schrogl, Essential, Air and Space Law, S. 5 (8).

305 Baumann, in: Benkö/Schrogl, Essential, Air and Space Law, S. 47 (47); vgl. Dunk, Private Enterprise and Public Interest in the European “Spacescape”, S. 11.

306 Wie GV Res. 1721 (XVI) vom 20. Dezember 1961 (A/5100).

307 Lafferranderie, in: Benkö/Schrogl, Essential, Air and Space Law, S. 5 (8).

308 Eine weitere nicht abschließende Auflistung der möglichen Quellen des Weltraumrechts entnimmt man Lafferranderie, in: Benkö/Schrogl, Essential, Air and Space Law, S. 5 (8).

309 Dunk, Private Enterprise and Public Interest in the European “Spacescape”, S. 11.

I. Ausschuss der Vereinten Nationen für die friedliche Nutzung des Weltraums

Im Folgenden sollen die Entstehung (1) und der Auftrag des Ausschuss der Vereinten Nationen für die friedliche Nutzung des Weltraums (2), seine Mitglieder und Arbeitsweise (3) sowie seine Leistung (4) dargestellt werden.

1. Ausgangspunkt – Die friedliche Nutzung des Weltraums

Am 14. November 1957 forderte die Generalversammlung der Vereinten Nationen einen Bericht über die sich zunehmend entwickelnde Nutzung des Weltraums. Es sollte darin untersucht werden, ob der Start von Gegenständen in den Weltraum allein aus friedlichen und wissenschaftlichen Zwecken erfolgte[310]. Unter den Staaten herrschte zu dieser Zeit ein stillschweigendes Einvernehmen darüber, dass die Nutzung des Weltraums ausschließlich zu friedlichen und wissenschaftlichen Zwecken erfolgen sollte. Diese faktische Entscheidung wurde auch später nie in Frage gestellt[311].

2. Raumfahrtspezifischer Auftrag der Vereinten Nationen

Auch wenn die Hauptaufgabe der Vereinten Nationen in der Wahrung des Weltfriedens und der internationalen Sicherheit liegt, ist die Organisation laut Art.13./1a ihrer Charta unter anderem auch mit der fortschreitenden Entwicklung des Völkerrechts und seiner Kodifizierung beauftragt. Diese Aufgabe ist der Generalversammlung übertragen, die selbst keine Gesetzgebungsbefugnis hat, doch die Rechtsentwicklung auf internationaler Ebene fördert. Ihre Vorschläge bedürfen der einzelstaatlichen Zeichnung und Ratifizierung, um in Kraft zu treten. Nach Bedarf dürfen auch *ad hoc*-Ausschüsse oder permanente Gremien eingesetzt werden[312].

---

310 GV Res. 1148 (XII), 14. November 1957, § I (f).

311 Jenks, Space Law, S. 44.

312 Kries/Schmidt-Tedd/Schrogl, Raumfahrtrecht, S. 7; Jankowitsch, in: Brünner/Soucek/Walter, Raumfahrt und Recht, Faszination Weltraum. Regeln zwischen Himmel und Erde, S. 21 (24).

Im Anschluss an den ersten erfolgreich in die Umlaufbahn platzierten Satelliten *Sputnik* legten die sowjetische und die US-amerikanische Delegation der Vereinten Nationen Vorschläge für die internationale Zusammenarbeit im Rahmen der Weltraumtätigkeiten vor. Konkret schlug der US-amerikanische Außenminister John Foster Dulles der UN-Generalversammlung am 18. September 1958 die Errichtung eines *ad hoc*-Ausschusses vor, um ein Programm über die internationale Kooperation in der friedlichen Nutzung des Weltraums auszuarbeiten[313]. Am 13. Dezember 1958 wurde der *ad hoc*-Ausschuss für die friedliche Nutzung des Weltraums (*United Nations Committee on the Peaceful Uses of Outer Space – UN-COPUOS*) eingesetzt[314]. Mit der Entschließung vom 12. Dezember 1959[315] wurde er zu einem ständigen Ausschuss der Generalversammlung[316]. Der Auftrag des Ausschusses bestand darin, die internationale Zusammenarbeit bezüglich der friedlichen Nutzung des Weltraums zu untersuchen und zu fördern und die auf den Weltraum Bezug nehmenden juristischen Angelegenheiten zu prüfen[317]. Somit erhielt die Befassung über rechtliche Regelungen der Raumfahrt auf der Verhandlungsebene der Vereinten Nationen ihren festen Platz[318], denn die Aufgabe des Ausschusses bestand auf der rechtlichen Seite darin, eine ständige Analyse der mit der Entwicklung der Raumfahrt verbundenen Fragen durchzuführen[319].

3. Mitglieder und Arbeitsweise

Ursprünglich hatte der Ausschuss für die friedliche Nutzung des Weltraums 24 Mitglieder; nach und nach traten mehr Staaten bei, so dass UN-COPUOS gegenwärtig 70 Mitglieder umfasst. Somit ist der Ausschuss einer der mitgliederreichsten der Vereinten Nationen[320] – aktuell sind darin deutlich mehr

---

313 „to prepare for a fruitful program on international cooperation in the peaceful uses of outer space“: vgl. Böckstiegel, in: Böckstiegel, Handbuch des Weltraumrechts, S. 1 (9). Diesen Wunsch hatte auch die sowjetische Delegation geäußert, vgl. Cheng, in: Studies in International Space Law, S. 100.

314 GV Res. 1348 (XIII).

315 GV Res. 1472 (XIV).

316 S. hierzu Kopal, in: Proceedings of the Third ECSL Colloquium, S. 265 (267).

317 Lala, in: Acta Astronautica 1996, S. 647 (647).

318 Kries/Schmidt-Tedd/Schrogl, Raumfahrtrecht, S. 7.

319 Gorove, in: Space Law, Development and Scope, S. 46.

320 Stand: 2001, s. http://www.oosa.unvienna.org/oosa/COPUOS/copuos.html, zuletzt abgerufen am 2. Oktober 2012.

als ein Drittel aller Mitgliedstaaten vertreten. Neben diesen Mitgliedstaaten verfügt eine Reihe internationaler Organisationen über einen Beobachterstatus im Ausschuss[321]. Dazu gehört insbesondere die ESA als Nachfolgerin der Organisationen ELDO und ESRO, die seit dem Jahr 1973 Beobachter bei UN-COPUOS waren. Beobachterstatus hat auch das *European Space Policy Institute* – ESPI seit dem Jahr 2005. Erstmalig waren im Rahmen der Konferenz UNISPACE III im Jahr 1999 neben den Vertretern der Regierungen auch Beobachter aus der Industrie anwesend.

Der Ausschuss tagte zum ersten Mal im März 1962. Anlässlich dieser Tagung wurden zwei Unterausschüsse gegründet: der wissenschaftliche und technische Unterausschuss sowie der Rechtsunterausschuss[322], welche zum Dreh- und Angelpunkt der internationalen Kooperation und Koordination im Bereich der Exploration und der friedlichen Nutzung des Weltraums wurden[323]. Unter der Devise „allgemeiner Konsens“[324] arbeitete der Rechtsunterausschuss an der Vorbereitung der fünf bedeutendsten internationalen Verträge völkerrechtlicher Natur, die den Kern des internationalen Weltraumrechts bilden[325], mit.

4. Leistung des UN-COPUOS

Seit seiner Gründung hat sich der UN-COPUOS mit einer Reihe verschiedener Schwerpunkte auseinandergesetzt. Ein wesentlicher Beitrag des Rechtsunterausschusses liegt in der Kodifizierung der fünf Weltraumverträge. Darüber hinaus beschäftigen sich die Arbeiten des Ausschusses unter anderem mit den Errungenschaften der Raumfahrt, der Bestimmung und Abgrenzung des Weltraums[326], der Nutzung des geostationären Orbits, den Auswirkungen

321 Lala, in: Acta Astronautica 1996, S. 647 (647 f.).

322 Jenks, Space Law, S. 56; Gorove, in: Space Law, Development and Scope, S. 46.

323 Qizhi, in: IISL Proceedings 1997, S. 51 (52).

324 Hierzu, s. Kopal, in: Proceedings of the Third ECSL Colloquium, S. 265 (268): Eine Anwendung des Einstimmigkeits-Prinzips hätte die Arbeit des zu Zeiten des Ost-West- Gegensatzes eingesetzten Ausschusses stark erschwert, wenn nicht unmöglich gemacht, vgl. Kries/Schmidt-Tedd/Schrogl, Raumfahrtrecht, S. 8.

325 Gorove, in: Space Law, Development and Scope, S. 46; Cheng, in: Studies in International Space Law, S. 128; vgl. Lala, in: Acta Astronautica 1996, S. 647 (648).

326 Zur mangelnden Abgrenzung des Weltraums s. auch Kerrest, National Space Legislation – Crafting Legal Engines for the Growth of Space Activities, vorgestellt am 22. März 2011 beim IISL/ECSL Symposium, abrufbar unter http://www.oosa.unvienna.org/pdf/pres/lsc2010/symp01.pdf, zuletzt abgerufen am 2. Oktober 2012.

der Erdfernerkundung, der Wissenschaft, raumfahrtgestützten Technologien, Weltraumtrümmern und vielem Weiteren[327]. Der Rechtsunterausschuss beschäftigte sich zudem in den letzten Jahren mit der Untersuchung des Konzepts des Startstaates, der Nutzung von nuklearen Energiequellen, und seit kurzem setzt er sich mit der Frage der nationalen Weltraumgesetzgebung auseinander.

Die Aktivitäten des UN-COPUOS werden allerdings von anderen internationalen Ausschüssen, Organisationen oder spezialisierten Gruppen, die sich mit raumfahrtbezogenen Themen befassen, immer weiter in den Hintergrund gedrängt. Zu nennen wären hier unter anderem die *International Telecommunication Union*, das *Inter-Agency Space Debris Coordination Committee* oder das *Committee on Earth Observation Satellites*, die alle einen wesentlichen Beitrag zu den Verhaltensregeln im Weltraum liefern. Die von diesen Gremien erarbeiteten Regeln sind prinzipiell unverbindlich; sie entstehen allerdings meist im Einvernehmen aller Beteiligten und haben aufgrund ihrer Flexibilität eine hohe politische Bedeutung.

II. Raumfahrtspezifische völkerrechtliche Verträge

Das für die vorliegende Arbeit relevante geltende Weltraumrecht besteht aus der Kodifizierung von fünf völkerrechtlichen Verträgen[328], die auf Resolutionen der Generalversammlung der Vereinten Nationen basieren[329]. Diese Kodifizierung stellt die Entstehungsepoche des Weltraumrechts dar und entspricht der ersten Epoche des Raumfahrtzeitalters, wie sie im Ersten Teil dieser Arbeit vorgestellt wurde[330].

Der Grundsatzvertrag für Weltraumtätigkeiten ist der Vertrag über die Grundsätze zur Regelung der Tätigkeiten von Staaten bei der Erforschung und Nutzung des Weltraums einschließlich des Mondes und anderer Himmelkörper vom

327 Lala, in: Acta Astronautica 1996, S. 647 (647).

328 Zum Ratifizierungsstatus der Weltraumverträge, s. http://www.oosa.unvienna.org/oosatdb/showTreatySignatures.do, zuletzt abgerufen am 2. Oktober 2012.

329 Ogunbanwo, International Law and Outer Space Activities, S. 11; vgl. Dunk, Private Enterprise and Public Interest in the European "Spacescape", S. 10.

330 So auch Benkö/Schrogl, in: Benkö/Schrogl, Essential, Air and Space Law, S. 1 (1); vgl. Cheng, in: Studies in International Space Law, S. 155; vgl. Ravillon, in: Ravillon, Droit des activités spatiales, Rn. 137 ff.

27. Januar 1967 („Weltraumvertrag"). Der Weltraumvertrag stellt die wichtigste Kodifizierung des internationalen Weltraumrechts dar und schafft zugleich eine allgemeine Rechtsgrundlage und den Rahmen für die Weiterentwicklung des Raumfahrtrechts. Eine Funktion des Weltraumvertrages besteht darin, durch weitere völkerrechtliche Verträge auszufüllende Rahmenregelungen niederzulegen[331]. Vier Artikel des Weltraunvertrages sind in einer unmittelbaren Weise relevant für private Raumfahrtaktivitäten[332]. Es handelt sich um Art. II über den rechtlichen Status des Weltraums, Art. VI über die internationale staatliche Verantwortung, Art. VII über die internationale staatliche Haftung und schließlich Art. VIII über die Jurisdiktion mit Bezug auf Raumfahrtaktivitäten.

Weiterhin bildet das Übereinkommen über die völkerrechtliche Haftung für Schäden durch Weltraumgegenstände vom 29. März 1972 („Weltraumhaftungsübereinkommen") einen wesentlichen Bauteil des internationalen Weltraumrechts. Das Weltraumhaftungsübereinkommen ist somit eine umfassende Ausarbeitung von Art. VII des Weltraumvertrages über die internationale staatliche Haftung[333].

Das Übereinkommen über die Registrierung von in den Weltraum gestarteten Gegenständen vom 14. Januar 1975 („Registrierungsübereinkommen") ist eine Erarbeitung des Art. VIII des Weltraumvertrages zur Jurisdiktion über Weltraumgegenstände[334]. Er bildet eine wesentliche Grundlage für die nationale Weltraumgesetzgebung, da er unter anderem für die Registrierungspflicht von Weltraumgegenständen Sorge trägt, damit jeder Weltraumgegenstand eindeutig seinem Startstaat zugeordnet werden kann.

Zwei weitere internationale Abkommen ergänzen das *corpus juris spatialis* und werden an dieser Stelle der Vollständigkeit halber eingeführt. Deren Relevanz für nationale Weltraumaktivitäten ist allerdings mehr als beschränkt[335] und dementsprechend werden sie in die vorliegende Analyse nicht weiter einbezogen. Es handelt sich dabei zum einen um das Übereinkommen über die Rettung und Rückführung von Raumfahrern sowie die Rückgabe von in den Weltraum gestarteten Gegenständen vom 22. April 1968 („Weltraumrettungsübereinkommen") und um das Übereinkommen zur Regelung der Tätigkeiten von Staaten auf dem Mond und anderen Himmelskörpern vom 18. Dezember 1979 („Mondvertrag"). Das Weltraumrettungsübereinkommen bildet eine Ausarbeitung des

---

331 Dunk, Private Enterprise and Public Interest in the European "Spacescape", S. 17.
332 Dunk, Private Enterprise and Public Interest in the European "Spacescape", S. 12.
333 Dunk, Private Enterprise and Public Interest in the European "Spacescape", S. 32.
334 So Dunk, Private Enterprise and Public Interest in the European "Spacescape", S. 36.
335 So Dunk, Private Enterprise and Public Interest in the European "Spacescape", S. 39.

Art. V des Weltraumvertrages[336] und bietet dazu Ergänzungen zur Auslegung einzelner Bestimmungen. Der Mondvertrag bildet ein Sonderregime im Weltraumrecht und wurde bisher lediglich von dreizehn Staaten unterzeichnet und ratifiziert[337]. Insbesondere wurde er weder von den USA noch von Russland unterzeichnet. Frankreich hat den Mondvertrag zwar unterzeichnet, bislang allerdings noch nicht ratifiziert.

B. Nationale europäische Weltraumrechtsnormen

Die vorliegende Analyse bezieht sich auf die Weltraumgesetze der europäischen Länder, die in diesem Bereich gesetzgeberisch tätig geworden sind und beschränkt sich *de facto* auf die Rechtsordnung der Mitglieder der Europäischen Union und der ESA. Infolgedessen wird die Gesetzgebung folgender Staaten in die Untersuchung einbezogen: Norwegen, Schweden, das Vereinigte Königreich von Großbritannien und Nordirland, Belgien, die Niederlande, Frankreich und Österreich. Es erfolgt zunächst die Erwägung der Notwendigkeit des nationalen Weltraumrechts (I), bevor auf die einzelnen Rechtsnormen eingegangen werden kann (II).

I. Notwendigkeit des nationalen Weltraumrechts

Die Notwendigkeit des nationalen Weltraumrechts entstand zunächst aus der Erkenntnis, dass die bestehende Rechtslage nicht in der Lage war, die stattfindenden privaten Raumfahrtaktivitäten völkerrechtsgemäß (2) zu erfassen (1).

1. Unzulänglichkeit des internationalen Rechtsrahmens

Die wachsende Teilnahme von privaten Unternehmen und Personen an Weltraumaktivitäten stellte eine bedeutende Entwicklung in der Geschichte der

336 Dunk, Private Enterprise and Public Interest in the European "Spacescape", S. 39.

337 Die Vertragsparteien des Mondvertrages sind Australien, Österreich, Belgien, Chile, Kasachstan, Mexiko, Marokko, die Niederlande, Pakistan, Peru, Philippinen und Uruguay. Unterzeichnet aber nicht ratifiziert haben: Frankreich, Guatemala, Indien und Rumänien, s. http://www.oosa.unvienna.org/oosatdb/showTreatySignatures.do, zuletzt abgerufen am 2. Oktober 2012.

Raumfahrt dar[338]. In der ersten Epoche der Raumfahrt war es kaum vorstellbar, dass neben den Staaten weitere Akteure jemals in der Lage sein würden, Raumfahrt selbst auszuüben, so dass der internationale Rechtsrahmen solche (nichtstaatlichen, also privaten) Akteure nicht berücksichtigte[339]. Die Entwicklung kommerzieller Raumfahrtanwendungen in den 1960er Jahren hatte zwar der Raumfahrt eine neue Richtung gegeben[340], aber diese Entwicklung hatte zunächst keinen Einfluss auf die geltende Rechtslage. Die betroffenen Projekte erfolgten unter Beteiligung der Staaten, die ihrerseits an die Bestimmungen des internationalen Raumfahrtrechts gebunden waren[341]. In dieser Hinsicht wurde zunächst kein Bedarf gesehen, die Rechtslage bezüglich der Erforschung und der Nutzung des Weltraums anzupassen. Allerdings entstand in diesem Zeitraum ein neuer Rechtsbereich bezüglich spezifischer Raumfahrtanwendungen[342]. Dies stellte die zweite Epoche der Entwicklung des Raumfahrtrechts dar, die jedoch für den zu untersuchenden Gegenstand von geringer Bedeutung ist. Der darauf folgende Einstieg privater Akteure in die Raumfahrtszene unabhängig jeglicher staatlichen Beteiligung führte zu der Problemstellung, dass die Schutzinteressen des internationalen Weltraumrechts nicht ausreichend gesichert waren. Der Weltraumvertrag und dessen Vorschriften erschienen allein nicht mehr ausreichend, die privaten Aktivitäten im Weltraum zu regeln. Somit entstand für die Staaten die Notwendigkeit, Schwerpunktthemen wie zum Beispiel die Sicherheit der Raumfahrtsysteme, die Haftung für Schäden oder die Nutzung des Weltraums zu regeln[343]. So stellt das gesetzgeberische Tätigwerden der Staaten die dritte Epoche der Entwicklung des Raumfahrtrechts dar[344].

338 Dunk, in: Private Enterprise and Public Interest in the European „Spacecape“, S. 1; so auch Hobe/Neumann, in: Space Policy 2005, S. 313 (313).

339 Vgl. Dunk, in: Private Enterprise and Public Interest in the European „Spacecape“, S. 1.

340 S. Erster Teil der vorliegenden Arbeit.

341 Dunk, in: Private Enterprise and Public Interest in the European „Spacecape“, S. 1; s. auch Kerrest, National Space Legislation – Crafting Legal Engines for the Growth of Space Activities, vorgestellt am 22. März 2011 beim IISL/ECSL Symposium, abrufbar unter http://www.oosa.unvienna.org/pdf/pres/lsc2010/symp01.pdf, zuletzt abgerufen am 2. Oktober 2012.

342 Die zweite Phase der Entwicklung des internationalen Weltraumrechts betrifft die Verabschiedung spezieller Rechtsregime in Form von Resolutionen der Generalversammlung der Vereinten Nationen, z. B. bezüglich der direkten Übertragung mittels Satelliten oder der Erdfernerkundung, und wird von der vorliegenden Arbeit nicht umfasst.

343 Dunk, in: Private Enterprise and Public Interest in the European „Spacecape“, S. 1.

344 So auch Benkö/Schrogl, in: Benkö/Schrogl, Essential, Air and Space Law, S. 1 (1).

Dabei ist es erwähnenswert, dass es in den Weltraumverträgen keine Verpflichtung zum Erlass eines nationalen Weltraumgesetzes gibt[345]. Aus den Verträgen ergibt sich aber die Verpflichtung, dass Aktivitäten nichtstaatlicher Rechtsträger im Weltraum genehmigt werden und unter Beaufsichtigung erfolgen müssen[346]. Der Erlass eines nationalen Weltraumgesetzes bleibt somit letztlich für einen Staat die einzige Möglichkeit, diese weitreichende Verpflichtung zu erfüllen[347].

2. Gegenstand des nationalen Weltraumrechts

Mit der zunehmenden Entwicklung privater Aktivitäten in der Raumfahrt wurde deutlich, dass das internationale Weltraumrecht nicht ausführlich genug ist, um ohne Weiteres die Aktivitäten der privaten Akteure zu regeln[348]. Ein nationales Weltraumgesetz wird daher als geeignetes Mittel angesehen, die Einhaltung der Verpflichtungen des internationalen Weltraumrechts bei der Erforschung und Nutzung des Weltraums durch private Personen sicherzustellen[349]. Allerdings wurde auch festgestellt, dass eine Fülle staatlicher Interessen von den Weltraumverträgen nicht geschützt werden: so beschäftigt sich das internationale Weltraumrecht überwiegend mit den Beziehungen unter den Staaten, während die Schuldverhältnisse eines jeden Staates zu seinen eigenen Bürgern oder zu Bürgern anderer Staaten nicht berührt werden. Mit einer nationalen weltraumspezifischen Norm kann ein ergänzendes Rechtsregime für nationale Weltraumaktivitäten geschaffen werden.

---

345 Kerrest, in: Schriften zum Luft- und Weltraumrecht 2006, S. 51 (51).

346 S. hierzu Kerrest, National Space Legislation – Crafting Legal Engines for the Growth of Space Activities, vorgestellt am 22. März 2011 beim IISL/ECSL Symposium, abrufbar unter http://www.oosa.unvienna.org/pdf/pres/lsc2010/symp01.pdf, zuletzt abgerufen am 2. Oktober 2012.

347 Diese Problematik wird ausführlich im Vierten Teil dieser Arbeit dargestellt, s. auch Kerrest, in: Schriften zum Luft- und Weltraumrecht 2006, S. 51 (51 f.); vgl. Dunk, in: Private Enterprise and Public Interest in the European „Spacecape“, S. 48.

348 So auch Couston, in: Revue Française de Droit Aérien et Spatial 2002, S. 13 (16).

349 Gerhard/Schrogl, in: Böckstiegel, Project 2001, S. 532; vgl. Kries/Schmidt-Tedd/Schrogl, Raumfahrtrecht, S. 48; Dunk, in: Private Enterprise and Public Interest in the European „Spacecape“, S. 9.

II. Nationale Weltraumgesetze im Einzelnen

Einführende Betrachtungen

Die Entstehung des nationalen Weltraumrechts in Europa entspricht einer dreiphasigen Entwicklung. Die erste Phase ist gekennzeichnet durch ein vorsorgliches gesetzgeberisches Tätigwerden, wie im Fall von Norwegen. Die zweite Phase der Entstehung nationalen Weltraumrechts in Europa betrifft die rechtliche Entwicklung in den 1980er Jahren und ist davon geprägt, dass die Staaten, reaktiv auf die Teilnahme ihrer Staatsangehörigen an privaten Raumfahrtaktivitäten, ihre Interessen sichern wollen, wie etwa im Fall von Schweden oder dem Vereinigten Königreich von Großbritannien und Nordirland. Die dritte Gesetzgebungsphase zu Anfang des 21. Jahrhunderts ist davon geprägt, dass zunehmend nationale industriepolitische Ziele gefördert werden, indem Staaten raumfahrttypische Risiken für ihre nationalen Raumfahrtindustrien übernehmen, wie im Fall von Belgien, den Niederlanden, Frankreich und Österreich.

1. Erste Phase der nationalen Gesetzgebung – Norwegen

Als erstes europäisches Land verabschiedete Norwegen am 13. Juni 1969 ein Gesetz, den *Act Nr. 38-1969 on Launching Objects from Norwegian Territory etc. Into Outer Space*[350]. Norwegen verfügt damit über eine kurze und eher abstrakt gehaltene Regelung der Lizenzierungspflicht für nichtstaatliche Weltraumaktivitäten[351]. Soweit bekannt, wurde das Gesetz nur bei dem Fall „*Norsk Romsentr*", anlässlich eines Starts von der Andøya-Starteinrichtung, angewendet. Da die Starteinrichtungen im Regierungsbesitz stehen und von staatlicher Seite kontrolliert werden, ist es allerdings fraglich, ob die gesetzlich festgelegte Genehmigungsregelung überhaupt notwendig ist[352].

2. Zweite Phase der nationalen Gesetzgebung

Die zweite Phase der nationalen Gesetzgebung betrifft Schweden und das Vereinigte Königreich von Großbritannien und Nordirland.

---

350 So die inoffizielle Übersetzung, übermittelt an das Office for Outer Space Affairs des Vereinten Nationen, abrufbar unter http://www.oosa.unvienna.org/oosaddb/showDocument.do?documentUid=324&node=NOR1970&cmd=add&level2=none&level1=countries, zuletzt abgerufen am 2. Oktober 2012.

351 Kries/Schmidt-Tedd/Schrogl, Raumfahrtrecht, S. 53.

352 So Dunk, in: IISL Proceedings 2008, S. 547 (553).

a. Schweden

Der Rechtsrahmen für Weltraumaktivitäten in Schweden ergibt sich aus dem *Act on Space Activities* vom 18. November 1982[353] und der *Decree on Space Activities* desselben Jahres[354]. Der Erlass des Gesetzes fand kurz nach einer breiten Umstrukturierung der gesamten Raumfahrtaktivitäten Schwedens statt[355]. Das Ziel des Gesetzes ist es, die Umsetzung der völkerrechtlichen Verpflichtungen zu vollziehen[356] sowie Transparenz der internationalen Verpflichtungen des schwedischen Staates gegenüber seinen Bürgern herzustellen[357]. Damit wird Schweden der erste Mitgliedstaat der Europäischen Union und der ESA, der ein nationales Weltraumgesetz erlässt[358]. Das Gesetz sieht für sein Zustandekommen weder weitere Entwicklungsverfahren noch die Einbeziehung betroffener Parteien vor[359]. Ein interessanter Anwendungsfall könnte sich in Zukunft ergeben, denn das private Unternehmen Virgin Galactic[360] plant derzeit Touristenraumfahrtschiffe von Kiruna (Schweden) aus zu starten[361]. Es bleibt abzuwarten, wie das Gesetz mitsamt Genehmigungsverfahren zur Anwendung kommen wird.

b. Vereinigtes Königreich von Großbritannien und Nordirland

Der *Outer Space Act* vom 18. Juli 1986[362] bildet den anwendbaren britischen Rechtsrahmen für private Weltraumaktivitäten. Das Ziel des Gesetzes ist es, die Einhaltung der internationalen Verpflichtungen durch den Staat bezüglich des Starts und des Betriebs von Weltraumtätigkeiten durch Personen mit Bezug zum Königreich sicherzustellen[363]. In Erwartung einer wachsenden Aktivität privater Betreiber sollen die Verpflichtungen aus den Weltraumverträgen auf diese übergeleitet werden[364]. Das britische Weltraumgesetz ist kurz gefasst; da das Vereinigte Königreich von Großbritannien und Nordirland Weltraumaktivitäten vorwiegend

353 SFS 1982:963.

354 SFS 1982:1069.

355 Sánchez Aranzamendi, ESPI Report 21, S. 16.

356 So auch Dunk, Private Enterprise and Public Interest in the European "Spacescape", S. 130.

357 Reifarth, in: Böckstiegel, Handbuch des Weltraumrechts, S. 879 (879).

358 Dunk, Private Enterprise and Public Interest in the European "Spacescape", S. 130.

359 Hermida, National Space Legislation, S. 141.

360 S. http://www.virgingalactic.com/, zuletzt abgerufen am 2. Oktober 2012.

361 So Dunk, in: IISL Proceedings 2008, S. 547 (554).

362 1986 Chapter 38.

363 Vgl. Hermida, National Space Legislation, S. 125; Dunk, Private Enterprise and Public Interest in the European "Spacescape", S. 134.

364 Reifarth, in: Böckstiegel, Handbuch des Weltraumrechts, S. 879.

unter der zwischenstaatlichen Ägide der ESA unternimmt, erschien der Bedarf an einem umfangreicheren Gesetz nicht gegeben[365].

3. Dritte Phase der nationalen Gesetzgebung

Im Folgenden werden das belgische, das niederländische, das französische und das österreichische Weltraumgesetz erörtert.

a. Belgien

Obwohl das Land über keine Starteinrichtungen verfügt, beteiligt sich Belgien intensiv an raumfahrtbezogener Forschung und Entwicklung. Belgien ist ein aktives Mitglied der ESA und Sitzstaat des ESA-Standorts für Nachverfolgung und Telemetrie in Redu. Private Weltraumaktivitäten unterliegen dem belgischen Weltraumgesetz, dem *Loi relative aux activités de lancement, d'opération de vol ou de guidage d'objets spatiaux*, das am 17. September 2005 verabschiedet wurde und dessen Bestimmungen durch den *Arrêté Royal* vom 19. März 2007 ergänzt werden. Ein wesentlicher Grund für den Erlass des Gesetzes war die Erkenntnis, dass für den belgischen Staat ein hohes Risiko besteht, für einen aus Raumfahrtaktivitäten entstehenden Schaden zur Verantwortung gezogen zu werden. Belgien ist nämlich durch den Sitz zahlreicher europäischer Institutionen in der europäischen Hauptstadt Brüssel ein begehrter Standort für internationale Raumfahrtunternehmen, die aufgrund ihrer hauptsächlich institutionellen Kundschaft stets die Nähe zu politischen Entscheidungsträgern suchen. Der Bedarf an Regulierung entstand somit zwangsläufig mit der hohen Konzentration an Raumfahrtunternehmen auf nationalem Gebiet[366]. Mit dem Erlass des Gesetzes sendet Belgien ein klares Signal für die Notwendigkeit eines europäischen Engagements auf internationaler Ebene, um sich der regulatorischen Verantwortung zu stellen und um die Sicherheit sowohl der Weltraumbetreiber als auch der Bevölkerung zu gewährleisten[367]. Soweit bekannt, gibt es für das Gesetz bislang keinen Anwendungsfall[368]. Abschließend bleibt anzumerken, dass eine Anpassung des belgischen Weltraumgesetzes für diejenigen Weltraumgegenstände angedacht wird, die ans Ende ihrer Betriebs- beziehungsweise Funktionsdauer gelangen[369].

---

365 Hermida, National Space Legislation, S. 126.

366 Chambre des représentants de Belgique, DOC 51 1607/001, S. 6.

367 Chambre des représentants de Belgique, DOC 51 1607/001, S. 13.

368 Mayence, in: Dunk, National Space Legislation in Europe, S. 120.

369 S. mündliche Stellungnahme des belgischen Delegierten J.-F. Mayence im Ausschuss für Internationale Beziehungen der ESA am 26. Januar 2012.

b. Niederlande

Ihren internationalen weltraumspezifischen Verpflichtungen kommen die Niederlande durch das Gesetz vom 13. Juni 2006 nach. Ein Tätigwerden des nationalen Gesetzgebers wurde durch Entwicklungen in den Raumfahrtaktivitäten in den Niederlanden nötig: so wurden immer mehr Unternehmen Eigentümer von Satelliten im Orbit, während zuvor die Raumfahrtaktivitäten des Landes hauptsächlich auf interstaatlicher Basis durch niederländische Beteiligung an internationalen Organisationen (Intelsat, Inmarsat und Eutelsat) erfolgten[370]. Da weitere technologische Entwicklungen nicht auszuschließen sind, sieht das Gesetz die Möglichkeit etwaiger notwendiger Anpassungen vor. Durch den Erlass eines klaren Regimes beabsichtigen die Niederlande, der Industrie mehr Rechtssicherheit zu bieten und die Wettbewerbsfähigkeit des Landes zu fördern.

c. Frankreich

Frankreich ist die führende Raumfahrtnation Europas und besitzt in Kourou, Französisch Guyana, den europäischen Weltraumbahnhof, von dem aus eine große Anzahl europäischer und internationaler Weltraumprojekte gestartet werden. Das am 3. Juni 2008 verabschiedete Weltraumgesetz *Loi relative aux opérations spatiales*[371] wird durch drei *Décrets d'application* vom 9. Juni 2009[372] ergänzt und ist am 10. Dezember 2010 in Kraft getreten.

Trotz seiner umfangreichen Weltraumaktivitäten[373] kam Frankreich bis zum 3. Juni 2008 seinen internationalen weltraumspezifischen Pflichten formell nicht nach[374], da die Notwendigkeit eines nationalen Weltraumgesetzes über lange Zeit nicht gesehen wurde. Auch ohne förmliches Weltraumgesetz erfolgte die

---

370 Sánchez Aranzamendi, ESPI Report 21, S. 16.

371 Gesetz Nr. 2008-518, veröffentlicht am 3. Juni 2008, s. Journal Officiel de la République Française vom 4. Juni 2008, Texte 1 sur 129; eine inoffizielle Übersetzung des Gesetzes ins Englische findet man in Schmidt-Tedd/Arnold, ESPI Perspectives 11, S. 6 ff.

372 Dabei handelt es sich um drei Rechtsakte: Den Décret numéro 2009-640 du 9 juin 2009 portant application des dispositions prévues au titre VII de la loi numéro 2008-518 du 3 juin 2008 relative aux opérations spatiales, um den Décret numéro 2009-643 du 9 Juin 2009 relatif aux autorisations délivrées en application de la loi numéro 2008-518 du 3 juin 2008 relative aux opérations spatiales und um den Décret numéro 2009-644 du 9 juin 2009 modifiant le décret numéro 84-510 du 28 juin 1984 relatif au Centre national d'études spatiales, s. Journal Officiel de la République Française vom 10. Juni 2009.

373 Hermida, National Space Legislation, S. 154.

374 Rapp, in: AJDA 2008, S. 1755.

Regulierung von Weltraumaktivitäten durch die mittelbare Teilnahme des Staates an Raumfahrtprojekten und stellte somit die Anwendung der Weltraumverträge, insbesondere des Weltraumvertrages, des Weltraumhaftungsübereinkommens und des Registrierungsübereinkommens sicher[375]. Der Erlass des Gesetzes beendet das sogenannte „französische Paradox"[376], wonach die zunehmenden privaten Raumfahrtaktivitäten Frankreichs ohne entsprechenden Rechtsrahmen durchgeführt wurden[377]. Durch das französische Weltraumgesetz wurden förmlich die internationalen Verpflichtungen Frankreichs erfüllt und eine besondere Sparte des Zivil- beziehungsweise Vertragsrechts geschaffen. Das Gesetz wird durch weitere Verwaltungsakte ergänzt, wie unter anderem die Rechtsverordnung zur technischen Regulierung, welche den Maßstab für jede Genehmigungserteilung vorgibt. In diesem Sinne stellt sich das französische Gesetz als besonders umfangreich und weitgreifend dar. Sein Bereich geht deutlich über die einfache Umsetzung der internationalen Verpflichtungen aus den Weltraumverträgen hinaus.

d. Österreich

Als Sitzstaat des *Office for Outer Space Affairs* der Vereinten Nationen und des *European Space Policy Institute* in Wien unterhält Österreich seit langem eine aktive Raumfahrttradition. Die technologischen Kapazitäten Österreichs im Raumfahrtbereich sind in den letzten zwei Jahrzehnten deutlich gewachsen, so dass Raumfahrt in dem Land zu einem bedeutenden Wirtschaftssektor geworden ist. Mit über 110 Unternehmen, die sich mit Raumfahrt befassen[378], sind in Österreich über 1000 Mitarbeiter in der Branche tätig, hauptsächlich in den Bereichen Navigationssysteme sowie Wetter- und Kommunikationsdienste[379]. Seit ihrem Beitritt in die ESA im Jahr 1987 engagierte sich das Land in der Raumfahrt ausschließlich im Rahmen dieser internationalen Organisation[380]. Mit dem Anfang 2012 geplanten Start zweier Kleinsatelliten[381] fungiert Österreich nach den Bestimmungen des internationalen

375 Rapp, in: AJDA 2008, S. 1755; vgl. Dunk, in: IISL Proceedings 2008, S. 547 (558).

376 S. Conseil d'Etat, Pour une politique juridique des activités spatiales, S. 7.

377 So Couston, in: Revue Française de Droit Aérien et Spatial 2008, S. 327 (327).

378 Parlamentskorrespondenz Nr. 1169 vom 1. Dezember 2011.

379 Pressemitteilung des österreichischen Bundesministeriums für Verkehr, Innovation und Technologie vom 11. Oktober 2011, abrufbar unter http://www.bmvit.gv.at/presse/aktuell/nvm/2011/1011OTS0126.html, zuletzt abgerufen am 2. Oktober 2012.

380 S. 1466 der Beilagen XXIV. GP – Regierungsvorlage – Materialien, S. 3.

381 Dabei handelt es sich um die „BRITE-Austria"-Konstellation, bestehend aus den Satelliten TUGSAT-1 und UniBRITE, deren Ziel es ist, „helle Sterne mittels Präzisionsfotometrie ohne Störung durch die Erdatmosphäre zu untersuchen", s. 1466 der

Weltraumrechts als Startstaat[382] und nimmt zum ersten Mal Raumfahrtaktivitäten außerhalb der ESA vor. Das Bundesministerium für Verkehr, Innovation und Technologie nahm dies zum Anlass, den technischen Fortschritt mit der nationalen Rechtsordnung Österreichs in Einklang zu bringen. Mit dem am 6. Dezember 2011 verabschiedeten Bundesgesetz über die Erlaubnis von Weltraumaktivitäten und die Einrichtung eines Weltraumregisters (Weltraumgesetz)[383] ist es Österreich pünktlich vor dem Start der beiden Kleinsatelliten gelungen, einen „sicheren Rechtsrahmen" für die nationalen Unternehmen und Forschungseinrichtungen zu schaffen[384]. Auslöser für das Gesetzgebungsverfahren war die Erkenntnis, dass der österreichische Staat ohne entsprechendes Gesetz nicht in der Lage war, seinen internationalen Verpflichtungen nachzukommen und über keinen Anspruch gegenüber schadenverursachenden Betreibern verfügte, falls der Bund aufgrund des Völkerrechts zu Schadensersatzleistungen verpflichtet worden wäre[385]. Mit dem Gesetz sollen die entsprechenden internationalen Verpflichtungen umgesetzt und unter anderem ein Regressanspruch des Staates gegen den jeweiligen Betreiber eingeführt werden. Schließlich soll vermieden werden, dass es durch „unbewilligte Weltraumgegenstände"[386] zur Staatshaftung Österreichs kommt. Am Anfang des Gesetzgebungsverfahrens musste zunächst geprüft werden, ob der österreichische Gesetzgeber im Weltraumbereich überhaupt kompetent ist, da seit dem Inkrafttreten des Vertrags von Lissabon am 1. Dezember 2009 die Europäische Union und die Mitgliedstaaten über eine geteilte Kompetenz im Raumfahrtbereich verfügen. Die Prüfung ergab, dass „die Umsetzung der völkerrechtlichen Verpflichtungen durch nationale Gesetze, wie im vorliegenden Fall zur Genehmigung, Überwachung, Haftung und Registrierung […] nicht in den Anwendungsbereich" des Vertrags von Lissabon fällt"[387], wodurch der Weg für ein gesetzgeberisches Tätigwerden des österreichischen Staates geebnet wurde. Dabei wird

---

Beilagen XXIV. GP – Regierungsvorlage – Materialien, S. 3, sowie die Beantwortung der schriftlichen parlamentarische Anfrage Nr. 5674/J vom 19. Juli 2010 und die Parlamentskorrespondenz Nr. 943 vom 17. Oktober 2011.

382 Obwohl der Start vom indischen Gebiet aus geplant ist, s. Parlamentskorrespondenz Nr. 943 vom 17. Oktober 2011.

383 BGBl. I Nr. 132/2011 vom 27. Dezember 2011.

384 Pressemitteilung des österreichischen Bundesministeriums für Verkehr, Innovation und Technologie vom 11. Oktober 2011, abrufbar unter http://www.bmvit.gv.at/presse/aktuell/nvm/2011/1011OTS0126.html, zuletzt abgerufen am 2. Oktober 2012.

385 S. 1466 der Beilagen XXIV. GP – Regierungsvorlage – Materialien, S. 3.

386 1466 der Beilagen XXIV. GP – Regierungsvorlage – Materialien, S. 3.

387 1466 der Beilagen XXIV. GP – Regierungsvorlage – Materialien, S. 2.

ein präventiver Ansatz verfolgt, indem der Staat noch vor Durchführung der ersten Aktivitäten dieser Art in Österreich den rechtlichen Rahmen privater Raumfahrtätigkeiten definiert. Dieses erstmalig in deutscher Sprache verfasste Weltraumgesetz soll von einer noch zu erlassenden Rechtsverordnung des Bundesministeriums für Verkehr, Innovation und Technologie bezüglich der Genehmigungsbedingungen ergänzt werden. Eine weitere Verordnung bezüglich der einzuhaltenden technischen Standards ist ebenso zu erwarten, wobei diese alternativ auch durch Auflagen in einem entsprechenden Bescheid vorgeschrieben werden können[388].

4. Deutschland – Staat ohne Weltraumgesetz mit raumfahrtbezogenen Regulierungen

Deutschland verfügt *stricto sensu* über kein nationales Weltraumgesetz. In der jüngeren Vergangenheit wurden einige wenige privatwirtschaftliche Raumfahrtaktivitäten durchgeführt[389], ohne dass eine Rechtsgrundlage für eine staatliche Aufsicht bestand. Da diese Aktivitäten nicht im Zusammenwirken mit der Bundesregierung beziehungsweise dem Raumfahrtmanagement des DLR durchgeführt wurden, hätte die Bundesrepublik die Einhaltung der von ihr ratifizierten weltraumrechtlichen Verträge auf geeignetem Wege sicherstellen müssen. Dies konnte sie jedoch mangels entsprechender weltraumspezifischer Rechtsgrundlage nicht leisten. Im Jahr 1986 wurde angesichts des britischen und des schwedischen Gesetzgebungsverfahrens eine Untersuchung von dem zu der Zeit für Raumfahrt federführenden Bundesministerium für Forschung und Technologie durchgeführt. Es wurde dabei festgestellt, dass von Deutschland aus quasi keine Weltraumaktivitäten ohne staatliche Beteiligung durchgeführt wurden, so dass aus staatlicher Sicht keine dringliche Notwendigkeit für ein nationales Weltraumgesetz bestand[390]. Im Jahr 1999 wurde das Thema wieder aufgegriffen, weil es zum unregistrierten Start von Weltraumgegenständen kam. In der Bewertung dieser Vorgänge wurde festgestellt, dass keine Rechtsgrundlage für einen Antrag auf Erlaubnis für private Weltraumaktivitäten oder für die Registrierung von Weltraumgegenständen bestand[391]. Da erwartet wurde, dass die Anzahl solcher privaten Weltraumaktivitäten anwachsen würde, war die Unzulänglichkeit des Rechts festgestellt worden. Daraufhin wurde ein Gesetzentwurf verfasst, der für die Umsetzung der internationalen weltraumspezifischen

388 1466 der Beilagen XXIV. GP – Regierungsvorlage – Materialien, S. 5.
389 Nagel, in: Böckstiegel, Project 2001, S. 565 (566).
390 Nagel, in: Böckstiegel, Project 2001, S. 565.
391 Nagel, in: Böckstiegel, Project 2001, S. 565 (566).

Verpflichtungen der Bundesrepublik Deutschland sorgen sollte[392]. Das Projekt wurde später allerdings aus politischen Gründen nicht weiter verfolgt, da man annahm, dass angesichts der allgemeinen Tendenzen zur Deregulierung eine strenge weltraumspezifische Regelung eine zu starke Belastung der privaten Akteure darstellen und somit die prosperierende Entwicklung der Industrie hemmen würde[393].

Allerdings werden deutsche Raumfahrtaktivitäten von einem Rechtstext erfasst, der sich gezielt mit der Erdfernerkundung befasst. Es handelt sich um das Gesetz zum Schutz vor der Gefährdung der Sicherheit der Bundesrepublik Deutschland durch das Verbreiten hochwertiger Erdfernerkundungsdaten (SatDSiG)[394], das einen Teilbereich der Raumfahrt in einem Spezialgesetz regelt. Das Gesetz befasst sich mit dem Betrieb von weltraumgestützten Erdfernerkundungssystemen sowie dem Umgang mit den damit erzeugten Erdfernerkundungsdaten[395] und ist am 1. Dezember 2007 in Kraft getreten. Die deutliche Qualitätssteigerung der Erdfernerkundungsdaten sowie die wachsende Anzahl an Erdfernerkundungssysteme bedingten aus hoheitlicher Sicht die Gesetzgebung. Mit den neuesten Technologieentwicklungen[396] wurden neue Anwendungen möglich[397], und es stand zu erwarten, dass die gewonnenen Daten sicherheitsrelevant werden. Die Bundesrepublik hat daher ein Interesse zu kontrollieren, wie die sicherheitsrelevanten Daten vom privaten Anbieter behandelt werden und wer Zugriff auf sie erhält. Ziel des Gesetzes ist somit zum einen die Wahrung der sicherheits- und außenpolitischen Interessen der Bundesrepublik beim Verbreiten und kommerziellen

392 Gerhard, Nationale Weltraumgesetzgebung, S. 41.

393 Nagel, in: Böckstiegel, Project 2001, S. 565 (566).

394 BGBl. 2007 I, S. 2590 ff.

395 Gerhard/Kroymann/Schmidt-Tedd, in ZLW 2008, S. 40 (40).

396 S. insbesondere der Start des deutschen Erdfernerkundungssatelliten TerraSAR-X am 15. Juni 2007, mit dem die kommerzielle Verbreitung von Erdfernerkundungsdaten eines deutschen Unternehmens mit hoher Qualität ermöglicht wurde, vgl. Meyer/Hinz/Laika/Weihing/Bamler in: ISPRS Journal of Photogrammetry & Remote Sensing 2006, S. 225 (225). Da die Verbreitung der Daten durch eine Gesellschaft des Privatrechts erfolgt, entstand der Bedarf an einer Regelung für das Verbreiten solcher Daten, denn die unmittelbare Kontrolle durch den Staat ist nicht mehr möglich. TerraSAR-X wird vom Deutschen Zentrum für Luft- und Raumfahrt (DLR) betrieben. Gemäß einem Kooperationsvertrag zwischen der EADS Astrium GmbH und dem DLR ist letzteres ausschließlich zur wissenschaftlichen Nutzung der Daten berechtigt, während ersteres das Recht zur kommerziellen Nutzung der Daten erhält. Hierzu wurde eigens eine Tochtergesellschaft gegründet, die Infoterra GmbH, vgl. Gerhard/Kroymann/Schmidt-Tedd, in ZLW 2008, S. 40 (41).

397 Rao/Murthi, in: Space Policy 2006, S. 262 (263).

Vermarkten von satellitengestützt erzeugten Erdfernerkundungsdaten insbesondere auf den internationalen Märkten. Zum anderen wird durch das Gesetz für die betroffenen Unternehmen Rechtssicherheit geschaffen und die Besetzung der neuen Geschäftsfelder für die sich entwickelnden Unternehmen im Satellitendatenvertrieb – und die wachsende Geodatenindustrie – kalkulierbar gemacht. Damit wird eine wichtige Voraussetzung dafür geschaffen, dass die deutschen Unternehmen Satellitenanwendungen in wirtschaftlich tragfähige Geschäftsmodelle umsetzen und neue Absatzmärkte erschließen können. Das Ziel des Gesetzes ist somit nicht wie bei den sonstigen, bereits genannten Weltraumgesetzen (unter anderem) die Einführung eines allgemeinen Lizenzierungsverfahrens für Raumfahrtaktivitäten. Durch das SatDSiG wird ein Zulassungsverfahren für die Verbreitung der betroffenen Daten geschaffen, und es werden sicherheitstechnische Anforderungen an den Betrieb eines solchen Systems gestellt (Authentisierung der Befehlsfolgen, Verschlüsselung der Datenübertragung usw.). Dennoch ist dieses Verfahren nicht mit der Erlaubnis im Sinne von Art. VI des Weltraumvertrages zu verwechseln, denn dieser bezieht sich nicht auf terrestrische Anwendungen, die mittels Satelliten realisiert werden[398]. Somit ist das deutsche SatDSiG nicht von zentraler Bedeutung für die vorliegende Arbeit und wird nicht weiter erörtert[399]. Es ist allerdings anzumerken, dass das Bundesministerium für Wirtschaft und Technologie im Jahre 2010 – entsprechend den Vorgaben der im Jahr 2010 veröffentlichen Raumfahrtstrategie der Bundesregierung[400] – eine Arbeitsgruppe zum Thema „ein nationales deutsches Weltraumgesetz" ins Leben gerufen hat, mit der Zielsetzung, ein nationales Weltraumgesetz vorzubereiten.

C. Fazit

Die verschiedenen, im Ersten Teil der vorliegenden Arbeit dargestellten Raumfahrtepochen haben zur Entwicklung des internationalen und nationalen Rechts beigetragen. In der ersten, von Staaten dominierten Raumfahrtepoche wurde das internationale Raumfahrtrecht entwickelt, das die Interessen der handelnden

---

398 So Gerhard/Kroymann/Schmidt-Tedd, in: ZLW 2008, S. 40 (51).

399 Weitere Analysen des Gesetzes zum Schutz vor Gefährdung der Sicherheit der Bundesrepublik Deutschland durch das Verbreiten hochwertiger Erdfernerkundungsdaten entnimmt man Gerhard/Kroymann/Schmidt-Tedd, in: ZLW 2008, S. 40 ff.

400 Abrufbar unter http://www.bmwi.de/BMWi/Redaktion/PDF/B/zukunftsfaehige-deutsche-raumfahrt,property=pdf,bereich=bmwi2012,sprache=de,rwb=true.pdf; zuletzt aufgerufen am 2. Oktober 2012.

staatlichen Akteure berücksichtigt. Bei diesem internationalen Recht stehen die Gewährleistung von Hoheitsrechten sowie die Schaffung eines Ausgleichs zwischen den Interessen der an Raumfahrt beteiligten und der daran unbeteiligten Staaten im Vordergrund[401]. In den nachfolgenden Raumfahrtepochen hingegen konzentriert sich das Raumfahrtrecht auf die Entwicklung der privaten Raumfahrtaktivitäten. Da das internationale Recht den notwendigen Rahmen hierfür nicht vorsieht, müssen nationale Gesetzgeber die Lücke schließen und notwendige Rahmenbedingungen für die Ausübung privater Raumfahrtaktivitäten schaffen.

---

401 Mehr hierzu s. auch Kerrest, National Space Legislation – Crafting Legal Engines for the Growth of Space Activities, vorgestellt am 22. März 2011 beim IISL/ECSL Symposium, abrufbar unter http://www.oosa.unvienna.org/pdf/pres/lsc2010/symp01.pdf, zuletzt abgerufen am 2. Oktober 2012.

Dritter Teil
Rechtsvergleichende Darstellung nationaler Weltraumgesetze in Europa

Nachdem der historische Rahmen der institutionell betriebenen Raumfahrt und dessen Auswirkung auf kommerzielle private Raumfahrtaktivitäten dargestellt wurde, kann nun im Folgenden auf die einzelnen nationalen Weltraumgesetze in Europa eingegangen werden. Ausgangspunkt dieser Untersuchung wird die Frage sein, ob das legislative Verfahren beziehungsweise der Erlass einer weltraumspezifischen Norm bezüglich privater Raumfahrtaktivitäten letztlich entbehrlich oder zwingend notwendig ist. Im zweiten Fall wird zu klären sein, welche Form die gesetzliche Norm annehmen soll (Abschnitt A). Darüber hinaus wird untersucht, wie die legislativ bereits tätig gewordenen Staaten die nationalen Weltraumgesetze inhaltlich gestaltet haben. Diese Analyse wird maßgeblich anhand der bereits aus dem internationalen Weltraumrecht identifizierten Bausteine[402] für nationales Weltraumrecht durchgeführt. Weitere untersuchungsrelevante Schwerpunkte wurden durch die jeweiligen Gesetzgeber in die nationalen Weltraumgesetze aufgenommen[403], ohne dass dafür eine Rechtsgrundlage aus den internationalen Weltraumverträgen besteht. Die im Folgenden untersuchten Bausteine sind im Einzelnen der Anwendungsbereich eines nationalen Weltraumgesetzes (Abschnitt B), die Erlaubnis von Weltraumaktivitäten (Abschnitte C und D), die Beaufsichtigung von Weltraumaktivitäten (Abschnitt E), die Registrierung von Weltraumgegenständen (Abschnitt F), die internationale Kooperation (Abschnitt G), die Haftung für Weltraumschäden (Abschnitt H), der Umweltschutz (Abschnitt I), die Versicherung (Abschnitt J) sowie weitere einzeln ausgewählte Regelungsbereiche (Abschnitt K).

---

402 Gerhard, Nationale Weltraumgesetzgebung, S. 45 ff.; vgl. Gerhard/Moll, in: Hobe/Schmidt-Tedd/Schrogl, Towards a Harmonised Approach for National Space Legislation, S. 7 ff.; Hobe, Preface, National Approach for National Space Legislation, S. 5 (5).

403 Hobe, Preface, National Approach for National Space Legislation, S. 5 (5); vgl. Dunk, in: IISL Proceedings 2004, S. 139 (141); vgl. Gerhard, Art. VI, in: Hobe/Schmidt-Tedd/Schrogl, CoCoSL, Rn. 73; s. auch Lyall/Larsen, Space Law, S. 468.

A. Notwendigkeit eines nationalen Weltraumrechts

Es steht soweit fest, dass das aus den fünf dargestellten Weltraumverträgen entstehende internationale Weltraumrecht die Grundlage für die nationalen Weltraumgesetze bildet. Nun ist zu klären, inwieweit eine Verpflichtung zum Erlass eines nationalen Weltraumgesetzes besteht. So wird in diesem ersten Abschnitt der Bedarf an einem nationalen gesetzgeberischen Tätigwerden des Staates geprüft (I) und die möglichen Ausübungen des gesetzgeberischen Tätigwerdens dargestellt (II).

I. Ausgangslage

Laut Art. VI Satz 2 des Weltraumvertrages obliegt dem zuständigen Vertragsstaat die Erlaubnis und die ständige Überwachung der nichtstaatlichen Raumfahrtaktivitäten. Somit ist das Tätigwerden einer nichtstaatlichen Stelle in der Raumfahrt die Voraussetzung zur Genehmigung und Überwachung und nicht die Ratifizierung des Vertrages an sich[404]. Demnach obliegt es jedem Staat, der von den Verpflichtungen des Art. VI Satz 2 des Weltraumvertrages betroffen ist, eigenständig zu bestimmen, ob (1) und wann (2) der Zeitpunkt gekommen ist, gesetzgeberisch tätig zu werden.

1. Abwägungen der Notwendigkeit eines weltraumspezifischen Gesetzgebungsverfahrens

Ob ein Staat gesetzgeberische Maßnahmen bezüglich nationaler Raumfahrtaktivitäten ergreifen muss, lässt sich nicht unmittelbar vom internationalen Weltraumrecht ableiten[405]. Gemäß Art. VI des Weltraumvertrages müssen diese Aktivitäten genehmigt und ständig kontrolliert werden. Zudem haftet ein Staat für die Tätigkeiten seiner Bürger im Weltraum, und dies unabhängig von dem Vorhandensein einer staatlichen Genehmigung oder Kontrolle und auch unabhängig davon, ob der Staat überhaupt Kenntnis über diese Tätigkeit besaß. Sollten Weltraumaktivitäten stattfinden, ohne dass sie durch ein nationales Weltraumgesetz erfasst und reguliert werden, ändert dies also nichts an der internationalen Verantwortung des Vertragsstaates. Auch wenn keine nationale Regelung bezüglich der Führung von

404 So auch Gerhard, Nationale Weltraumgesetzgebung, S. 37.

405 So auch Hermida, National Space Legislation, S. 32.

privaten Weltraumtätigkeiten existiert, ist der Staat international verantwortlich für die geführte Aktivität (Art. VI des Weltraumvertrages). Aus dieser Betrachtung ist es leicht eingängig, dass es im Interesse der Staaten ist, Aktivitäten für die sie verantwortlich sind, in einer geregelten Art und Weise erfolgen zu lassen[406]. Darüber hinaus kann sich ein Staat durch einen vorteilhaften Rechtsrahmen einen industriepolitischen Wettbewerbsvorteil verschaffen und dabei die Ansiedlung von neuen Raumfahrtunternehmen auf seinem Gebiet fördern[407].

2. Zeitpunkt des gesetzgeberisch Tätigwerdens

Steht soweit fest, dass eine Kontrolle und Überwachung der nationalen Raumfahrtaktivitäten geboten ist, so stellt sich die Frage, wann es sinnvoll ist, eine solche einzuführen. Hierbei verfügt der zuständige Vertragsstaat über mehrere Handlungsoptionen: Der Staat kann präventiv gesetzgeberisch tätig werden, indem er die notwendigen rechtlichen Rahmenbedingungen vor dem Tätigwerden der nichtstaatlichen Stelle im All erlässt. Dies hat den Vorteil, dass nichtstaatliche Weltraumtätigkeiten nicht ungenehmigt und unbeaufsichtigt stattfinden. Der Staat kann allerdings auch reaktiv gesetzgeberisch tätig werden, und seinen Verpflichtungen erst dann nachkommen, wenn die nichtstaatlichen nationalen Tätigkeiten im Weltraum bereits stattfinden.

Der Umstand, dass Tätigkeiten nichtstaatlicher Stellen stattfinden, ohne gesetzlich erfasst zu werden, führt nicht notwendigerweise zu der Schlussfolgerung, dass der zuständige Vertragsstaat seinen internationalen Verpflichtungen nicht nachkommt[408]. Die Abwesenheit eines nationalen Weltraumgesetzes in Raumfahrt betreibenden Staaten kann sich damit rechtfertigen lassen, dass die notwendige Kontrolle im Sinne von Art. VI Satz 2 des Weltraumvertrages durch andere Mittel stattfindet. Dies ist insbesondere der Fall, wenn die Teilnahme des Staates an der betroffenen Raumfahrttätigkeit die Umsetzung der raumfahrtspezifischen Verpflichtungen ermöglicht. Dies war zum Beispiel über lange Zeit in Frankreich der Fall, indem die nationale Raumfahrtagentur stets an von privaten Dritten geführten Raumfahrttätigkeiten beteiligt war[409].

---

406 Kerrest, in: Schriften zum Luft- und Weltraumrecht 2006, S. 51 (52); vgl. Lyall/Larsen, Space Law, S. 471.

407 So auch Lyall/Larsen, Space Law, S. 471.

408 S. hierzu Dritter Teil, A. 1. der vorliegenden Arbeit.

409 So auch Hermida, National Space Legislation, S. 31; weitere Beispiele entnimmt man Gerhard, Nationale Weltraumgesetzgebung, S. 37; vgl. Couston, in: ZLW 2009, S. 253 (253).

II. Mögliche Handlungen des gesetzgeberisch tätigwerdenden Staates

Steht fest, dass der Gesetzgeber sich für den Erlass einer nationalen Norm zur Umsetzung seiner völkerrechtlichen Verpflichtungen auf nationaler Ebene entschieden hat, so stellt sich die Frage nach der Form, welche diese Norm annehmen soll. An dieser Stelle ist es sowohl denkbar, dass der Staat auf eine vorhandene Rechtsgrundlage zugreift (1), als auch dass er sich für den Erlass neuer Vorschriften entscheidet (2).

1. Zugriff auf bereits existierende Regelungen

Kann eine bestehende Regelung im Sinne der Bestimmungen des internationalen Weltraumrechts erweitert oder ausgelegt werden, so besteht für den nationalen Gesetzgeber die Möglichkeit, diese als Grundlage zu benutzen, um nationale Raumfahrtaktivitäten rechtlich zu erfassen. Die Forschung hat hierzu insbesondere das nationale Luftrecht identifiziert. Aufgrund fundamentaler Unterschiede zwischen dem Luft- und dem Weltraumverkehr sind allerdings die luftrechtlichen Bestimmungen an dieser Stelle keine Hilfe[410]. Weitere vergleichbare Bestimmungen sind in den nationalen Außenwirtschafts- und Exportkontrollbestimmungen eines Staates sowie auch im nationalen Verwaltungsrecht zu finden. Allerdings hat sich bis jetzt kein Staat darauf berufen, auf diese Rechtskategorien zum Zweck der Umsetzung des internationalen Weltraumrechts zurückgreifen zu wollen[411]. Somit verbleibt der Erlass einer spezifischen Regulierung die einzige in Betracht kommende Möglichkeit für die Regelung von privaten Raumfahrtaktivitäten.

2. Erlass einer ad hoc-Regelung

Sind bestehende nationale Vorschriften im Sinne der rechtlichen Erfassung der nichtstaatlichen Raumfahrtaktivitäten nicht zu nutzen, so müssen neue Regelungen erlassen werden. Welche Form diese annehmen und nach welchem Verfahren dies erfolgt, hängt von dem jeweiligen Verfassungsrecht des betroffenen Staates ab, der sich für die rechtliche Erfassung dieser Raumfahrtaktivitäten ausgesprochen hat.

---

410 So Gerhard, Nationale Weltraumgesetzgebung, S. 39.

411 Gerhard, Nationale Weltraumgesetzgebung, S. 39.

III. Fazit

Es lässt sich aus den weltraumspezifischen völkerrechtlichen Verträgen keine Verpflichtung zum Erlass eines nationalen Weltraumgesetzes ableiten. Hingegen sind die ständige staatliche Kontrolle und Überwachung nichtstaatlicher Weltraumaktivitäten Pflicht. Allerdings hat sich gezeigt, dass ein nationales Weltraumgesetz der praktikabelste Weg zur Umsetzung der internationalen Verpflichtungen ist. Mangels verbindlicher Bestimmungen des Weltraumvertrages bezüglich des Zeitpunkts der Einführung der erforderlichen Genehmigung und Kontrolle nicht-staatlicher Raumfahrtaktivitäten sind die Staaten zwar hierzu vertraglich verpflichtet, dennoch gibt es weder eine festgelegte Frist zur Erfüllung dieser Pflicht noch sind Strafen für eine Nicht-Erfüllung vorgesehen. Die Umsetzung dieser Bestimmungen beruht somit auf dem freiwilligen gesetzgeberischen Tätigwerden der betroffenen Staaten.

B. Anwendungsbereich eines nationalen Weltraumgesetzes

Hat sich der Gesetzgeber für den Erlass einer nationalen Weltraumnorm entschieden, so ist ihm die innerliche Gestaltung des Gesetzes überlassen. Ein möglicher Ausgangspunkt bei der Formulierung des Gesetzes ist die Bestimmung seines Anwendungsbereiches. Dieser Schwerpunkt ist nun unter den Aspekten des persönlichen (I) und des sachlichen Anwendungsbereiches (II) zu erörtern.

I. Persönlicher Anwendungsbereich

Mit dem persönlichen Anwendungsbereich des Gesetzes werden die Bedingungen bestimmt, welche die Identifizierung der vom Gesetz erfassten Subjekte ermöglicht. An dieser Stelle kann auf den Wortlaut des Weltraumvertrages zurückgegriffen werden.

1. Völkerrechtlicher Ansatz

Dem Art. VI Satz 2 des Weltraumvertrages ist zu entnehmen, dass die Tätigkeiten nichtstaatlicher Rechtsträger vom zuständigen Vertragsstaat zu genehmigen und ständig zu überwachen sind. Somit wird der persönliche Anwendungsbereich des Gesetzes bestimmt. Es bleibt allerdings zu klären, wer als zuständiger Vertragsstaat (a) und wer als nichtstaatliche Stelle zu betrachten ist (b).

a. Identifizierung des zuständigen Vertragsstaates[412]

Die Verpflichtung zur Kontrolle und Überwachung der Aktivitäten nichtstaatlicher Stellen im Weltraum obliegt dem zuständigen Vertragsstaat. Dieser Begriff wird im Vertrag allerdings nicht weiter definiert; es ist daher zu klären, welcher Staat im Sinne des Art. VI Satz 2 des Weltraumvertrages zuständig ist. Obwohl die Auslegung des Völkerrechts jedem Staat frei steht[413], wären eine einheitliche Auslegung und konsequente Umsetzung des internationalen Weltraumrechts anzustreben, so dass die Auslegung des Begriffs „zuständiger Vertragsstaat" objektiv an Hand des Weltraumvertrages erfolgt[414]. Die Literatur hat sich zu diesem Zweck ausführlich mit der Auslegung des Art. VI Satz 2 des Weltraumvertrages auseinandergesetzt[415]. Demnach ergibt sich, dass ein Staat in verschiedenen Fällen als zuständiger Vertragsstaat identifiziert werden kann. Die Praxis der Staaten zeigt, dass ein Vertragsstaat für die nichtstaatlichen Aktivitäten seiner Staatsangehörigen zuständig ist. Alternativ ist ein Staat auch dann zuständig, wenn die betroffene Raumfahrttätigkeit auf seinen Gebiet vorgenommen wird oder die Tätigkeit mit (oder von) einem Gegenstand ausgeübt wird, der in diesem Staat registriert ist[416]. Dass ein einziger Staat allein zuständiger Vertragsstaat sein kann, ist unbestritten und entspricht dem Grundgedanken des Weltraumvertrages[417].

b. Identifizierung des Regelungsgegenstandes

Die nichtstaatliche Stelle steht im Mittelpunkt der vom Weltraumvertrag vorgesehenen Kontrolle und ständigen Überwachung. Dennoch wird der Begriff „Nichtstaatliche Stelle" weder vom Weltraumvertrag selbst, noch von der Verhandlungsgeschichte des Vertrags oder von weiteren Bestimmungen des internationalen Weltraumrechts näher definiert[418]. Aus diesem Grund ist hier

---

412 Ausführungen zu dem Tätigwerden eines Staates bezüglich der Jurisdiktion findet man in: Cheng, in: Studies in International Space Law, S. 478 ff.

413 Dunk, IISL Proceedings 1997, S. 449 (453).

414 So auch Gerhard, Nationale Weltraumgesetzgebung, S. 50; vgl. Dunk, Private Enterprise and Public Interest in the European "Spacescape", S. 20.

415 Die verschiedenen Ansätze sind in Gerhard, Nationale Weltraumgesetzgebung, S. 50 ff., dargestellt worden; s. auch Hermida, National Space Legislation, S. 41 ff.; vgl. Dunk, Private Enterprise and Public Interest in the European "Spacescape", S. 20; Gerhard, Art. VI, in: Hobe/Schmidt-Tedd/Schrogl, CoCoSL, Rn. 58.

416 So auch Gerhard, Nationale Weltraumgesetzgebung, S. 50.

417 So Lyall/Larsen, Space Law, S. 469.

418 Dunk, Private Enterprise and Public Interest in the European "Spacescape", S. 18; vgl. s. auch Kerrest, National Space Legislation – Crafting Legal Engines for the

eine Auslegung des Konzepts nötig – was dazu führt, dass mehrere Konzeptionen des Begriffs vorherrschen[419]. Aus dem Wortlaut des Weltraumvertrages lässt sich erkennen, dass die nichtstaatliche Stelle vom Staat unabhängig sein soll. Historisch belegt[420] ist die Ansicht der sowjetischen Delegation, dass der Staat für die Tätigkeiten seiner nationalen Unternehmen verantwortlich sein sollte. Nichtstaatliche Stellen im zu untersuchenden Sinne sind bereits sowohl von der Lehre als auch von den nationalen Gesetzgebern identifiziert worden, und es besteht heute kein Zweifel mehr daran, dass der Begriff nichtstaatliche Stelle auch private Personen einbezieht[421]. Es handelt sich somit um einzelne Bürger und juristische Personen des Privatrechts, auch wenn ihnen Staatsgewalt übertragen ist, oder um eine juristische Person des öffentlichen Rechts, die nicht unmittelbar höchste Staatsgewalt ausübt (zum Beispiel Gebiets- oder Personalkörperschaften)[422]. Anders formuliert bedeutet diese Auffassung im Ergebnis, dass eine Erlaubnis nicht erforderlich ist, solange der Staat im Wesentlichen an der betroffenen Tätigkeit teilnimmt. Dies beruht auf der Betrachtung, dass das Engagement des Staates eine Art Kontrolle und Überwachung darstellt[423].

c. Fazit

Die zu genehmigenden und zu kontrollierenden Weltraumtätigkeiten nichtstaatlicher Stellen stellen diejenigen Tätigkeiten dar, worüber der Staat Jurisdiktion ausüben kann[424].

Growth of Space Activities, vorgestellt am 22. März 2011 beim IISL/ECSL Symposium, abrufbar unter http://www.oosa.unvienna.org/pdf/pres/lsc2010/symp01.pdf, zuletzt abgerufen am 2. Oktober 2012.

419 S. Dunk, Private Enterprise and Public Interest in the European “Spacescape”, S. 18.

420 Hermida, National Space Legislation, S. 46; vgl. Gerhard, Art. VI, in: Hobe/Schmidt-Tedd/Schrogl, CoCoSL, Rn. 3 ff.

421 S. Gerhard, Nationale Weltraumgesetzgebung, S. 46; vgl. Lafferranderie, in: Benkö/Schrogl, Essential, Air and Space Law, S. 5 (16); Gerhard, Art. VI, in: Hobe/Schmidt-Tedd/Schrogl, CoCoSL, Rn. 31 ff.

422 S. Gerhard, Nationale Weltraumgesetzgebung, S. 46.

423 Dies wird von der weiteren Praxis wesentlicher Raumfahrtnationen bestätigt, wie der Praxis Frankreichs vor dem Erlass seines nationalen Weltraumgesetzes oder der derzeit in Deutschland herrschenden Praxis. Dort wird die Tatsache, dass kein Weltraumgesetz erlassen wurde, damit begründet, dass der Staat selbst aktiv an den meisten Raumfahrttätigkeiten teilnimmt.

424 S. auch Hermida, National Space Legislation, S. 35; vgl. Cheng, in: Studies in International Space Law, S. 487.

2. Nationale Umsetzungen

Der folgende Abschnitt stellt nun die nationalen Umsetzungen der zuvor ausgelegten völkerrechtlichen Anforderungen dar. Untersucht werden die im Zweiten Teil dargestellten nationalen Gesetze in Europa.

a. Norwegen

Dem norwegischen Gesetz[425] unterliegen gemäß § 1 a) und b) Starttätigkeiten, die von norwegischem Gebiet, Schiffen oder Flugzeugen aus durchgeführt werden. Die Zuständigkeit Norwegens umfasst Tätigkeiten, die auf norwegischem Gebiet ausgeführt oder die mit in Norwegen registrierten Anlagen durchgeführt werden, sowie Tätigkeiten auf internationalem Hoheitsgebiet – § 1 c). Es wird lediglich eine Erlaubnis von norwegischen Staatangehörigen und Personen mit gewöhnlichem Wohnsitz in Norwegen vorgesehen. Nicht umfasst sind Starttätigkeiten eines norwegischen Staatsangehörigen, die auf fremdem Hoheitsgebiet ausgeführt werden. Hier ging der Gesetzgeber davon aus, dass diese Tätigkeiten unter den Anwendungsbereich eines fremden Staates fallen. Praktisch offenbart sich hier eine Lücke, wenn ein solches Erlaubnisverfahren im dortigen Staat nicht existiert. In den Fällen des § 1 a) und b) erfolgen keine Einschränkungen über die Rechtspersönlichkeit des Erlaubnispflichtigen. Demzufolge unterliegt jede natürliche, juristische, privat- oder öffentlich-rechtliche Person der Erlaubnispflicht.

b. Schweden

Sec. 2 des schwedischen *Act on Outer Space Activities* sieht vor, dass alle Weltraumtätigkeiten von schwedischen natürlichen oder juristischen Personen innerhalb oder außerhalb des Landes eine Erlaubnis erfordern. Hiernach bedürfen Weltraumtätigkeiten, die auf schwedischem Territorium stattfinden, sowie solche, die andernorts von einer schwedischen natürlichen oder juristischen Person vorgenommen werden, einer Erlaubnis durch die Regierung, ohne dass das Gesetz hierzu nähere Bestimmungen einführt[426]. Aktivitäten des Staates sind vom Anwendungsbereich ausdrücklich ausgeschlossen. Aktivitäten von Gebiets- und Personalkörperschaften sind nach dem Gesetz nicht genehmigungspflichtig[427].

---

425 S. zu diesem Gesetz ausführlich s. Gerhard, Nationale Weltraumgesetzgebung, S. 58.
426 Reifarth, in: Böckstiegel, Handbuch des Weltraumrechts, S. 879 (879).
427 S. hierzu Gerhard, Nationale Weltraumgesetzgebung, S. 59 ff.

c. *Vereinigtes Königreich von Großbritannien und Nordirland*

Das Gesetz des Vereinigten Königreiches von Großbritannien und Nordirland findet Anwendung, wenn ein Staatsangehöriger, eine dort ansässige Firma oder eine unter den Gesetzen des Königreiches gegründete Gesellschaft innerhalb oder außerhalb des Landes einen Start vornimmt oder durchführen lässt, einen Weltraumgegenstand betreibt oder eine andere Aktivität im Weltraum ausübt (*Sec.* 2)[428]. Der Gesetzgeber wollte mit der Ausgestaltung dieses Anwendungsbereiches erreichen, dass sich der *Outer Space Act* innerhalb der Grenzen der Weltraumverträge hält[429] und möglichst alle Fälle umfasst, die eine Haftung des Königreiches auslösen können[430]. Der britisch-nordirische Staat kann internationale Verpflichtungen mit anderen Staaten eingehen, um die Jurisdiktion über eine bestimmte Tätigkeit abzugeben, solange die Einhaltung der sich aus den Weltraumverträgen entstehenden Verpflichtungen gewahrt bleibt (*Sec.* 3). Das Gesetz beschäftigt sich nicht mit den Tätigkeiten fremder Staatsangehöriger innerhalb des Königreichs. Insoweit ist strittig, ob der Gesetzgeber seinen internationalen Pflichten in Gänze nachgekommen ist[431].

d. *Belgien*

Das belgische Gesetz bezieht sich auf den Start und den Betrieb von Weltraumgegenständen sobald diese vom belgischen Territorium aus ausgeübt werden. Somit hat sich der belgische Gesetzgeber für eine Zuständigkeit „*rationae loci*" entschieden[432]. Die benannten Aktivitäten sind genehmigungspflichtig, wobei die Staatsangehörigkeit des Betreibers irrelevant ist[433]. Dafür nimmt der belgische Gesetzgeber ausdrücklich Bezug auf die Bestimmungen des Art. VI des Weltraumvertrages[434] und strebt eine funktionelle Auslegung des Vertrages an[435]. Demnach soll die Zuständigkeit des belgischen Staates nur für diejenigen Aktivitäten gegeben sein, für

---

428 Reifarth, in: Böckstiegel, Handbuch des Weltraumrechts, S. 879 (881).

429 Close, in: Böckstiegel, Project 2001, S. 579 (580).

430 Lyall/Larsen, Space Law, S. 487.

431 Gerhard, Nationale Weltraumgesetzgebung, S. 60; Autoren vertreten die Meinung, dass dadurch, dass das Königreich keinen Start von seinem Hoheitsgebiet aus betreibt, das Gesetz keine Anwendung auf ausländische Betreiber findet, s. Close, in: Böckstiegel, Project 2001, S. 579 (579).

432 Chambre des représentants de Belgique, DOC 51 1607/001, S. 8.

433 Mayence, in: IISL Proceedings 2004, S. 134 (134).

434 Mayence, in: IISL Proceedings 2004, S. 134 (135).

435 S. Vierter Teil, B. II. 6. b. bb. der vorliegenden Arbeit.

welche der Staat auch tatsächlich in der Lage ist, Kontrolle auszuüben[436]. Sollte aber keine staatliche Jurisdiktion vorhanden sein, sieht das belgische Gesetz die Möglichkeit einer Ausweitung seines Anwendungsbereichs auf belgische Staatsangehörige vor[437], also die Anwendung des Gesetzes aufgrund der belgischen Staatsangehörigkeit des Betreibers. Voraussetzung hierfür ist jedoch ein gültiger völkerrechtlicher Vertrag zwischen Belgien und dem weiter beteiligten Staat oder der beteiligten internationalen Organisation[438]. Dies soll der optimalen Umsetzung des internationalen Weltraumrechts und gleichzeitig der Vermeidung der Entstehung der Praxis der Billigflaggen dienen[439]. In umgekehrter Weise fallen Raumfahrtaktivitäten belgischer Personen, die von der Zuständigkeit eines anderen Staates erfasst werden, nicht in den Anwendungsbereich des Gesetzes[440]. Dies entspricht der Auffassung, dass die Identifizierung des zuständigen Vertragsstaates im Einzelfall durch internationale bi- oder multilaterale Verträge zu erfolgen hat. Ferner bezieht sich das Gesetz auf private Raumfahrtbetreiber, das heißt auf die Betreiber, welche die Raumfahrtaktivitäten in eigener Verantwortung ausüben[441].

e. Niederlande

Das niederländische Gesetz erfasst alle Weltraumaktivitäten, die unter niederländische territoriale Jurisdiktion fallen. Dementsprechend sind alle Aktivitäten betroffen, die vom niederländischen Hoheitsgebiet aus oder die von Flugzeugen oder Schiffen mit niederländischer Nationalität betrieben werden (Kapitel 1, *Sec.* 2). Zugrunde liegt wie im belgischen Gesetzgebungsverfahren der Gedanke, dass eine Ausweitung der nationalen Jurisdiktion über die Landesgrenzen hinaus *de facto* nicht umsetzbar wäre. Das Gesetz findet jedoch trotz aller territorialen Einschränkungen auch Anwendung auf niederländische natürliche Personen, die sich im Weltraum befinden (wie niederländische Astronauten) und die dort Weltraumaktivitäten im Sinne des Gesetzes betreiben. Wie das belgische Weltraumgesetz sieht auch das niederländische Gesetz darüber hinaus die Möglichkeit vor, den Anwendungsbereich auf natürliche und juristische Personen mit niederländischer Nationalität ausweiten zu können, sollten die betroffenen

436 Chambre des représentants de Belgique, DOC 51 1607/001, S. 16.
437 Mayence, in: IISL Proceedings 2004, S. 134 (136).
438 Vgl. Chambre des représentants de Belgique, DOC 51 1607/001, S. 8.
439 Chambre des représentants de Belgique, DOC 51 1607/001, S. 8.
440 Chambre des représentants de Belgique, DOC 51 1607/001, S. 8.
441 Chambre des représentants de Belgique, DOC 51 1607/001, S. 16.

Weltraumaktivitäten vom Gebiet eines Staates ausgeübt werden, der die Weltraumverträge nicht gezeichnet hat.

f. Frankreich

Nach dem Wortlaut des französischen Gesetzes (Art. 1 und 2) sind „Weltraumoperationen“ genehmigungspflichtig. Somit muss derjenige Weltraumbetreiber, der unter eigener Verantwortung eine Weltraumoperation ausführt, eine Erlaubnis beantragen. Dieses Kriterium bietet wenig Spielraum für Auslegungen. Es ist gleichzeitig objektiv, da es – ungeachtet des Eigentums an dem Weltraumgegenstand oder des Auftrags zur Führung der Weltraumoperation – einen einzigen Betreiber für eine Operation identifiziert[442]. Eine ähnliche Bestimmung findet man auch im belgischen Weltraumgesetz. Betroffen sind Aktivitäten, die von französischem Gebiet aus sowie von oder mit Mitteln oder Einrichtungen, die unter französischer Gerichtsbarkeit stehen (Art. 2 des Gesetzes), betrieben werden. Dazu gehören auch die Aktivitäten, die von einem französischen Staatsangehörigen vom Gebiet eines fremden Staates ausgehen, oder mit Mitteln oder Einrichtungen, die unter der Gerichtsbarkeit eines fremden Staates stehen, betrieben werden (Art. 2 des Gesetzes). Allerdings wird der Begriff „Weltraum“ ohne Begriffsbestimmung verwendet, so dass fraglich ist, ob zum Beispiel suborbitale Flüge[443] in den Anwendungsbereich des Gesetzes fallen[444]. Wird die Weltraumaktivität vom fremden Hoheitsgebiet aus, sprich extraterritorial, ausgeführt, so sehen die Anwendungsbestimmungen des Gesetzes vor, dass ein Beweis zur Erfüllung der Genehmigungsbedingungen erbracht werden kann, um eine teilweise Freistellung von der Prüfung zur Erteilung einer Genehmigung zu erlangen (Kapitel III).

g. Österreich

Der räumliche, sachliche und persönliche Anwendungsbereich des österreichischen Weltraumgesetzes wird im § 1 Abs. 1 festgelegt. Daraus ergibt sich, dass das österreichische Gesetz für diejenigen Betreiber Anwendung findet, für welche der österreichische Staat die „personelle und territoriale Jurisdiktion“ ausüben kann[445]. Raumfahrtaktivitäten, welche von in Österreich registrierten Schiffen und Flugzeugen ausgeübt werden, fallen ausdrücklich in den Anwendungsbereich des

442 So Rapp, in: AJDA 2008, S. 1757.

443 Suborbital bezeichnet Flugkörper, die „nicht in eine Umlaufbahn gelangen“, s. Duden, S. 1545.

444 So auch Couston, in: Revue Française de Droit Aérien et Spatial 2008, S. 327 (329).

445 1466 der Beilagen XXIV. GP – Regierungsvorlage – Materialien, S. 4.

österreichischen Weltraumrechts (§ 1 Abs. 1 Ziffer 2), wobei es sich hierbei um eine Bestätigung des geltenden völkerrechtlichen Ansatzes handelt. § 1 regelt weiter, dass staatliche sowie nicht-staatliche Stellen die Bestimmungen des internationalen Weltraumrechts einzuhalten haben[446], was Gebietskörperschaften sowie ministeriale Raumfahrtaktivitäten mit umfasst[447]. Betroffen von dem Gesetz sind sowohl natürliche als auch juristische Personen, wenn diese als „Betreiber" einer Raumfahrtaktivität nach § 2 Ziffer 3 fungieren. Daraus folgt, dass die Personen, welche an der betroffenen Raumfahrtaktivität lediglich mitarbeiten oder „nicht auf eigener Rechnung handeln"[448], nicht als Betreiber zu betrachten sind. Um „Kontrolldefizite" zu vermeiden, lehnt Österreich jegliche Jurisdiktionseinschränkungen ab, welche in manchen europäischen Gesetzen zu finden sind, wonach sich die Jurisdiktion nicht bis in hoheitslose Gebiete erstreckt[449]. Österreich strebt damit eine möglichst breite Auslegung beziehungsweise Umsetzung des weltraumspezifischen Völkerrechts an, welche „allenfalls" zu positiven Kompetenzkonflikten führen könnte. Diese Konflikte sind anhand des internationalen Privatrechts zu klären (§ 1 Ziffer 2). Diese ausdrückliche Klarstellung unterscheidet das österreichische Weltraumgesetz von den anderen untersuchten Gesetzen.

3. Zwischenergebnis

Die bisherige Analyse lässt erkennen, dass die Lücken des Weltraumvertrages bezüglich der Begriffsbestimmung einer „nichtstaatlichen Aktivität" zu unterschiedlichen nationalen Auslegungen führen. Differenziert behandelt werden zum Beispiel natürliche und juristische Personen. Dadurch, dass rein staatliche Aktivitäten nicht immer ausdrücklich vom Anwendungsbereich ausgeschlossen werden, kann sich mitunter die Frage stellen, ob die Beteiligung des Staates an einer Raumfahrtaktivität die Anwendbarkeit des Gesetzes ausschließt. Es kommt auch zu differenzierten persönlichen Anwendungsbereichen, je nachdem ob das Gesetz ein territoriales oder ein persönliches Anwendungskriterium offeriert. Mehrere Gesetze gehen davon aus, dass eine von ihnen nicht erfasste Stelle einem anderen Gesetzgeber unterworfen ist. Dies setzt voraus, dass das Weltraumgesetz eines anderen Staates greift, was aber seinerseits voraussetzt, dass ein solches Gesetz dort existiert. Ist aber der in Frage

---

446 1466 der Beilagen XXIV. GP – Regierungsvorlage – Materialien, S. 5.
447 1466 der Beilagen XXIV. GP – Regierungsvorlage – Materialien, S. 5.
448 1466 der Beilagen XXIV. GP – Regierungsvorlage – Materialien, S. 5.
449 1466 der Beilagen XXIV. GP – Regierungsvorlage – Materialien, S. 5.

kommende Staat nicht weltraumspezifisch gesetzgeberisch tätig geworden, so entsteht eine Rechtslücke mit der Folge, dass die betroffene Weltraumaktivität von keiner nationalen Rechtsordnung erfasst wird.

II. Sachlicher Anwendungsbereich

Art. VI Satz 2 des Weltraumvertrages sieht vor, dass „Tätigkeiten im Weltraum" genehmigt werden müssen. Dies betrifft den sachlichen Anwendungsbereich eines nationalen Gesetzes nach internationalem Weltraumrecht und wird im Folgenden erläutert.

1. Völkerrechtlicher Ansatz

Art. VI Satz 2 des Weltraumvertrages bezieht sich auf „Tätigkeiten im Weltraum", die selbst nicht weiter definiert sind. Eine von Hermida angebotene Begriffsbestimmung definiert solche Tätigkeiten als Handlung (oder Unterlassung) natürlicher und juristischer Personen im Rahmen der Erkundung und Nutzung des Weltraums und der Himmelskörper sowie die Errungenschaften der Nutzung des Weltraums[450]. Diese Definition ist zweckorientiert, hilft aber nicht weiter bei der Identifizierung einzelner Raumfahrtaktivitäten. Vielmehr wird empfohlen, auf eine nicht abschließende Auflistung möglicher Raumfahrtaktivitäten zurückzugreifen, denn dem Weltraumvertrag ist keine Einschränkung über die Art der Weltraumaktivitäten zu entnehmen. Somit werden als „Tätigkeiten im Weltraum" die Herstellung und der Start eines Weltraumgegenstandes, die Operation und der Betrieb eines Satelliten oder anderer Raumfahrtgegenstände, die Nutzung eines derartigen Objekts, unabhängig von dessen technischer Anwendung sowie die Erforschung und Nutzung von Himmelskörpern im All betrachtet[451]. Bei der Formulierung des Art. VI Satz 2 des Weltraumvertrages ist nicht ersichtlich, ob die betroffenen Tätigkeiten ausschließlich oder zum Teil im Weltraum stattfinden müssen. Einige Autoren greifen auf den Wortlaut des Vertrages zurück, um zu argumentieren, dass Tätigkeiten im Weltraum im Sinne des Vertrages nur diejenigen sind, die

450 In: Hermida, National Space Legislation, S. 33: "acts (or omissions) of individuals and entities in the exploration and exploitation process of outer space, the celestial bodies and the fruits of use of outer space", eigene Übersetzung.

451 Gerhard, Art. VI, in: Hobe/Schmidt-Tedd/Schrogl, CoCoSL, Rn. 28.

vollständig im All stattfinden[452]. Allerdings beziehen sich andere Meinungen auf das Ziel der Weltraumverträge, also auf das Verantwortlichkeitsprinzip (Art. VI Satz 1 des Weltraumvertrages) und die Genehmigungspflicht (Art. VI Satz 2 des Weltraumvertrages), um davon abzuleiten, dass auch Tätigkeiten, die nur teilweise im Weltraum stattfinden, vom Vertrag betroffen sind und vom Begriff umfasst werden[453]. Die von Gerhard angebotene Definition erscheint an dieser Stelle angemessen: „der Opferschutzgedanke sowie die Tatsache, dass jedenfalls zumindest ein Teil der Tätigkeit der Genehmigungspflicht unterliegt, sprechen dafür, dass auch Tätigkeiten die lediglich teilweise im Weltraum stattfinden[454], und dazu zählen insbesondere der Start eines Trägersystems (nicht aber der von Höhenforschungsraketen[455]), unter den Begriff „Tätigkeiten im Weltraum" im Sinne von Art. VI Satz 2 des Weltraumvertrages subsumiert werden müssen"[456]. Dem folgend ist die völkerrechtliche Vorgabe zum sachlichen Anwendungsbereich eines nationalen Weltraumgesetzes so zu verstehen, dass er alle Tätigkeiten einbezieht, die komplett oder zum Teil im Weltraum stattfinden. Im Übrigen ist unumstritten, dass – im Gegensatz zur Haftungsregelung für Schäden auf der Erdoberfläche – Startaktivitäten, die nur kurzzeitig den Luftraum durchqueren, von Art. VI nicht betroffen sind[457].

---

452 Bittlinger, in: IISL Proceedings 1987, S. 191 (194), vgl. Gerhard, Art. VI, in: Hobe/Schmidt-Tedd/Schrogl, CoCoSL, Rn. 19.

453 Dunk, Private Enterprise and Public Interest in the European "Spacescape", S. 13; vgl. Gerhard, Art. VI, in: Hobe/Schmidt-Tedd/Schrogl, CoCoSL, Rn. 20 ff.

454 Gerhard, Art. VI, in: Hobe/Schmidt-Tedd/Schrogl, CoCoSL, Rn. 25.

455 Eine Höhenforschungsrakete ist eine unbemannte Rakete, mit deren Hilfe physikalische Messungen in der Hochatmosphäre durchgeführt werden. Dies sind meist meteorologische Messungen, wie die Messung des Luftdrucks, der Temperatur oder der Windgeschwindigkeit in der Atmosphäre, aber auch Messungen anderer Art, wie die Untersuchung der elektrischen Eigenschaften der Ionosphäre. Daneben werden mit Hilfe von Höhenforschungsraketen auch astronomische Beobachtungen oder materialwissenschaftliche Untersuchungen durchgeführt, s. Franke, Burkhard, Forschungsraketen, Technologische Experimente unter Schwerelosigkeit durchgeführt mit TEXUS - 1976 - 2006 - Band 1.

456 Gerhard, Nationale Weltraumgesetzgebung, S. 69; vgl. Gerhard, Art. VI, in: Hobe/Schmidt-Tedd/Schrogl, CoCoSL, Rn. 22, und Hobe, Art. I, in: Hobe/Schmidt-Tedd/Schrogl, CoCoSL.

457 S. hierzu Kerrest, National Space Legislation – Crafting Legal Engines for the Growth of Space Activities, vorgestellt am 22. März 2011 beim IISL/ECSL Symposium, abrufbar unter http://www.oosa.unvienna.org/pdf/pres/lsc2010/symp01.pdf, zuletzt abgerufen am 2. Oktober 2012.

2. Nationale Umsetzungen

Die nationalen Umsetzungen bezüglich des sachlichen Anwendungsbereiches eines nationalen Weltraumgesetzes werden nun vergleichend dargestellt.

a. Norwegen

Das norwegische Weltraumgesetz widmet sich dem sachlichen Anwendungsbereich in § 1 des Textes. Demnach bezieht sich die Regelung auf den Start eines Weltraumgegenstandes. Andere Tätigkeiten fallen nicht in den sachlichen Anwendungsbereich des Gesetzes.

b. Schweden

Anwendung findet das schwedische Gesetz auf Tätigkeiten, die vollständig in einer Umlaufbahn stattfinden, sowie auf alle Maßnahmen in Zusammenhang mit der Steuerung und Kontrolle eines Weltraumgegenstandes[458]. Ausdrücklich ausgeschlossen[459] sind das bloße Empfangen von Informationen oder Signalen und das Aussenden von Höhenforschungsraketen. Zum Zeitpunkt des schwedischen Gesetzgebungsverfahrens war nicht vorhersehbar, dass Höhenforschungsraketen von Privaten betrieben werden oder dass diese Tätigkeiten überhaupt eine Gefährdung für die weltweite Bevölkerung darstellen könnten[460]. Der Ausschluss von Höhenforschungsraketen aus dem Anwendungsbereich des Gesetzes beruht also nicht nur auf der Tatsache, dass der Gesetzgeber davon ausgeht, dass sich deren Aktivitäten nicht bis in den Weltraum erstrecken. Bezugnehmend auf die örtlichen Gegebenheiten des abgelegenen Startgeländes im schwedischen Kiruna ist vielmehr nicht zu erwarten, dass ein Verstoß gegen völkerrechtliche Bestimmungen des Art. VII des Weltraumvertrages und des Weltraumhaftungsübereinkommens eintreten kann. Auch ein Schaden, der in den Anwendungsbereich fallen kann, erscheint ausgeschlossen[461].

c. Vereinigtes Königreich von Großbritannien und Nordirland

Der sachliche Anwendungsbereich des *Outer Space Act* des Vereinigten Königreiches von Großbritannien und Nordirland wird in *Sec.* 1 des Gesetzes

---

458 Gerhard, Nationale Weltraumgesetzgebung, S. 73.

459 Reifarth, in: Böckstiegel, Handbuch des Weltraumrechts, S. 879 (880).

460 So Dunk, in: IISL Proceedings 2008, S. 547 (553).

461 Hierzu vgl. zu der ungeklärten Frage der Abgrenzung zwischen Luft- und Weltraum, vgl. Vitt, in: Böckstiegel, Handbuch des Weltraumrechts, S. 35 (35).

festgelegt. Umfasst sind demnach das Starten eines Weltraumgegenstandes sowie die Beauftragung, den Start von Weltraumgegenständen durchführen zu lassen. Der Betrieb von Weltraumgegenständen sowie jede Tätigkeit im Weltraum sind ebenso einzubeziehen[462]. Die Schwerpunkte werden hier auf den Start und den Betreib eines Weltraumgegenstandes in einer Umlaufbahn gelegt. Damit wird ein großer Bereich dessen abgedeckt, was Art. VI Satz 2 des Weltraumvertrages vorsieht. Der Wiedereintritt eines Weltraumgegenstandes ist nicht inbegriffen. Die Erwähnung der Startaktivitäten in *Sec.* 1 erfolgt vor dem Hintergrund, dass Staatsangehörige des Vereinigten Königreichs von Großbritannien und Nordirland solche Tätigkeiten möglicherweise auf fremdem Territorium vornehmen können und entspricht der methodischen Vorgehensweise des Weltraumvertrages. Darüber hinaus ist die Möglichkeit „einen Start durchführen zu lassen" ausdrücklich erwähnt[463]. Des Weiteren wird mit der Benennung „jeder Tätigkeit im Weltraum" sichergestellt, dass alle Fälle abgedeckt werden, die nach Art. VI Satz 2 des Weltraumvertrages eine Genehmigungspflicht nach sich ziehen.

d. Belgien

Das belgische Weltraumgesetz findet Anwendung auf Start, Flugbetrieb und Kontrolle von Weltraumgegenständen. Für die Begriffsbestimmung greift Belgien auf eine funktionale Auslegung zurück[464], wonach ein Weltraumgegenstand sowohl gestartete Gegenstände als auch Gegenstände, die zum Start bestimmt sind, umfasst. Demnach kann auch ein noch nicht im Weltraum befindlicher Gegenstand von dem Gesetz erfasst werden[465]. Der Anwendungsbereich des Gesetzes schließt bewusst Weltraumanwendungen (wie Erdfernerkundung, Satelliten-Telekommunikationen oder -Navigation) oder die Nutzung von Satelliten-Nutzlasten auf einem fremden Satelliten aus[466].

e. Niederlande

Das niederländische Raumfahrtgesetz bezieht sich auf den Start eines Weltraumgegenstandes ins All sowie dessen Betrieb und den Flug im Weltraum. Ein Weltraumgegenstand wird wie im belgischen Gesetz nach seiner Funktionalität

---

462 Close, in: Böckstiegel, Project 2001, S. 579 (579).

463 Reifarth, in: Böckstiegel, Handbuch des Weltraumrechts, S. 879 (881).

464 Chambre des représentants de Belgique, DOC 51 1607/001, S. 16.

465 Chambre des représentants de Belgique, DOC 51 1607/001, S. 16.

466 Mayence, in: IISL Proceedings 2004, S. 134 (134).

bestimmt, womit jedes in den Weltraum gestartete Objekt sowie Objekte, die in den Weltraum gestartet werden, in den Anwendungsbereich des Gesetzes einbezogen sind. Ein Start ist *per se* als Weltraumaktivität zu betrachten, dennoch besteht nach heutiger Praxis nur eine geringe Wahrscheinlichkeit, dass ein Start von niederländischem Hoheitsgebiet aus durchgeführt wird. Denn Startanlagen erfordern die Erfüllung sowohl technischer als auch geographischer Bedingungen[467], die in den Niederlanden nicht vorhanden sind. Der Start wurde allerdings aufgrund der Bestimmungen des internationalen Raumfahrtrechts (insbesondere des Konzepts des Startstaates) in den Anwendungsbereich des Gesetzes eingeführt. Es ist zudem nicht ausgeschlossen, dass ein Start von einem niederländischen Schiff oder Flugzeug aus stattfindet, das auch außerhalb der Niederlande als niederländischer Hoheitsbereich vom Gesetz erfasst wird. Das Gesetz verfügt, dass die Befugnisse des Verkehrsministeriums in seiner Zuständigkeit für Luftfahrtangelegenheiten durch einen solchen Start unberührt bleiben. Dies ist in einem Weltraumgesetz insoweit von Relevanz, als ein gestarteter Weltraumgegenstand zwangsläufig den – nationalen oder internationalen – Luftraum durchquert, *de facto* zwischen dem Zeitpunkt des Starts des Gegenstandes und dem Zeitpunkt, an dem er das All beziehungsweise seine endgültige Position im Weltraum erreicht[468]. Eine Klarstellung der Zuständigkeit der für den Luftraum zuständigen Behörde stellt in diesem Sinne eine pragmatische Ergänzung dar. Vom Anwendungsbereich des Gesetzes werden Raumfahrtanwendungen – Aktivitäten, die mittels Raumfahrttechnologien betrieben werden (zum Beispiel Satellitentelekommunikation, Satellitennavigation und Erdfernerkundung) – ausgenommen.

f. Frankreich

Die von der französischen Genehmigungspflicht betroffenen Weltraumoperationen werden in Art. 1-3° und Art. 2 des Gesetzes bestimmt. Dabei sind Weltraumanwendungen ausgeschlossen, wie beispielsweise auch in der Gesetzgebung Belgiens und der Niederlande. Die genehmigungspflichtigen Aktivitäten betreffen den Startversuch, den Start eines Weltraumgegenstandes sowie die Führung des Gegenstandes im Weltraum. Die Rückkehr zur Erde ist mit einbezogen. Die Erlaubnis gilt für die gesamte Dauer der betroffenen Aktivität. Wird die Aktivität

---

467 Dargestellt in Albat, in: Ley/Wittmann/Hallmann, Handbuch der Raumfahrtechnik, S. 203.

468 Allerdings gibt es keine abgestimmte Abgrenzung zwischen dem Luft- und dem Weltraum, was die Bestimmung dieser Phase erheblich erschwert.

jedoch nicht binnen zehn Jahren nach ihrer Beantragung begonnen, so verliert die Erlaubnis ihre Wirksamkeit (Kapitel I, Art. 5 der Anwendungsbestimmungen).

g. Österreich

Der sachliche Anwendungsbereich des österreichischen Weltraumgesetzes ergibt sich unter anderem aus § 2 des Gesetzes, in welchem die für das österreichische Gesetz notwendigen Begriffe, die in den Weltraumverträgen zu finden sind, dort jedoch nicht weiter definiert werden, Auslegung finden. Es ergibt sich daher, dass der „Start" von Weltraumgegenständen als Raumfahrtaktivität anzusehen ist, obwohl diese Tätigkeit typischerweise von der Erde aus erfolgt[469]. Es wird weiter ausgeführt, dass „der Betrieb und die Kontrolle" eines Weltraumgegenstandes Raumfahrtanwendungen ausdrücklich ausschließen[470], und dass der „kontrollierte Absturz" eines solchen Gegenstandes von dem Gesetz mit umfasst wird. Hinsichtlich des Begriffs „Weltraumgegenstand" greift der österreichische Staat auf eine mit der Lehre konforme Auslegung zurück und lässt „Bestandteile eines Weltraumgegenstandes sowie sein Fahrzeug und dessen Teile" mit in den sachlichen Anwendungsbereich des Gesetzes fallen[471]. Analog zu anderen Staaten schließt der Begriff „Weltraumgegenstand" diejenigen Gegenstände mit ein, „deren Start in den Weltraum von Menschen durchgeführt wird, versucht wurde oder durchgeführt wurde"[472]. Wie in den anderen untersuchten europäischen Weltraumgesetzen bleibt die Bestimmung des Begriffs „Weltraum" aus, wobei mit Bezug auf das nationale Luftverkehrsrecht im Vorblatt an die Bestimmung der Grenze des nationalen Luftraums erinnert wird.

Schließlich wird durch die Übergangsbestimmungen des § 15 geklärt, welche Raumfahrtaktivitäten vom Gesetz unberührt bleiben. Demnach gilt das Gesetz nur für Weltraumaktivitäten, welche erst nach dem Inkrafttreten des Gesetzes durchgeführt werden. Für diejenigen Aktivitäten, die bereits vor dem Inkrafttreten beauftragt wurden, reichen die Anzeige und die Vorlage der im § 4 Abs. 1 aufgeführten Unterlagen beim zuständigen Bundesministerium aus. Allerdings wird ausdrücklich darauf verwiesen, dass die Rückgriffsbestimmungen des § 11 für Aktivitäten, welche vor dem Inkrafttreten des Gesetzes beauftragt wurden, keine Anwendung finden, so dass Haftungsbegrenzungen für den Betreiber nicht zur Anwendung kommen.

---

469 1466 der Beilagen XXIV. GP – Regierungsvorlage – Materialien, S. 5.
470 1466 der Beilagen XXIV. GP – Regierungsvorlage – Materialien, S. 5.
471 1466 der Beilagen XXIV. GP – Regierungsvorlage – Materialien, S. 5.
472 1466 der Beilagen XXIV. GP – Regierungsvorlage – Materialien, S. 5.

3. Zwischenergebnis

Der sachliche Anwendungsbereich eines nationalen Weltraumgesetzes bietet ebenso wie der persönliche Anwendungsbereich viele Auslegungsmöglichkeiten. Ausschlaggebend ist vor allem die Frage, ob das Gesetz eine bestimmte Aktivität oder eine bestimmte Person aufgrund seiner Nationalität erfasst. Bezüglich der Frage was unter dem Begriff „Weltraumaktivität" zu verstehen ist, erscheint nennenswert, dass die Mehrheit der Staaten, die ein nationales Weltraumgesetz erlassen hat, gar keine Auslegung des Begriffs vornimmt oder den Begriff als „Operation und Betrieb" versteht. Es lassen sich ebenfalls breitere Begriffsbestimmungen finden, wie etwa „alle weitere Aktivitäten im Weltraum". In manchen Rechtsordnungen werden nur die Starts von Weltraumgegenständen in die Anwendungsbereiche der Gesetze einbezogen, während andere den ganzen Verlauf einer Weltraumaktivität bis zur Rückkehr zur Erde einbeziehen. Unterschiedlich wird auch die Anknüpfung zu luftrechtlichen Fragestellungen wahrgenommen. Alle Gesetze haben allerdings gemein, dass sie die Weltraumanwendungen ausschließen. Eine weitere übergreifende Gemeinsamkeit ist an dieser Stelle zu betonen: Obwohl nicht alle Staaten über Startseinrichtungen und -plätze verfügen[473] fällt das Starten eines Weltraumgegenstandes in den Anwendungsbereich aller Gesetze. Dies lässt sich dadurch erklären, dass auch das „Starten lassen" die Haftung eines Vertragsstaates gemäß Art. IV des Weltraumhaftungsübereinkommens auslösen kann. Da alle Weltraumgegenstände zwangsläufig gestartet werden müssen, sind die Staaten zur Erlaubnis und Kontrolle der Starts verpflichtet.

III. Fazit

Die unterschiedlichen Auslegungen der Staaten im persönlichen wie im sachlichen Anwendungsbereich eines nationalen Weltraumgesetzes führen zu deutlich unterschiedlichen Regelungen. Dies kann zu positiven oder negativen Kompetenzkonflikten führen und birgt darüber hinaus die Gefahr, dass Personen oder Raumfahrtaktivitäten nicht erfasst werden. Diese Thematik wird im Rahmen

473 Genauer gesagt verfügt in Europa nur Frankreich über solche; es ist dennoch nicht auszuschließen, dass ein Start auf hoher See von Schiffen aus oder mit Mitteln, die unter nationaler Gerichtsbarkeit stehen, durchgeführt werden kann und somit in den Anwendungsbereich des Gesetzes fallen.

der „Kritischen Betrachtungen“ im Vierten Teil der vorliegenden Arbeit weiter untersucht[474].

C. Erlaubnis von Weltraumtätigkeiten

Die Verpflichtung zur Erlaubnis von Weltraumaktivitäten durch den zuständigen Vertragsstaat, welche die Vertragsstaaten in Art. VI des Weltraumvertrages übernommen haben[475], setzt die Einführung eines Genehmigungsverfahrens voraus; die Erlaubnis ist somit ein zentraler Regelungsgegenstand eines nationalen Weltraumgesetzes[476]. Durch das Erlaubnisverfahren bestimmt der zuständige Vertragsstaat, nach welchen Standards und Maßstäben eine Weltraumaktivität unter seiner Jurisdiktion zugelassen werden soll. Er soll somit in der Lage sein, sowohl die zur beabsichtigten Aktivität als auch die vom Betreiber einzuhaltenden Maßgaben vorzugeben. Diese Maßgaben sind Gegenstand der folgenden Untersuchung.

I. Völkerrechtlicher Ansatz

Die Genehmigung nichtstaatlicher Raumfahrtaktivitäten durch den zuständigen Staat ist die erste Verpflichtung, die mittels nationaler Gesetzgebung umzusetzen ist[477]: Art. VI Satz 2 des Weltraumvertrages sieht vor, dass Tätigkeiten nichtstaatlicher Stellen im Weltraum der Genehmigung des zuständigen Staates bedürfen[478]. Diese Verpflichtung ermöglicht, dass alle Raumfahrtaktivitäten rechtmäßig durchgeführt werden[479]. Allerdings bestimmt der Weltraumvertrag nicht weiter, wie die Erlaubnis inhaltlich zu gestalten ist. Berücksichtigt man aber, dass das Ziel der Erlaubnis die Umsetzung der auf der internationalen Ebene geltenden raumfahrtspezifischen Verpflichtungen ist, so lässt sich ihr Inhalt aus den völkerrechtlichen Bestimmungen ableiten[480]. Demnach muss

474 S. Vierter Teil der vorliegenden Arbeit.

475 S. ausführlich hierzu Gerhard, Art. VI, in: Hobe/Schmidt-Tedd/Schrogl, CoCoSL.

476 Der Begriff „Erlaubnis“ wurde in die unverbindliche Übersetzung des deutschen Gesetzgebers aufgenommen (vgl. BGBl. 1969 II, 1967 [1971]).

477 Gerhard/Schrogl, in: Böckstiegel, Project 2001, S. 532 ff.; vgl. Kries/Schmidt-Tedd/Schrogl, Raumfahrtrecht, S. 49.

478 Bourély, Annales de Droit Aérien et Spatial, S. 251 (253).

479 Kerrest, in: Le droit de l'espace et la privatisation des activités spatiales, S. 3 (12).

480 So auch Gerhard, Art. VI, in: Hobe/Schmidt-Tedd/Schrogl, CoCoSL, Rn. 59.

sichergestellt werden, dass die Tätigkeiten im Weltraum gemäß den Bestimmungen des Weltraumvertrages durchgeführt werden und dass die Tätigkeiten in einer sicheren Art und Weise erfolgen[481]. Grundsätzlich geht der Weltraumvertrag von der Freiheit zur Nutzung des Weltraums aus[482]; allerdings gewährt der Weltraumvertrag den Staaten bei der Erforschung und Nutzung des Weltraums[483] (Art. I und XII des Weltraumvertrages) gewisse Grenzen, die mittelbar auch für die Tätigkeiten nichtstaatlicher Stelle gelten: Die Nutzung und Erforschung des Weltraums soll gleichberechtigt und ohne Diskriminierung (Art. I)[484], zum Vorteil und im Interesse aller Länder (Art. I)[485], ohne nationale Aneignung (Art. II)[486], in Übereinstimmung mit dem Völkerecht, einschließlich der Charta der Vereinten Nationen (Art. III)[487], unter Förderung der internationalen Zusammenarbeit und Verständigung (Art. III)[488], unter Ausschuss der Verwendung von Kern- oder anderer Massenvernichtungswaffen (Art. IV)[489], friedlich und friedenserhaltend (Art. IV)[490], mit gegenseitiger

481 Gerhard, Art. VI, in: Hobe/Schmidt-Tedd/Schrogl, CoCoSL, Rn. 60.

482 Art. I. 2, s. hierzu Lyall/Larsen, Space Law, S. 59.

483 Art. I des Weltraumvertrages lautet: „Die Erforschung und Nutzung des Weltraumes, einschließlich des Mondes und anderer Himmelskörper, ist zum Wohle und im Interesse aller Länder ohne Rücksicht auf den Grad ihrer wirtschaftlichen oder wissenschaftlichen Entwicklung durchzuführen und ist Sache der ganzen Menschheit. Der Weltraum, einschließlich des Mondes und anderer Himmelskörper, steht allen Staaten ohne irgendwelche Diskriminierung auf der Grundlage der Gleichheit und in Übereinstimmung mit dem Völkerrecht zur Erforschung und Nutzung offen. Alle Teile von Himmelskörpern sind frei zugänglich. Im Weltraum, einschließlich des Mondes und anderer Himmelskörper, herrscht Freiheit der wissenschaftlichen Forschung. Die Staaten werden die internationale Zusammenarbeit bei dieser Forschung ermöglichen und unterstützen.".

484 S. hierzu Hobe, in: Hobe/Schmidt-Tedd/Schrogl, CoCoSL, Art. I, Rn. 27.

485 S. hierzu Hobe, in: Hobe/Schmidt-Tedd/Schrogl, CoCoSL, Art. I, Rn. 49.

486 Für eine umfangreiche Erläuterung der Problematik der Zugänglichkeit des Weltraums unter dem Begriff res nullius und seiner Aneignung, s. Zylicz, Extrait de la Revue Générale de Droit International Public 1959, S. 4; vgl. auch Tronchetti, in: IISL Proceedings 2007, S. 526 (526); vgl. Cheng, in: Studies in International Space Law, S. 228 f., und 400; Freeland/Jakhu, in: Hobe/Schmidt-Tedd/Schrogl, CoCoSL, Art. II.

487 Hierzu s. Ribbelink, in: Hobe/Schmidt-Tedd/Schrogl, CoCoSL, Art. III.

488 Hierzu s. Ribbelink, in: Hobe/Schmidt-Tedd/Schrogl, CoCoSL, Art. III.

489 Hierzu s. Schrogl/Neumann, in: Hobe/Schmidt-Tedd/Schrogl, CoCoSL, Art. IV, Rn. 16 ff.

490 Hierzu s. Schrogl/Neumann, in: Hobe/Schmidt-Tedd/Schrogl, CoCoSL, Art, IV, Rn. 41 ff.

Rücksichtnahme (Art. IX)[491], unter Vermeidung der Kontamination des Weltraums einschließlich des Mondes und anderer Himmelskörper und ohne ungünstige Veränderung der irdischen Umwelt durch Einbringung außerirdischer Stoffe (Art. IX)[492], unter Beachtung des Gegenseitigkeitsprinzips[493] beim Zugang zu Weltraumgegenständen beziehungsweise von stationären Einrichtungen (Art. XII)[494] erfolgen; schließlich sollen die Prinzipien des Zugangs zu limitierten natürlichen Ressourcen (geo-stationärer Orbit) beachtet werden[495]. Bei der Übertragung gewisser Prinzipien, die unmittelbar auf einzelne natürliche oder juristische Personen gelten können, steht der nationale Gesetzgeber vor geringen Hürden. Dabei handelt es sich um die Prinzipien des Aneignungsverbotes, der Beachtung des Völkerrechts, des Verbots von Kern- und anderen Massenvernichtungswaffen, des Umweltschutzes und des Zugangs zu Weltraumgegenständen und stationären Einrichtungen[496]. Andere Prinzipien hingegen gelten in erster Linie nur für Staaten, dennoch sind sie durch das nationale Weltraumgesetz an die nichtstaatlichen Stellen inhaltsidentisch zu übertragen[497]. Dies betrifft zum Beispiel die friedliche und friedenserhaltende Nutzung und Forschung. Da ein Krieg aus völkerrechtlicher Sicht nur zwischen Staaten stattfindet, kann die Einhaltung dieser Prinzipien nur mit einer staatlichen Tätigkeit verbunden sein[498].

---

491 Hierzu s. Marchisio, in: Hobe/Schmidt-Tedd/Schrogl, CoCoSL, Art. IX, Rn. 23 ff.

492 Hierzu s. Marchisio, in: Hobe/Schmidt-Tedd/Schrogl, CoCoSL, Art. IX, Rn. 28 ff.

493 Hierzu s. Smith, in: Hobe/Schmidt-Tedd/Schrogl, CoCoSL, Art. XII, Rn. 16 ff.

494 Hierzu s. Smith, in: Hobe/Schmidt-Tedd/Schrogl, CoCoSL, Art. XII, Rn. 9 ff.

495 Die inhaltliche Ausgestaltung dieser Grenzen ist zahlreich kommentiert worden. Zum Einstieg in dieses Thema, s. Bittlinger, in: Böckstiegel, Handbuch des Weltraumrechts, S. 119 ff.; Marcoff, Droit International Public de l'Espace, S. 327; Bourély, in: IISL Proceedings 1986, S. 157 (159); Bückling, in: Böckstiegel, Handbuch des Weltraumrechts, S. 55 (59); Rehm, in: Böckstiegel, Handbuch des Weltraumrechts, S. 103 ff.; Dunk, Private Enterprise and Public Interest in the European „Spacecape", S. 55 ff. Ausführlich auch Hermida, National Space Legislation, S. 50 ff.; vgl. Couston, ZLW 2009, S. 253 (254).

496 So Gerhard, Nationale Weltraumgesetzgebung, S. 81.

497 So Gerhard, Nationale Weltraumgesetzgebung, S. 82.

498 S. die Begriffsbestimmung vom „Krieg" durch Verdross/Simma, Universelles Völkerrecht, § 1337: „Jeder zwischenstaatliche Gewaltzustand unter Abbruch der friedlichen Beziehungen, wobei die Rechtseingriffe der Gegner nur mehr durch das Kriegsrecht begrenzt werden".

II. Nationale Umsetzungen

Will ein Staat Privatakteure zur Ausübung von Weltraumtätigkeiten zulassen, so ist dies grundsätzlich seine innere Angelegenheit[499]. Die jeweilige nationale Rechtsordnung muss jedoch die Vorgaben des internationalen Weltraumrechts berücksichtigen. Wie das nationale Weltraumgesetz dabei zu gestalten ist, hängt von dem Rechtssystem des betroffenen Staates ab. Es lassen sich hierbei einzelne, übergreifende Bausteine identifizieren, die einen Vergleich zwischen den Gesetzen ermöglichen.

1. Norwegen

Das norwegische Gesetz regelt lediglich, dass der Start eines Gegenstandes in den Weltraum ohne die Erlaubnis des Ministeriums *(Ministry of Trade and Industry)* verboten ist. Die Ausgestaltung der Erlaubnis wird nicht näher spezifiziert. Darüber hinaus wird bestimmt, dass das Ministerium Regelungen erlassen kann, die der Kontrolle des Starts eines Gegenstandes in den Weltraum dienen. Eine Ausgestaltung dieser beiden Bestimmungen ist bisher nicht erfolgt.

2. Schweden

Die Erteilung einer Erlaubnis für Raumfahrtaktivitäten nach dem schwedischen *Act on Space Activities* ist weder im Gesetz noch in der Verordnung an bestimmte Voraussetzungen gebunden. Sie steht vollständig im Ermessen des *Ministry of Industry*. Es können aber nach *Sec.* 3 (2) den Umständen entsprechend Einschränkungen erfolgen und die Erlaubnis aus Gründen der Kontrolle oder aus anderen Gründen unter vorbehaltliche Bedingungen gestellt werden[500]. In der Praxis verlangt das *Swedish National Space Board*, welches den Genehmigungsantrag für das Ministerium bearbeitet, dass der Genehmigungsinhaber einen jährlichen Bericht über seine Tätigkeiten abgibt. Gemäß dem Gesetz werden die wirtschaftliche Eignung des Antragstellers oder das Bestehen einer Drittschadensversicherung für die beantragte Tätigkeit verlangt. Die Genehmigung wird kostenfrei erteilt.

499 Zukov, Weltraumrecht, S. 69.

500 Reifarth, in: Böckstiegel, Handbuch des Weltraumrechts, S. 879 (880).

3. Vereinigtes Königreich von Großbritannien und Nordirland

Jede Person innerhalb des Anwendungsbereichs des Gesetzes des Vereinigten Königreiches von Großbritannien und Nordirland bedarf zur Ausübung einer Weltraumtätigkeit einer Lizenz, welche durch das *Secretary of State* (das diese Aufgabe an das *British National Space Center* delegiert hat)[501] erteilt wird. Der *Outer Space Act* bestimmt in *Sec.* 4 (1) und (2) die Voraussetzungen zur Erteilung dieser Lizenz. Das einzige personenbezogene Kriterium ist die Geeignetheit des Antragstellers. Der Weiteren darf die vorzunehmende Tätigkeit nicht die Gesundheit der Bevölkerung oder die Sicherheit und das Eigentum einer Person gefährden und muss mit den völkerrechtlichen Verpflichtungen des Königreichs übereinstimmen. Auch darf nicht die nationale Sicherheit beeinträchtigt werden[502]. Neben diesen Voraussetzungen zählt der Gesetzgeber mögliche Nebenbestimmungen auf, mit denen die Lizenz verbunden werden kann[503]. Das Gesetz sieht vor, dass die Lizenz auf eine andere Person übertragen werden kann[504]. Zudem benennt es die Fälle, in denen das *Secretary of State* eine einmal erteilte Lizenz zurücknehmen, abändern oder suspendieren kann. Gebühren für die Erteilung der Lizenz können in Höhe von bis £ 9.300 erhoben werden[505].

4. Belgien

Die Erlaubnis von Weltraumaktivitäten ist Gegenstand des Kapitels II des belgischen Gesetzes. Die Erlaubnis muss vom Betreiber beantragt werden und ist unübertragbar. Wird eine Weltraumaktivität ohne oder mit falscher Erlaubnis betrieben, so kann dies mit Bußgeldzahlungen oder Haftstrafen geahndet werden. Betreiber und Antragsteller im Sinne des Gesetzes ist der, der die effektive Kontrolle über den Gegenstand ausübt[506]. Bei dem Verfahren zur Erteilung der Erlaubnis berücksichtigt der belgische Gesetzgeber ausdrücklich die

---

501 Unter dem britischen Weltraumgesetz wird der Secretary of State mit administrativen Befugnissen zur Anwendung des Gesetzes beauftragt. In der Praxis erfolgt die Umsetzung des Gesetzes durch das British National Space Center (Lyall/Larsen, Space Law, S. 487).

502 Close, in: Böckstiegel, Project 2001, S. 579 (580).

503 S. hierzu Gerhard, Nationale Weltraumgesetzgebung, S. 84 f.

504 S. Dritter Teil, E. II. 2. der vorliegenden Arbeit.

505 Gerhard/Moll, in: Hobe/Schmidt-Tedd/Schrogl, Towards a Harmonised Approach for National Space Legislation, S. 7 (16); vgl. Dunk, in: IISL Proceedings 2008, S. 547 (554), über die Feststellung der Gebühren für die Lizenzerteilung.

506 Mayence, in: IISL Proceedings 2004, S. 134 (136).

Besonderheiten der Raumfahrtindustrie und des Raumfahrtsektors[507] und sorgt für Erteilungsfristen, welche sowohl Rücksicht auf die Interessen des Betreibers nehmen, als auch den Anforderungen an öffentlicher Sicherheit Rechnung tragen: Die Fristen ermöglichen, dass der zuständige Minister die Entscheidung über die Erteilung der Erlaubnis mit Sachkenntnis treffen kann und gestattet gleichzeitig, dass der Betreiber innerhalb eines „vernünftigen Zeitraums"[508] informiert wird und gegebenenfalls Einspruch gegen die Entscheidung erheben kann. Es ist anzumerken, dass das Gesetz die Möglichkeit einer stillschweigenden Genehmigungserteilung ausschließt[509].

5. Niederlande

Es darf nach niederländischem Recht keine Weltraumaktivität ohne Lizenz unternommen werden. Der Antrag zur Erteilung einer Lizenz erfolgt beim Wirtschaftsministerium, während die Prüfung der Einhaltung der vorgegebenen Bedingungen seitens der *Radiocommunication Agency Netherlands* erfolgt. Die Entscheidung zur Erteilung der Lizenz erfolgt binnen sechs Monaten. Der Antrag kann aus verschiedenen Gründen abgelehnt werden, zum Beispiel um die Einhaltung der internationalen Verpflichtungen der Niederlande zu gewährleisten oder um Schäden an Personen oder Rechtsgütern zu vermeiden. Der Antrag kann ebenso abgelehnt werden, wenn Grund zur Annahme besteht, dass die Bedingungen der Lizenz nicht eingehalten werden können. Das Gesetz eröffnet die Möglichkeit auf Zuteilung einer Lizenz für Einrichtungen oder Firmen, um die Durchführung von Weltraumaktivitäten zu erlauben. Durch diesen Mechanismus muss nicht für jeden Start eine einzelne Lizenz beantragt werden, sondern es reicht aus, wenn die betroffene Aktivität in den Gültigkeitsbereich einer Lizenz fällt. Dies vereinfacht die Beantwortung der Frage, welche Aktivität genehmigt werden muss. Es wurde vom Gesetzgeber erwartet, dass nur wenige Lizenzen beantragt werden, weshalb beim Erlass des Gesetzes der Antrag kostenfrei festgeschrieben wurde. Um Geschäftsspekulationen zu verhindern, ist die Lizenz nicht übertragbar. Die Übertragung des Eigentums über einen Weltraumgegenstand ist hingegen nicht untersagt. Dies beeinflusst allerdings in keiner Weise die Lizenz, die mit dem Betreiber – und nicht mit der betroffenen Weltraumaktivität – verbunden ist.

---

507 Chambre des représentants de Belgique, DOC 51 1607/001, S. 12.

508 Chambre des représentants de Belgique, DOC 51 1607/001, S. 12.

509 Chambre des représentants de Belgique, DOC 51 1607/001, S. 16.

6. Frankreich

Weltraumoperationen werden mit dem französischen Gesetz genehmigungspflichtig. Das Verfahren zum Antrag der Erlaubnis wird in dem Gesetz nicht gesondert bestimmt, sondern findet sich in der begleitenden Rechtsverordnung. Dadurch, dass das Verfahren nicht gesetzlich geregelt wird, entsteht eine gewisse Flexibilität[510], denn eine derartige Rechtsverordnung lässt sich im Vergleich zu einem Gesetz einfacher ändern. So wird das für Raumfahrt zuständige Ministerium[511] nicht im Gesetz, sondern in den Anwendungsbestimmungen genannt (Art. 1). Hingegen werden die zu erfüllenden Bedingungen im Gesetz ausführlich beschrieben (Art. 4). So muss der Antragsteller beweisen, dass er über „persönliche Zuverlässigkeit“ und „finanzielle und berufliche Garantien“ verfügt (Art. 4 al. 1). Schließlich muss das Weltraumsystem und -verfahren, für das der Antrag gestellt wird, denen von der französischen Raumfahrtagentur *Centre national d'études spatiales* (CNES) erlassenen technischen Regelungen entsprechen. Die Erlaubnis wird nicht erteilt, wenn die Aktivitäten, für welche die Erlaubnis beantragt wird, die Interessen der nationalen Verteidigung oder die Einhaltung der internationalen Verpflichtungen Frankreichs beeinträchtigen können (Art. 4 al. 2).

7. Österreich

Mit dem § 3 des österreichischen Weltraumgesetzes wird eine Genehmigungspflicht für Weltraumaktivitäten eingeführt, mit welcher sichergestellt werden soll, dass die Bestimmungen des internationalen Weltraumrechts von österreichischen Betreibern eingehalten werden. Diese Genehmigungspflicht gilt sowohl für staatliche als auch für nicht-staatliche Raumfahrtaktivitäten und ist insoweit umfassender als vom Weltraumvertrag vorgeschrieben. Zugrunde liegt der Gedanke, dass eine solche weitergehende Pflicht zur „Entwicklung einer transparenten und einheitlichen Handhabung der Genehmigungspraxis, zur Sicherung des Informationsflusses zwischen den Gebietskörperschaften sowie für den Aufbau und die Nutzung des einschlägigen Know-How im Bundesministerium für Verkehr, Innovation oder Technologie“ beitragen kann[512]. Es ist

510 So Rapp, in: AJDA 2008, S. 1757.

511 Décret n° 2009-643, Art. 1.

512 1466 der Beilagen XXIV. GP – Regierungsvorlage – Materialien, S. 5.

dennoch anzumerken, dass, wenn der Bund der Betreiber einer Raumfahrtaktivität ist, die Versicherungspflicht gemäß § 4 Ziffer 7 ausfällt[513].

Die Vermeidung von Weltraummüll und sonstiger Umweltverschmutzungen spielt im österreichischen Gesetz eine zentrale Rolle. Dies ist speziell daran zu erkennen, dass diesbezügliche Bestimmungen sowohl unter den Genehmigungsvoraussetzungen als auch in einem gesonderten Artikel (§ 5) zu finden sind[514]. Österreich bekennt sich damit zur nachhaltigen Nutzung des Weltraums.

III. Fazit

Die vorangegangen Untersuchungen zeigen, dass alle Gesetze die Erlaubnis nichtstaatlicher Raumfahrtaktivitäten in Form einer Lizenzierung ausdrücklich vorsehen, wobei die Bestimmungen der untersuchten Gesetze von der einfachen Genehmigungspflicht bis hin zur detaillierten Auflistung der Genehmigungsbedingungen reichen. In Blick auf die mit der Erlaubnis verknüpften Bedingungen ist festzuhalten, dass sie sowohl personen- als auch systembezogen sein können. Bezüglich des Anwendungsbereiches der Gesetze lässt sich anmerken, dass manche lediglich die Startphase regeln und die Weltraumgegenstände während deren Verbleibs im Weltraum nicht weiter erfassen. Auch die Verfahren zur Erteilung der Lizenzen unterscheiden sich und können Zeiträume von wenigen bis mehreren Monaten umfassen – von der rein formalen Dokumentprüfung bis zur Vor-Ort-Inspektion. Auch die Dauer des Genehmigungsverfahrens ist von Land zu Land unterschiedlich. Die Intensität der Prüfung und des verlangten Informationsgehalts kann die Dauer des Genehmigungsverfahrens erheblich beeinflussen und bedeutet für den Antragssteller somit mehr oder weniger Verwaltungslast. Es ist fraglich, ob die Unterschiede der nationalen Genehmigungsverfahren in Europa einen Einfluss auf die betroffenen, im Weltraum tätigen Unternehmen haben. Die Kombination aus den früher dargestellten persönlichen und sachlichen Anwendungsbereichen sowie der Genehmigungspflicht lässt erkennen, dass in spezifischen Fällen mehrere Genehmigungen aus verschiedenen Rechtsordnungen für eine Raumfahrtaktivität eingeholt werden müssten. Diese spezielle Situation soll in folgenden Abschnitten im Rahmen der „Kritischen Betrachtungen" untersucht werden.

513 Ausführliche Betrachtungen zur Pflichtversicherung im österreichischen Weltraumgesetz findet man unter Dritter Teil, J. II. 7. der vorliegenden Arbeit.

514 Das Thema Space Debris wird ausführlich im Dritten Teil, I. der vorliegenden Arbeit behandelt.

D. Erlaubnisspezifische Betrachtungen

Die Untersuchung der Praxis der Staaten lässt erkennen, dass die nationalen Gesetzgeber zu der schlichten Erlaubnis von Weltraumaktivitäten ergänzende Regelungsbereiche hinzufügen. Diese ermöglichen die Rechtsvergleichung der nationalen Weltraumgesetze in Europa über die weltraumrechtlichen Bausteine hinaus und werden nun untersucht. In Betracht kommen hierbei vorsorgliche Genehmigungsvoraussetzungen (I), die Fragen der Befreiung von der Genehmigung (II) sowie ihrer Übertragung (III). Schließlich wird die Möglichkeit der Anerkennung fremder Erlaubnisse erörtert (IV).

I. Vorsorgliche Erlaubnisvoraussetzungen

Neben der Verantwortung eines jeden zuständigen Vertragsstaates für nichtstaatliche Raumfahrtaktivitäten (Art. VI Satz 2 des Weltraumvertrages) besteht eine internationale Haftung des Staates für solche Schäden, die durch einen Weltraumgegenstand verursacht werden (Art. VII des Weltraumvertrages in Verbindung mit dem Weltraumhaftungsübereinkommen)[515]. Es fällt auf, dass die in Art. VI Satz 2 des Weltraumvertrages resultierende Genehmigungspflicht auf eine Weltraumaktivität ausgerichtet ist, während die Haftungsgrundlage gemäß Art. VII in Verbindung mit dem Weltraumhaftungsübereinkommen auf einem Weltraumgegenstand beruht. Es stellt sich daher die Frage, ob der oben festgestellte Anwendungsbereich eines Weltraumgesetzes auch die Grundlage für eine präventive Kontrolle in Hinsicht auf die Haftung des Startstaates in Verbindung mit einem Weltraumgegenstand darstellt[516].

1. Völkerrechtlicher Ansatz

Anknüpfungspunkt für die völkerrechtliche Verantwortung für nichtstaatliche Raumfahrtaktivitäten ist der „zuständige Vertragsstaat“ (Art. VI), während die Haftung für Schäden mit dem „Startstaat“ (Art. VII) verbunden ist. Eine rechtsvergleichende Auslegung dieser Begriffe ist daher geboten und soll nun

515 Es ist aber umstritten, ob sich aus der Verantwortlichkeit auch eine Haftung ergibt; s. Kerrest, in: IISL Proceedings 1997, S. 134 (140); Dunk, in: IISL Proceedings 1991, S. 363 (367).

516 Gerhard, in: Hobe/Schmidt-Tedd/Schrogl, CoCoSL, Art. VI, Rn. 62; vgl. auch Lyall/Larsen, Space Law, S. 276.

durchgeführt werden. Weiter zu prüfen wäre, welche Weltraumgegenstände betroffen sind und welchen Inhalt ein Genehmigungstatbestand in Hinsicht auf eine präventive Haftungskontrolle annehmen soll.

a. *Verhältnis zwischen dem zuständigen Staat und dem Startstaat*

Verursacht ein Weltraumgegenstand einem anderen Vertragsstaat oder dessen natürlichen oder juristischen Personen einen Schaden, so haftet der Startstaat (Art. VII des Weltraumvertrages in Verbindung mit dem Weltraumhaftungsübereinkommen). Wird der Schaden nicht auf der Erde oder an Luftfahrtzeugen im Flug verursacht, so entsteht die Haftung des Startstaates, wenn zudem eine Verschuldung gegeben ist[517]. Es wurde bereits dargelegt[518], dass der Staat, der als Startstaat anzusehen ist und demnach einer Haftung aus Art. VII des Weltraumvertrages in Verbindung mit dem Weltraumhaftungsübereinkommen unterliegt, sich nur geringfügig von dem Staat unterscheidet, der zur Umsetzung von Art. VI Satz 2 des Weltraumvertrages verpflichtet ist. Somit ist die Grundlage zur Erweiterung des Genehmigungstatbestandes um eine haftungspräventive Kontrolle gegeben.

b. *Haftungsrechtliche Auslegung des Begriffes „Weltraumgegenstand"*

Es muss geklärt werden, ob der bereits festgestellte sachliche Anwendungsbereich eines nationalen Weltraumgesetzes den Anforderungen an den potenziellen Haftungstatbestand des Art. VII des Weltraumvertrages in Verbindung mit dem Weltraumhaftungsübereinkommen entspricht. Der Ausgangspunkt der Verantwortung eines Vertragsstaates ist eine „nationale Tätigkeit im Weltraum", die von ihm genehmigt werden soll. Allerdings entsteht die Haftung eines Startstaates nach Art. VII des Weltraumvertrages in Verbindung mit dem Weltraumhaftungsübereinkommen aus einem Schaden verursachenden Weltraumgegenstand und nicht aus einer nationalen Tätigkeit, wie dies der Fall für die internationale Verantwortung ist. Dies wirft die Frage auf, ob und wie der Anwendungsbereich einer haftungspräventiven Kontrolle mit dem Anwendungsbereich des Genehmigungstatbestands deckungsgleich ist. Hier kommt es auf die Auslegung des Begriffes „Weltraumgegenstand" an. Hierzu gibt es im internationalen Weltraumrecht keine Begriffsbestimmung, dennoch herrscht diesbezüglich ein einheitliches Verständnis, dass „ein Weltraumgegenstand jedes Objekt ist, das zum Zwecke der Weltraumerkundung oder -nutzung in dem Weltraum gestartet wird, beziehungsweise bestimmt ist, dies

517 Zu den Einzelheiten der Haftung im Völkerrecht, s. Wins, Weltraumhaftung.

518 Gerhard, Nationale Weltraumgesetzgebung, S. 90.

zu tun"[519]. Ganz gleich, ob man auf eine funktionelle Auslegung des Konzepts „Tätigkeit im Weltraum“ zugreift oder auf die Auslegung, dass es sich um eine Tätigkeit handeln muss, die „zumindest teilweise im Weltraum stattfindet“, so lässt sich feststellen, dass ein Weltraumgegenstand notwendigerweise in Verbindung mit einer Tätigkeit im Weltraum zur Verwendung kommt[520]. Mithin ist daher die Auffassung zu vertreten, dass der oben festgestellte sachliche Anwendungsbereich mit dem Geltungsbereich für die haftungspräventive Kontrolle deckungsgleich ist. Die Frage der Identifizierung eines Weltraumgegenstandes ist für den legislativen Staat in zwei Fällen von Relevanz, nämlich bezüglich der Raumfahrtrückstände (*Space Debris*) (aa) – umgangssprachlich auch als „Weltraumtrümmer“ oder „Weltraummüll“ bezeichnet – und bezüglich unabhängiger Teile beziehungsweise Teile von Weltraumgegenständen (bb).

aa. Haftungsgrundlage für Space Debris als Weltraumgegenstände[521]

Space Debris sind von Menschen gefertigte Gegenstände, die sich im Weltraum bewegen, jedoch ihre Funktion dauerhaft verloren haben, beziehungsweise solche Gegenstände, die ehemals Teile eines Weltraumgegenstandes waren[522]. Auch wenn es zu diesem Begriff keine allgemein abgestimmte Definition gibt, wird diese Begriffsbestimmung in der vorliegenden Arbeit benutzt[523]. Es ist fraglich, ob *Space Debris* im Sinne des Weltraumvertrages als Weltraumgegenstand anzusehen ist. Es findet sich hierzu im Weltraumvertrag keine dezidierte Bestimmung. Dies liegt insbesondere daran, dass die Problematik des *Space Debris* zur Zeit der Aushandlung des Vertrags nicht erkannt wurde[524]. Das Problem stellte

---

519 Eine sinngemäß ähnliche Begriffsbestimmung bietet Cheng, in: Studies in International Space Law, S. 508 f., an. Demnach gehören auch dessen Komponenten dazu.

520 S. Dritter Teil, B. II. 1. der vorliegenden Arbeit.

521 Zu weiteren rechtlichen Fragen, die sich in Hinblick auf Space Debris stellen, wird auf Cheng, in: Studies in International Space Law, S. 506 verwiesen. Eine Aufnahme dieser Analyse würde die Zielsetzung dieser Arbeit deutlich überschreiten und wird daher nicht vorgenommen.

522 Benkö/Schrogl/Gruber, in: Proceedings of the first European Conference on Space Debris, S. 679 (680); so auch Gerhard, Nationale Weltraumgesetzgebung, S. 92.

523 Eine anders abgestimmte Begriffsbestimmung, s. bei Lyall/Larsen, Space Law, S. 304. Demnach sind Gegenstände, die ihre Funktion verloren haben, aber identifizierbar sind, kein Weltraummüll. Im Sinne dieser Arbeit werden solche Elemente unter dem Begriff „Teile von Weltraumkomponenten“ erfasst. Dies entspricht der Wahrnehmung von Cheng, in: Studies in International Space Law, S. 509.

524 Lyall/Larsen, Space Law, S. 303 ff.

sich erst durch die Vermehrung der Raumfahrtaktivitäten und der Multiplizierung der Raumfahrtakteure in den vergangenen Jahren. Die Anzahl an *Space Debris* wächst seither kontinuierlich und die Rückstände stellen gravierende Gefahren für Raumfahrzeuge, Astronauten und die mit der Raumfahrt erzeugten Dienste dar[525]. Daher kommt der Thematik inzwischen eine bedeutende Rolle zu, und die internationale Gemeinschaft befasst sich seit einigen Jahren mit der Ausarbeitung einer gemeinsamen Basis zur Behandlung dieses Problems. Die Rechtsentwicklung diesbezüglich erfolgt jedoch nur sporadisch, und die Aktionen der Staaten gegen die weitere Zunahme von *Space Debris* beruhen allein auf dem Prinzip der Freiwilligkeit[526]. Ein nationales Weltraumgesetz erweist sich daher als geeignetes Mittel, um zumindest die weitere Verursachung solcher Rückstände in Grenzen zu halten. Auf der juristischen Ebene stellt sich die Frage, ob *Space Debris* als Weltraumgegenstände zu betrachten sind[527]. Ist dies zu bejahen, würde sich zum einen eine Registrierungspflicht ergeben[528] und zum anderen die Haftung des Staates auslösen, wenn ein *Space Debris* ein anderes Rechtsgut auf der Erde oder im Luftraum schädigt. Sollte dennoch argumentiert werden, dass ein *Space Debris* aufgrund seiner Funktionslosigkeit kein Weltraumgegenstand ist, sei daran erinnert, dass die Haftung durch den Start eines Weltraumgegenstandes[529] bedingt ist und nicht durch seine Funktionsfähigkeit. Es ist davon auszugehen, dass Weltraumgegenstände zum Zeitpunkt des Starts im Allgemeinen eine Funktion innehaben und daher noch kein *Space Debris* sind. Wäre zum Zeitpunkt des Starts ein Gegenstand funktionsunfähig, würde auch dies an der Qualifizierung als Weltraumgegenstand nichts ändern. Es ist daher davon auszugehen, dass auch für einen Schaden durch einen Gegenstand gehaftet wird, welcher seine Funktion jedoch verloren hat – oder gar nie

525 Ausführliche Illustrationen zu den von Space Debris dargestellten Risiken und Gefahren findet man in: Lyall/Larsen, Space Law, S. 303 ff.

526 Lyall/Larsen, Space Law, S. 301 f.

527 S. hierzu die Begriffsbestimmung des Konzepts „Weltraumgegenstand" in der vorliegenden Arbeit, Dritter Teil, F. 1. b.

528 Die Registrierung dient der Zuordnung des Gegenstandes zu einem Startstaat, aber auch der Rückführung des Gegenstandes an den Registerstaat, s. Gerhard, Nationale Weltraumgesetzgebung, S. 92. S. hierzu auch Bradley/Wein, in: Space Research 2009, S. 1372 (1372); in der vorliegenden Arbeit wird auf Dritter Teil, F. verwiesen.

529 Zu der Diskussion um eine Revision des Begriffes „Startstaates" im UN-COPUOS, vgl. Schrogl, in: Proceedings of the Third ECSL Colloquium, International Organisations and Space Law, 1999, S. 327 ff.

funktionsfähig war. Die Frage[530], ob *Space Debris* Weltraumgegenstände sind, ist daher positiv zu beantworten[531]. Eine Genehmigungsnorm im nationalen Weltraumgesetz soll dies daher berücksichtigen. Es wäre anzumerken, dass die internationale Haftung des Startstaates auch gegeben ist, wenn *Space Debris* im nationalen gesetzgeberischen Sinn nicht als Weltraumgegenstände subsumiert werden.

bb. Haftungsgrundlage für Teile von Weltraumgegenständen

Einzelne Teile und Komponenten von Weltraumgegenständen befinden sich praktisch immer dann im Weltraum, wenn zum Beispiel ein Staat als Beitrag zu einer Mission Teile eines – größeren – Weltraumgegenstandes bereitstellt. Fraglich ist, ob diese Teile als Weltraumgegenstände anzusehen sind. Nach Art. I lit. d des Weltraumhaftungsübereinkommens in Verbindung mit Art. I lit. c des Registrierungsübereinkommens umfasst der Begriff Weltraumgegenstand seine Bestandteile sowie sein Trägerfahrzeug und dessen Teile[532]. Da diese Teile keiner besonderen Regelung unterliegen, sollte davon ausgegangen werden, dass sie gerade einen gewissen Grad an „technischer und funktionaler Selbständigkeit" erfordern, um als Weltraumgegenstände subsumiert zu werden[533]. Fehlt also diese Selbstständigkeit, stellen diese Teile keinen Weltraumgegenstand dar[534]. Mithin ist die Auffassung zu vertreten, die „auch Bestandteile als selbstständige Weltraumgegenstände ansieht und damit dem Opferschutzgedanken [des Weltraumhaftungsübereinkommens] Rechnung trägt. Damit erhöht sich auch das Bedürfnis des nationalen Gesetzgebers, eine präventive Genehmigungskontrolle über beigestellte Bestandteile an Weltraumgegenständen durchzuführen, um das eigene Haftungsrisiko zu minimieren"[535].

c. Zwischenergebnis

Da der Begriff „Weltraumgegenstand" sowohl Weltraumtrümmer als auch Teile von Weltraumgegenständen einbeziehen kann, ist ein besonderes Haftungsrisiko

530 Es wird sogar angedeutet, dass es grundsätzlich gar keinen Grund dafür gibt, Space Debris nicht als Weltraumgegenstand zu betrachten, s. Cheng, in: Studies in International Space Law, S. 506.

531 So auch Gerhard, Nationale Weltraumgesetzgebung, S. 94.

532 Gerhard, Nationale Weltraumgesetzgebung, S. 95.

533 Gerhard, Nationale Weltraumgesetzgebung, S. 95.

534 Gerhard, Nationale Weltraumgesetzgebung, S. 95.

535 Gerhard, Nationale Weltraumgesetzgebung, S. 96.

begründet und soll durch entsprechende nationale Vorschriften behandelt werden. Durch die präventive Genehmigungskontrolle wird geprüft, ob der Antragsteller in der Lage ist, die beabsichtigte Tätigkeit in einer sicheren Weise durchzuführen. Während der Sicherheitsprüfung muss der Antragssteller nachweisen, dass er die Gefährdungshaftung übernimmt und notwendige Schritte unternimmt, jegliche Gefährdung auszuschließen[536].

2. Nationale Umsetzungen

Im Folgenden erfolgt eine vergleichende Darstellung der jeweiligen Weltraumgesetze in Bezug auf das nationale Genehmigungsverfahren für private Raumfahrtaktivitäten.

a. Norwegen

Die bereits betonte Kürze des norwegischen Gesetzes ermöglicht es nicht, von einer umfangreichen und ausführlichen Kontrolle auszugehen. Allerdings sieht § 1 vor, dass "*certain terms can be set for [...] permission*". In Verbindung mit § 2 "*The Ministry can issue regulations on control etc. of activities*" lässt sich interpretieren, dass eine staatliche Kontrolle nicht ausgeschlossen ist und dass sich die zuständigen Behörden nach Bedarf das Recht vorbehalten, weitere notwendige Maßnahmen anzuordnen. Es ergeht allerdings keine gesonderte Bestimmung zum Schutz der Gesundheit der Bevölkerung oder weiterer Interessen.

b. Schweden

Das schwedische Gesetz enthält keine Bestimmungen in Bezug auf das Genehmigungsverfahren.

c. Vereinigtes Königreich von Großbritannien und Nordirland

Der britische und nordirische Gesetzgeber verlangt eine Prüfung der Eignung des Antragstellers zur Durchführung der angestrebten Tätigkeit (*Sec.* 4[1]). Des Weiteren ist zu prüfen, ob nicht durch die beantragte Tätigkeit die Gesundheit der Bevölkerung oder die Sicherheit von Menschen oder Eigentum gefährdet werden kann (*Sec.* 4 [2][a] und *Sec.* 5 des Gesetzes). Ob die Tätigkeit die Erfüllung der internationalen Verpflichtung des Königreiches beeinträchtigt, oder ob die nationale Sicherheit des Staates beeinflusst wird, stellen weitere Aspekte dar, die zu erörtern sind.

536 Portelli/Alby/Crowther/Wirt, in: Advances in Space Research 2010.

d. Belgien

Das belgische Weltraumgesetz ist hinsichtlich des Genehmigungsverfahrens besonders ausführlich. Kapitel II, Art. 4, § 3 ordnet die Kompatibilität der Weltraumoperation dem Völkerrecht zu. Art. 5 widmet sich ausführlich den Bedingungen, die vom belgischen König zur Erteilung einer Genehmigung erlassen werden können und dessen Einhaltung die folgenden Aspekte gewährleisten soll: Sicherheit der Personen und der Rechtsgüter, Schutz der Umwelt, optimale Nutzung des Luft- und Weltraums, Schutz der strategischen, wirtschaftlichen und finanziellen Interessen des belgischen Staates sowie Einhaltung der internationalen Verpflichtungen Belgiens aufgrund des Völkerrechts. Im Einzelnen ist der zuständige Minister dazu berechtigt, Maßnahmen zur Einhaltung dieser Ziele zu erlassen. Er kann insbesondere eine technische Unterstützung durch eine Drittpartei sowie den Abschluss einer angemessenen Versicherung anordnen.

e. Niederlande

Die Regelungen bezüglich der Erlaubnis sind im niederländischen Gesetz in Kapitel 2, § 1, *Sec.* 3 zu finden und sehen im Genehmigungsverfahren Restriktionen vor, sollten folgende Aspekte es erfordern: Sicherheit der Personen und der Rechtsgüter, Schutz der Umwelt im Weltraum, finanzielle Sicherheit, Schutz der öffentlichen Ordnung, Sicherheit des Staates und Erfüllung der internationalen Verpflichtungen des niederländischen Staates. Im Extremfall können rechtliche Bedenken hierzu bereits im Vorfeld zur Ablehnung des Genehmigungsantrags führen.

f. Frankreich

Das französische Weltraumgesetz ist in Bezug auf spezielle Haftungsregelungen sehr ausführlich[537] und wird im Rahmen der Analysen bezüglich der weltraumspezifischen Umweltschutzbetrachtungen behandelt[538].

g. Österreich

Die Erteilung der Genehmigung im österreichischen Gesetz wird mit Voraussetzungen verknüpft, welche im § 4 aufgelistet werden. Darunter findet man

---

537 Die öffentlichen Debatten im Rahmen des französischen Gesetzgebungsverfahrens betonten ausdrücklich die Sorgen der einheimischen Bevölkerung, s. Beitrag von Christiane Taubira, Abgeordnete der Region Guyana, http://www.assemblee-nationale.fr/13/cri/2007-2008/20080138.asp#INTER_35, zuletzt abgerufen am 2. Oktober 2012.

538 S. Dritter Teil, I. der vorliegenden Arbeit.

Bedingungen, welche die Person des Betreibers als auch die Eigenschaften des Raumfahrtsystems betreffen. Bei Erteilung der Genehmigung zur Ausübung einer Raumfahrtaktivität können vom zuständigen Bundesministerium weitere Bedingungen und Auflagen vorgeschrieben werden. Gemäß der Verordnungsermächtigung des § 12 sollen insbesondere die Voraussetzungen für die Genehmigung sowie spezifische technische Spezifikationen detailliert werden. Bezüglich der personenbezogenen Bedingungen wird von dem Betreiber ein hohes Maß an Zuverlässigkeit erwartet, da angenommen wird, dass letztlich die Allgemeinheit darunter leidet, wenn Raumfahrtaktivitäten von unzuverlässigen Betreibern durchgeführt werden[539]. Deshalb kann zur Zuverlässigkeitsüberprüfung unter anderem ein Strafregisterauszug des Betreibers gefordert werden. Hinsichtlich der Sicherheit der angewandten Raumfahrtsysteme geht der österreichische Gesetzgeber von einem Minimalrisiko[540] für die öffentliche Ordnung, die Sicherheit von Personen und Sachen und für die Gesundheit aus. Einzuhaltende technische Standards müssen zu diesem Zweck mittels einer Rechtsverordnung festgelegt werden. Die angestrebte Raumfahrtaktivität darf die Erhaltung der nationalen Sicherheit, der völkerrechtlichen Verpflichtungen und der außenstaatlichen Interessen Österreichs nicht beeinträchtigen. Dies hat zur Folge, dass zur Vollziehung des Gesetzes im Rahmen der Genehmigungserteilung das Einvernehmen weiterer Bundesministerien zu suchen ist (§ 4 Ziffer 3, in Verbindung mit § 17).

3. Zwischenergebnis

Es fällt auf, dass mit Ausnahme des schwedischen Gesetzes alle Gesetze Bestimmungen enthalten, welche die Schädigungsgefahr berücksichtigen. So regeln alle Länder die präventive Untersuchung in einer weitgehend identischen Art und Weise. Um zu beweisen, dass die Weltraumtätigkeit keine unakzeptable Gefährdung für die Bevölkerung darstellt, muss der Antragsteller eine Reihe qualitativer und quantitativer Analysen vorlegen. In den meisten Fällen stellt der Gesetzgeber darüber hinaus sicher, dass der potenzielle Verursacher eines Schadens dafür auch Schadensersatz leisten kann. Dies erfolgt in der Regel durch die gesetzlichen Bestimmungen zur Versicherungspflicht. Hervorzuheben bleibt, dass die Gesetze der dritten Gesetzgebungsphase (Belgien, Niederlande, Frankreich und Österreich) einen besonderen Wert auf Umweltaspekte legen[541].

539 1466 der Beilagen XXIV. GP – Regierungsvorlage – Materialien, S. 6.
540 1466 der Beilagen XXIV. GP – Regierungsvorlage – Materialien, S. 6.
541 S. hierzu Dritter Teil, I. der vorliegenden Arbeit.

II. Befreiung von der Erlaubnispflicht

Kann die Einhaltung der Bestimmungen des Weltraumvölkerrechts anders als durch eine Erlaubnis gewährleistet werden, so stellt sich die Frage der Befreiung von der Erlaubnispflicht.

1. Völkerrechtlicher Ansatz

Die absolute Verpflichtung des Art. VI Satz 2 scheint auf dem ersten Blick keine Ausnahme zu dulden. Betrachtet man den Zweck der Genehmigungspflicht, nämlich „die Einhaltung der Prinzipien aus dem Weltraumvertrag auch bei der Vornahme nichtstaatlicher Weltraumtätigkeiten sicherzustellen“[542], so stellt man fest, dass dies auch ohne Erlaubnis erreicht werden kann. Eine Genehmigungsbefreiung durch den Gesetzgeber ist etwa denkbar, wenn eine (theoretisch unter die Genehmigungspflicht fallende) Tätigkeit keine Gefährdung für die Einhaltung dieser Prinzipien darstellt.

2. Nationale Umsetzungen

Im Folgenden erfolgt eine vergleichende Darstellung der jeweiligen nationalen Weltraumgesetze in Europa in Bezug auf die Möglichkeit der Befreiung von der Genehmigungspflicht.

a. Norwegen

Das norwegische Gesetz sieht keine Befreiungsmöglichkeit von der Genehmigungspflicht vor.

b. Schweden

Das schwedische Gesetz sieht keine Befreiungsmöglichkeit von der Genehmigungspflicht vor.

c. Vereinigtes Königreich von Großbritannien und Nordirland

In *Sec.* 3 (2)(b) des *Outer Space Act* des Vereinigten Königreiches von Großbritannien und Nordirland wird die Befreiung von der Genehmigungspflicht vorgesehen. Danach bedarf es keiner Lizenz durch das Vereinigte Königreich, wenn ein anderer Staat die Hoheitsgewalt über einen Start übernimmt. In diesem Fall

542 Gerhard, Nationale Weltraumgesetzgebung, S. 100.

gibt es auch keinen Bedarf für eine Erlaubnis, außer diese ist dennoch notwendig, um die internationalen Verpflichtungen des Königreiches zu wahren (*Sec.* 3 [3]). Dasselbe gilt für den Fall, dass jemand eine Weltraumaktivität lediglich als Antragsteller oder Stellvertreter für einen anderen vornimmt (*Sec.* 3 [2][a]). Sind Raumfahrtaktivitäten zum Tag des Inkrafttretens des Gesetzes bereits laufend, so dürfen diese für einen Zeitraum von sechs Monaten ohne Erlaubnis fortgesetzt werden (*Sec.* 15 [4]).

d. Niederlande

Das niederländische Gesetz sieht ausdrücklich vor, dass Raumfahrtaktivitäten, die unter der Verantwortung eines oder mehrerer Ministerien durchgeführt werden, nicht genehmigungspflichtig sind (*Sec.* 3, 2). Sind Raumfahrtaktivitäten zum Tag des Inkrafttretens des Gesetzes bereits laufend, so dürfen diese für einen Zeitraum von zwölf Monaten ohne Erlaubnis fortgesetzt werden (*Sec.* 25. 1). Sechs Monaten nach Inkrafttreten des Gesetzes müssen alle unter den Anwendungsbereich fallenden Aktivitäten dem zuständigen Ministerium mitgeteilt werden (*Sec.* 25. 2).

e. Belgien

Gemäß Art. 21 § 1 des belgischen Weltraumgesetzes ist von einer Erlaubnis abzusehen, wenn die Weltraumoperation zum Zeitpunkt des Inkrafttretens des Gesetzes bereits am Laufen ist. In diesem Fall gilt die Genehmigungsbefreiung für einen Zeitraum von zwölf Monaten. Andere Befreiungsmöglichkeiten sind nicht vorgesehen.

f. Frankreich

In Anbetracht der Tatsache, dass die Einführung eines Genehmigungsverfahrens für Weltraumoperationen in die französische Rechtsordnung erhebliche Wettbewerbsnachteile für die betroffenen Unternehmen[543] mit sich führt, hat der französische Gesetzgeber ein modernes Genehmigungsverfahren eingesetzt, das für eine Vereinfachung der administrativen Verfahren sorgt: es wurde ein zweistufiges Genehmigungs- beziehungsweise Lizenzverfahren

543 Da nicht alle europäische Rechtsordnungen ein Genehmigungsverfahren vorsehen sind diejenigen Unternehmen, die einem Genehmigungsverfahren unterliegen gegenüber konkurrierenden Unternehmen, die keinen nationalen Beschränkungen unterworfen sind, benachteilig; vgl. Schmidt-Tedd/Arnold, in: ESPI Perspectives 11, S. 4.

eingeräumt. Dieses besteht darin, dass Weltraumbetreiber eine Lizenz beantragen können, die für eine bestimmte Zeit die Erfüllung der für die Erlaubnis erforderlichen Bedingungen feststellt. Die Lizenz kann sowohl die Erfüllung der persönlichen, moralischen und finanziellen Garantie als auch die Konformität zur technischen Regulierung feststellen. In speziellen Fällen kann die Lizenz auch als Erlaubnis für bestimmte Weltraumoperationen gelten (Art. 3). Hat der Weltraumbetreiber eine solche Lizenz eingeholt, kann er in bestimmten Fällen von seiner Genehmigungspflicht befreit werden. Außerdem kann die vom Gesetz vorgesehene Konformitätsprüfung entfallen, wenn die geplante Weltraumtätigkeit von fremdem Hoheitsgebiet ausgeführt wird und die internationalen Verpflichtungen des betroffenen Staates sowie seine Rechtslage genügende Garantien hinsichtlich der Sicherheit der Weltraumoperation bieten. Nach Kapitel III, Art. 12 obliegt es dem Betreiber zu beweisen, dass solche Garantien vorliegen. Durch die Einführung des Lizenzverfahrens werden die Erteilungsfristen verkürzt. Für eine Lizenz müssen dieselben Bedingungen wie für eine Erlaubnis erfüllt werden.

g. Österreich

Im österreichischen Weltraumgesetz ist die Befreiung von der Genehmigungspflicht nicht vorgesehen.

3. Zwischenergebnis

Aus der Praxis ergeben sich zwei Befreiungsmöglichkeiten. Kann die Einhaltung der Prinzipien des Weltraumvertrages auf andere Weise als mit einem Genehmigungsverfahren sichergestellt werden, so kann davon abgesehen werden. Dies ist zum Beispiel dann der Fall, wenn ein anderer Staat eine adäquate Erlaubnis erteilt – oder der zuständige Staat ist selber an der betroffenen Aktivität beteiligt. Die zweite Variante gilt für Weltraumtätigkeiten eines Angestellten oder eines Vertreters der genehmigungspflichtigen Partei. Der Grund einer solchen Befreiung liegt in dem Gedanken, dass es überflüssig wäre, mehrere en für ein und dieselbe Tätigkeit zu erteilen. Dies käme beispielsweise dann vor, wenn ein Arbeitgeber selbst eine genehmigungspflichtige Tätigkeit vornimmt und ein Angestellter, der an der Tätigkeit beteiligt ist, parallel dazu eine Erlaubnis beantragen würde. Das zweistufige Lizenzierungsverfahren im französischen Weltraumgesetz stellt an sich keine Befreiung von der Erlaubnispflicht dar. Vielmehr handelt es sich um eine Vereinfachung des administrativen Verfahrens.

III. Übertragung einer Erlaubnis

Wird ein Gegenstand, der sich bereits im Weltraum befindet, einem Dritten verkauft und von einem Dritten betrieben, so stellt sich die Frage, wer eine Betriebserlaubnis hierfür zu beantragen hat und ob die Erlaubnis, die für diese Aktivität bereits eingeholt wurde, übertragbar ist. Ist der Erwerber in einem anderen Staat ansässig und unterliegt demnach einer unterschiedlichen Rechtsordnung, ist die Frage umso bedeutender.

1. Völkerrechtlicher Ansatz

Die Klärung der Rechtslage im Fall der Übertragung eines Weltraumgegenstandes bedarf der Prüfung, ob eine internationale Möglichkeit oder Verpflichtung besteht, die Übertragung einer Erlaubnis vorzusehen. Das internationale Weltraumrecht sieht hierzu nichts vor, denn die Verfasser der Weltraumverträge haben die Möglichkeit der Übertragung des Eigentums eines Weltraumgegenstandes im Orbit nicht vorhergesehen[544]. Hier öffnet sich eine Lücke, denn die Registrierung und die Haftung für mögliche durch den übertragenen Weltraumgegenstand verursachte Schäden bleiben trotz Übertragung des Weltraumgegenstandes unverändert. So kann ein Staat weiter haftbar gemacht werden, auch wenn der Inhaber der Kontrolle über den Weltraumgegenstand außerhalb seiner Jurisdiktion steht[545]. Eine ähnliche Problematik besteht in dem Fall, dass mehrere Parteien Eigentum an Teilen des Weltraumgegenstandes[546] haben. Obwohl die Übertragungsmöglichkeit einer Erlaubnis also keine Verpflichtung aus dem Weltraumvertrag darstellt, kann sie dennoch eine Reduzierung des Verwaltungsaufwandes ermöglichen und somit der Erleichterung der privaten Weltraumtätigkeiten dienen.

---

544 So Lyall/Larsen, Space Law, S. 471.

545 Ein konkreter Fall im Rahmen der Privatisierung von Intelsat findet sich in: Lyall/Larsen, Space Law, S. 471.

546 Die Ausdruckweise „Teile von Weltraumgegenständen“ ist hier nicht mit der im Dritten Teil, D. I. b. aa. der vorliegenden Arbeit verwendeten Ausdruckweise zu verwechseln. Teile im hiesigen Sinne beziehen sich auf Elemente eines Weltraumgegenstandes, die noch am Stück sind. Aufgrund der hohen Kosten solcher Elemente ist es nachvollziehbar, dass die Finanzierung durch verschiedene Investoren erfolgt, die jeweils Eigentum an dem von ihnen finanzierten Teil beanspruchen können. S. auch Lyall/Larsen, Space Law, S. 473.

2. Nationale Umsetzungen

Nicht alle Raumfahrtgesetze sehen die Möglichkeit einer Genehmigungsübertragung vor.

a. Norwegen

Im norwegischen Gesetz ist die Möglichkeit der Übertragung einer Erlaubnis nicht vorgesehen.

b. Schweden

In Schweden wird die Frage der Übertragung der Erlaubnis nicht berücksichtigt.

c. Vereinigtes Königreich von Großbritannien und Nordirland

Die Übertragung einer Erlaubnis ist im britischen und nordirischen Gesetz Gegenstand der *Sec.* 6 (1). Demnach kann eine Erlaubnis beziehungsweise Lizenz unter der Voraussetzung übertragen werden, dass die Zustimmung des zuständigen Staatssekretärs vorliegt. Weitere, besondere Bedingungen sind nicht vorgesehen. In der Praxis erfolgt dennoch eine Prüfung der personbezogenen Kriterien, wie etwa die finanzielle Situation des Rechtsnachfolgers oder das Fortbestehen einer Versicherungsdeckung[547].

d. Belgien

In Belgien wird die Erlaubnis grundsätzlich aufgrund persönlicher Kriterien erteilt und duldet demnach keine Übertragung (Art. 4 § 2). Allerdings können die unter dem Gesetz genehmigten Aktivitäten übertragen werden. Dies ist dann erlaubnispflichtig (Art. 13 § 1) – ebenso wie alle Änderungen der effektiven Kontrolle über den genehmigten Weltraumgegenstand. So gesehen ist die bloße Änderung am Eigentum des Weltraumgegenstandes keine Übertragung im Sinne des Gesetzes, solange die Kontrolle vom selben Betreiber erfolgt. Der Antrag ist vom Genehmigungsinhaber zu stellen und ist an dieselben Bedingungen geknüpft, wie das ursprüngliche Genehmigungsverfahren nach Art. 4 des belgischen Gesetzes. Zusätzliche Bedingungen können vom zuständigen Minister angeordnet werden (Art. 13 § 4). Ist der Erwerber nicht in Belgien ansässig, kann die Erlaubnis zur Übertragung der Aktivitäten abgelehnt werden, sofern kein Abkommen des

547 Gerhard, Nationale Weltraumgesetzgebung, S. 102.

belgischen Staats mit dem Sitzstaat des Erwerbers bezüglich der Haftung Belgiens für diese Weltraumaktivität existiert[548].

e. Niederlande

Die Thematik der Übertragung der Erlaubnis wird in *Sec.* 8 des niederländischen Weltraumgesetzes angesprochen; demnach ist eine unter dem Gesetz erteilte Erlaubnis nicht übertragbar. Das Gesetz sieht allerdings die Möglichkeit der Änderung des ins nationale Register eingetragenen Namens vor, falls der Genehmigungsinhaber eine juristische Person ist, deren Name geändert wird oder die aus gesellschaftsrechtlichen Gründen Änderungen (zum Beispiel die Form der Gesellschaft) erfahren hat.

f. Frankreich

In Frankreich ist die Übertragung der Sachherrschaft eines Weltraumgegenstandes erlaubnispflichtig. Ist die zu übertragende Weltraumaktivität nicht unter dem französischen Gesetz erlaubt worden, so muss der französische Erwerber eine Erlaubnis gemäß dem nationalen Weltraumgesetz einholen (Art. 3). Somit wird sichergestellt, dass alle Aktivitäten, die von einem französischen Betreiber durchgeführt werden, die Bestimmungen des Gesetzes respektieren, auch wenn der Betreiber erst nach dem Start der Aktivität die Kontrolle darüber übernimmt[549]. Die Genehmigung beziehungsweise Erlaubnis zur Übertragung der Sachherrschaft an einem Weltraumgegenstand ist beim zuständigen Ministerium einzuholen. Der Antrag muss von den beiden betroffenen Betreibern gemeinsam gestellt werden (Art. 14). Dabei sind dieselben Bedingungen zu erfüllen wie bei dem ursprünglichen Genehmigungsantrag.

g. Österreich

Unter dem österreichischen Weltraumgesetz (§ 8) ist die Übertragung einer erteilten Erlaubnis zugelassen, vorausgesetzt, dass die für die ursprüngliche Erlaubnis notwendigen Bedingungen eingehalten werden. Sollte der erwerbende Betreiber dem österreichischen Gesetz nicht unterliegen, so können spezielle Auflagen im Rahmen des Genehmigungsverfahrens erlassen werden, um beispielsweise den Informationsaustausch mit dem Heimatstaat des Erwerbers zu garantieren oder die „Verpflichtungen im Innenverhältnis" zu klären[550]. Ein

548 Chambre des représentants de Belgique, DOC 51 1607/001, S. 27.
549 S. auch Schmidt-Tedd/Arnold, in: IISL Proceedings 2008, S. 71 (76).
550 1466 der Beilagen XXIV. GP – Regierungsvorlage – Materialien, S. 9.

völkerrechtlicher Vertrag mit dem Heimatstaat des Erwerbenden kann hierzu notwendig sein.

3. Zwischenergebnis

Die Übertragung einer erteilten Erlaubnis stellt keine Verpflichtung an den nationalen Gesetzgeber im Sinne des Weltraumvertrages dar. Dennoch wird sie häufig in den europäischen Weltraumgesetzen angesprochen, denn sie bildet im Hinblick auf den Verkauf gestarteter Satelliten[551] einen entscheidenden Sachverhalt. Es fällt auf, dass der Antrag zur Übertragung einer erteilten Erlaubnis oftmals an dieselben Bedingungen geknüpft ist, wie der Antrag zur ursprünglichen Erlaubnis selbst. Somit wird gesichert, dass die im Weltraumgesetz verankerten Prinzipien zur Durchführung einer Weltraumaktivität sowohl vom ersten Betreiber als auch von allen folgenden eingehalten werden. Dieser Aspekt ist unter der Perspektive einer möglichen Rücknahme oder des Widerrufs einer erteilten Erlaubnis von besonderem Interesse. Die meisten Gesetze sehen nämlich die Möglichkeit vor, die erteilte Genehmigung zu widerrufen, sollte der Weltraumbetreiber gegen die weltraumgesetzlichen Verpflichtungen verstoßen. Da der genehmigte Weltraumgegenstand aber weiterhin im Weltraum bleibt, muss ein Betreiber gefunden werden, der in der Lage ist, den Betrieb zumindest interimsweise zu übernehmen. Durch die Möglichkeit eine Erlaubnis zu übertragen, kann also der ursprüngliche Betreiber von seinen durch die Erlaubnis entstandenen Pflichten befreit werden und der Interims- beziehungsweise Nachfolge-Betreiber die mit dem Betrieb eines Weltraumgegenstandes verbundenen Pflichten übernehmen. Bestünde die Übertragungsmöglichkeit nicht, so wäre fraglich, was nach dem Widerruf einer Erlaubnis mit dem zu betreibenden Gegenstand im Orbit zu geschehen hätte.

IV. Anerkennung fremder Erlaubnisse

Auch wenn eine Weltraumaktivität unter einem nationalen Gesetz genehmigungspflichtig ist, weil der betroffene Staat die Weltraumaktivitäten beaufsichtigt, kann diese Aktivität in einem anderen Staat ebenfalls einer Genehmigung bedürfen, wenn dieser Staat seine an der Weltraumaktivität

551 S. Hörl/Gungaphul, in: Hobe/Schmidt-Tedd/Schrogl, Current Issues in the Registration of Space Objects, S. 63 (75).

beteiligten Staatsangehörigen bei der entsprechenden Durchführung kontrolliert. So entstünde bezüglich der Aktivität die Pflicht, zwei getrennte Genehmigungen von zwei verschiedenen Staaten zu beantragen. Daher stellt sich die Frage, ob die Anerkennung einer bereits erhaltenen, fremden Erlaubnis möglich ist. Dies würde zu einer erheblichen Erleichterung, privatwirtschaftlicher Geschäftsmodelle und -verfahren auf dem sich entwickelnden internationalen Raumfahrtmarkt führen.

1. Völkerrechtlicher Ansatz

Es findet sich im Weltraumvertrag keine Bestimmung bezüglich der Anerkennung fremder Genehmigungen. Die Praxis zeigt allerdings, dass einige Staaten die Erlaubnis von privaten Weltraumaktivitäten durch andere Staaten anerkennen.

2. Nationale Umsetzungen

Nicht alle Weltraumgesetze in Europa widmen sich der Anerkennung fremder Genehmigungen. Nur das französische Weltraumgesetz erwähnt in Art. 4 Bestimmungen fremder Gesetze, indem es vorsieht, dass ein Antragsteller von der „Gemäßheitsprüfung" befreit werden kann, wenn die nationalen und internationalen Verpflichtungen, die Rechtsordnung und die Praxis des Staates, von welchem Gebiet aus die betroffenen Tätigkeiten ausgeübt werden sollen, genügend Sicherheit gewährleisten. Dies wird wieder von der Anwendungsverordnung im Kapitel III, Art. 12 aufgenommen. Der Beweis, dass die Praxis beziehungsweise die Rechtsordnung des betroffenen Staates genügend Sicherheit gewährleisten, obliegt dem Antragsteller. Praktisch erfolgt der Beweis, wenn der betroffene Staat selbst über ein nationales Weltraumgesetz verfügt. Im österreichischen Weltraumgesetz ist die Anerkennung fremder Genehmigungen nicht vorgesehen. Darüber hinaus wird vom österreichischen Staat in „Kompetenzkonflikten" kein „grundsätzliches Problem" gesehen[552]. Es kann daher für die betroffenen Raumfahrtunternehmen zu einer erhöhten Verwaltungslast führen, da mitunter mehrere Genehmigungen einzuholen wären. Um für die betroffenen Unternehmen den Umgang mit etwaigen Kompetenzkonflikten zu erleichtern, wäre es aus hiesiger Sicht sinnvoll, die Anerkennung fremder Genehmigungen in Betracht zu ziehen.

---

552 1466 der Beilagen XXIV. GP – Regierungsvorlage – Materialien, S. 5.

3. Zwischenergebnis

Nicht alle Weltraumgesetze in Europa beschäftigen sich mit der Anerkennung fremdstaatlicher Genehmigungen. Das französische Gesetz stellt sogar eher eine Ausnahme dar, und es erscheint fraglich, ob es sich dabei um eine automatische Anerkennung handelt. Die Auswirkung der Anerkennung oder der Nicht-Anerkennung einer fremdstattlichen Erlaubnis stellt im Endeffekt die im internationalen Privatrecht bekannte Problematik des positiven Kompetenzkonflikts dar. Ein solcher Konflikt besteht, wenn der vorliegende Sachverhalt Verbindungen mit mehreren Rechtsordnungen aufweist[553]. Es muss also geklärt werden, welche Rechtsordnung für den konkreten Fall Anwendung findet. Erweisen sich mehr als eine Rechtsordnung zuständig, so entsteht eine positive Kompetenzstreitigkeit. Eine Harmonisierung der europäischen nationalen Weltraumgesetze diesbezüglich wäre wünschenswert, um Lücken in der europäischen Rechtsordnung zu schließen. Es stellt sich allerdings in umgekehrter Weise auch die Frage, wie damit umgegangen werden soll, wenn keine Rechtsordnung anzuwenden ist und somit eine negative Kompetenzstreitigkeit entsteht. In diesem Fall besteht Klärungsbedarf, wobei es im Interesse der betroffenen Unternehmen liegt, die Verwaltungslast eines Genehmigungsantrags zu reduzieren beziehungsweise ganz zu vermeiden.

V. Fazit

Die Prävention von Haftungsfällen durch angemessene Kontrolle bei der Erteilung der Genehmigungen ist insbesondere in Hinsicht auf etwaige Raumfahrtrückstände eine zentrale Frage. Gemäß der Mehrzahl der untersuchten Gesetze muss der Genehmigungsinhaber in der Lage sein, seine Tätigkeit in einer sicheren Art und Weise durchzuführen, womit angemessene Kontrollmöglichkeiten durch die entsprechenden Staaten eingeführt wurden. Insbesondere die Gesetze der dritten legislativen Phase schenken diesem Thema eine besondere Aufmerksamkeit. Bezüglich der Einführung einer Befreiung von der Genehmigungspflicht besteht keine internationale Verpflichtung aus dem Weltraumvertrag; es wurde jedoch verdeutlicht, dass eine solche Befreiung die Verwaltungslast für Unternehmen erleichtern kann. Es wurde außerdem für die meisten untersuchten Rechtordnungen gezeigt, dass von einer Genehmigung abgesehen werden kann, vorausgesetzt die Einhaltung der Prinzipien des Weltraumrechts wird auf andere Art und Weise als durch eine Genehmigung gewährleistet. Dies ist insbesondere

553 S. hierzu Herdegen, Völkerrecht, § 1, Rn. 10.

dann der Fall, wenn die Tätigkeit von einem Genehmigungsverfahren im Rahmen einer anderen Rechtsordnung erfasst wird oder wenn der Staat eine entsprechende Beteiligung an der Raumfahrtaktivität hat.

Bei allen Betrachtungen bezüglich der Erlaubnis von Weltraumaktivitäten, der Befreiung von der Genehmigungspflicht sowie dem Umgang mit einer erteilten Genehmigung – sei es die Übertragung einer Genehmigung oder die Anerkennung fremder Genehmigungen – geht es im Ergebnis darum, wie flexibel die Genehmigungspflicht für die betroffenen Raumfahrtunternehmen ausgestaltet ist. Insbesondere die Übertragung und die Anerkennung von Genehmigungen sind für private Raumfahrtakteure in den Fällen von praktischer Relevanz, in denen eine bereits genehmigte und durchgeführte Weltraumaktivität einem anderen Betreiber übergeben wird. Hierfür kann es diverse Grundlagen geben: beispielsweise können private Unternehmen mit der Wahrnehmung von Raumfahrtaktivitäten beauftragt werden, die vorab in öffentlicher Hand lagen (und somit privatisiert werden) oder durch ein etwaiges Insolvenzverfahren kann es zur Übertragung einer genehmigten und ausgeübten Aktivität an einen anderen Betreiber kommen. Die Übertragung kann ebenso einem Geschäftsmodell entsprechen, welches auf dem Verkauf eines bereits gestarteten und im Orbit betriebsfähigen Weltraumgegenstandes gründet[554]. Ist die Übertragung einer Genehmigung unter einem Weltraumgesetz zugelassen, so können Geschäftsmodelle entwickelt werden, die den Verkauf eines fertigen Weltraumprojekts enthalten. Werden erteilte Genehmigungen anderer Rechtsordnungen anerkannt, so lassen sich solche Modelle auch grenzüberschreitend realisieren. Auf diese Frage soll speziell im Rahmen der „Kritischen Betrachtungen" (Vierter Teil der vorliegenden Arbeit) eingegangen werden.

E. Beaufsichtigung von Weltraumtätigkeiten

Gemäß Art. VI Satz 2 des Weltraumvertrages ist die ständige Aufsicht über eine nichtstaatliche Raumfahrttätigkeit durch den „betreffenden Staat" erforderlich. Über die Genehmigung hinaus muss also durch eine ständige Aufsicht sichergestellt werden, dass die private Raumfahrttätigkeit auch während ihrer gesamten Dauer[555] mit den völkerrechtlichen Verpflichtungen vereinbar bleibt und keine Schädigungsgefahr hervorruft.

---

554 Hörl/Gungaphul, in: Hobe/Schmidt-Tedd/Schrogl, Current Issues in the Registration of Space Objects, S. 63 (74).

555 So auch Gerhard, Art. VI, in: Hobe/Schmidt-Tedd/Schrogl, CoCoSL, Rn. 68.

I. Völkerrechtlicher Ansatz

Wie im Fall der Genehmigung sieht Art. VI Satz 2 des Weltraumvertrages neben der Pflicht auf ständige Überwachung von nichtstaatlichen Tätigkeiten keine ausdrückliche Regelung bezüglich des Inhalts einer solchen Anforderung vor. Diese Vorschrift muss so verstanden werden[556], dass die Prinzipien des Weltraumvertrages während der gesamten Durchführung der Weltraumtätigkeit auch von denjenigen beachtet werden müssen, die im All tätig werden, aber nicht unmittelbar an das Völkerrecht gebunden sind. Nach der Erteilung einer Genehmigung, welche die Tätigkeit an einem gewissen Zeitpunkt überprüft, kann mit der ständigen Überwachung sichergestellt werden, dass die Tätigkeit über diesen Punkt hinaus mit den oben genannten Prinzipien konform verläuft. So soll der Gesetzgeber für den Fall, dass sich die genehmigte Tätigkeit im Rahmen ihres Verlaufs ändert und nicht mehr mit den Bestimmungen des Weltraumvertrages vereinbar ist, dafür sorgen, dass die Verwaltung über eine ausreichende Rechtsgrundlage verfügt, um die Erlaubnis möglicherweise aufzuheben oder Sanktionen zu erlassen.

II. Nationale Umsetzungen

Wie die Überwachung inhaltlich ausgestaltet wird, hängt von der Rechtsordnung eines jeden Staates ab. Da der Weltraumvertrag dem nationalen Gesetzgeber wenig Information gibt, wie und was die Überwachung prüfen soll, bleibt diese nationalen Abwägungen überlassen.

1. Norwegen

Im norwegischen Weltraumgesetz finden sich keine Bestimmungen bezüglich der Beaufsichtigung von Aktivitäten in Weltraum.

2. Schweden

Im Wege der inhaltlichen Ausgestaltung der Genehmigung kann die schwedische Regierung eine Kontrolle über die Weltraumtätigkeiten ausüben. Typischerweise wird eine Genehmigung mit der Bedingung verbunden, dass der Genehmigungsempfänger einen jährlichen Bericht über seine Tätigkeiten vorlegen muss. Schließlich kann die Genehmigung auch aus bestimmten Gründen, insbesondere

556 Gerhard, Art. VI, in: Hobe/Schmidt-Tedd/Schrogl, CoCoSL, Rn. 68.

wenn deren Nebenbestimmungen nicht beachtet werden, vorübergehend zurückgenommen werden. Für den Fall, dass eine Weltraumtätigkeit ohne Genehmigung durchgeführt wird, eröffnet das Gesetz die Möglichkeit, eine Person mit einer Geld- oder Haftstrafe zu belegen (*Sec.* 5). Das *Swedish National Space Board* bestimmt diese und nimmt darüber hinaus die Kontrolle über die Weltraumtätigkeiten wahr[557]. Das Gesetz behält der Regierung die Möglichkeit vor, die Genehmigung aus anderen, besonderen Gründen aufzuheben, s. *Sec.* 4 (1)[558]. Bis zu einer endgültigen Entscheidung über die Aufhebung kann die Erlaubnis vorübergehend aufgehoben werden – *Sec.* 4 (2). Weiterhin wird der Genehmigungsbehörde die Ermächtigung erteilt, die Erlaubnis mit solchen Bedingungen zu versehen, die der Kontrolle (oder anderen Gründen) dienen.

3. Vereinigtes Königreich von Großbritannien und Nordirland

Die *Sec.* 6 (2) des Weltraumgesetzes des Vereinigten Königreiches von Großbritannien und Nordirland sieht die Möglichkeit vor, dass die Lizenz zurückgenommen werden kann, wenn die dort festgeschriebenen Bedingungen oder eine andere Bestimmung des *Outer Space Act* nicht eingehalten werden oder wenn eine Rücknahme im Interesse der Gesundheit der Bevölkerung, der nationalen Sicherheit oder zur Einhaltung der völkerrechtlichen Verpflichtungen des Vereinigten Königreiches von Großbritannien und Nordirland erforderlich ist. Nach *Sec.* 6 (2) können auch Anordnungen ergehen, welche die Lizenz inhaltlich verändern oder suspendieren[559]. Auch das britisch-nordirdische Gesetz knüpft an eine lizenzbedürftige Aktivität, die ohne eine Lizenz oder unter Missachtung deren Nebenbestimmungen vorgenommen wird, eine Bußgeldverwarnung (*Sec.* 12). In der Lizenz selbst können Kontrollmöglichkeiten vorgesehen sein, die es dem *Secretary of State* jederzeit erlauben, sich ein Bild von den Tätigkeiten des Lizenznehmers zu schaffen. Demzufolge können Anlagen betreten und Untersuchungen vor Ort durchgeführt werden. Anders als in Schweden wird jedoch kein Tätigkeitsbericht verlangt, sondern der Lizenznehmer muss über Unregelmäßigkeiten berichten, sobald solche auftreten[560]. Außerdem wird dem *Secretary of State* die Ermächtigung erteilt, die notwendigen Maßnahmen zu ergreifen, wenn eine Person ohne Lizenz oder unter Verletzung der Bedingungen und Auflagen

557 Reifarth, in: Böckstiegel, Handbuch des Weltraumrechts, S. 879 (880).

558 Reifarth, in: Böckstiegel, Handbuch des Weltraumrechts, S. 879 (880).

559 Close, in: Böckstiegel, Project 2001, S. 579 (580).

560 Gerhard, Nationale Weltraumgesetzgebung, S. 109 f.

tätig wird. In diesem Zusammenhang können staatliche Beobachter eingesetzt werden. Das *Secretary of State* wird ferner ermächtigt, selbst Regelungen zu erlassen, beispielsweise zur Durchführung des Gesetzes. Anschließend werden solche Handlungen aufgezählt, die dazu führen können, dass jemand nach dem *Outer Space Act* eine Geldstrafe zu zahlen hat[561]. In den *Sec.* 8 und 9 des Gesetzes werden konkrete Kontrollmittel aufgezählt, die es ermöglichen, dass Missachtungen des Gesetzes untersucht und festgestellt werden.

4. Belgien

Die Beaufsichtigung von Weltraumaktivitäten wird im Kapitel II des belgischen Gesetzes geregelt. Demnach kann der zuständige Minister – der *Ministre de la Politique Scientifique* – die Genehmigung in drei begründeten, im Gesetzestext ausgeführten Fällen aufheben oder zurückziehen. Diese sind die Nicht-Beachtung einer mit der Genehmigung verbundenen Bedingung, der Verstoß gegen das Gesetz sowie zwingende, mit der nationalen Sicherheit, Personen und Rechtsgütern verbundene Gründe. Es können auch Maßnahmen angeordnet werden, um die Sicherheit der Aktivitäten sicherzustellen, wie beispielsweise die Übertragung des Betriebs an einen anderen Betreiber[562].

5. Niederlande

Die gemäß dem niederländischen Gesetz erteilte Lizenz kann zurückgezogen werden, falls die Bedingungen hierfür nicht eingehalten werden. Das Ministerium kann zum Zweck der Einhaltung besonderer Bedingungen Maßnahmen gegenüber dem Betreiber anordnen. Beauftragte der *Radiocommunication Agency Netherlands* werden mit Befugnissen ausgestattet, welche die Beaufsichtigung von Aktivitäten im Weltraum ermöglichen. Dazu gehören zum Beispiel Ermittlungsbefugnisse.

6. Frankreich

In dem Art. 7 des französischen Gesetzes werden die Befugnisse zur Beaufsichtigung von Aktivitäten im Weltraumraum aufgelistet sowie eine dafür „zuständige Behörde" genannt: das CNES. Dabei werden die Behörde und ihre Vertreter befugt, die Anlage zu betreten und notwendige Unterlagen zu beschlagnahmen.

561 Gerhard, Nationale Weltraumgesetzgebung, S. 27 ff.

562 Chambre des représentants de Belgique, DOC 51 1607/001, S. 16.

Weiter erhält das CNES die Befugnis, den Flug innerhalb der Startphase zu stoppen – was im Konkreten bedeutet, dass der Träger und seine Nutzlast zerstört werden. In dem Fall, dass eine direkte Gefahr besteht, kann die zuständige Behörde alle als notwendig erachteten Maßnahmen anordnen, auch ohne zuvor Rücksprache mit dem Betreiber zu führen. Das Kapitel IV des Titels II des Gesetzes listet diejenigen Maßnahmen auf, die im Fall eines Verstoßes gegen das Gesetz getroffen werden können. So kann die Erlaubnis suspendiert oder zurückgenommen werden oder es können Bußgelder erlassen werden (Art. 11).

7. Österreich

Die Bestimmungen zur Umsetzung der Pflicht der ständigen Beaufsichtigung von nationalen Weltraumaktivitäten sind im österreichischen Gesetz in § 7, § 8, §13 und §14 zu finden. Zur Beaufsichtigung der von ihm genehmigten Weltraumaktivitäten behält sich der österreichische Staat vor, die erteilte Genehmigung zu widerrufen oder nachträglich abzuändern. Dies ist dann notwendig, wenn die Einhaltung der aufgeführten Bedingungen und Auflagen durch den Betreiber nicht mehr gewährleistet wird oder wenn sich inhaltliche Änderungen an der Raumfahrtaktivität ergeben. Wird die Genehmigung widerrufen, so sieht das Gesetz vor, dass Maßnahmen für die „vorübergehende Weiterführung oder sichere Beendigung" der Aktivität getroffen werden können, was dem Gesetz einen pragmatischen Charakter verleiht. In anderen Gesetzen wurde nämlich gefunden, dass ein Widerruf der Genehmigung zwar gesetzlich vorgesehen ist, dennoch keine Maßnahmen bezüglich der Weiterführung beziehungsweise Beendigung der Aktivitäten aufgeführt werden. So kann angezweifelt werden, ob der Widerruf einer Genehmigung dort jemals umgesetzt werden würde. Im österreichischen Gesetz wird hingegen vorgesehen, dass der Betrieb eines Weltraumgegenstandes einem anderen Betreiber übertragen werden kann, sollte der ursprüngliche Betreiber seine Pflichten nicht einhalten. Die Beaufsichtigung kann auch durch die Überprüfung bestimmter Einrichtungen gewährleistet werden. Der notwendige Zugang zu Betriebsräumlichkeiten und -anlagen sowie die Einsicht bestimmter Unterlagen werden den zuständigen „Aufsichtsorganen" gewährt. Hat die Weltraumaktivität einen militärischen Bezug, so ist der „zuständige Kasernenkommandant (…) in Kenntnis zu setzen". Durch den Erlass von Strafbestimmungen in §14 wird das Zuwiderhandeln gegen das Gesetz oder die Rechtsverordnung mit einer Geldstrafe bis zu 100.000 € bestraft. Auch dies ermöglicht die Aufsicht der Raumfahrtaktivitäten.

III. Fazit

Die Überwachung lizenzierter Raumfahrtaktivitäten wird in den meisten Staaten ähnlich gehandhabt und betrifft vornehmlich eine regelmäßige Berichtspflicht und Meldepflicht bei besonders kritischen Situationen. Die Nichtbefolgung der Berichtspflicht kann in den meisten Fällen zur Suspendierung, zur Rücknahme der Lizenz oder zu sonstigen Sanktionen (Geld- oder Haftstrafe) führen[563]. So erfolgt die ständige Aufsicht über Weltraumtätigkeiten im Allgemeinen in zwei Schritten. Zunächst wird der Verwaltungsbehörde ermöglicht, einen ausreichenden Einblick in den Ablauf der Tätigkeit zu bekommen, um dann feststellen zu können, ob die im Weltraumvertrag vorgegebenen Grenzen der Nutzung des Weltraums eingehalten werden. Sollte die Suspendierung einer Lizenz erfolgen, bestimmen die untersuchten Gesetze meistens aber nicht, was mit dem genehmigten Weltraumgegenstand beziehungsweise der Weltraumaktivität weiter geschehen soll. Dies hat also zur Folge, dass einem Weltraumbetreiber, der seine Verpflichtungen nicht erfüllt, die Kontrolle über seinen Gegenstand entnommen werden kann. Dabei wird allerdings nicht verlangt, dass der betroffene Weltraumgegenstand zur Erde zurückgebracht wird, so dass der Gegenstand vermutlich an seinem Platz im Weltraum verbliebe. Somit würde er allerdings eine Gefahr für die anderen Gegenstände darstellen. Aus diesen Gründen ist es eher unwahrscheinlich, dass Suspendierungs- oder Rückzugsmechanismen gegen einen Betreiber angeordnet werden, so dass die den Staaten obliegende nationale Umsetzung der ständigen Überwachung sich als wenig effektiv erweist.

F. Registrierung von Weltraumgegenständen

Die Registrierung von Weltraumgegenständen findet ihre Grundlage in Art. VIII des Weltraumvertrages und ist in Verbindung mit dem Registrierungsübereinkommen des Jahres 1975 zu sehen. Weiter bildet der Art. VIII eine Verwirklichung der UN-Resolution 1721B (XVI) vom 20. Dezember 1961. Die Resolution ist heute noch von Bedeutung, denn eine deutliche Anzahl raumfahrender Nationen hat das Registrierungsübereinkommen nicht ratifiziert und registriert Weltraumgegenstände gemäß den Resolutionsbestimmungen[564]. Es

563 Gerhard/Schrogl, in: Böckstiegel, Project 2001, S. 554.

564 Schmidt-Tedd/Mick, in: Hobe/Schmidt-Tedd/Schrogl, CoCoSL, Art. VIII, Rn. 4.

bestehen somit zwei durch das *Office for Outer Space Affairs* geführte Register: eines nach der Resolution und ein anderes nach dem Registrierungsübereinkommen[565]. Nur Art. II (1) des Registrierungsübereinkommens macht die Einführung eines nationalen Registers zur Pflicht. Demnach muss ein in eine Umlaufbahn oder darüber hinaus gestarteter Weltraumgegenstand in ein vom Startstaat geführtes Register eingetragen werden (Art. II Abs. 1 Satz 1 des Registrierungsübereinkommens)[566].

Der Gegenstand des Art. VIII des Weltraumvertrages beziehungsweise die Registrierung von Weltraumgegenständen hängt eng mit den Begriffen Verantwortlichkeit und Haftung der Art. VI und VII des Weltraumvertrages zusammen[567]. Durch die Anwendung des Art. VIII Satz 1 des Weltraumvertrages behält ein Vertragsstaat die Hoheitsgewalt und Kontrolle über einen Gegenstand, der in den Weltraum gestartet wurde und von diesem Staat in einem Register geführt wird[568]. Die Registrierung kreiert somit im Weltraum – einer definitionsgemäß hoheitslosen Zone – eine Bindung zwischen dem Startstaat, dem Weltraumgegenstand, der internationalen Verantwortung für Raumfahrtaktivitäten und der Hoheitsgewalt und Kontrolle über den Gegenstand[569]. Somit erhält der registrierende Startstaat den Anspruch, Hoheitsgewalt und Kontrolle über den Weltraumgegenstand ausüben zu können[570]. Die Registrierung eines Weltraumgegenstandes kann in der Regel nur durch einen Startstaat erfolgen; demnach soll die Identifizierung eines einzelnen verantwortlichen Staates und die Identifizierung des einzig anwendbaren Rechts für den betroffenen Weltraumgegenstand möglich gemacht werden[571].

Ist ein Gegenstand in ein Register eingetragen, so besteht nach Satz 3 desselben Artikels eine Rückführungspflicht für einen aufgefundenen Gegenstand an den registrierenden Staat[572]. Hier wird nicht nur die Rückgabe von Weltraumgegenständen geregelt, die im Territorium eines anderen Staates niedergegangen sind, sondern darüber hinaus auch die Rückgabe bei einer Landung im staatsfreien

565 Schmidt-Tedd/Mick, in: Hobe/Schmidt-Tedd/Schrogl, CoCoSL, Art. VIII, Rn. 4.
566 Hintz, in: Böckstiegel, Handbuch des Weltraumrechts, S. 157 (179).
567 Schmidt-Tedd/Mick, in: Hobe/Schmidt-Tedd/Schrogl, CoCoSL, Art. VIII, Rn. 2.
568 Schmidt-Tedd/Gerhard, in: Benkö/Schrogl, Essential, Air and Space Law, S. 123 (126); vgl. Schmidt-Tedd/Mick, in: Hobe/Schmidt-Tedd/Schrogl, CoCoSL, Art. VIII, Rn. 2.
569 Schmidt-Tedd/Mick, in: Hobe/Schmidt-Tedd/Schrogl, CoCoSL, Art. VIII, Rn. 2.
570 Schmidt-Tedd/Mick, in: Hobe/Schmidt-Tedd/Schrogl, CoCoSL, Art. VIII, Rn. 2.
571 Schmidt-Tedd/Mick, in: Hobe/Schmidt-Tedd/Schrogl, CoCoSL, Art. VIII, Rn. 2.
572 Hintz, in: Böckstiegel, Handbuch des Weltraumrechts, S. 157 (180).

Raum[573]. Das nationale Register wird somit ebenso zum Gegenstand eines nationalen Weltraumgesetzes wie die darin einzutragenden Informationen[574].

I. Völkerrechtlicher Ansatz

Für die Registrierung von Weltraumgegenständen werden der Anwendungsbereich (1), die Befreiungsmöglichkeit von der Pflicht zur Registrierung (2), der Inhalt der Registrierungspflicht (3), die mögliche Einsichtnahme in das Register (4) sowie nachträgliche Änderungsmöglichkeiten (5) untersucht.

1. Anwendungsbereich

Zentrales Element des Art. VIII des Weltraumvertrages ist der Begriff des „Startstaates". Bisher war jedoch der „zuständige Staat" im Mittelpunkt der Betrachtungen des Weltraumvertrages. Die Begriffe des zuständigen Staates und des Startstaates decken sich nicht unbedingt, so dass in dieser Hinsicht eine Begriffsbestimmung des „Startstaates" erforderlich ist.

a. Begriff des „Startstaates"

Für den nationalen Gesetzgeber eines jeden Startstaates geht es darum, ein Register zu schaffen, in das alle gestarteten Weltraumgegenstände eingetragen werden[575]. Wer als Startstaat anzusehen ist, lässt sich anhand der Begriffsbestimmung des Art. I a) und c) des Registrierungsübereinkommens ableiten. Demnach ist „Startstaat" (i) ein Staat, der einen Weltraumgegenstand startet oder dessen Start durchführen lässt, sowie (ii) ein Staat, von dessen Hoheitsgebiet oder Anlagen ein Weltraumgegenstand gestartet wird. Der Begriff „Startstaat" ist auch bei der Registrierung von Weltraumgegenständen von Relevanz, denn Art. I c) des Registrierungsübereinkommens verlautet, dass der registrierende Staat der Startstaat ist, in dessen nationales Register der Weltraumgegenstand eingetragen wird[576]. Der Begriff Startstaat bedeutet jedoch nicht, dass jeder Startstaat gleich registrierender Staat ist oder sein kann. Dies ergibt sich aus Art. II (2) des Registrierungsübereinkommens. Sollte es zwei oder mehrere Startstaaten geben, so

573 Hintz, in: Böckstiegel, Handbuch des Weltraumsrechts, S. 157 (182).

574 Zu der besten Umsetzungsform dieser internationalen Verpflichtung, vgl. Hermida, National Space Legislation, S. 61 f.

575 Vgl. Gerhard, Nationale Weltraumgesetzgebung, S. 125.

576 Schmidt-Tedd/Mick, in: Hobe/Schmidt-Tedd/Schrogl, CoCoSL, Art. VIII, Rn. 22.

sollen sie gemeinsam bestimmen, welcher der Staaten zu registrieren hat[577]. Es ist anzumerken, dass der Ausgangspunkt der Qualifizierung als Startstaat wohl mit dem Beginn eines Projekts identifizierbar ist, während andere bisher untersuchte Schwerpunkte wie die Erlaubnis und ständige Aufsicht der Weltraumtätigkeiten sowie die internationalen Konsultationen mit der bereits laufenden Weltraumtätigkeit verknüpft werden. Dies hat aber für die Bestimmung des Anwendungsbereiches der jeweiligen Normen[578] keine erhebliche Bedeutung[579].

b. Nationales Register und Weltraumgegenstand

Das Register im Rahmen des Art. VIII Satz 1 des Weltraumvertrages bezieht sich auf das von einem Staat eingerichtete und geführte nationale Weltraumregister[580]. Die rechtliche Grundlage für die Einrichtung und Durchführung des Registers ergibt sich aus dem Art. II (1) des Registrierungsübereinkommens. Demnach muss der Staat den Generalsekretär der Vereinten Nationen über die Einrichtung des Registers informieren und, sollte der Staat Startstaat sein, den gestarteten Weltraumgegenstand in das Register eintragen[581]. Dieses Register ist vom internationalen Register, das vom *Office for Outer Space Affairs* im Auftrag des Generalsekretärs der Vereinten Nationen geführt wird[582], zu unterscheiden.

Da es keine abgestimmte Bestimmung der Begriffe „in den Weltraum gestarteter Gegenstand“[583] und „Weltraumgegenstand“[584] gibt, bedürfen diese Konzepte der Auslegung, um subsumieren zu können, welche Gegenstände in das nationale Register eingetragen werden müssen. Nach der hier vertretenen Auffassung sind Weltraumgegenstände diese, die „zum Zwecke der Weltraumerkundung oder -nutzung in eine Umlaufbahn oder darüber hinaus gestartet werden, oder bestimmt sind, dies zu tun. Hierzu zählen sowohl Objekte, die

577 Schmidt-Tedd/Mick, in: Hobe/Schmidt-Tedd/Schrogl, CoCoSL, Art. VIII, Rn. 22.

578 Vgl. Gerhard, Nationale Weltraumgesetzgebung, S. 126.

579 Bei den vier dargestellten Anknüpfungskriterien aus dem Weltraumregisterabkommen ist das Kriterium „einen Start durchführen lassen“ nicht eindeutig.

580 Schmidt-Tedd/Mick, in: Hobe/Schmidt-Tedd/Schrogl, CoCoSL, Art. VIII, Rn. 17.

581 Schmidt-Tedd/Mick, in: Hobe/Schmidt-Tedd/Schrogl, CoCoSL, Art. VIII, Rn. 17.

582 Schmidt-Tedd/Mick, in: Hobe/Schmidt-Tedd/Schrogl, CoCoSL, Art. VIII, Rn. 18; dieses kann unter http://www.oosa.unvienna.org/oosa/en/SORegister/index.html abgerufen werden.

583 An dieser Stelle kommen einige Ausdrucksweisen in Betracht, s. Cheng, in: Studies in International Space Law, S. 493 ff.

584 Schmidt-Tedd/Mick, in: Hobe/Schmidt-Tedd/Schrogl, CoCoSL, Art. VIII, Rn. 19.

ihre Funktion der Weltraumerkundung oder -nutzung später wieder verloren haben (*Space Debris*), als auch solche, die technisch und funktional selbstständige Teile eines Gesamtkomplexes im Weltraum sind"[585]. Im Unterschied zu der oben genannten Definition ist hier allerdings zu beachten, dass das Registrierungsübereinkommen sich ausschließlich auf Gegenstände beschränkt, die in eine Umlaufbahn oder darüber hinaus gestartet werden. Somit müssen diejenigen Gegenstände noch nicht registriert werden, die sich erst in der Planungsphase befinden oder die eine Umlaufbahn nicht erreicht haben[586].

Zu einem Weltraumgegenstand gehören nach Art. I des Registrierungsübereinkommens auch die Komponenten des Weltraumgegenstandes sowie das Trägersystem und dessen Komponenten[587]. Nach Art. II (1) Satz 1 wird kein Unterschied zwischen den von einem Staat oder von privater Seite gestarteten Gegenständen gemacht. Demnach sind alle Weltraumgegenstände zu registrieren[588].

2. Befreiung von der Registrierungspflicht

Die sich aus Art. VIII des Weltraumvertrages ergebende Registrierungsverpflichtung betrifft nur einen Startstaat. Bestehen nach der Begriffsdefinition mehrere Startstaaten, und haben sie sich darauf geeinigt, wer von ihnen der registrierende Startstaat ist, so verletzen die anderen Staaten nicht das Völkerrecht, wenn sie keine Eintragung vornehmen. Für den nationalen Gesetzgeber ergibt sich also die Notwendigkeit, eine Registrierungspflicht einzuführen, nur für den Fall, dass mit den anderen Startstaaten vereinbart wurde, dass dieser Staat die Registrierung vorzunehmen hat. Demgegenüber ist ebenso vorstellbar, dass der Vollständigkeit halber keine Ausnahmen zur Registrierungspflicht gemacht werden[589].

---

585 Vgl. Cheng, in: Studies in International Space Law, S. 505; Gerhard, Nationale Weltraumgesetzgebung, S. 130 ff. Eine sinngemäß gleiche Begriffsbestimmung ergibt sich aus Schmidt-Tedd/Mick, in: Hobe/Schmidt-Tedd/Schrogl, CoCoSL, Art. VIII, Rn. 19.

586 z.B. aufgrund eines Fehlstarts, vgl. Gerhard, Nationale Weltraumgesetzgebung, S. 130; vgl. Schmidt-Tedd/Mick, in: Hobe/Schmidt-Tedd/Schrogl, CoCoSL, Art. VIII, Rn. 19.

587 Schmidt-Tedd/Mick, in: Hobe/Schmidt-Tedd/Schrogl, CoCoSL, Art. VIII, Rn. 19.

588 Schmidt-Tedd/Mick, in: Hobe/Schmidt-Tedd/Schrogl, CoCoSL, Art. VIII, Rn. 19.

589 Allerdings spricht gegen eine vollständige Registrierungspflicht das Ziel der Registrierung: Diese soll nämlich einen einzigen Staat identifizierbar machen; vgl. Rode-Verschoor, IISL Proceedings 1958, S. 103 (103): Da eine konstante Überwachung aller Gegenstände im Weltraum unmöglich ist, ist eine feste und dauerhafte Identifizierung erforderlich; so auch Schmidt-Tedd/Gerhard, in: Benkö/Schrogl, Essential, Air and Space Law, S. 123 (126); Hintz, in: Böckstiegel, Handbuch des Weltraumsrechts, S. 157

3. Inhalt der Verpflichtung

Das Registrierungsübereinkommen sieht im Grunde zwei Hauptverpflichtungen vor. Die erste Verpflichtung ist die Einführung eines nationalen Registers (Art. II 1). So bestimmt Art. II (1) Satz 1 des Registrierungsübereinkommens, dass es sich um ein geeignetes Register handeln soll. Laut Art. II (3) desselben Übereinkommens gehört es zu den Aufgaben des Registerstaats zu bestimmen, was hierunter zu verstehen ist. Weiter legt Art. IV (1) als zweite Verpflichtung fest, dass die im nationalen Register eingetragenen Informationen dem Generalsekretär der Vereinten Nationen zum Zwecke der Errichtung eines internationalen Registers[590] zu übermitteln sind[591]. Somit wird ein einfaches aber umfangreiches Informationsnetzwerk geschaffen[592]. An dieser Stelle werden die hierzu notwendigen Informationen aufgelistet. Es erscheint also sinnvoll, eine solche Auflistung in den Anwendungsbereich einer nationalen Norm wiederaufzunehmen[593]. Die entsprechende Information ist dann zu übermitteln, wenn dies praktisch möglich ist[594].

Betrachtet man die Rechtssystematik des Weltraumvertrages, so lassen sich andere Elemente[595] auflisten, für die es sinnvoll erscheint, eine Eintragung in das nationale Register vorzusehen[596]. Das Register soll dazu dienen, bei

(181); vgl. Hermida, National Space Legislation, S. 63; Rodrigues, in: Hobe/Schmidt-Tedd/Schrogl, Current Issues in the Registration of Space Objects, S. 25 (26).

590 Vgl. Hermida, National Space Legislation, S. 61.

591 Schmidt-Tedd/Gerhard, in: Benkö/Schrogl, Essential, Air and Space Law, S. 123 (124).

592 Böckstiegel, in: Böckstiegel, Handbuch des Weltraumrechts, S. 1 (12); s. auch Mick, in: Hobe/Schmidt-Tedd/Schrogl, Current Issues in the Registration of Space Objects, S. 7 (8); Hörl/Gungaphul, in: Hobe/Schmidt-Tedd/Schrogl, Current Issues in the Registration of Space Objects, S. 63 (64).

593 Dabei handelt es sich um folgenden Elemente: (a) der Name des Startstaates oder der Startstaaten; (b) eine geeignete Bezeichnung des Weltraumgegenstandes oder seine Registrierungsnummer; (c) das Datum und das Hoheitsgebiet oder den Ort des Starts; (d) die grundlegenden Parameter der Umlaufbahn, einschließlich der Umlaufzeit, der Bahneignung, des Apogäums und des Perigäums und (e) die allgemeinen Funktionen des Weltraumgegenstandes. Es können auch weitere Informationen zur Verfügung gestellt werden, und es müssen auch Informationen über die voraussichtliche Beendigung des Aufenthaltes eines Gegenstandes in einer Umlaufbahn erteilt werden (Art. IV Abs. 3 des Registrierungsübereinkommens).

594 In der Praxis liegt dieser Punkt in der Zeit nach dem Start; vgl. Hermida, National Space Legislation, S. 62.

595 Hierzu vgl. Hermida, National Space Legislation, S. 67.

596 Vgl. Gerhard, Nationale Weltraumgesetzgebung, S. 133 ff.

Haftungsfällen den oder die Startstaat(en) zu ermitteln (Art. VII des Weltraumvertrages und Weltraumhaftungsübereinkommen)[597]. Dabei soll auch die Rückführung von Raumfahrern und Weltraumgegenständen erleichtert werden. Das Register dient auch dazu, diejenigen Staaten zu identifizieren, welche die Hoheitsgewalt und Kontrolle über den Gegenstand und seine Besatzung behalten (Art. VIII des Weltraumvertrages)[598]. Schließlich liefert das Register nützliche Informationen über die Belastung des Weltraums mit funktionslosen Satelliten, Trümmern und Einzelteilen[599]. Für den Inhalt des Registers kommen auch andere Informationen in Betracht wie zum Beispiel die Masse eines Weltraumobjektes oder eine Sicherheitseinschätzung für den Fall, dass eine nukleare Energiequelle Verwendung findet[600].

4. Einsichtnahme in das nationale Register

Wird ein Register durch den nationalen Gesetzgeber eingerichtet, so stellt sich die Frage, wer ein Einsichtsrecht erhalten soll. Zum internationalen Register wird vermerkt, dass dieses einen offenen Zugang haben soll. Da die sich im internationalen Register befindenden und einsichtbaren Informationen zwangsläufig aus den nationalen Registern stammen, scheint es unangebracht, den Zugang zu diesen zu beschränken. Bedenken könnten bestehen, wenn die in das nationale Register einzutragenden Informationen viel präziser sind, als die des internationalen Registers. Dies liegt abschließend in dem vollen Ermessen der nationalen Legislative.

5. Änderungen eines Eintrags im Register

Die Eintragung eines Weltraumgegenstandes in das nationale Register obliegt einem der Startstaaten. Allerdings ist es nicht auszuschließen, dass das Eigentum über den Gegenstand nach dem Start übertragen wird. Dies bedeutet

597 Dennoch ermöglicht die Registrierung allein nicht, dass ein Staat in Haftung gezogen wird. Beide Begriffe haben bloß denselben Ausgangspunkt, nämlich der Begriff „Startstaat", so Schmidt-Tedd/Gerhard, in: Benkö/Schrogl, Essential, Air and Space Law, S. 123 (126); vgl. Kerrest/Smith. Art. VII, in: Hobe/Schmidt-Tedd/Schrogl, CoCoSL, Rn. 48.

598 Chambre des représentants de Belgique, DOC 51 1607/001, S. 9

599 Cheng, Studies in International Space Law, S. 217 und 231; vgl. dazu Sterns/Tennen, IISL Proceedings 1983, S. 169 (171).

600 Gerhard/Schrogl, in: Böckstiegel, Project 2001, S. 554.

jedoch nicht, dass die Hoheitsgewalt und Kontrolle einem anderen, nicht startenden Staat übertragen werden[601]. Somit steht der erwerbende Staat in einer schwachen juristischen Position, denn er kann bezüglich des betroffenen Gegenstandes keine Hoheitsgewalt ausüben. Diese Problematik wird von nationalen Weltraumgesetzen unterschiedlich angesprochen. Unter einer korrekten Anwendung des Weltraumvertrages sollten sich in diesem Fall die zwei betroffenen Staaten abstimmen und entscheiden, wie mit Hoheitsgewalt und Kontrolle über den Weltraumgegenstand in Folge einer Übertragung nach dem Start umgegangen wird.

II. Nationale Umsetzungen

Die nationalen gesetzlichen Bestimmungen bezüglich des nationalen Registers für Weltraumgegenstände werden im Folgenden untersucht.

1. Norwegen

Das norwegische Weltraumgesetz erwähnt kein Weltraumregister.

2. Schweden

Durch das schwedische Weltraumgesetz wird ein Register über solche Weltraumgegenstände eingerichtet, für die Schweden als Startstaat angesehen wird[602]. Allerdings enthält das schwedische Gesetz selbst keine Bestimmung über ein Register – eine solche findet sich in der zugehörigen Verordnung über Weltraumtätigkeiten, dort in *Sec.* 4. Danach muss das *National Board for Space Activities* ein Register über Weltraumgegenstände führen. Der Inhalt des Registers bleibt ebenfalls auf das Notwendigste, nämlich die in Art. IV des Weltraumregisterübereinkommens aufgezählten Informationen, beschränkt. Das schwedische Register sieht nicht die Eintragung durch andere Startstaaten vor, und es findet sich auch keine Bestimmung, welche die Änderung der eingetragenen Daten oder ein Einsichtsrecht in das nationale Register regelt.

601 Schmidt-Tedd/Mick, in: Hobe/Schmidt-Tedd/Schrogl, CoCoSL, Art. VIII, Rn. 40.

602 Gerhard, Nationale Weltraumgesetzgebung, S. 25 f.; vgl. Reifarth, in: Böckstiegel, Handbuch des Weltraumrechts, S. 879 (880).

3. Vereinigtes Königreich von Großbritannien und Nordirland

Das Vereinigte Königreich verfügt über zwei nationale Register[603]. Die Einrichtung eines Registers für Weltraumgegenstände wird in *Sec.* 7 beschlossen. Dieses soll den internationalen Verpflichtungen des Königreiches genügen[604]. Gemäß *Sec.* 7 des *Outer Space Act* unterhält das *Secretary of State* ein Register, in das solche Weltraumgegenstände eingetragen werden[605], deren Eintragung diese Behörde für erforderlich hält, um die völkerrechtlichen Verpflichtungen des Königreiches zu erfüllen. Die in diesem Register eingetragenen Informationen werden dem Generalsekretär der Vereinten Nationen übermittelt[606]. Satz 3 regelt ein Einsichtsrecht für jedermann.

Das zweite nationale Register wurde für die Fälle eingerichtet, dass Lizenzen unter dem *Outer Space Act* erteilt worden sind, aber der Staat kein Startstaat für die betroffene Tätigkeit war, oder dass unter mehreren Startstaaten vereinbart wurde, dass ein anderer Staat die Registrierung durchführen soll[607].

4. Belgien

Die Registrierung der Weltraumgegenstände in Belgien dient laut den legislativen Vorarbeiten zwei Zielen: Sie erlaubt zum einen die Identifizierung des Gegenstandes[608], seiner Komponenten und gegebenenfalls seiner *Debris* und ermöglicht zum anderen dem belgischen Staat, Jurisdiktion und Kontrolle über den Weltraumgegenstand auszuüben, indem der Gegenstand eine „Quasi-Nationalität“ nach dem Gesetz bekommt[609]. Die Registrierung muss zum Zeitpunkt des Starts des Weltraumgegenstandes erfolgt sein. Sollten zwei Startstaaten für die Registrierung in Frage kommen, so muss vorab zwischen den Beteiligten geklärt werden, welcher Staat den Gegenstand registriert[610]. Die Informationen können geändert beziehungsweise aktualisiert werden.

603 Lee, Space Policy 2006, S. 42 (45).

604 Reifarth, in: Böckstiegel, Handbuch des Weltraumrechts, S. 879 (881).

605 Tremayne-Smith, in: Hobe/Schmidt-Tedd/Schrogl, Current Issues in the Registration of Space Objects, S. 59 (59).

606 Lee, Space Policy 2006, S. 42 (45).

607 Vgl. Lee, Space Policy 2006, S. 42 (45).

608 Chambre des représentants de Belgique, DOC 51 1607/001, S. 9.

609 Chambre des représentants de Belgique, DOC 51 1607/001, S. 9.

610 Chambre des représentants de Belgique, DOC 51 1607/001, S. 9.

Alle Eintragungen, Änderungen und Aktualisierungen werden dem Generalsekretär der Vereinten Nationen mitgeteilt[611]. Das Register ist öffentlich.

5. Niederlande

Das niederländische Gesetz verlangt ein Register für Weltraumgegenstände. Das Register wird vom Wirtschaftsminister für den Generalsekretär der Vereinten Nationen geführt, und die in das Register einzutragenden Informationen entsprechen mindestens den Anforderungen des Registrierungsübereinkommens. Dabei ist ein Weltraumgegenstand einzutragen, sobald die Niederlande als Startstaat gelten. Somit erfolgt eine öffentliche Anzeige der betreffenden Weltraumaktivität, und es kann von jedermann in Erfahrung gebracht werden, welche Firma welchen Gegenstand eingetragen hat. Für jeden Eintrag muss ebenso angegeben werden, wie viele Aktivitäten durchgeführt werden, gleichzeitig verbunden mit einer Notifizierungspflicht an die Regierung. Damit wird diese in die Lage versetzt, sich einen akkuraten und aktuellen Überblick über die durchgeführten Aktivitäten zu verschaffen. Die Notifizierung betrifft beispielsweise die Starts oder den Erwerb von Satelliten.

Die Niederlande trennen deutlich die Frage des Eintrags in das nationale Register von der Frage der Verantwortung für die Weltraumaktivitäten[612]. Nach niederländischer Auffassung ist ein Weltraumgegenstand nicht eintragungspflichtig, wenn er von einem fremden Hoheitsgebiet aus oder von einer Person gestartet wurde, die nicht unter niederländischer Jurisdiktion steht, das Eigentum an dem Gegenstand aber nach dem Start einer niederländischen Firma übertragen wurde. Die Niederlande sehen sich in einem solchen Fall nicht dazu verpflichtet, Informationen über diesen Gegenstand dem Generalsekretär der Vereinten Nationen zu übermitteln, da sie weder Registrierungs- noch Startstaat sind. Allerdings sehen sich die Niederlande für die Überwachung und Kontrolle dieses Gegenstandes nach Art. VIII des Weltraumvertrages verantwortlich.

6. Frankreich

Es wird unter Führung des CNES ein französisches Register für Weltraumgegenstände eingeführt. Das *Décret* 2009-643 befasst sich in Art. 14 mit der Frage der

---

611 Mayence, in: IISL Proceedings 2004, S. 134 (137).

612 Note verbale to the General Assembly: Committee on the Peaceful Uses of Outer Space – 22. August 2003, A/AC.105/806.

Übertragung des Eigentums an einem Weltraumgegenstand und sieht vor, dass der zu übertragende Gegenstand nach der Übertragung von dem Erwerbenden einzutragen ist. Diese Bestimmung berücksichtigt nicht den Grundsatz, nach welchem die Registrierung ausschließlich einem Startstaat zufällt, womit ihre praktische Wirksamkeit in Frage gestellt werden muss.

7. Österreich

Durch § 9 des österreichischen Weltraumgesetzes wird ein nationales Register für Weltraumgegenstände eingeführt. Einzutragen sind Weltraumgegenstände, für die Österreich als Startstaat nach dem Art. I des Registrierungsübereinkommens fungiert. Da sich aus dem internationalen Weltraumrecht ergibt, dass es für einen Weltraumgegenstand nur eine nationale Registrierung geben darf, sieht das österreichische Gesetz vor, dass im Falle mehrerer in Frage kommender Startstaaten die „Übereinkunft" der Startstaaten im Sinne von Art. II Abs. 2 des Registrierungsübereinkommens für die Registrierung „ausschlaggebend" ist. Durch die Eintragung eines Weltraumgegenstandes in das nationale Weltraumregister Österreichs unterliegen der Gegenstand und sein Personal der Jurisdiktion und Kontrolle des österreichischen Staates. Anzumerken ist, dass im Gegensatz zu der Genehmigung einer Weltraumaktivität die Registrierung eines Weltraumgegenstandes nachträglich nicht zurückgenommen werden kann. Sie kann dennoch angepasst werden, zum Beispiel aus datenschutzrechtlichen Gründen, wenn die Angaben nicht mehr aktuell sind, oder die Funktionsfähigkeit des Gegenstandes, seiner Umlaufbahn oder der zuständige Betreiber sich geändert haben.

Bezüglich der einzutragenden Informationen ist das österreichische Weltraumgesetz an die Bestimmungen des Art. IV des Weltraumregistrierungsübereinkommens angelehnt. Zur Umsetzung des Gesetzes müssen jedoch zusätzliche Informationen ins Register eingetragen werden, wie die Bezeichnungsnummer mit welcher der Weltraumgegenstand eine Frequenz durch die *International Telecommunications Union* zugewiesen bekommen hat, damit der Gegenstand eindeutig identifiziert werden kann. Zusätzliche Elemente können vom zuständigen Minister abverlangt werden, wenn etwa der „Stand der Technik" oder völkerrechtliche „Verpflichtungen" oder „Empfehlungen"[613] dies erforderlich machen. Die

613 Zu der Position Österreichs bezüglich der Beschlüsse der internationalen Organisationen, die einen reinen Empfehlungscharakter haben, s. 1466 der Beilagen XXIV. GP – Regierungsvorlage – Materialien, S. 11. Insbesondere betrifft dies die UN-COPUOS-Resolution über die Registrierungspraxis (Recommandations on

einzutragenden Elemente sind „unverzüglich“ nach dem erfolgreichen Start zu übermitteln, das heißt, wenn die korrekte Laufbahn des Weltraumgegenstandes erreicht wurde, jedoch nicht später als ein Monat danach[614]. Diese Informationen werden anschließend vom zuständigen Bundesministerium dem Generalsekretär der Vereinten Nationen übermittelt.

8. Fazit

Außer Norwegen, dessen nationales Weltraungesetz 1969 und somit vor dem Inkrafttreten des Registrierungsübereinkommens erlassen wurde, haben alle genannten Staaten in ihren Raumfahrtgesetzen Bestimmungen zur Registrierung von Weltraumobjekten aufgenommen. Dabei wurden nationale Register geschaffen, die wiederum ihre Information dem vom Generalsekretär der Vereinten Nationen nach Art. III des Registrierungsübereinkommens geführten Registers melden. In der Regel werden für die nationalen Register nur Informationen gefordert, die auch gemäß Art. IV desselben Übereinkommens von den Vertragsparteien abverlangt werden. Grundsätzlich besteht aber die Möglichkeit, zusätzliche Informationen einzutragen, beispielsweise bezüglich der Masse des Objekts, was als einer unter mehreren Faktoren für die Berechnung von Wiedereintrittsdaten in die Erdatmosphäre wichtig ist. Unterschiedlich unter den Ländern gehandhabt ist die Öffentlichkeit des Registers. Dieser Unterschied entsteht insbesondere aufgrund einer diversifizierten Praxis unter den Staaten, wie beispielsweise einer verzögerten Eintragung oder einer nicht ausführlichen Datenangabe[615]. Die Eintragung ins internationale Register beruht auf staatlichen Vorgaben; allerdings benutzen die Staaten zu diesem Zweck eine nicht harmonisierte Kennzeichnung der Objekte sowie unterschiedliche Formate und Einheiten (wie etwa Uhrzeit, Gewicht oder Größe der Gegenstände)[616]. Auch wenn der verlangte Informationsinhalt durch die nationalen Gesetze oftmals sehr hoch angesetzt wird, entsteht an dieser Stelle eine Ungleichheit unter den einzelnen, national überlieferten Informationen. In einigen

---

Enhancing the Practice of States and International Intergovernmental Organisations in Registering Space Objects, UNGA 62/101). Darüber hinaus hat das Office for Outer Space Affairs ein Formular für die Eintragung von Pflicht- und ergänzenden Informationen entworfen, s. A/AC.105/C.2/2010/CRP.7.

614 1466 der Beilagen XXIV. GP – Regierungsvorlage – Materialien, S. 11.

615 Mick, in: Hobe/Schmidt-Tedd/Schrogl, Current Issues in the Registration of Space Objects, S. 7 (9).

616 Mick, in: Hobe/Schmidt-Tedd/Schrogl, Current Issues in the Registration of Space Objects, S. 7 (9).

Ländern, die über kein Weltraumgesetz verfügen, hat sich eine Praxis entwickelt, die eine Registrierung ermöglicht. Diese Vorgabe kann jedoch je nach rechtlicher Grundlage unverbindlich sein[617].

Die Registrierung von Weltraumgegenständen hat für private Raumfahrtakteure eine praktische Relevanz, indem sie, wie bereits dargestellt, die Hoheit und Kontrolle durch den registrierenden Staat über den eingetragenen Gegenstand bestimmt. Somit wird geregelt, welche Rechtsordnung an Bord eines Weltraumgegenstandes Anwendung findet. Die Bestimmung des anwendbaren Rechts ist im wissenschaftlichen Bereich – insbesondere hinsichtlich des geistigen Eigentums – bedeutend. Darüber hinaus könnte zukünftig ebenso, angetrieben durch die jüngsten Entwicklungen im Bereich des Weltraumtourismus, nationales Strafrecht Anwendung finden. Es ist daher von entscheidender Bedeutung, dass die Registrierung der Weltraumgegenstände sachlagegemäß vorgenommen wird und dass auch eine entsprechende Flexibilität in den Gesetzen Einzug hält, wenn sich Änderungen in der Sachherrschaft über den Weltraumgegenstand ergeben.

Schließlich ist kritisch anzumerken, dass es in Fällen, in denen ein gestarteter Weltraumgegenstand im Orbit verkauft wird, vorkommen kann, dass sich ein Staat einseitig nicht als Startstaat betrachtet, obwohl er nach dem Art. I des Weltraumhaftungsübereinkommens den Start durchführen ließ. Auch in der Lehre wird die Frage behandelt, ob ein Staat, der einen Start zwar beauftragt aber von einem anderen Staat beziehungsweise von dessem Hoheitsgebiet aus durchführen lässt, als Startstaat anzusehen ist. Die Ablehnung einer solchen Qualifikation als Startstaat für diesen Staat stellt ein Hinterfragen des gesamten Registrierungs- beziehungsweise Haftungsmechanismus des internationalen Weltraumrechts dar und wäre sorgfältig abzuwägen. Einen Start „durchführen zu lassen“ wird ausdrücklich vom Weltraumhaftungsübereinkommen erwähnt, berücksichtigt und mit Rechtskonsequenzen versehen. Die Wirkung dieser Bestimmung sollte nicht aus einseitiger Perspektive beziehungsweise Opportunismus in Frage gestellt werden. Vielmehr müssen pragmatische Lösungsansätze – wie etwa der Abschluss eines internationalen Abkommens zwischen dem Startstaat und dem erwerbenden Staat – angestrebt werden. In solchen internationalen Abkommen wäre die Übernahme der Rechte und Pflichten des Startstaates ausdrücklich festzuschreiben. Sehr wenige Gesetze gehen bislang

617 Dies in zum Beispiel in der Bundesrepublik Deutschland der Fall: die Registrierung von Weltraumgegenständen erfolgt in Analogie zum Flugzeugregister, so Mick, in: Hobe/Schmidt-Tedd/Schrogl, Current Issues in the Registration of Space Objects, S. 7 (10).

auf diese Thematik ein; eine europäische Angleichung der Praxis der registrierenden Staaten wäre erstrebenswert. Auf diese Thematik wird im Vierten Teil der vorliegenden Arbeit eingegangen.

G. Internationale Konsultationen

Kann ein geplantes Unternehmen oder Experiment im Weltraum möglicherweise die Unternehmen und Experimente eines anderen Vertragsstaates beeinträchtigen, so sind nach Art. IX Satz 3 des Weltraumvertrages Konsultationen zwischen den betroffenen Vertragsstaaten aufzunehmen. Laut Art. IX Satz 4 können solche Konsultationen von einem Vertragsstaat sogar verlangt werden. In Folgendem soll untersucht werden, ob hierdurch ein gesetzgeberisches Vorgehen erforderlich wird.

I. Völkerrechtlicher Ansatz

Im ersten Teil des Artikels IX des Weltraumvertrages werden Prinzipien aufgeführt, welche im Rahmen einer geplanten Raumfahrttätigkeit Berücksichtigung finden sollen[618]. Diese stellen die Grundlage für einen vorsorglichen Umgang mit dem Weltraum dar, indem sie eine „gehörige Bedachtnahme auf die entsprechenden Interesse aller anderen Vertragsstaaten“ bei der Durchführung von Raumfahrttätigkeiten und Experimenten vorgeben[619]. Im Konkreten sollen „schädliche Einflüsse auf die Tätigkeiten anderer Vertragsstaaten“ dadurch vermieden beziehungsweise verhindert werden, dass „angemessene zwischenstaatliche Konsultationen“ zwischen den Vertragsstaaten durchgeführt werden. Diese Bestimmung ist so zu verstehen, dass ein Vertragsstaat dazu verpflichtet ist oder dazu aufgefordert werden kann, Konsultationen mit einem Vertragsstaat aufzunehmen, wenn ein Staat „Grund zur Annahme hat“, dass die von ihm oder seinen Staatsangehörigen geplanten Raumfahrttätigkeiten mögliche „schädliche Einflüsse“ auf die Raumfahrttätigkeiten eines anderen Vertragsstaaten haben können[620]. Da der Weltraumvertrag zum Inhalt keine weitere Bestimmung anbietet, ist davon auszugehen, dass sich diese Verpflichtung besonders weit erstreckt. Die Lehre ist sich jedoch darüber einig, dass die vom zuständigen Staat zu ergreifenden Maßnahmen lediglich

618 S. hierzu Marchisio, in: Hobe/Schmidt-Tedd/Schrogl, CoCoSL, Art. IX.
619 So auch Marchisio, in: Hobe/Schmidt-Tedd/Schrogl, CoCoSL, Art. IX, Rn. 1.
620 So Marchisio, in: Hobe/Schmidt-Tedd/Schrogl, CoCoSL, Art. IX, Rn. 21.

diejenigen sind, die sich auf die Einhaltung der sich in Art. IX Satz 1 und 2 ergebenden Prinzipien beziehen[621]. Diese Verpflichtung besteht auch für die Tätigkeiten oder Experimente von einem Staatsangehörigen eines Vertragsstaats[622], da in Art. IX Satz 3 die Rede von Unternehmen und Experimenten ist, ohne dass dabei ausschließlich diejenigen des Staates aufgeführt sind[623]. Es wird argumentiert[624], dass der Staat während des Verlaufs einer privaten Raumfahrttätigkeit nicht in der Lage wäre, eine im Sinne des Art. IX erwähnte Beeinträchtigung erkennen zu können. Somit ließen sich die entsprechenden Konsultationen nicht vornehmen, so dass nur eine „mittelbare Verpflichtung des Vertragsstaats" bestünde. Da der zuständige Staat allerdings gemäß Art. VI Satz 2 des Weltraumvertrages zur „fortgesetzen Überwachung" der von ihm erlaubten Tätigkeit verpflichtet ist, kann nicht von einer Befreiung dieser Verpflichtung ausgegangen werden.

Hier ist anzumerken, dass der Wortlaut des Art. IX nicht auf den üblichen Begriff der „nichtstaatlichen Stelle" zugreift, sondern explizit auf den des „Staatsangehörigen", so dass die Meinung vertreten wird, dass damit nur die Unternehmen und Experimente natürlicher Personen mit Nationalität eines Vertragsstaates gemeint sind[625]. Trotz des Gebrauches eines unterschiedlichen Wortschatzes im Vergleich zum Art. VI des Weltraumvertrages, der die Nutzung und die Erforschung des Weltraums zum Gegenstand hat, muss hier davon ausgegangen werden, dass der Anwendungsbereich des Art. IX Satz 3 und 4 derselbe ist wie der des Art. VI des Weltraumvertrages, und dass die „Unternehmen" (Art. IX Satz 3) der Nutzung (Art. VI) und die „Experimente" (Art. XI) der Erforschung des Weltraums entsprechen[626]. Im Übrigen handelt

621 Vgl. Gerhard, Nationale Weltraumgesetzgebung, S. 118.

622 So Marchisio, in: Hobe/Schmidt-Tedd/Schrogl, CoCoSL, Art. IX, Rn. 42.

623 Vgl. Gerhard, Nationale Weltraumgesetzgebung, S. 115; Hermida, National Space Legislation, S. 55 f. Allerdings beruht ein Teil der Meinung diesbezüglich darauf, die Norm so zu verstehen, dass die Betreiber einer Weltraumtätigkeit – das heißt die Antragssteller – die internationalen Kooperationen selbst einleiten sollen. Im zu untersuchenden Sinne wird diese Auslegung abgelehnt.

624 So Gerhard, Nationale Weltraumgesetzgebung, S. 115.

625 Vgl. Gerhard, Nationale Weltraumgesetzgebung, S. 116. S. insbesondere die Rechtfertigung des Ausschlusses der juristischen Personen aus dem Anwendungsbereich des Art. IX Satz 3 und 4.

626 Vgl. Gerhard, Nationale Weltraumgesetzgebung, S. 117, und Wins, Weltraumhaftung, S. 194 ff.

es sich bei diesen „Unternehmen“ und „Experimenten“ um Tätigkeiten, die im internationalen Weltraumrecht nicht untersagt sind[627].

Bezüglich des Zeitraums des Informationsaustausches sind laut Art. IX Satz 3 und 4 die internationalen Konsultationen über „geplante“ Unternehmen und Experimente einzuleiten, „bevor das Unternehmen oder Experiment in Angriff genommen wird“. So ist für eine nationale Norm entscheidend, dass Erkenntnis über die mögliche Beeinträchtigung bereits vor dem Beginn der Tätigkeit gewonnen wird. Eine Regelung im Rahmen des Genehmigungsverfahrens ist eine mögliche Lösung[628], auch wenn keine Verpflichtung besteht, diese mittels eines nationalen Weltraumgesetzes umzusetzen. Auch dadurch, dass die Nicht-Einhaltung der Bestimmungen des Artikels IX die internationale Haftung des Staates auslösen kann[629], ist die Übertragung dieser Verpflichtung auf die Staatsangehörigen eines Vertragsstaates durch eine nationale Norm aus hiesiger Sicht die sinnvollste Lösung.

II. Nationale Umsetzungen

Die nationalen Gesetze sollen in Folgenden hinsichtlich des Aspekts der internationalen Konsultation verglichen werden.

1. Norwegen

Bezüglich der internationalen Kooperation ist im norwegischen Gesetz keine Bestimmung zu finden.

2. Schweden

Die Verpflichtung zu internationalen Konsultationen wird in dem schwedischen Gesetz nicht ausdrücklich festgeschrieben. Allerdings ist die Erteilung einer Genehmigung unter dem Gesetz mit gewissen Einschränkungen verknüpft (*Sec.* 3). Diese sind sehr breit dargestellt. So können die Einschränkungen in einer „angemessenen Weise“ erfolgen und Bedingungen können aus „anderen Gründen“ erlassen werden. Durch die höchst möglichen

627 So Marchisio, in: Hobe/Schmidt-Tedd/Schrogl, CoCoSL, Art. IX, Rn. 44.

628 So Marchisio, in: Hobe/Schmidt-Tedd/Schrogl, CoCoSL, Art. IX, Rn. 44; vgl. Gerhard, Nationale Weltraumgesetzgebung, S. 118.

629 So Marchisio, in: Hobe/Schmidt-Tedd/Schrogl, CoCoSL, Art. IX, Rn. 48.

Informationsanforderungen wird gewährleistet, dass die Behörde über alle Informationen verfügt, um die Einleitung geeigneter internationaler Konsultationen sicherzustellen. Weniger zufriedenstellend ist die Thematik des Zeitpunkts, zu dem die Informationen der Behörde bekannt zu geben sind. So werden hierzu bei der Erteilung der Lizenz keine Anforderungen gestellt und die Kontroll- und Informationsmöglichkeiten beschränken sich auf die Zeit nach der Erteilung der Erlaubnis (wie beispielsweise im Rahmen des jährlichen Tätigkeitsberichts).

3. Vereinigtes Königreich von Großbritannien und Nordirland

In dem Vereinigten Königreich von Großbritannien und Nordirland wird nur dann eine Lizenz erteilt, wenn die geplante Tätigkeit im Einklang mit den internationalen Verpflichtungen des Staates steht (*Sec.* 4[2][b]). Durch eine solche breite Formulierung wird die zuständige Verwaltung in die Lage versetzt, die Einhaltung der Prinzipien des Weltraumvertrages und insbesondere die der Art. IX Satz 1 und 2 zu beobachten[630]. Hinzu kommt, dass die Behörde die Beachtung folgender Prinzipien als Bedingung zur Lizenzerteilung nimmt: Nutzung unter gegenseitiger Rücksichtnahme und im Interesse aller Vertragsstaaten sowie unter Vermeidung von Kontamination des Weltraums und der Verhinderung der schädlichen Beeinträchtigungen der irdischen Umwelt. Die Berufung von Beobachtern und die Einführung einer Mitteilungspflicht ermöglichen die Prüfung der Einhaltung dieser Bedingungen. Zum Informationsaustausch kann bemerkt werden, dass die Prüfung der Voraussetzungen zur Lizenzerteilung über den Zeitpunkt der Lizenzerteilung andauern kann, so dass der Staat rechtzeitig vor Tätigkeitsbeginn informiert wird[631], sollten sich kritische Änderungen ergeben, welche zu einem Widerruf der Lizenzerteilung führen könnten.

4. Belgien

Im belgischen Gesetz wird im Kapitel II, Art. 5 § 1 bezüglich der Genehmigungen ausdrücklich erwähnt, dass die beabsichtigten Tätigkeiten im Einklang mit den Bestimmungen des Weltraumvertrages und des Völkerrechts durchzuführen sind.

---

630 Vgl. Gerhard, Nationale Weltraumgesetzgebung, S. 120 ff.

631 Autoren bleiben skeptisch, was die Umsetzung dieser Prüfung angeht; vgl. Gerhard, Nationale Weltraumgesetzgebung, S. 121.

Weiter kann die Genehmigung an notwendige Bedingungen geknüpft werden (Kapitel II, Art. 5 § 2). Die Begrifflichkeit „internationale Kooperation" wird nicht benutzt.

5. Niederlande

Es ist im niederländischen Gesetz kein Hinweis auf die internationale Kooperation enthalten. Allerdings bleibt festzuhalten, dass „Regulierungen und Einschränkungen" mit der Genehmigung vorgenommen werden können (Kapitel 2, § 1. *Sec.* 3). Dies ist insbesondere der Fall, wenn diese notwendig sind, um die Sicherheit der Personen oder der Rechtsgüter sicherzustellen oder die Umwelt des Weltraums zu schützen. Die Erlaubnis kann ferner mit Bedingungen verknüpft werden, wenn die finanzielle Sicherheit, der Schutz der öffentlichen Ordnung oder des Staates dies verlangen. Schließlich können solche Maßnahmen auch erlassen werden, um die Einhaltung der internationalen Verpflichtungen des Staates zu gewährleisten. Die Einhaltung dieser Verpflichtungen durch den niederländischen Staat kann ebenso der Grund für die Ablehnung des Genehmigungsantrags sein (Kapitel 2, § 2, *Sec.* 6) oder gar den Rückruf einer Genehmigung erwirken (Kapitel 2, § 2, *Sec.* 7). Eine Informationspflicht des Betreibers gegenüber dem Staat besteht, wenn ein Unfall geschieht oder geschehen ist. In diesem Fall soll laut Kapitel 2, § 3, *Sec.* 10 der Genehmigungsinhaber nicht nur die notwendigen Maßnahmen treffen, um die Konsequenzen des Umfalls in Grenzen zu halten, sondern auch das Ministerium diesbezüglich unterrichten. Was seitens des Staates im Folgenden unternommen wird, wird im Gesetz nicht weiter spezifiziert.

6. Frankreich

Art. 7 des *Décret d'application* des französischen Gesetzes sieht eine Informationspflicht vor. So muss die Raumfahrtagentur CNES über unerwartete Ereignisse im Verlauf der genehmigten Tätigkeit vom Betreiber informiert werden. Ob diese Informationen der internationalen Konsultation dienen sollen, bleibt unbestimmt.

7. Österreich

Der Schwerpunkt der internationalen Kooperation wird im österreichischen Weltraumgesetz nicht thematisiert.

III. Fazit

Mangels deutlicher Erwähnung des Bedarfs an internationalen Konsultationen in den nationalen Weltraumgesetzen bleibt unklar, ob die von den jeweiligen Behörden verlangten Informationen der vom Weltraumvertrag vorgesehenen Informationsweitergabe dienen sollen. Dies wirft Fragen bezüglich der Einhaltung der Bestimmungen des Weltraumvertrages auf und sorgt für weiteren Klärungsbedarf.

H. Haftung

Weltraumaktivitäten sind grundsätzlich, sowohl für die Teilnehmer an der Operation, die im Rahmen ihrer Arbeit auf der Erdoberfläche oder im Weltraum geschädigt werden können, als auch für Dritte mit Risiken verbunden. Mögliche, aus einer Raumfahrtaktivität entstehende Schäden können dabei an Personen oder an Rechtsgütern verursacht werden. Dass der Schadensverursacher den Schaden beheben muss, ist unbestritten. Dies beruht auf allgemeinen Rechtsprinzipien (national sowie international) und wurde ausdrücklich vom internationalen Weltraumrecht aufgenommen[632]. So entsprechen sowohl die Bestimmungen des Weltraumvertrages bezüglich der Haftung als auch das Weltraumhaftungsübereinkommen diesem Grundsatz, indem sie für ein ausführliches Haftungssystem sorgen (Art. VII des Weltraumvertrages in Verbindung mit dem Weltraumhaftungsübereinkommen)[633]. Die Weltraumverträge beinhalten jedoch keine Verpflichtung für die Vertragsstaaten, ein nationales Haftungssystem für Tätigkeiten nichtstaatlicher Stellen in ihrer eigenen Rechtsordnung zu etablieren. Aufgrund der internationalen Ausgestaltung der Haftung des Staates in diesen Verträgen[634] könnte es dennoch als sinnvoll erscheinen, Haftungsfragen in einem nationalen Weltraumgesetz aufzugreifen. Hierzu ist ein Überblick über die Haftung des Staates nach dem weltraumspezifischen Völkerrecht notwendig.

---

632 So Bourély, Annales de Droit Aérien et Spatial, S. 251 (252).

633 Kerrest, National Space Legislation – Crafting Legal Engines for the Growth of Space Activities, S. 4, vorgestellt am 22. März 2011 beim IISL/ECSL Symposium, abrufbar unter http://www.oosa.unvienna.org/pdf/pres/lsc2010/symp01.pdf, zuletzt abgerufen am 2. Oktober 2012.

634 Zur Haftung für durch Raumfahrtaktivitäten verursachte Schäden, s. Kerrest, in: Benkö/Schrogl, Essential, Air and Space Law, S. 91 ff.

I. Völkerrechtlicher Ansatz[635]

Das zentrale Haftungsregime im internationalen Weltraumrecht ist Kern des Art. VII des Weltraumvertrages und des gesamten Weltraumhaftungsübereinkommens. Demnach haftet der Startstaat eines Weltraumgegenstandes gegenüber jedem anderen Vertragsstaat für Schäden, die diesem oder seinen natürlichen oder juristischen Personen verursacht werden[636]. Diese Bestimmung wird im Weltraumhaftungsübereinkommen weiter ausgearbeitet. Dabei wird eine Unterscheidung eingeführt, je nachdem, ob der Schaden auf der Erde oder an einem Luftfahrzeug im Flug auftritt, oder ob der Schaden hingegen an einem anderen Weltraumgegenstand andernorts als auf der Erde auftritt. Im ersten Fall handelt es sich um eine unbeschränkte Gefährdungshaftung, während im zweiten Fall die Verschuldung des Startstaates erforderlich ist, um die Rechtsfolge der Haftung auszulösen (Art. II ff. des Weltraumhaftungsübereinkommens). Demnach ist der Begriff des Startstaates an dieser Stelle von zentraler Bedeutung[637], denn er führt dazu, dass der Staat im Falle eines Schadensereignisses auch dann haftet, wenn eine nichtstaatliche Stelle von seinem Staatsgebiet aus einen Gegenstand in den Weltraum startet oder wenn der Staat den Start durchführen lässt. Hier wird deutlich, dass die Haftung des Startstaates ausgelöst werden kann, ohne dass er unmittelbar an der verursachenden Aktivität beteiligt ist und den Schaden verursacht hat, so dass es an dieser Stelle von Relevanz ist, die Beziehung des Staates mit dem tatsächlich Verursachenden zu organisieren. Dies kann mittels eines nationalen Weltraumgesetzes geschehen.

Ein weiterer Haftungsgrund lässt sich auch von Art. VI des Weltraumvertrages ableiten[638]. Ein Vertragsstaat kann auch dann der Haftung unterworfen sein, wenn eine nichtstaatliche Stelle, für welche der Staat verantwortlich ist, eine Tätigkeit im Weltraum ausführt und hierdurch ein Schaden entsteht. Eine solche Haftung ginge dann soweit, dass „diese Haftung selbst dann besteht, wenn die nichtstaatliche Stelle ohne Wissen des fraglichen Staates aktiv werden würde, so dass keine Erlaubnis erteilt und keine Aufsicht nach Art. VI Satz 2 des Weltraumvertrages

---

635 Ausführlich zur Haftung in den Weltraumverträgen, vgl. Wins, Weltraumhaftung; Kries/Schmidt-Tedd/Schrogl, Raumfahrtrecht, S. 49.

636 Gerhard, Nationale Weltraumgesetzgebung, S. 146.

637 Zur Auslegung dieses Begriffs, s. Dritter Teil, F. I. 1. a. der vorliegenden Arbeit.

638 Ausführlich hierzu: S. Cheng, in: Studies in International Space Law, S. 603. Zum Vergleich s. auch Kerrest, IISL Proceedings 1997, S. 134 (135); die Meinung vertritt auch Zukov, s. Zukov, Weltraumrecht, S. 69; Hurwitz, State Liability, S. 10; Böckstiegel, in: Böckstiegel, Handbuch des Weltraumrechts, S. 1 (12).

durchgeführt werden konnte"[639]. Es bleibt festzuhalten, dass unabhängig von der Rechtsgrundlage der Haftung „das gesamte völkerrechtliche Haftungssystem von der Prämisse geprägt ist, dass nahezu jeder auftretende Schaden immense Kosten nach sich zieht"[640].

Dieser knappe Überblick lässt erkennen, dass eine entsprechende Handlung im nationalen Weltraumgesetz angebracht ist. Es ist anzumerken, dass der Staat in Fällen in die Haftung genommen werden kann, in denen er nicht unbedingt oder zumindest nicht unmittelbar auf die Tätigkeit Einfluss nehmen kann[641]. Es erscheint also notwendig, dass das nationale Weltraumgesetz einen angemessenen Ausgleich zwischen den Interessen des Staates und denen der letztlich tätigen nichtstaatlichen Stelle vorsieht. Darüber hinaus lässt sich feststellen, dass das Haftungsregime der Weltraumverträge einen weltraumspezifischen Anspruch für Schadensersatz gründet, der von dem des privatrechtlichen Regimes unterschiedlich ist. Durch die internationalen Weltraumverträge wird ein staatlicher Anspruch gegen den schadenverursachenden Staat eröffnet. Dennoch ist es nicht auszuschließen, dass ein privater Geschädigter bei einer zivilrechtlichen Gerichtsbarkeit Schadenersatz ohne jeglichen Bezug auf das internationale oder gar nationale Weltraumrecht reklamiert. In beiden Fällen können einzelfallabhängig hohe Regressanforderungen entstehen, die mitunter sogar die Weiterführung des betroffenen Unternehmens gefährden. Es ist daher vorstellbar und sinnvoll, dass ein nationales Weltraumgesetz die Haftungsverhältnisse zwischen Staat und Betreiber organisiert. Diesbezüglich können Maßnahmen getroffen werden, um die Interessen des Staates zu schützen und einen Anspruch gegenüber dem privaten Betreiber begründen[642].

Der Staat, welcher aufgrund eines durch einen Weltraumgegenstand verursachten Schadens einem anderen Staat Schadensersatz geleistet hat, kann ohne Rechtsgrundlage keinen Anspruch gegen eine nichtstaatliche Stelle begründen. Er hat keine rechtliche Möglichkeit, die geleistete Summe wieder zu erhalten. Es stellt sich somit die Frage, ob in der betroffenen Rechtsordnung eine Regressvorschrift besteht, mittels derer ein solcher Rückgriff gewährleistet wird[643]. Ist dies nicht der

---

639 So Gerhard, Nationale Weltraumgesetzgebung, S. 146.

640 So Gerhard, Nationale Weltraumgesetzgebung, S. 146.

641 Gerhard/Schrogl, in: Böckstiegel, Project 2001, S. 534.

642 Kerrest, in: Le droit de l'espace et la privatisation des activités spatiales, S. 3 (13).

643 Wie z. B. das Bereicherungsrecht oder die Geschäftsführung ohne Auftrag, vgl. Gerhard, Nationale Weltraumgesetzgebung, S. 147; vgl. Kerrest, The Liability Convention, Domestic Legislation and the Control of Space Activities, Remarks on Some Problems and Solutions, in: IISL Proceedings 2010, unveröffentlicht.

Fall, so kann ein nationales Weltraumgesetz angebracht sein, um eine Regressvorschrift zu schaffen, die es dem Staat ermöglicht, auf eine nichtstaatliche Stelle zurückzugreifen[644].

II. Nationale Umsetzungen

Es ist nennenswert, dass das Weltraumhaftungsübereinkommen keine Anwendung auf Schäden findet, die dem Angehörigen eines Startstaates zugefügt werden (Art. VII). Nach Art. XI (2) des Weltraumhaftungsübereinkommens werden die nicht-raumfahrtspezifischen Rechtswege vor den Gerichten und Verwaltungsbehörden des Startstaates dennoch nicht ausgeschlossen, so dass im Fall eines Schadenersatzanspruches sowohl das weltraumspezifische Haftungsregime (falls ein solches existiert) als auch der normale Gerichtsweg offen stehen. Somit können die Staatsangehörigen des Staates des Schädigenden ausländischen Geschädigten gleichgestellt werden[645]. Im Folgenden sollen die jeweiligen nationalen Ansätze bezüglich der Haftung dargestellt werden.

1. Norwegen

Das norwegische Gesetz enthält keine Bestimmung bezüglich der Haftung.

2. Schweden

Durch das schwedische Weltraumgesetz wird eine Rückgriffsmöglichkeit des Staates gegenüber dem im Weltraum Tätigen für den Fall eröffnet, dass Schweden anlässlich eines Schadens, der aus dessen Weltraumtätigkeit entsteht, nach internationalen Vereinbarungen haftet[646]. Das schwedische Recht behandelt lediglich den weltraumspezifischen Regressanspruch des Staates[647]. In *Sec.* 6 des *Act on Space Activities* ist bestimmt, dass im Fall der Haftung des schwedischen Staates nach internationalen Vereinbarungen für Schäden

644 Böckstiegel, in: Böckstiegel, Handbuch des Weltraumrechts, S. 277 (296); Hurwitz, in: IISL Proceedings 1990, S. 37 (39); Wins, Weltraumhaftung, S. 340, Fn. 51; Gerhard, Nationale Weltraumgesetzgebung, S. 147.

645 Gerhard, Nationale Weltraumgesetzgebung, S. 149.

646 Reifarth, in: Böckstiegel, Handbuch des Weltraumrechts, S. 879 (880).

647 Im Übrigen gelten die allgemeinen Bestimmungen des Tort Liability Act, so Gerhard, Nationale Weltraumgesetzgebung, S. 151.

aus Weltraumaktivitäten, die von nichtstaatlichen Stellen verursacht werden, die verursachende Stelle dem Staat die geleistete Summe ersetzen muss. Hier findet sich also ein umfassender Rückgriffsanspruch. Lediglich zwei Voraussetzungen müssen erfüllt werden, damit der Anspruch entsteht: Zum einen ein Haftungsfall und zum anderen die Zahlung des Staates für den entstandenen Schaden. Klärungsbedarf entsteht durch die Erwähnung von *„special reasons"*, bei deren Vorlage die Schadenssumme dem Staat nicht in voller Höhe zu erstatten ist. Diese speziellen Gründe werden nicht näher bestimmt, was dazu führt, dass die diesbezüglichen Entscheidungen fallweise getroffen werden und möglicherweise zu einer Einschränkung der Aktivitäten privater Unternehmen führt[648].

3. Vereinigtes Königreich von Großbritannien und Nordirland

Es wird nach dem britischen und nordirischen Gesetz eine Rückgriffshaftung des Königreiches eröffnet, wenn Ansprüche in Folge der Tätigkeiten eines Einzelnen entstehen. Das Gesetz zielt darauf ab, die gesamte Haftung vom Genehmigungsinhaber tragen zu lassen und den Staat in Gänze aus der Haftung zu nehmen[649]. Nach *Sec.* 10 des *Outer Space Act* müssen Personen im Anwendungsbereich des Gesetzes das Königreich für jeden Anspruch entschädigen, der gegen den Staat aus einem Schaden oder einem Verlust durch eine in den Anwendungsbereich des Gesetzes fallende Aktivität entstanden ist. Die Anspruchsvoraussetzungen sind mit denen des schwedischen Gesetzes vergleichbar: Auch hier muss der Staat eine Zahlung geleistet haben; die staatliche Zahlungsverpflichtung hierzu braucht jedoch nicht notwendigerweise auf einer internationalen Verpflichtung zu beruhen, sie muss lediglich in Zusammenhang mit einer Weltraumaktivität im Sinne von *Sec.* 1 *des Outer Space Act* entstanden sein. Die Erfüllung des Regressanspruchs wird dadurch zumindest teilweise abgesichert, dass der Lizenznehmer eine Versicherung in Höhe einer bestimmten Summe (bis £ 100 Millionen) abschließen muss. So gesehen bleiben mögliche Schadensersatzansprüche aus nichtstaatlichen Raumfahrtaktivitäten ohne Konsequenz für den britischen und nordirischen Steuerzahler.

---

648 Hermida, National Space Legislation, S. 144; vgl. Sánchez Aranzamendi, ESPI Report 21, S. 16.

649 Hermida, National Space Legislation, S. 126.

4. Belgien

Mit denen der Haftung gewidmeten Artikeln des Kapitels VI des belgischen Gesetzes nimmt der belgische Staat Bezug auf Art. VII des Weltraumvertrages. Das Gesetz eröffnet einen Entschädigungsanspruch des belgischen Staates gegen den Betreiber, wenn dieser international zur Haftung herangezogen worden ist. Der Beitrag des Anspruchs wird gesetzlich geregelt und kann durch den belgischen König begrenzt werden. Dies soll dafür sorgen, dass der Betreiber nicht unbegrenzt Entschädigung leisten muss, denn schließlich sollte der Betreiber in die Lage versetzt werden, das Risiko zu vernünftigen Bedingungen zu versichern. Die Beschränkung findet jedoch keine Anwendung, wenn der Betreiber die Bedingungen der Genehmigung nicht einhält, die Betriebsschwierigkeit des Weltraumgegenstandes nicht mitgeteilt hat oder gar die Aktivitäten ohne Erlaubnis betreibt[650]. Weiterhin unterscheidet das Gesetz nicht zwischen Schäden verursacht an Fremden oder an Belgiern verursachten Schäden. Auch belgische Staatsangehörige können durch das Gesetz die Bestimmungen des Weltraumhaftungsübereinkommens in Anspruch nehmen. Dahinter steckt der Gedanke, die Geschädigten nicht aufgrund ihrer Nationalität zu diskriminieren[651].

Bei der Einführung eines spezifischen Haftungsregimes für Raumfahrtaktivitäten vertritt der belgische Gesetzgeber eine entgegen der herrschenden Meinung geltenden Auslegung des Art. VI des Weltraumvertrages. Demnach entsteht gemäß der belgischen Auslegung kein Anspruch gegen einen Staat, der in seiner nationalen Rechtsordnung ein angemessenes Genehmigungs- und Überwachungsverfahren eingeführt hat. Zu diesem Thema hat Belgien im Rahmen des UN-COPUOS eine offizielle Stellungnahme abgegeben, welche im Gesetz ausgearbeitet wird[652]. Es wird die Meinung vertreten, dass die Einführung eines Regressanspruchs des belgischen Staates gegenüber dem Betreiber keine Anerkennung der Haftung des Staates nach dem Weltraumvertrag und dem Weltraumhaftungsübereinkommen darstellt. Die Haftung des belgischen Staates erstreckt sich somit nicht auf Raumfahrtaktivitäten privater Personen unter der Gerichtsbarkeit des Staates[653]. Demzufolge lehnt Belgien die Haftung des Staates für solche Aktivitäten ab. Es sei gegebenenfalls die Aufgabe eines internationalen Richters, die Ausweitung des

650 Mayence, in: IISL Proceedings 2004, S. 134 (138).
651 Chambre des représentants de Belgique, DOC 51 1607/001, S. 16.
652 Chambre des représentants de Belgique, DOC 51 1607/001, S. 11.
653 Chambre des représentants de Belgique, DOC 51 1607/001, S. 11.

Anwendungsbereiches des Art. VII juristisch zu begründen[654]. Folglich muss im Fall eines Schadensersatzanspruches gemäß Art.15 § 1 des belgischen Gesetzes zunächst grundsätzlich untersucht werden, ob Belgien gemäß Art. VII des Weltraumvertrages die Haftung trägt, bevor ein Regressanspruch des Staates gegenüber dem Betreiber geprüft wird[655]. Dies spricht gegen den breiten und ausführlichen Schutz der Geschädigten einer Weltraumaktivität, die das internationale Weltraumrecht vorsieht. Durch diese Auslegung des Gesetzes entsteht die Möglichkeit beziehungsweise aus völkerrechtlicher Sicht das Risiko, dass bei einem privaten Start kein Startstaat identifiziert werden kann[656].

5. Niederlande

Im Fall der Staatshaftung sieht das niederländische Gesetz eine Rückgriffsklage des Staates gegen den Schadensverursacher vor. Die Rückgriffsklage gegen den Schadenverursachenden kann unabhängig davon erhoben werden, ob dieser eine Lizenz besitzt oder ob die Weltraumaktivität ohne die notwendige Lizenz unternommen wurde. Dabei wird im Gesetz festgelegt, dass die Höhe der Haftung eines Lizenzträgers der Höhe der von ihm zu diesem Zweck abgeschlossenen Versicherung entspricht. Dies basiert auf dem Gedanken, dass ein unbeschränktes Risiko nicht zu versichern wäre, und dass eine Rückgriffsklage in Höhe des gesamten Betrags des Schadensersatzes möglicherweise zum Konkurs des Betroffenen führen könnte – in diesem Sinne entspricht dies der industriefördernden Absicht der niederländische Regierung.

6. Frankreich

Die Frage der Haftung wird im französischen Gesetz besonders ausführlich detailliert. Sie unterteilt sich in die Haftung gegenüber Dritten und die Haftung gegenüber den an Weltraumoperationen teilnehmenden Personen (Titel IV). Der französische Gesetzgeber greift in diesem Zusammenhang auf eine

654 Chambre des représentants de Belgique, DOC 51 1607/001, S. 11.

655 Chambre des représentants de Belgique, DOC 51 1607/001, S. 11.

656 Belgien verfolgt eine „funktionelle" Auslegung der Art. VI, VII und VIII des Weltraumvertrages. S. Mayence, Jean-François, Etude Juridique, Position de la Belgique à l'égard des Articles VI, VII et VIII du Traité de l'Espace, nicht veröffentlicht; s. hierzu Vierter Teil, B. II. 6. b. bb. der vorliegenden Arbeit; s. auch Kerrest, in: Le droit de l'espace et la privatisation des activités spatiales, S. 3 (10).

eher ungewöhnliche Praxis in der französischen Gesetzgebung zurück und führt Begriffsbestimmungen ein. So werden die Begriffe „Dritten einer Weltraumoperation“ (Art. 1-6°)[657], „Schaden“ (Art. I-1°)[658], „Start“ (Art. 1-4°)[659] und „in Orbit-Phase“[660] haftungsspezifisch definiert und dienen der Identifizierung der Personen und der Fälle, bei denen das Haftungssystem eingreift. Um die Haftung des Betreibers zu bestimmen (a) unterscheidet das französische Gesetz – wie der Weltraumvertrag – zwischen Schaden auf der Erdoberfläche oder im Luftraum und Schaden im Weltraum und berücksichtigt zudem die verschiedenen Phasen der Weltraumoperation (b). Die Einführung dieser Unterscheidung ist für die finanzielle Abwicklung der Haftung des privaten Betreibers von entscheidender Bedeutung.

a. Haftung gegenüber Dritten

Bei der Haftung gegenüber Dritten muss auf die Bestimmung der Haftung (aa) und die Einführung der Rückgriffsklage und der staatlichen Garantie (bb) eingegangen werden.

---

657 Es handelt sich um jede natürliche oder juristische Person, die nicht an der Weltraumoperation (…) oder an der Herstellung des Weltraumgegenstandes aus dem diese Operation besteht, teilnimmt. Nicht als Dritte angesehen werden der Weltraumbetreiber, seine Vertragspartner, seine Subunternehmer und seine Kunden, sowie die Vertragspartner und die Subunternehmer seiner Kunden (eigene Übersetzung).

658 Es handelt sich dabei um jede unmittelbar durch einen Weltraumgegenstand im Rahmen einer Weltraumoperation entstehende Schädigung von Personen oder Sachen und insbesondere der öffentlichen Gesundheit oder der Umwelt. Davon ausgeschlossen werden die Konsequenzen der Nutzung des von diesem Gegenstand gesendeten Signals für die Nutzer (eigene Übersetzung).

659 Es handelt sich um den Zeitraum, der im Rahmen einer Weltraumoperation mit dem Zeitpunkt der Unumkehrbarkeit der Startoperationen beginnt und der, vorbehaltlich abweichender Regelungen im vorliegenden Gesetz und der aufgrund dieses Gesetzes erteilten Erlaubnis, mit der Trennung des von dem in den Weltraum zu verbringenden Gegenstand endet (eigene Übersetzung).

660 Es handelt sich um den Zeitraum, der mit der Trennung des Trägers von dem in den Weltraum zu verbringenden Gegenstand beginnt und der mit dem Eintritt eines der folgenden Ereignisse endet: dem Abschluss der letzten Wiedereintritts- und Außerbetriebstellungsmaßnahmen; dem Verlust der Kontrolle des Betreibers über den Weltraumgegenstand; die Rückkehr zur Erde oder die komplette Auflösung des Weltraumgegenstandes in der Atmosphäre (eigene Übersetzung).

aa. Bestimmung der Haftung

Von zentraler Bedeutung ist die Bestimmung der Verschuldung des Betreibers. Sollte ein Schaden auf der Erdoberfläche oder im Luftraum verursacht werden, so haftet der Betreiber von Rechts wegen (Art. 13-1°). Damit ist in diesen Haftungsfällen keine Verschuldung zu beweisen. Der Anspruch auf Schadensersatz gründet allein auf dem Eintritt des Schadens; es handelt sich um eine Gefährdungshaftung. Sollte ein Schaden andernorts als auf der Erdoberfläche oder im Luftraum verursacht werden, so haftet der Betreiber nur, wenn der Schaden von ihm verschuldet wurde (Art. 13-2°). Diese Haftung kann nur durch Beweis des Verschuldens des Opfers gemildert oder aufgeschoben werden, also bei Vorsatz. Fahrlässigkeit wird nicht berücksichtigt. Allerdings sieht das Gesetz weiter vor, dass außer in den Fällen von Vorsatz die in den Absätzen 1° und 2° vorgesehene Haftung erlischt, wenn alle in der Erlaubnis oder Lizenz bestimmten Verpflichtungen erfüllt worden sind oder spätestens ein Jahr nachdem diese Verpflichtungen hätten erfüllt werden müssen. Der Staat tritt nach Ablauf dieser Frist an die Stelle des Betreibers für die entstehenden Schäden.

bb. Rückgriffsklage und staatliche Garantie

Das private haftungsrechtliche Regime wird im französischen Weltraumrecht dadurch gekennzeichnet, dass der Gesetzgeber eine Rückgriffsklage des Staates sowie eine staatliche Garantie zugunsten des Betreibers einführt. Die Rückgriffsklage des Staates entspricht dem Anspruch des Staates gegenüber dem schadensverursachenden Betreiber, wenn der Staat international aufgrund des Weltraumhaftungsübereinkommens zur Haftung herangezogen worden ist und bereits Schadensersatz geleistet hat. Mit der Rückgriffsklage wird der Staat in die Lage versetzt, die geleistete Summe vom Betreiber zurückzufordern. Die staatliche Garantie entspricht dem Anspruch des Betreibers gegenüber dem Staat, wenn er von einer nationalen Gerichtbarkeit zu Schadensersatz verurteilt worden ist. Dabei ist irrelevant, ob es sich um eine französische Gerichtsbarkeit handelt. Grenzen werden mit Bezug auf das französische Haushaltgesetz sowohl für die Rückgriffsklage als auch für die staatliche Garantie definiert: Zum einen eine Obergrenze für die Rückgriffsklage des Staates gegenüber dem Betreiber und zum anderen ein Festbetrag über die Erteilung der staatlichen Garantie. Sowohl die Rückgriffsklage als auch die staatliche Garantie sind in ihrer Ausübung an Bedingungen geknüpft. Zunächst muss der Schaden durch einen im Rahmen einer erlaubten Aktivität genutzten Weltraumgegenstand verursacht und die Aktivität entweder vom Gebiet des europäischen Wirtschaftsraums gestartet oder aus Mitteln oder über Einrichtungen unter Gerichtsbarkeit eines Mitgliedstaates des europäischen Wirtschaftsraums ermöglicht worden sein. Desweiteren sieht Art. 14-1° des Gesetzes vor, dass die Höhe der Rückgriffsklage in der Genehmigung festgelegt wird und davon abhängig ist, ob der Schaden während des Starts oder während der Phase der Sachherrschaft im Orbit stattgefunden hat. Die staatliche Garantie steht dem Betreiber in bestimmten Fällen zu und ist davon abhängig, ob der Schaden während der Start- oder der Orbit Phase entstanden ist. Ein wesentlicher Gedanke, der zu dieser Unterscheidung geführt hat, ist, dass der Staat nicht für ein Verschulden des Betreibers aufzukommen hat. Es ist dennoch vorstellbar, dass die Verurteilung des Betreibers zu Schadensersatz verschuldungsunabhängig erfolgt (etwa zum Beispiel weil die rechtliche Grundlage, die zum Urteil führt, eine Gefährdungshaftung für Raumfahrtaktivitäten vorsieht). Dieser Aspekt zeigt eine Lücke des französischen Weltraumgesetzes auf, denn es bleibt nicht ausgeschlossen, dass der Betreiber in einer fremden Gerichtsbarkeit verurteilt werden kann.

cc. Zulässigkeit der staatlichen Garantie gemäß EGV

Die Vereinbarkeit der staatlichen Garantie mit den Bestimmungen des EGV zu staatlichen Beihilfen wurde im Laufe des Gesetzgebungsverfahrens geprüft. Gemäß Art. 87 (1) EGV „sind staatliche oder aus staatlichen Mitteln gewährte Beihilfen gleich welcher Art, die durch die Begünstigung bestimmter Unternehmen oder Produktionszweige den Wettbewerb verfälschen oder zu verfälschen drohen, mit dem Gemeinsamen Markt unvereinbar, soweit sie den Handel zwischen Mitgliedstaaten beeinträchtigen“[661]. Die staatliche Garantie hätte insoweit als mit dem Gemeinsamen Markt unvereinbar angesehen werden können, als sie eine Form der Beihilfe darstellt[662]: Die Garantie richtet sich allein an nationale Unternehmen, ist dementsprechend selektiv und beruht auf der unmittelbaren Übertragung staatlicher Ressourcen auf einen besonderen Betreiber. Schließlich kann sie einen Einfluss auf den Wettbewerb haben. Im Vorfeld zum Erlass des französischen Weltraumgesetzes[663] hatte sich der französische Staat an die Europäische Kommission gewandt, um zu prüfen, ob gemäß Art. 88 (3) EGV die staatliche Garantie mit den gemeinschaftlichen Bestimmungen bezüglich der staatlichen Beihilfen vereinbar ist. Das Ergebnis der Prüfung durch die Europäische Kommission lautet, dass diese Form der

661 Art. 87 (1) EGV.

662 C(2007)5093 final, S. 5, JOCE C/282/2007.

663 Schreiben vom 17. April 2007, COMP(2007)A/33222.

staatlichen Garantie mit Art. 87 (3)c) EGV vereinbar ist[664]. Hierfür wurde zunächst geprüft, ob eine Beihilfe tatsächlich besteht[665]. Sodann wurde festgestellt, dass die französische Behörde die Europäische Kommission gemäß Art. 88 (3) EGV von der beabsichtigten Einführung der Beihilfe unterrichtet hatte, so dass die Europäische Kommission in die Lage versetzt wurde, sich dazu zu äußern. Schließlich wurde die Vereinbarkeit der Beihilfe gemäß Art. 87 (3) geprüft und dabei festgestellt, dass die Beihilfe gemeinnützige Zwecke verfolgt[666], dass die Mittel angebracht[667] und notwendig für die Erreichung der gemeinschaftlichen Zwecke[668] sowie angesichts dieser Zwecke verhältnismäßig sind[669]. Schließlich fand die Europäische Kommission, dass die Handelsbedingungen durch die Beihilfe nur beschränkt beeinflusst werden[670]. Argumente für diese Entscheidung gründen auf dem für Europa wichtigen Wirtschaftssektor Raumfahrt: der unabhängige Zugang Europas zum Weltraum, die Notwendigkeit weltraumbasierter Systeme zur Daseinsvorsorge, für globale Kommunikation, zum Umweltschutz und viele weitere[671]. Somit stellt die staatliche Garantie durch den französischen Staat keine Maßnahme dar, die als unvereinbar mit dem Gemeinsamen Markt angesehen wird und darf in die französische Rechtsordnung eingeführt werden. Die Europäische Kommission geht davon aus[672], dass die staatliche Garantie allen Weltraumbetreibern ohne Diskriminierung zusteht, solange die Betreiber über eine Erlaubnis für eine Weltraumoperation verfügen und diese vom Hoheitsgebiet, aus Mitteln oder über Einrichtungen unter Gerichtsbarkeit eines Mitgliedstaates des Europäischen Wirtschaftsraum[673] durchgeführt wird[674]. Die Europäische Kommission führt ferner europäische Betreiber auf, die hiermit gemeint sind, wie etwa einen luxemburgischen, einen britischen, einen spanischen und einen italienischen Betreiber. Es bleibt allerdings anzumerken, dass gemäß Art. 2.2° des französischen Weltraumgesetzes allein

664 Die Prüfung erfolgte ebenfalls auf Basis des Art. 61 (3) des Abkommens über den Europäischen Wirtschaftsraum, EWR vom 2. Mai 1992, BGBl. 1993 II, S. 266.

665 C(2007)5093 final, S. 5.

666 C(2007)5093 final, S. 7.

667 C(2007)5093 final, S. 7.

668 C(2007)5093 final, S. 7.

669 C(2007)5093 final, S. 9.

670 C(2007)5093 final, S. 11.

671 Vgl. Ersfeld, in: ZLW 2010, S. 241 (246).

672 C(2007)5093 final, S. 10.

673 Hier wird auf Art. 2 des französischen Weltraumgesetzes verwiesen.

674 Der europäische Wirtschaftsraum umfasst die Mitgliedstaaten der Europäischen Union, ferner Island, Liechtenstein und Norwegen.

französische Betreiber eine Erlaubnis beantragen und erhalten können[675]. Somit steht die staatliche Garantie nur französischen Betreibern zu. Frankreich schafft sich hiermit einen industriepolitischen Wettbewerbsvorteil, indem es Unternehmen, die im Fall eines Schadensersatzanspruches von der staatlichen Garantie (und somit reduzierten Deckungssummen bei den notwendigen Versicherungen) profitieren könnten, auferlegt, die französische Nationalität auszuweisen.

b. Haftung der an der Operation teilnehmenden Personen

An dieser Stelle wird auf die Ausführung bezüglich der Haftungsverzichtsklauseln verwiesen[676].

7. Österreich

Eine Rückgriffsklage des österreichischen Staates gegenüber dem Betreiber ist in das österreichische Weltraumgesetz für den Fall eingeführt, dass die Bundesrepublik Schadenersatzzahlungen geleistet hat. Für Schäden an der Erdoberfläche und/oder Luftfahrzeugen im Flug hat der Staat Anspruch auf Rückersatz in Höhe des versicherten Risikos, jedoch bis zu der in § 4 Abs. 4 festgestellten Mindestversicherungssumme. Diese Summe stellt eine Haftungsbegrenzung dar. Hat der Versicherungsnehmer eine höhere Deckungssumme vorgesehen, so ist diese Höhe maßgeblich. Die Haftung des Betreibers erstreckt sich bis zu den Personen, die „mit dem Willen des Betreibers an der Weltraumaktivität mitwirken“[677]. Ist Verschulden vorzuwerfen, so bleibt die Haftung des Betreibers unbegrenzt und seine Rückersatzpflicht unbeschränkt. Das gleiche Prinzip gilt, wenn der Betreiber die in § 3 und § 4 enthaltenen Pflichten zur Erlaubnis und Erfüllung der Genehmigungsbedingungen nicht eingehalten hat.

III. Fazit

Hinsichtlich der Frage der Haftung ergeben sich nach Betrachtung der relevanten Weltraumgesetze einige Unterschiede. Als Erstes wurde übergreifend untersucht,

675 Gemäß Art. 1.1° des französischen Weltraumgesetzes kann „jeder Betreiber, gleich welcher Staatsangehörigkeit, der dem Start eines Weltraumgegenstandes beabsichtigt (…)“, eine Erlaubnis bekommen. Dies bezieht sich auf den Start und nicht den Betrieb eines Weltraumgegenstandes.

676 S. Dritter Teil, K. I. der vorliegenden Arbeit.

677 1466 der Beilagen XXIV. GP – Regierungsvorlage – Materialien, S. 12.

ob ein privatrechtliches System eingeführt wird, das sowohl nationalen als auch internationalen Betreibern offen steht. Weitere Fragen betreffen die Entschädigung sowie die in den Weltraumverträgen vorgesehene unbeschränkte Haftung, die auf die privaten Betreiber entsprechend zu übertragen wäre. Gerade der letztgenannte Aspekt ist stark von industriepolitischen Überlegungen abhängig. Im Vereinigten Königreich von Großbritannien und Nordirland trägt der Genehmigungsinhaber sämtliche Lasten der Haftung, denn das Vereinigte Königreich beabsichtigt, den nationalen Haushalt trotz internationaler Bestimmungen bezüglich der Haftung für Weltraumaktivitäten schadlos zu halten. Hingegen versucht Frankreich die führende Position seiner nationalen Raumfahrtindustrie zu festigen, indem der Staat den Großteil einer etwaigen, durch nichtstaatliche Weltraumaktivitäten verursachten Haftung, durch die Einführung einer begrenzten Rückgriffsklage sowie einer staatlichen Garantie zu Gunsten des Betreibers übernimmt. Schweden hat sich dafür entschieden, den Betreiber selbst den Schaden tragen zu lassen, sofern keine „besonderen Gründe" dagegen sprechen.

Die unterschiedliche Handhabung der Haftungsfrage in den europäischen Weltraumgesetzen kann dazu führen, dass diejenigen Rechtsordnungen, die eine Entlastung der Unternehmen bezüglich des Haftungsrisikos vorsehen, als besonders geschäftsfördernd erscheinen. Ist diese Entlastung mit Bedingungen verbunden – wie etwa dem speziellen geographischen Sitz des Unternehmens –, so ist es nicht ausgeschlossen, dass Unternehmen sich entsprechend anpassen. Auf diese Problematik wird speziell im Rahmen der „Kritischen Betrachtungen" im Vierten Teil der vorliegenden Arbeit eingegangen.

I. Raumfahrtspezifischer Umweltschutz

Der Gedanken, dass durch menschliche Raumfahrtaktivitäten die Umwelt kontaminiert werden kann, hat die Entwicklung des internationalen Weltraumrechts geprägt[678] und führte zur Gründung zahlreicher wissenschaftlicher Gremien[679]. Dabei geht es nicht nur um die Kontaminierung der Weltraumumwelt durch menschliche Aktivitäten, sondern auch in umgekehrter Weise um die

678 Jenks, Space Law, S. 280; vgl. Marchisio, in: Hobe/Schmidt-Tedd/Schrogl, CoCoSL, Art. IX, Rn. 3; Lyall/Larsen, Space Law, S. 282.

679 S. das Committee on Space Research (COSPAR), die 1958 die Committee on Contamination by Extra-terrestrial Exploration ins Leben rief. 1962 wurde die Consultative Group on Potentially Harmful Effects of Space Experiments gegründet. Weitere Ausführungen, s. Lyall/Larsen, Space Law, S. 284 ff.

Kontaminierung der Erde durch Substanzen oder Sonstiges aus dem Weltraum, vom Mond oder von anderen Himmelskörpern[680]. Hervorzuheben ist, dass eine Kontaminierung der Erde auch durch fehlgeschlagene Starts erfolgen und für umfangreiche Umweltverschmutzung sorgen kann[681]. Es ist fraglich, ob eine Haftung des Startstaates für die Verschmutzung der Weltraumumwelt entstehen kann[682]. Der Sachverhalt wird an dieser Stelle unter der Perspektive untersucht werden, ob dies einen Baustein für ein nationales Weltraumgesetz darstellt.

I. Völkerrechtlicher Ansatz

Zum Thema Umweltschutz bei Weltraumaktivitäten kommt Art. IX des Weltraumvertrages in Betracht, der eine Einschränkung zu den Freiheiten im Weltraum vorsieht, indem er „Nicht-Kontaminierung" anordnet und „harmlose Interferenzen" untersagt[683]. Dies betrifft somit den Weltraum, den Mond und andere Himmelskörper[684]. Zum Bezugsbereich der Bestimmungen des Art. IX des Weltraumvertrages fällt auf, dass dieser vielfältig ist und die gesamte Bandbreite von Raumfahrtaktivitäten betrifft, wie beispielsweise die Astronomie, die erdnahe Umwelt, die Orbits von Weltraumgegenständen, *Space Traffic Management*[685] oder auch den Schutz der Erde vor Meteoren und Asteroiden[686]. Der Artikel

---

680 S. Lyall/Larsen, Space Law, S. 284.

681 Zu Ausführungen zum Thema internationale Verschmutzung durch Raumfahrtaktivitäten, s. Lyall/Larsen, Space Law, S. 282 f.

682 An dieser Stelle kann zur Frage, ob eine internationale Verpflichtung zur Vermeidung von Weltraummüll besteht, auf die unveröffentlichte Magisterarbeit von Peter Stubbe an der Universität Dresden verwiesen werden.

683 So auch Marchisio, in: Hobe/Schmidt-Tedd/Schrogl, CoCoSL, Art. IX, Rn. 28.

684 So auch Marchisio, in: Hobe/Schmidt-Tedd/Schrogl, CoCoSL, Art. IX, Rn. 2.

685 Es gibt für Space Traffic Management Maßnahmen keine allgemein geltende Definition. Es kann jedoch auf die von Constant/Lala/Schrol, in: Acta Astronautica 2007, S. 644 (645), getroffene Begriffsbestimmung Bezug genommen werden. Demnach umfassen Space Traffic Management Maßnahmen technische und regulierende Maßnahmen, die beabsichtigen, einen sicheren und interferenzlosen Zugang zum Weltraum zu gewährleisten, sowie sichere und interferenzlose Operationen und die Rückkehr im/vom Weltraum. Vorgeschlagene Space Traffic Management Maßnahmen findet man in: Contant/Lala/Schrogl, Cosmic Study on Space Traffic Management.

686 Eine Darstellung der betroffenen Bereiche ist in Lyall/Larsen, Space Law, S. 282, zu finden.

kommt nur zum Teil (zweiter Satz des Artikels) zur Anwendung, wenn es um haftungsspezifische Gründe geht. Der Wortlaut des Artikels lässt keine Verhaltensregel erkennen und stellt keine Verpflichtung dar. Bestimmungen des Artikels listen eher allgemeine Richtlinien als spezifische Verhaltensnormen auf. Nichtdestotrotz kann der Art. IX als Basis für den Umweltschutz im Weltraum und seine Bestandserhaltung für friedliche Zwecken angesehen werden.

Nachdem der verpflichtende Charakter der Norm festgestellt wurde, besteht weiterer Klärungsbedarf, was diese Norm inhaltlich vorgibt. Zentrales Element für diese Betrachtung ist der Begriff „schädliche Kontaminierung“, bei welchem mehrere Auslegungen geltend gemacht werden[687]. Darunter ist im Ergebnis zu verstehen, dass jegliche Kontaminierung, die Experimente oder Programme eines Staates verursachen könnten, vermieden werden müssen[688]. Es ist zu betonen, dass der Weltraumvertrag sich lediglich auf die „schädliche Kontaminierung“ bezieht und dass der Begriff „Kontaminierung“ selbst nicht bestimmt wird. Dies räumt den Staaten für die Umsetzung dieser Bestimmungen viele Freiheiten ein[689].

Es ist nennenswert, dass nach dem Abschluss der Weltraumverträge die Normen zum Schutz der Umwelt, auch im Weltraum, drastisch weiterentwickelt wurden. Dies hat zur Folge, dass nicht nur weltraumspezifische Umweltnormen bei Raumfahrttätigkeiten zu beachten sind, sondern auch alle umweltbezogenen internationalen Regulierungen[690], zumal Art. III des Weltraumvertrages ausdrücklich erwähnt, dass Weltraumaktivitäten im Einklang mit dem Völkerrecht zu führen sind. Diese Rechtsquellen sind im zu untersuchenden Bereich auch deshalb besonders von Bedeutung, weil sie von den gesetzgeberisch tätig werdenden Staaten berücksichtigt und umgesetzt werden[691], teilweise auch im nationalen Weltraumrecht. Die Untersuchung dieser internationalen Rechtsquellen würde allerdings

687 S. hierzu Stubbe, Magisterarbeit, S. 131 ff.

688 So auch Marchisio, in: Hobe/Schmidt-Tedd/Schrogl, CoCoSL, Art. IX, Rn. 29.

689 Art. 7.1 des Mondübereinkommens bietet eine Ergänzung, indem die Risiken einer Kontaminierung des Mondes ausdrücklich angesprochen werden und die Mitgliedstaaten sich verpflichten, Maßnahmen zu treffen, um die bestehende Umwelt des Mondes nicht zu beeinträchtigen, so auch Marchisio, in: Hobe/Schmidt-Tedd/Schrogl, CoCoSL, Art. IX, Rn. 29. Allerdings relativiert sich die Auswirkung dieser Bestimmung durch die bescheidene Ratifizierungsquote des Mondvertrages, so auch Lyall/Larsen, Space Law, S. 286.

690 So auch Marchisio, in: Hobe/Schmidt-Tedd/Schrogl, CoCoSL, Art. IX, Rn. 30; vgl. Lyall/Larsen, Space Law, S. 275.

691 Vgl. Lyall/Larsen, Space Law, S. 470.

den Umfang der vorliegenden Arbeit deutlich überschreiten und wird daher nicht vorgenommen[692].

II. Nationale Umsetzungen

Es erfolgt im Folgenden eine Darstellung der jeweiligen nationalen Umsetzungen dieses Schwerpunktes in Europa.

1. Norwegen

Bezüglich des Umweltschutzes finden sich im norwegischen Gesetz keine Bestimmungen.

2. Schweden

Das schwedische Gesetz enthält bezüglich des Umweltschutzes keine Bestimmungen.

3. Vereinigtes Königreich von Großbritannien und Nordirland

Unter dem Gesetz des Vereinigten Königreiches von Großbritannien und Nordirland muss der Antragsteller als Teil der technischen Prüfung seines Antrags[693] eine Abschätzung der Risiken für die öffentliche Gesundheit und das öffentliche Eigentum vorlegen. Die Abschätzung umfasst eine Erörterung etwaiger Geräte- und Nutzlastdefekte mit möglichem Einfluss auf die Sicherheit (betroffen ist auch die Sicherheit von anderen aktiven Weltraumgegenständen). Eine Abschätzung der

---

692 Manche Autoren sind der Meinung, dass für die Vertragsstaaten die Pflicht besteht, die Kontaminierung von Räumen außerhalb deren nationaler Hoheitsgebiete zu vermeiden, s. Lyall/Larsen, Space Law, S. 276, mit Bezug auf Prinzipien 21 der Deklaration von Stockholm vom Jahr 1972, s. http://www.unep.org/Documents.Multilingual/Default.asp?DocumentID=97&ArticleID=1503: „Die Staaten haben nach Maßgabe der Charta der Vereinten Nationen und der Grundsätze des Völkerrechts das souveräne Recht zur Ausübung ihrer eigenen Ressourcen nach Maßgabe ihrer eigenen Umweltpolitik sowie die Pflicht, dafür zu sorgen, dass durch Tätigkeiten innerhalb ihres Umwelt- und Kontrollbereichs der Umwelt in anderen Staaten oder in Gebieten außerhalb ihres nationalen Hoheitsbereichs keine Schaden zugefügt wird", zuletzt abgerufen am 2. Oktober 2012.

693 Portelli/Alby/Crowther/Wirt, in: Advances in Space Research 2010.

Wahrscheinlichkeit des Eintritts der Risiken muss beigefügt werden sowie eine Erörterung der Einflüsse solcher Störungen[694]. Der Genehmigungsinhaber soll bei der Durchführung der angestrebten Weltraumtätigkeit Wert darauf legen, dass die Kontaminierung des Weltraums oder in umgekehrter Weise eine Kontaminierung des Umfelds der Erde nicht stattfindet. Das Gesetz sieht außerdem eine Versicherungsverpflichtung gegen Schäden vor, die aus der Tätigkeit entstehen können. Die Versicherung deckt alle Schäden ab, die durch die genehmigten Tätigkeiten an Dritten im Vereinigten Königreich oder anderswo verursacht werden. Weiterhin soll der Genehmigungsinhaber dem Staat Ersatz leisten, im Fall dass Ansprüche von Geschädigten gegen den Staat geltend gemacht werden. Zusammengefasst bietet das Weltraumgesetz den notwendigen Rahmen, um der nationalen Sicherheit und Gesundheit Vorsorge zu tragen. Durch die gesetzlichen Bestimmungen werden die ökologischen Einflüsse der Raumfahrtaktivitäten eingeschätzt.

4. Belgien

Gemäß Kapitel III, Art. 8 § 1 des belgischen Gesetzes sind während des Verlaufs der Weltraumaktivität mehrmals Umweltverträglichkeitsprüfungen durchzuführen. In Kapitel III, Art. 8 § 9 ist eine besondere Bestimmung zu finden, die dem Umweltschutz in Bezug auf die Nutzung nuklearer Energieversorgungsquellen dient. Demnach ist die Nutzung solcher Versorgungsquellen im Genehmigungsantrag zu melden. Diese Bestimmungen sind an die Seerechtsbestimmungen der belgischen Rechtsordnung angelehnt[695]. Der *Arrêté Royal* zur Anwendung des Gesetzes ergänzt an mehreren Stellen die oben genannten Bestimmungen. Weitere Umweltverträglichkeitsprüfungen sind gemäß Kapitel IV, Umweltschutz, Art. 7 durchzuführen und beziehen sich auf das terrestrische und atmosphärische Umfeld sowie die natürliche und menschliche Umgebung des Startorts. Diese Umweltverträglichkeitsprüfungen sollen auch in Bezug auf den Weltraum durchgeführt werden. Durch Kapitel III, Immatrikulierung, Art. 6, 4° in Verbindung mit Art. 7 § 4 ergibt sich die Verpflichtung, in Bezug auf die Risiken der betroffenen Energieversorgungsquelle Maßnahmen zur Sicherheit der Personen und der Umwelt zu treffen. Die völkerrechtliche Begründung hierzu sind laut belgischem Parlament in Art. I des Weltraumhaftungsübereinkommens zu finden[696]. Eine Umweltverschmutzung kann demnach aufgrund verschiedener Ursachen auftreten: So

694 Portelli/Alby/Crowther/Wirt, in: Advances in Space Research 2010.
695 Chambre des représentants de Belgique, DOC 51 1607/001, S. 12.
696 Chambre des représentants de Belgique, DOC 51 1607/001, S. 13.

listet das belgische Parlament beispielweise „regelmäßige Umweltangriffe“ (wie beispielweise aufgrund wiederholter Startversuche vom selben Startplatz) oder „punktuelle Angriffe“ (wie etwa aufgrund des Absturzes eines Weltraumgegenstandes[697]) auf.

5. Niederlande

Die Regelungen bezüglich des Umweltschutzes sind im niederländischen Gesetz im Kapitel 2, § 1, Sec. 3 zu finden und sehen mögliche Restriktionen zu den Genehmigungen vor. Diese können sich wie folgt begründen: Die Sicherheit von Personen und von Rechtsgütern ist gefährdet, der Schutz der Umwelt im Weltraum oder der öffentlichen Ordnung ist nicht gewährleistet, die finanzielle Sicherheit wird in Frage gestellt sowie die Sicherheit des niederländischen Staates oder die Erfüllung seiner internationalen Verpflichtungen werden gefährdet. Es ist hervorzuheben, dass diese Gründe auch zur Ablehnung des Genehmigungsantrags führen können. Somit sorgt der niederländische Gesetzgeber durch die Systematik des Gesetzes für eine ganzheitliche Betrachtung.

6. Frankreich

Die Einhaltung der Sicherheit von Personen, der Rechtsgüter und der Schutz der öffentlichen Gesundheit und der Umwelt sind im französischen Weltraumgesetz zentrale Elemente, die bei dem Erlass einer Genehmigung nach Art. 4 des Gesetzes geprüft werden. Kapitel II, Art. 4 des Gesetzes sieht die Prüfung der diesbezüglichen Einhaltung als Teil der Prüfung zur Erteilung der Genehmigung vor. Laut Art. 5 können Vorschriften bezüglich der Sicherheit der Personen und der Rechtsgüter und des Schutzes der öffentlichen Gesundheit und der Umwelt, insbesondere im Hinblick auf Risiken von *Space Debris*[698], angeordnet werden. Diese Bestimmungen werden durch die spezielle Befugnis der zuständigen Behörde ergänzt, notwendige Maßnahmen während des Starts oder des Verbleibs eines Weltraumgegenstandes im Orbit anordnen zu dürfen. Solche Maßnahmen gelten dann als notwendig, wenn sie der Sicherheit von Personen, von Rechtsgütern und dem Schutz der öffentlichen Gesundheit und der Umwelt dienen (Art. 8).

---

697 Chambre des représentants de Belgique, DOC 51 1607/001, S. 12.

698 In der französischen Rechtsordnung wird Space Debris wie folgt qualifiziert: „jeglicher in die Erdumlaufbahn oder in die Erdatmosphäre wiedereintretende Weltraumgegenstand menschlicher Herstellung ohne Funktionalität, inklusive seiner Teile oder Komponenten“ (Technische Regulierung, eigene Übersetzung).

Wie im belgischen Verfahren etabliert, gehört auch dem französischen Genehmigungsantrag eine Reihe von Umweltverträglichkeitsprüfungen an, die im Titel I aufgelistet werden. Diese sollen etwa die Risiken aufgrund des Absturzes eines Weltraumgegenstandes oder seiner Teile abdecken. Betroffen sind auch Umweltrisiken wie im sonstigen Umweltrechtsbuch dargestellt (Art. L.161-1), Risiken aus *Space Debris*, Kollisionsrisiken, Nuklearrisiken und planetarische Risiken. Diese Schwerpunkte werden ergänzt durch eine technische Regulierung (s. Art. 4 des Gesetzes), deren Einhaltung durch den Antragsteller den Erlass der Weltraumgenehmigung bedingt. Die Regulierung enthält quantitative und qualitative Maßnahmen, deren Umsetzung für eine Reduzierung der Risiken einer Weltraummission sorgen soll. Die quantitativen Maßnahmen beziehen sich auf die Zuverlässigkeit und Funktion kritischer Sicherheitssysteme, auf die Gefahren, die mit den Geräten verbunden sind, sowie auf die Risiken für das Eigentum und der Personen, die sich beispielsweise in der Nähe des Startorts oder der Nutzlast befinden (Art. 7, Art. 8, Art. 32 und 33). Die qualitativen Analysen beziehen sich auf organisationsspezifische Elemente, wie etwa die Sicherheit der Startprozedur und des -verfahrens, der Kommunikation und anderer betriebsinterner Elemente (zum Beispiel Art. 9, Art. 14, Art. 19). Der Genehmigungsinhaber ist dafür verantwortlich, dass die Bestimmungen der technischen Regulierung ebenfalls von seinen Vertragspartnern und Unterauftragnehmern befolgt werden (Art. 15, Art. 38). Zusammenfassend betrachtet soll die technische Regulierung potenzielle Gefahren und bestehende Risiken darstellen und adäquate Gegenmaßnahmen benennen (Art. 9, Art. 18, Art. 34). Dabei muss eine Vielzahl möglicher Szenarien abgedeckt werden: vom nominalen Verlauf einer Raumfahrtmission (Art. 8 und 41) bis hin zu Analysen vorstellbarer Unfälle (Art. 47). Auch die Endphase einer Mission und der Verbleib eines Weltraumgegenstandes im Weltraum werden streng reguliert (Art. 21, Art. 45). Nukleare Sicherheit (Art. 25, Art. 42) und der Schutz der Erde (Art. 26, Art. 43) werden einzeln angesprochen.

7. Österreich

Schon in § 4 des österreichischen Weltraumgesetzes wird die Thematik des Weltraumumweltschutzes im Rahmen der Genehmigung für Weltraumaktivitäten angesprochen. Dort sind Bestimmungen bezüglich des Weltraummülls, der Verunreinigung des Weltraums und der zu vermeidenden schädlichen Veränderung der Umwelt zu finden. Die besondere Wichtigkeit der Vermeidung des Weltraummülls für den österreichischen Staat ist besonders daran zu erkennen, dass diese eine Genehmigungsvoraussetzung darstellt und dass diese Verpflichtung im dedizierten § 5 mit rechtlichen und wirtschaftlichen Maßnahmen begleitet wird[699]. Demnach stellt die Vermeidung von Weltraummüll eine „fortdauernde" Verpflichtung des Betreibers dar[700], die anhand der „international anerkannten Richtlinien zur Vermeidung von Weltraummüll" zu behandeln ist. Dabei geht es um die Richtlinien zur Vermeidung von Weltraummüll des Internationalen Komitees der Weltraumagenturen zur Koordinierung der Vermeidung von Weltraummüll, des *Inter-Agency Space Debris Mitigation Committee*[701]. Deren Einhaltung soll dem österreichischen Staat ermöglichen, sich an der Koordinierung der internationalen Aktivitäten im „Zusammenhang mit künstlichem oder natürlichem Weltraummüll" zu beteiligen. Dass Österreich mittels seines nationalen Weltraumgesetzes die Einhaltung dieser Richtlinien vorschreibt, ist insoweit von besonderer Relevanz, weil Österreich im Komitee nicht vertreten ist. Mit diesem Schritt stellt sich Österreich seiner Verantwortung als Raumfahrtnation und bekennt sich zu dem Engagement der internationalen Gemeinschaft gegen die Umweltverschmutzung und für eine nachhaltige und friedliche Nutzung des Weltraums. Im Konkreten bedeutet dies, dass für das zu genehmigende Raumfahrtsystem unter anderem sichergestellt werden muss, dass die Entstehung von Müllteilen während des Betriebs und anlässlich von Unfällen vermieden und somit der Weltraum möglichst rückstandsfrei hinterlassen wird. Auch andere Formen von Weltraumverschmutzungen, die nach internationalem Verständnis nicht als Weltraummüll zu subsumieren wären, sind gemäß dem Gesetz zu vermeiden[702]. Dafür bezieht sich der österreichische Gesetzgeber auf Art. IX des Weltraumvertrages für die Vermeidung von „schädlicher Verseuchung" und „nachteiligen Veränderungen in der Umgebung der Erde durch Einwirkung außerweltlicher Stoffe"[703].

III. Fazit

In den meisten sich mit Umweltschutzaspekten beschäftigenden Weltraumgesetzen sind Bestimmungen enthalten, welche die Schädigungsgefahr berücksichtigen. Die Staaten regeln dabei die präventive Untersuchung, die bei der Prüfung der Genehmigung stattfindet, sowie die Versicherungspflicht in einer überwiegend identischen Art und Weise. Teilweise wird die Kontrolle

699 1466 der Beilagen XXIV. GP – Regierungsvorlage – Materialien, S. 8.
700 1466 der Beilagen XXIV. GP – Regierungsvorlage – Materialien, S. 8.
701 1466 der Beilagen XXIV. GP – Regierungsvorlage – Materialien, S. 8.
702 1466 der Beilagen XXIV. GP – Regierungsvorlage – Materialien, S. 7.
703 1466 der Beilagen XXIV. GP – Regierungsvorlage – Materialien, S. 8.

des Gesetzgebers als entscheidender Ansatz beurteilt, um ein nationales Weltraumgesetz zu erlassen. Der Antragsteller muss eine Reihe qualitativer und quantitativer Analysen vorlegen, um zu beweisen, dass die Weltraumtätigkeit keine unakzeptable Gefährdung für die Bevölkerung darstellt. Darüber hinaus schreibt der Gesetzgeber in den meisten Fällen vor, dass der potenzielle Verursacher eines Schadens dafür auch Schadensersatz zu leisten hat. Dies erfolgt in der Regel mit den gesetzlichen Bestimmungen zur Versicherungspflicht. Es ist hervorzuheben, dass die Gesetze der „neuen Generation" (Belgien, Niederlande, Frankreich und Österreich) besonderen Wert auf den Schutz der Umwelt legen und dies der Grund dafür ist, dass umfangreiche technische Regelungen in das *corpus* des Gesetzes aufgenommen wurden.

Gerade der Erlass und die Kodifizierung der einzuhaltenden technischen Standards können wettbewerbliche Auswirkungen mit sich führen. Dies ist dann der Fall, wenn die bestehende Praxis eines etablierten Unternehmens als Grundlage und Maßstab für die technische Evaluierung aller unter das Gesetz fallenden Raumfahrtaktivitäten herangezogen wird. Daraus können Wettbewerbsvorteile oder -nachteile entstehen, welche im Rahmen der „Kritischen Betrachtungen" im Vierten Teil der vorliegenden Arbeit untersucht werden.

J. Versicherungsfragen

Angesichts der durch das Raumfahrtrecht eingeführten Haftungsrisiken für Staat und Betreiber erscheint der Abschluss einer Versicherung sinnvoll. Soll sichergestellt werden, dass ein Geschädigter in die Lage versetzt wird, seinen Anspruch gegen den Schädigenden durchzusetzen, so kann der Abschluss einer Versicherung durch den Gesetzgeber zur Pflicht gemacht werden.

I. Völkerrechtliche Anforderung

Im Gegensatz zu den Bestimmungen des internationalen See- und Luftrechts besteht völkerrechtlich keine Versicherungspflicht für Weltraumaktivitäten[704]. Infolgedessen bleibt es jedem Vertragsstaat überlassen, seine eigenen weltraumspezifischen Versicherungsmodalitäten zu bestimmen. Angesichts der mutmaßlich hohen Entschädigungsansprüche im Schadensfall erscheint dies nachdrücklich

704 So Gerhard, Nationale Weltraumgesetzgebung, S. 157.

empfehlenswert[705]. Der Versicherungsmechanismus dient zum einen dem Schutz der finanziellen Interessen des (Start)Staates[706], denn durch die Versicherung wird die Rückgriffsklage des Staates gegen den privaten Schadensverursacher abgesichert[707]. Zum anderen schützt die Versicherung vorsorglich die Geschädigten[708]. Weitere Vorteile einer Versicherung sind bereits in der Lehre dargestellt worden[709].

II. Nationale Umsetzungen

Im Folgenden erfolgt eine Darstellung der Kodifizierung der Versicherungspflicht in den nationalen Weltraumgesetzen in Europa.

1. Norwegen

Im norwegischen Weltraumgesetz wird die Versicherungsthematik nicht angesprochen.

2. Schweden

Nach schwedischem Recht besteht keine Versicherungspflicht für Weltraumtätigkeiten. Der Gesetzgeber ging davon aus, dass dies in Folge der hohen Anforderungen, die das Gesetz an die Sicherheit von Weltraumgegenständen stellt, nicht erforderlich sei[710].

3. Vereinigtes Königreich von Großbritannien und Nordirland

Nach Sec. 5 (2)(f) des *Outer Space Act* des Vereinigten Königreiches von Großbritannien und Nordirland kann die Lizenz zur Unternehmung von Weltraumtätigkeiten als Bedingung enthalten, dass sich der Antragsteller für Schäden, welche aus der lizenzierten Tätigkeit heraus entstehen, versichern muss. Eine besondere

705 Gerhard/Schrogl, in: Böckstiegel, Project 2001, S. 535.

706 S. Gerhard, in: Hobe/Schmidt-Tedd/Schrogl, CoCoSL, Art. VI, Rn. 85.

707 Vgl. Kries/Schmidt-Tedd/Schrogl, Raumfahrtrecht, S. 42.

708 Gerhard/Schrogl, in: Böckstiegel, Project 2001, S. 535.

709 Ausführlich hierzu Gerhard, Nationale Weltraumgesetzgebung, S. 157 ff.; vgl. Hobe, in: Hobe/Schmidt-Tedd/Schrogl, CoCoSL, Art. I, Rn. 32; Moysan, in: Hobe/Schmidt-Tedd/Schrogl, Towards a Harmonised Approach for National Space Legislation, S. 113 (115).

710 Gerhard, Nationale Weltraumgesetzgebung, S. 160.

Norm, wie diese Versicherung ausgestaltet sein muss, besteht hingegen nicht. Die Praxis des *British National Space Center* besteht darin, eine Versicherung mit einer Deckungssumme von £ 100 Millionen zu verlangen.

4. Belgien

Im belgischen Gesetz (Art. 4 § 2) ist die Einführung einer Versicherung vorgesehen. Es bleibt allerdings unklar, ob es sich um eine Pflicht handelt, denn die Erwähnung der Versicherung ist mit der Bestimmung verknüpft, dass der König eine solche anordnen „kann“. Es ist nicht ersichtlich, in welchen Fällen eine Versicherung konkret verlangt wird. Da dies allerdings die Erteilung der beantragten Genehmigung bedingt, trägt die belgische Bestimmung nicht zwingend zur Rechtssicherheit bei.

5. Niederlande

Der Abschluss einer entsprechenden Versicherung ist eine notwendige Bedingung des niederländischen Gesetzgebers zur Erteilung einer Lizenz für Weltraumaktivitäten. Die Höhe der Deckungssumme der Versicherung wird bei Lizenzerteilung bestimmt und trägt dafür Sorge, den Betreiber in die Lage zu versetzen, den Staat zu entschädigen, falls dieser für einen entstandenen Schaden eintreten sollte. Der Betrag der Versicherung hängt vom Ziel, der Natur und dem Umfang der betroffenen Weltraumaktivität ab. Basierend auf der üblichen Praxis des Raumfahrtindustriebereichs wird zur Absicherung in der Regel allerdings die höchstmögliche zu versichernde Deckungssumme verlangt.

6. Frankreich

Eine Versicherungspflicht für Raumfahrtaktivitäten wird im französischen Gesetz in Art. 6 vorgesehen. Dabei kann sich der Betreiber an Stelle einer Versicherung von der genehmigenden Behörde bestätigen lassen, dass er über „sonstige finanzielle Garantien verfügt“ (Art. 6. I). Ist dies der Fall, das heißt ist der Betreiber in der Lage, für Schäden selbst aufzukommen, so braucht er keine gesonderte Versicherung abzuschließen. Dies wird im Einzelfall genehmigt und weiterhin in den Anwendungsbestimmungen durch den Staatsrat bestimmt.

Die Höhe des zu versichernden Betrags ist von der relevanten Aktivität der Weltraumoperation abhängig. So bestimmt die Genehmigung den zu versicherten Betrag für die während (Art. 16) und nach (Art. 17) der Startphase eintretenden Schäden. Unter den jeweiligen Beträgen kann der Staat mittels einer Rückgriffsklage gegen den Genehmigungsinhaber vorgehen, um die von ihm bereits geleisteten Zahlungen erstattet zu bekommen. Über diesen Betrag hinaus hat der Betreiber Anspruch auf eine in Art. 6 eingeführte staatliche Garantie, es sei denn, er hat vorsätzlich gehandelt (Art. 15). Das Haushaltsgesetz[711] bestimmt somit eine Höchstgrenze, für die der Betreiber selbst – mittels der Versicherung – in Zahlung treten muss. Die Höchstsumme entspricht der Praxis des französischen Startdienstleisters Arianespace[712]. Dieser vom Gesetzgeber vorgesehene Versicherungsmechanismus stellt sich für private Betreiber französischer Nationalität aufgrund der geschaffenen Rechtssicherheit sowie des kalkulierbaren finanziellen Risikos als äußerst vorteilhaft dar[713].

Alle Ansprüche von Dritten, die über die gesetzlich festgelegte Höchstgrenze hinausgehen, werden vom staatlichen Haushalt getragen. Die Bedingungen für die Inanspruchnahme der Garantie des Staates werden ausführlich dargestellt. So darf der Betreiber nicht vorsätzlich gehandelt haben und der Schaden muss im Rahmen einer genehmigten Weltraumaktivität entstanden sein. Von der Garantie des Staates kann nur ein französischer Betreiber profitieren, unabhängig von der Nationalität des Geschädigten. Der Ausgangspunkt für die Inanspruchnahme der staatlichen Garantie ist allerdings, dass der verursachende Betreiber gerichtlich zu Schadensersatz verurteilt worden sein muss. Dabei ist irrelevant, ob die Verurteilung durch ein französisches Gericht erfolgte oder nicht. Sollte der Staat gemäß den internationalen Völkerrechtsverträgen haftbar gemacht werden, so verfügt er bis hin zur festgelegten Höchstgrenze über einen Anspruch gegen den Betreiber (Art. 14).

7. Österreich

Mit dem österreichischen Weltraumgesetz wird die Erhaltung einer Haftpflichtversicherung in Höhe von 60 Mio. € für die Gesamtdauer der Raumfahrtaktivität und darüber hinaus zur Pflicht gemacht. Dies ergibt sich aus § 4 Ziffer 4, in Verbindung mit § 11 (Rückgriff) und zählt als Voraussetzung für die Genehmigung. Es ist anzumerken, dass neben den diesbezüglichen Bestimmungen des nationalen Weltraumrechts auch sonstige relevante Normen der nationalen

711 Loi de finances, Art. 15 des Gesetzes.

712 Hermida, National Space Legislation, S. 157.

713 So Schmidt-Tedd/Arnold, ESPI Perspectives 11, S. 4; s. auch Rapp, in: AJDA 2008, S. 1762.

Rechtsordnung, wie etwa des Zivilrechts sowie der durch die Rechtsprechung entwickelten Grundsätze über die Gefährlichkeit der Raumfahrtaktivitäten zu berücksichtigen sind[714].

Es wird ausdrücklich vorgeschrieben, dass solche Schäden zu versichern sind, die erst „nach Beendigung des Versicherungsvertrages eintreten, obwohl das schadensauslösende Ereignis während aufrechtem Versicherungsverhältnis eingetroffen ist"[715]. Dabei sind mögliche Schäden gemeint, die Jahre nach dem Abschluss der betroffenen Weltraumaktivität eintreffen können, wie zum Beispiel der unkontrollierte Absturz eines Weltraumgegenstandes. Für solche Schäden soll die Haftpflichtversicherung weiterhin gelten und dient dem Betreiber im Falle von Schadensersatzansprüchen durch Geschädigte sowie dem Bund im Falle von internationaler Haftung[716].

Es wurde bereits erwähnt, dass die Pflicht ausfällt, wenn der Bund selbst der Betreiber der Raumfahrtaktivität ist, denn er gilt als „selbst haftpflichtig"[717]. Von dieser Pflicht kann ferner abgesehen oder die zu versichernden Beträge reduziert werden, wenn dies vom zuständigen Ministerium zugelassen wird. Dies kann etwa dann erfolgen, wenn die betroffene Raumfahrtaktivität „im öffentlichen Interesse" liegt, sie „kein" oder nur ein „äußerst geringes Risiko" darstellt oder der Betreiber eine „finanzstarke Institution oder Einrichtung" ist[718]. Unter öffentliches Interesse soll verstanden werden, dass Raumfahrtaktivitäten, die der „Wissenschaft, der Forschung oder der Ausbildung" dienen, einen öffentlichen Charakter haben und somit zumindest teilweise von öffentlichen Stellen finanziert werden. Für die Begutachtung der mit der Aktivität verbundenen Risiken dienen die für die Erteilung der Genehmigung vorzulegenden Unterlagen; sie sind somit vom Betreiber einzubringen. Es wurde befunden, dass, wenn der Weltraumgegenstand beim Wiedereintritt in die Erdatmosphäre verglüht, von einem „äußerst geringen Risiko auf der Erde oder an Flugzeugen" ausgegangen werden kann[719].

Weiter kann von der Versicherungspflicht abgesehen werden, wenn der Betreiber nachweislich über die Finanzkraft verfügt, einen möglichen Schadensersatz selbst zu finanzieren. Dies ist, analog mit der Erhaltung der Versicherung, nicht nur zum Zeitpunkt der Einholung der Genehmigung nachzuweisen, sondern auch

714 1466 der Beilagen XXIV. GP – Regierungsvorlage – Materialien, S. 7.
715 1466 der Beilagen XXIV. GP – Regierungsvorlage – Materialien, S. 7.
716 1466 der Beilagen XXIV. GP – Regierungsvorlage – Materialien, S. 7.
717 1466 der Beilagen XXIV. GP – Regierungsvorlage – Materialien, S. 8.
718 1466 der Beilagen XXIV. GP – Regierungsvorlage – Materialien, S. 8.
719 1466 der Beilagen XXIV. GP – Regierungsvorlage – Materialien, S. 8.

für den Zeitpunkt von später eintretenden Schäden. Schließlich soll angemerkt werden, dass die Deckung der Rückgriffsklage des Bundes nur für Schäden ohne Verschulden, also für Schäden auf der Erde oder an Flugzeugen im Flug gilt. Bei verschuldensabhängigen Schäden fällt die Deckung aus, so dass es dem Betreiber obliegt, sich „auch höher“ zu versichern[720].

III. Fazit

Oftmals verschafft sich der gesetzgebende Staat die Möglichkeit, vom Lizenznehmer Entschädigung zu verlangen, falls dieser einen Schadensfall verursacht hat, für welchen der Staat nach dem Weltraumhaftungsübereinkommen haftet und Schadensersatz leisten muss. Dies ist in allen Fällen mit der Bestimmung zum Abschluss einer Pflichtversicherung verbunden. Die Höhe der Versicherungssumme variiert zwar von Fall zu Fall, doch der Staat unterstützt mit dieser Bestimmung[721] die privatwirtschaftliche Initiative[722], indem er das Risiko eines über diese Summe hinausgehenden Schadensersatzes auf sich nimmt. Der Versicherungsmarkt ist dabei angebotsreich[723] und ermöglicht, dass die Gesamtdauer einer Weltraumaktivität versichert werden kann: von der Herstellung, dem Transport, der Aufbewahrung, der Integration, über den Start, bis hin zum Verbleib im Orbit und sogar auch Projektverzögerungen oder Einnahmeverluste[724]. Die Versicherung deckt in der Regel die Risiken und das Eigentum der betroffenen Parteien ab, sowohl für unbeteiligte Dritte als auch für die Teilnehmer an der Weltraumaktivität. Dabei ist die Praxis des gegenseitigen Haftungsverzichts unter den Teilnehmern weit verbreitet[725]. Anders stellt sich die Situation für unbeteiligte Dritte dar. Verursacht eine Weltraumaktivität[726] einem unbeteiligten Dritten einen Schaden, so wird der Geschädigte durch die Bonität des Schuldners optimal geschützt[727].

720 1466 der Beilagen XXIV. GP – Regierungsvorlage – Materialien, S. 8.

721 S. auch Kerrest/Smith, in: Hobe/Schmidt-Tedd/Schrogl, CoCoSL, Art. VII, Rn. 69.

722 Kries/Schmidt-Tedd/Schrogl, Raumfahrtrecht, S. 55.

723 Gerhard/Moll, in: Hobe/Schmidt-Tedd/Schrogl, Towards a Harmonised Approach for National Space Legislation, S. 7 (25).

724 So Moysan, in: Hobe/Schmidt-Tedd/Schrogl, Towards a Harmonised Approach for National Space Legislation, S. 113 (115).

725 S. französisches Weltraumgesetz.

726 Im Sinne des Weltraumhaftungsübereinkommens.

727 Gerhard/Moll, in: Hobe/Schmidt-Tedd/Schrogl, Towards a Harmonised Approach for National Space Legislation, S. 7 (25).

Die im französischen Gesetz verankerte Praxis ist insoweit zu unterstreichen, als sie dem Genehmigungsinhaber starke Wettbewerbsvorteile einräumt. Dadurch, dass die Höchstentschädigungssumme im Voraus bestimmt wird, kann der Betreiber eine Pflichtversicherung für die maximal zu leistende Entschädigung abschließen. Der Risikofaktor ist also vorhersehbar konstant und minimiert den Aufwand der Ermittlung notwendiger Versicherungskosten. Diese Bestimmung ist für alle Betreiber in Anspruch zu nehmen, die von französischem Hoheitsgebiet aus starten. Auf diese Thematik wird im Rahmen der „Kritischen Betrachtungen" im Vierten Teil der vorliegenden Arbeit eingegangen.

K. Weitere Regelungsbereiche

Die Untersuchung des französischen Weltraumgesetzes im Rahmen der vorliegenden Arbeit hat zur Identifizierung von Regelungsbereichen geführt, die auf keinen völkerrechtlichen Bausteinen beruhen und dennoch wesentliche Schwerpunkte des nationalen Weltraumrechts darstellen. Diese Regelungsbereiche sollen Gegenstand des folgenden Abschnittes werden, in dem speziell auf Aspekte der umfangreichen französischen raumfahrtspezifischen Gesetzgebung eingegangen wird. Zu den Schwerpunkten gehören vor allem die Klausel zum sogenannten „Gegenseitigen Haftungsverzicht" (I) sowie weitere Maßnahmen, welche die Verwaltungslast für die betroffenen Unternehmen senken sollen (II). An dieser Stelle ist eine getrennte Betrachtung des internationalen Weltraumrechts und des nationalen Rechts nicht mehr geboten und wird daher nicht vorgenommen.

I. Gegenseitiger Haftungsverzicht

Klauseln zum gegenseitigen Haftungsverzicht, im Englischen „*Cross Waiver of Liability*"[728] und im Französischen „*Clauses de non-renonciation à recours*", finden sich wiederholt in privatrechtlichen Verträgen mit Raumfahrtbezug[729], wie beispielsweise in Startverträgen. In der Vertragspraxis ergab sich, dass jede am Start und Betrieb eines Weltraumgegenstandes beteiligte Partei mit allen anderen Parteien einen Haftungsverzicht vereinbarte[730]. Diese Klausel minimiert das

728 Larsen, in: IISL Proceedings 1992, S. 91 ff.

729 Ravillon, Les télécommunications par satellite, Rn. 370.

730 Gerhard, Nationale Weltraumgesetzgebung, S. 149.

Risiko „zusätzlich zu dem am eigenen Gerät auftretenden Schaden auch noch finanziell für den Schaden der anderen Parteien aufkommen zu müssen und sich dergestalt in Zahlungs- oder gar Existenzschwierigkeiten zu bringen“[731]. Durch die Klausel entbinden sich die beteiligten Parteien gegenseitig von Ansprüchen aufgrund eines Schadens, der im Rahmen der Weltraumaktivität verursacht wird. Somit verpflichtet sich der mögliche Geschädigte, keinen Schadensersatz oder nur einen Teil davon zu beanspruchen[732]. In der Praxis ist die Wirkung solcher Klauseln umfassend und betrifft sowohl die Schäden an Personen oder Rechtsgütern als auch die vertragliche Haftung, die aus der Nicht-Erfüllung der vertraglich bestimmten Leistung entstehen kann[733]. Die Vorteile einer solchen Klausel liegen darin, dass alle gegenseitigen Ansprüche im Rahmen eines Starts nichtig sind und somit der Bedarf an einer entsprechenden Versicherung für Ansprüche, die der Start möglicherweise verursachen könnte, obsolet wird[734]. Dies erleichtert auch die Versicherbarkeit einer Raumfahrtaktivität und trägt somit zur Planungssicherheit bei.

Nach dem jeweiligen nationalen Recht kann es zu Schwierigkeiten kommen, was die Rechtmäßigkeit einer solchen Klausel angeht[735]. Unter anderem war von französischen Gerichten entschieden worden, dass niemand in der Lage sein sollte, auf seine Haftungsansprüche durch einseitige Erklärung zu verzichten[736]. Diese Klauseln waren als nichtig erklärt worden. Durch die aktuelle französische Weltraumgesetzgebung ist nun die Gültigkeit dieser Klausel unumstritten und ihre Bedingungen festgelegt. Der Haftungsverzicht gilt nämlich nicht, wenn der Betroffene vorsätzlich handelt (Art. 19 des französischen Gesetzes). Solche Klauseln müssen auch von den Unterauftragnehmern der an Weltraumaktivitäten Beteiligten aufgenommen werden, um die Logik des Haftungssystems sicherzustellen. Durch die gesetzliche Verankerung dieser Klausel wird zudem auch der Rechtsrahmen zuverlässiger[737]. In den Staaten, in denen die Gültigkeit des gegenseitigen Haftungsverzichts (noch) nicht anerkannt ist, besteht weiterhin Rechtsunsicherheit und das andauernde Risiko, dass die Vertragsklauseln für ungültig erklärt werden.

---

731 Gerhard, Nationale Weltraumgesetzgebung, S. 149.

732 Ravillon, Les télécommunications par satellite, Rn. 370.

733 Eine weitere Darstellung der Wirkung der Klausel findet man in Hermida, National Space Legislation, S. 156 ff.

734 Hermida, National Space Legislation, S. 156; vgl. Ersfeld, in: ZLW 2010, S. 241 (248).

735 Ravillon, Les télécommunications par satellite, Rn. 371.

736 S. hierzu Rapp, in: AJDA 2008, S. 1762: auch wenn Haftungsverzichte nun grundsätzlich zulässig werden, bleiben sie weder absolut gültig noch ungeregelt.

737 Vgl. Ersfeld, in: ZLW 2010, S. 241 (248).

II. Gesetzliche Bestimmung der Rolle der nationalen Weltraumagentur

Durch das französische Gesetz wird die Rolle des CNES festgelegt (Art. 21). Die diesbezüglichen Bestimmungen beruhen auf der gängigen Praxis und beziehen sich hauptsächlich auf den europäischen Weltraumbahnhof *Centre Spatial Guyanais* in Französisch-Guyana. Dabei erhält CNES gemäß dem üblichen Verwaltungsrecht vor Ort polizeiliche Befugnisse[738]. Weiterhin bekommt CNES die Zuständigkeit für die Führung des nationalen Registers von Weltraumgegenständen zugesprochen. Das CNES erhält gleichfalls umfangreiche Zuständigkeiten für die Erlaubnis von neuen Installationen und zur Überwachung von Sicherheits- und Umweltschutzvorschriften. CNES kann – auf Basis einer entsprechenden Ermächtigung – auch verbindliche Anweisungen erteilen. Nennenswert an dieser Stelle sind weniger die gesetzlichen Bestimmungen und „neuen" Befugnisse des CNES als vielmehr die politischen Wirkungen dieser neuen Orientierung. Die Nennung des CNES als zuständige Behörde für die Prüfung der technischen Aspekte der Projekte gemäß Art. 4 des Gesetzes versetzen CNES in eine kontrollrechtliche Position. Art. 27 des Gesetzes bezieht sich auf öffentliche Aufgaben und sieht vor, dass die Bestimmungen der Titel II und IV des Gesetzes keine Anwendung auf solche finden. Soweit CNES also öffentliche Aufgaben wahrnimmt, besteht nach dem Gesetz keine Genehmigungspflicht. Durch das Gesetz wird die gängige Praxis auf alle Weltraumakteure ausgeweitet und Sorge für einen klaren Rechtsrahmen und für Gleichbehandlung aller Beteiligten getragen. So hatte das CNES vor dem Erlass des Gesetzes sich sowohl an kommerziellen als auch an institutionellen Projekten beteiligt. Unter anderem hielt CNES bedeutende Anteile an den Firmen Spot Image, Erzeuger und Vermarkter von Erdfernerkundungsdaten, wie auch Arianespace, Startdienstleister und Betreiber der Ariane-Trägerrakete. Aufgrund der neuen hoheitlichen Aufgaben des CNES entwickelte sich eine breite Debatte darüber, ob nicht Interessenkonflikte durch seinen Behördenstatus mit den kommerziell orientierten CNES-Aktivitäten sowie mit seinen Beteiligungen an privatrechtlichen Unternehmen (wie Arianespace, Spot Image) entstehen könnten. Mit Verabschiedung des französischen Weltraumgesetzes wurden die Aktivitäten der beiden genannten Unternehmen genehmigungspflichtig und dem CNES ist eine kommerzielle Beteiligung an jeglichen genehmigungspflichtigen Geschäften nicht weiter möglich. Dies führte unter

738 So Rapp, in: AJDA 2008, S. 1759.

anderem dazu, dass sich CNES von seiner Beteiligung an Spot Image trennte und auch alle weiteren kommerziellen Aktivitäten einstellte.

L. Fazit

Gemäß dem internationalen Weltraumrecht sind die Vertragsstaaten international verantwortlich für private nationale Tätigkeiten im Weltraum und müssen diese erlauben und überwachen. Jeder Vertragsstaat haftet international für Schäden, die durch diese Aktivitäten verursacht werden. Existiert in einem betroffenen Staat keine Rückgriffsmöglichkeit gegen den privaten Betreiber, oder sind solche Aktivitäten nicht von einer Versicherung abgedeckt, so können bei Schäden durch finanzschwache private Akteure weder Schadenersatzansprüche noch Regresse wirtschaftlich durchgesetzt werden.

Die vorgestellten Untersuchungen haben gezeigt, dass die jeweiligen Staaten in Europa unterschiedlich mit dieser Ausgangssituation umgehen. In einigen Staaten wurden nationale Weltraumgesetze erlassen, die sowohl Ähnlichkeiten als auch Unterschiede aufweisen. Ähnlich ist, dass meistens dieselben Schwerpunkte in die Gesetze aufgenommen werden, die dennoch unterschiedlich behandelt werden. Die unterschiedliche innerliche Ausgestaltung der Gesetze hängt von der jeweiligen nationalen Rechtsordnung ab und liegt zum Teil daran, dass die Staaten über verschiedene Erfahrungsstufen im Raumfahrtbereich verfügen und nicht mit demselben Entwicklungsgrad ihrer nationalen Raumfahrtindustrie konfrontiert sind. So sehen alle untersuchten Gesetze die Erlaubnis nichtstaatlicher Raumfahrtaktivitäten in Form einer mehr oder weniger detaillierten Lizenzierung ausdrücklich vor, so dass die Lizenznehmer an die Bestimmungen des Weltraumvertrages gebunden werden. Dabei erstreckt sich die Reichweite der Gesetze vom reinen Start eines Weltraumgegenstandes, über den Verbleib im Weltraum mitunter bis hin zu seiner Rückkehr auf die Erde, und die privaten Raumfahrtaktivitäten werden währenddessen durch verschiedene Methoden national überwacht. Die Einführung eines nationalen Weltraumregisters in fast allen untersuchten Gesetzen ermöglicht zudem die Identifizierung eines Startstaates sowie die Kenntnisnahme über laufende Aktivitäten auch für nichtbeteiligte Dritte, selbst wenn angebrachte Mechanismen für die im Weltraumvertrag vorgesehenen internationalen Konsultationen meistens noch ausstehen.

Im Fall von durch Weltraumaktivitäten verursachte Schäden wird die Haftung von den jeweiligen Ländern unterschiedlich wahrgenommen, da die Frage, ob die im internationalen Weltraumrecht vorgesehene Haftung auf den privaten Betreiber abgewälzt wird oder nicht, ausschließlich nationalen Abwägungen obliegt. Weitergehend stellt sich auch die Frage der Gültigkeit von Haftungsverzichtsklauseln zwischen den Beteiligten an einer Raumfahrtaktivität. Lediglich das französische Gesetz befasst sich mit dieser Thematik; die Frage bleibt daher darüber hinaus europaweit unklar. Die meisten Gesetze befassen sich dennoch mit einer Pflichtversicherung und sehen dafür meistens Höchstbeträge für die Deckungssumme vor, was sich als eine vorteilhafte Regelung für die betroffenen Unternehmen erweist.

Im Ergebnis bleibt festzuhalten, dass die Unterschiede zwischen den Gesetzen dazu führen, dass in Europa die privaten Raumfahrtaktivitäten von einem Staat zum anderen unterschiedlich behandelt und durchgeführt werden. Dies könnte zur Folge haben, dass ein *Forum* beziehungsweise *Licence Shopping*, gegebenenfalls auch positive oder negative Kompetenzkonflikte entstehen können. Auf die Auswirkungen der Unterschiede zwischen den nationalen Weltraumgesetzen in Europa soll im Folgenden eingegangen werden.

Vierter Teil
Kritische Betrachtungen

Die vorangegangen Untersuchungen haben gezeigt, dass private Raumfahrtaktivitäten je nach betrachtetem Staat andersartig reguliert werden. Es ist daher von Interesse, die Effekte dieser Unterschiede näher zu betrachten und anhand dessen Schlussfolgerungen über die geteilte Rechtslage in Europa zu ziehen. Zu diesem Zweck soll zunächst die Erwartungshaltung der Staaten mit Bezug auf die Einführung eines nationalen Weltraumgesetzes subsumiert (A) und anschließend die möglichen Auswirkungen der Gesetze auf die betroffenen Akteure bewertet werden (B). Abschließend wird ein Ausblick angeboten (C). Als Vorbemerkung zu diesen kritischen Betrachtungen sei angemerkt, dass die europäische Raumfahrtindustrie, auf den die untersuchten Gesetze einwirken, einen besonderen Teil der europäischen Industrie bildet. Deren Besonderheiten gilt es vorweg darzustellen.

Vorbemerkung – Einblick in die Besonderheiten der europäischen Raumfahrtindustrie[739]

Voraussetzungen für die Ausübung einer Raumfahrtaktivität sind die Produktion eines Raumfahrzeuges, die Platzierung des Fahrzeuges im Weltraum und der Betrieb des Fahrzeuges zum Erzielen der gewünschten Ergebnisse. In diesen drei Bereichen ist die europäische Raumfahrtindustrie vertreten und verfügt über die notwendige Systemfähigkeit (Abschnitt I). Durch eigene Trägersysteme der europäischen Industrie wird Europa der freie Zugang zum Weltraum gesichert (Abschnitt II). Darüber hinaus stellt die europäische Industrie den Nutzern abgeleitete Dienstleistungen zur Verfügung (Abschnitt III).

739 S. auch hierzu Manciaux, in: Ravillon, Droit des activités spatiales, Rn. 105; s. auch Hobe/Hofmannovà/Wouters, A Coherent European Procurement Law and Policy for the Space Sector, S. 49 ff.

I. Herstellerindustrie

Im Jahr 2010 betrug der Gesamtumsatz der industriellen Raumfahrtbranche in Europa für das Design, die Entwicklung und die Herstellung von Satelliten 6,1 Mrd. €, welcher einen Wachstum im Vergleich zum vorherigen Jahr darstellt (2009 lag der Gesamtumsatz der Branche bei 5,5 Mrd. €)[740]. Mit 35.000 Vollzeitbeschäftigten liegt der Beschäftigungsstand fast so hoch wie in den 1990er Jahren. Damals hatten Fusionen und Übernahmen für die Umstrukturierung dieses Bereiches mit der Folge einer schrittweisen Reduzierung der Beschäftigung gesorgt[741]. In den Jahren 2006 und 2007 nahm die Beschäftigung wegen des Wachstums im kommerziellen und im Verteidigungsbereich wieder zu[742].

Die hier betroffene Industriebranche ist ein strategischer Nischensektor innerhalb der europäischen Luft- und Raumfahrt- sowie Verteidigungsbranche[743], und gerade einmal vier Konzerne (*European Aeronautic Defence and Space Company* – EADS, Finmeccanica, Safran und Thales[744]) zeichnen für über 70% der gesamten Beschäftigung in der Raumfahrtbranche verantwortlich, während auf KMU weniger als 8% der gesamten Beschäftigung entfallen[745]. Den größten Mitarbeiterstamm besitzen EADS Astrium und Thales Alenia Space[746]. Die Standorte der europäischen Raumfahrtindustrie sind über den gesamten europäischen Kontinent verteilt, wobei die entscheidenden Standorte in Frankreich, Deutschland und Italien angesiedelt sind. An zweiter Stelle zu nennen sind das Vereinigte Königreich von Großbritannien und Nordirland, vor Spanien und Belgien.

Dieser Teil der europäischen Industrie produziert Raumfahrzeuge und Trägersysteme für die staatlichen Bedarfe der institutionellen Kunden und für

740 Eurospace Facts and Figures – 2010 Edition, S. 3.

741 S. hierzu ausführlich Saleh, in: Space Policy 2005, S. 277 (280).

742 Eurospace Facts and Figures – 2009 Edition, S. 4.

743 S. hierzu Saleh, in: Space Policy 2005, S. 277 (282).

744 Andere Autoren zählen dazu auch die OHB Technology AG. S. Gaubert/Lebeau, in: Space Policy 2009, S. 7 (39); vgl. Creola, in: Space Policy 2001, S. 87 (88); zu den Fusionen und Übernahmen, die zu dieser Situation geführt haben, s. Saleh, in: Space Policy 2005, S. 277 (281).

745 Eurospace, Facts and Figures – 2009 Edition, S. 4; eine detaillierte Darstellung der Struktur der Raumfahrtindustrie erstellen Gaubert/Lebeau, in Space Policy 2009, S. 37 (38).

746 Eurospace Facts & Figures – 2010 Edition, S. 4.

kommerzielle Kunden, die von diesen Systemen Dienste ableiten und vermarkten[747]. Der Umsatz weist nahezu eine paritätische Aufteilung von Verkäufen an europäische institutionelle Kunden (50,1%) gegenüber kommerziellen Kunden (49,9%) auf[748]. Dies war nicht immer der Fall[749]. Zwischen 1999 und 2001 war der kommerzielle Anteil höher als der institutionelle Anteil, und der Gesamtumsatz der europäischen Raumfahrtindustrie lag in dieser Zeit höher als im Jahr 2007[750]. Der kommerzielle Anteil an Raumfahrtaktivitäten ist somit in Europa deutlich höher als in den USA[751], Japan, Indien und Russland.

Die europäische Raumfahrtindustrie ist dennoch stark von der Vergabe und Akquisition öffentlicher Aufträge sowohl im zivilen als auch im militärischen Bereich abhängig. Der öffentliche Markt allein sorgte im Jahr 2010 für mehr als die Hälfte des Gesamtumsatzes der europäischen Herstellerindustrie[752]. In den letzten Jahren wurde der institutionelle Raumfahrtbereich durch die Vergabe wichtiger Verträge zur internationalen Raumstation und die Vergabe der Aufträge für die ersten Galileo-Satelliten durch die Europäische Union positiv beeinflusst. Diese ansteigenden Tendenzen sollten sich in den nächsten Jahren mit der Vergabe der Folgeverträge für die Satelliten des Galileo- sowie des GMES-Systems weiter bemerkbar machen. Weitere relevante Auftraggeber sind neben der ESA (Gesamtumsatz 2010: 2,1 Mrd. €) und der Europäischen Union die nationalen Raumfahrtagenturen (Gesamtumsatz 2010: 0,6 Mrd. €) wie beispielsweise die französische Agentur CNES und das deutsche Raumfahrtmanagement im DLR, die im Jahr 2010 jeweils unter anderem in den Bereichen Erdbeobachtung und Satellitenkommunikation wesentliche Investitionen

747 Zu der Aufteilung zwischen dem institutionnellen und dem kommerziellen Markt, s. Saleh, in: Space Policy 2005, S. 277 (281).

748 Eurospace Facts and Figures – 2009 Edition; weitere Informationen zur Aufteilung der Aufträge an der europäischen Raumfahrtindustrie findet man in: Gaubert/Lebeau, in Space Policy 2009, S. 37 (39).

749 Saleh, in: Space Policy 2005, S. 277 (282).

750 Der kommerzielle Anteil am Gesamtumsatz der europäischen Raumfahrtindustrie erreichte 2001 51%, so Gaubert/Lebeau, in Space Policy 2009, S. 37 (39). Das lag an der Minderung der öffentlichen Budgets für die Raumfahrt und einer Änderung in der Industriepolitik auf der internationalen Ebene. S. auch Peteers, in: Space Policy 2002, S. 199 (199). Der Grund für den Nachlass der kommerziellen Aufträge lag an der verminderten Nachfrage an Satelliten auf dem Telekommunikationsmarkt, s. Petroni/Santini, in: Space Policy 2012, S. 25 (26).

751 Nicht mehr als 15%, so Gaubert/Lebeau, in Space Policy 2009, S. 37 (39).

752 Eurospace Facts and Figures – 2010 Edition, S. 4.

tätigten. Schließlich wurde 2010 mit Investitionen in Höhe von knapp 1 Mrd. € ein wichtiges Jahr für militärisches Engagement, verteilt auf Frankreich, Deutschland, Italien und das Vereinigte Königreich von Großbritannien und Nordirland[753].

Der kommerzielle Markt muss auch als Exportmarkt dargestellt werden, da die Verkaufsbandbreite auch Kunden außerhalb Europas umfasst, konzentriert auf die Herstellung von Teilen für operationelle Anwendungen, wie etwa für Telekommunikation, für Erdfernerkundung sowie für Navigation. Besonders relevant in diesem Bereich sind die kommerziellen Satellitenbetreiber, wie zum Beispiel Eutelsat und SES in Europa sowie Arabsat und Globalstar außerhalb Europas. Insgesamt weist dieser Industriebereich einen Gesamtumsatz von ca. 1,6 Mrd. € auf, mit einem kommerziellen Anteil im Sektor der Satellitenkommunikation von 1 Mrd. € sowohl durch europäische als auch US-amerikanische Betreiber[754]. Neben den Satellitenbetreibern sind die Startdienstleister als wesentliche Kunden der Herstellerindustrie zu nennen, die für einen Gesamtumsatz von 670 Mio. € sorgen.

Die Herstellerindustrie ist insoweit von den nationalen Weltraumgesetzen betroffen, als ihre Produktion den in den Gesetzen genannten Sicherheits- und Herstellungsstandards entsprechen muss. Ferner bieten einige Hersteller auch Dienstleistungen an, die in den Anwendungsbereich der Gesetze fallen können.

II. Startdienstleister

Bei allen derzeit führenden Raumfahrtnationen wird der größte Teil des Umsatzes bei Trägersystemen und Satelliten durch staatliche Aufträge generiert[755]. Nach der im Jahr 2009 angemeldeten Insolvenz der Sea Launch AG[756] blieben vorübergehend nur zwei kommerzielle Anbieter auf dem Markt der Startdienstleiter: die französische Arianespace und die russisch-amerikanische International Launch

753 Eurospace Facts and Figures – 2010 Edition, S. 3.

754 Eurospace Facts and Figures – 2010 Edition, S. 3.

755 KOM(2000)597 endg, S. 6.

756 Die SeaLaunch AG ist ein Raumfahrtunternehmen, das Raketenstarts von einer speziell angepassten Bohrplattform in Äquatornähe vermarktet, s. http://www.ftd.de, „Raketenvermarkter Sea Launch ist pleite“, veröffentlicht am 24. Juni 2009.

Services[757]. Im Jahr 2010 wurde das Insolvenzverfahren von Sea Launch beendet[758], nachdem Energia Overseas Ltd., eine Tochterfirma des russischen Raumfahrtkonzerns RKK Energia, die Mehrheitsbeteiligung übernahm. Im Jahr 2011 nahm Sea Launch mit einem von Eutelsat beauftragten Start eines Kommunikationssatelliten seine Tätigkeiten wieder erfolgreich auf. Der chinesische Träger *Long March* stellt aus westlicher Sicht zumeist keine Alternative zu den zuvor genannten Anbietern dar, denn die USA untersagen den Verkauf von als sicherheitskritisch eingestufter Technologie nach China. Die Kunden entsprechender US-amerikanischer Technologien dürfen somit nur Nutzlasten ohne sicherheitskritische Komponenten für einen Start mit einem chinesischen Träger beauftragen[759].

Im Jahr 2011 wurden weltweit insgesamt 84 Trägerraketen gestartet[760], davon sechsmal durch das französische Unternehmen Arianespace[761]. Arianespace gelang es, 18 neue Startverträge abzuschließen[762], darunter Aufträge aus dem Portfolio von Sea Launch[763]. Arianespace wurde im Jahr 1980 als erste private Startdienstleistungsfirma weltweit gegründet. Das Unternehmen beschäftigt zum 1. Juli 2011 verteilt auf die Firmenstandorte in Evry, Frankreich, im europäischen Weltraumbahnhof in Französisch-Guayana und in den Auslandsbüros in Washington, D.C., Tokio und Singapur insgesamt über 330 Mitarbeiter. Im Jahr 2010 betrug der Umsatz des Unternehmens insgesamt 897 Mrd. € weltweit. Seit 2011 ist Arianespace in der Lage, neben der Ariane (Startkapazität circa 10 Tonnen) auch Starts mit dem russischen Träger Sojuz anzubieten, der mittlere Nutzlasten ab 3 Tonnen starten kann.

---

757 vgl. www.lemonde.fr, „Arianespace confirme sa domination dans le marché du lancement de satellites", veröffentlicht am 8. September 2010; s. auch Arianespace Annual Report 2010, S. 10, abrufbar unter http://www.arianespace.com/about-us-corporate-information/Annual-Report-2010.pdf.

758 s. Arianespace Annual Report 2010, S. 10, abrufbar unter http://www.arianespace.com/about-us-corporate-information/Annual-Report-2010.pdf.

759 S. www.lemonde.fr, „Arianespace confirme sa domination dans le marché du lancement de satellites", veröffentlicht am 8. September 2010.

760 S. http://www.spacelaunchreport.com/log2011.html, zuletzt abgerufen am 2. Oktober 2012.

761 Dabei handelt es sich um sches Ariane 5 und einen Sojuz-Start, s. Arianespace Annual Report 2010, S. 6, abrufbar unter http://www.arianespace.com/about-us-corporate-information/Annual-Report-2010.pdf.

762 s. Arianespace Annual Report 2010, S. 6, abrufbar unter http://www.arianespace.com/about-us-corporate-information/Annual-Report-2010.pdf.

763 Arianespace a conservé son leadership mondial en 2010, in: Le Figaro vom 29. November 2010.

Kein Startdienstleister wäre ohne staatliche Unterstützung in der Lage, seine Position auf dem kommerziellen Markt erfolgreich zu festigen[764]. Alle Startdienstleister der Welt profitieren von finanzieller Unterstützung der Staaten[765], so dass die Preise der erbrachten Leistungen nicht den Preisen eines kommerziellen, wettbewerbsfähigen Markts entsprechen. Infolgedessen variieren die „Marktpreise", je nach dem finanziellen Engagement der Staaten.

Obwohl das Starten eines Weltraumgegenstandes eine Aktivität ist, die nur teilweise im Weltraum stattfindet, wird sie nach herrschenden Meinung[766] als zu genehmigende Aktivität wahrgenommen und ist somit, wie bereits dargestellt, unmittelbar von den nationalen Weltraumgesetzen betroffen.

III. Betreibermarkt

Die privatwirtschaftliche Raumfahrtindustrie entwickelt Aktivitäten in vielfältigen Bereichen[767]. Die Satellitenkommunikation, die den Ankauf von Satelliten, Bodenstationen und Trägerdiensten umfasst, stellt den kommerziell erfolgreichsten Sektor im Raumfahrtbereich dar. Der Betreibermarkt war nach einer schweren Krise in den frühen 2000er Jahren stark betroffen. Seit dem Jahr 2006 befindet sich der Sektor wieder in einer Wachstumssphase, die von der gegenwärtigen Entwicklung neuer Internet-Anwendungen, vielfältiger Angebote der Mobiltelefon-Branche und des High-Definition- und 3D-Fernsehens unterstützt wird[768]. Die Nachfrage ist umso stärker, als sie seit kurzer Zeit auch aus neuen geographischen Zonen stammt, wie etwa Indien, Lateinamerika und Afrika[769].

---

764 Bigot/d'Escatha/Collet-Billon, Politique européenne de lanceurs, S. 4.

765 S. infra, B.

766 S. beispielsweise Gerhard, in: Ley/Wittmann/Hallmann, Handbuch der Raumfahrttechnik, S. 757 (766).

767 Eine detaillierte Darstellung der erwähnten Dienstleistungen findet man in: Harris, Space Policy 2008, 124 (125); s. auch Couston, in: Revue Française de Droit Aérien et Spatial 2002, S. 13 (13); Ravillon, in: Ravillon, Droit des activités spatiales, Rn. 33.

768 www.lemonde.fr, „Arianespace confirme sa domination dans le marché du lancement de satellites", veröffentlicht am 8. September 2010; vgl. Air & Cosmos, „Pas de crise pour le marché des satellites", veröffentlicht am 4. September 2009.

769 www.lemonde.fr, „Arianespace confirme sa domination dans le marché du lancement de satellites", veröffentlicht am 8. September 2010.

Im Jahr 2009 haben die europäischen Betreiber positive Zahlen veröffentlicht: So werden etwa für den Luxemburger Konzern SES Astra, das führende Unternehmen für den Direktempfang in Europa, 7% Wachstum angegeben. Die Satellitenflotte der Firma besteht gegenwärtig aus 16 Satelliten, die mehr als 125 Millionen Satelliten- und Kabelhaushalte in Europa versorgen und mehr als 2.500 analoge und digitale Fernseh- und Radiokanäle übertragen[770]. Die Flotte des französischen Unternehmens Eutelsat besteht gegenwärtig aus 29 Satelliten und versorgt Haushalte in über 150 Ländern in Europa, Afrika, Asien und Amerika. Die Flotte überträgt 36.000 Fernseh- und 1.100 Radio-Kanäle. Das Unternehmen kann mit seinem Bodenstationsnetzwerk sowohl die Erde als auch Empfangsstationen im Flug, zum Beispiel auf hoher See, erreichen. Eutelsat beschäftigt über 700 Mitarbeiter und erzielte 2010–2011 ein Einkommen in Höhe von 1.168 Mio. €[771].

IV. Ausblick

Die Besonderheiten der europäischen Raumfahrtindustrie liegen hauptsächlich an der eingeschränkten Zahl der Nachfrager und ihrer Abhängigkeit von öffentlichen Aufträgen. Trotz begrenzter Investitionskapazitäten widmet die Raumfahrtindustrie einen beträchtlichen Teil ihrer Anstrengungen der Forschung und trägt somit zur globalen technologischen Entwicklung bei[772]. Der hohe Anteil öffentlicher Aufträge an den Gesamtaktivitäten der europäischen Raumfahrtindustrie birgt in sich dennoch langfristig die Gefahr, dass die privaten Unternehmen keine Veranlassung sehen, sich parallel zu den institutionellen Aufträgen auf dem kommerziellen Markt zu profilieren[773]. Erste Initiativen der öffentlichen Hand, wie zum Beispiel durch öffentlich-private Partnerschaften, die Entwicklung der Raumfahrtindustrie hin zu kommerziellen Erfolgen voran zu treiben, befinden sich vielfach noch im Anfangsstadium. An sich stellt die Einführung eines spezifischen Raumfahrtrechts und entsprechende Änderungen des Zivilrechts eine Anerkennung der spezifischen Bedürfnisse des Raumfahrtsektors dar.

---

770 http://www.astra.de/165399/unternehmen, zuletzt abgerufen am 2. Oktober 2012.

771 http://www.eutelsat.com/fr/investors/chiffres-cles.html/, zuletzt abgerufen am 2. Oktober 2012.

772 So KOM(2000)597 endg. S. 2.

773 Saleh, in: Space Policy 2005, S. 277 (277).

A. Staatliche Motivationsgründe zur Einführung eines nationalen Raumfahrtrechts

Es zeichnet sich ab, dass die gesetzgeberisch tätig werdenden Staaten verschiedene Absichten bei dem Erlass eines nationalen Weltraumgesetzes verfolgen. Anlässlich nationaler Abwägungen im Vorfeld der legislativen Verfahren publizierten einige Staaten Kosten-Nutzen-Analysen, die im Ergebnis feststellen, ob und warum das Gesetzgebungsverfahren notwendig ist[774]. Anhand dieser Analysen lassen sich die staatlichen Ziele zur Einführung eines nationalen Weltraumgesetzes ableiten. So suggerieren die Positionen der Staaten, dass ein Gesetz vornehmlich aus zwei unterschiedlichen Motivationen heraus erlassen wird: aus hoheitlichen Gründen (I) und mit dem Ziel, die nationale Industrie zu unterstützen (II).

I. Erfüllung hoheitlicher Aufgaben

Die bis jetzt dargestellten Überlegungen zur Einführung eines nationalen Weltraumgesetzes beruhen hauptsächlich auf dem internationalen Weltraumrecht und auf der von den Vertragsstaaten eingegangenen Pflicht, nationale – auch private – Raumfahrtaktivitäten zu erlauben und zu kontrollieren. Es kommen allerdings weitere Gründe in Betracht, die für die Einführung eines nationalen Weltraumgesetzes sprechen. Dazu zählen die sich durchsetzende Wahrnehmung der Unzulänglichkeit des bestehenden Rechtsrahmens (1), der Wille, die nationale Position auf der internationalen beziehungsweise europäischen Ebene zu etablieren (2) und die Absicherung von finanziellen Risiken (3).

1. Unzulänglichkeit des bestehenden Rechtsrahmens

Es ist bereits angeklungen, dass Raumfahrt – zumindest anfangs – ausschließlich von Staaten betrieben wurde. Solange diese Aussage noch gültig war, gab es

---

774 S. z. B. die französische Veranstaltungen zu Beginn der Überlegungen über den Rechtsrahmen für Raumfahrtaktivitäten, s. Schmidt-Tedd/Arnold, in: ESPI Perspective 11, S. 2 ff.; s. auch die Veranstaltung VIIIth European Interparliamentary Space Conference, Towards A Legal Framework For Space Activities and Application; Comparative and European Perspectives, Brussels, Belgian Senate, 26. April 2006, die zum Anlass des Erlasses des belgischen nationalen Weltraumgesetzes stattfand; vgl. auch Explanatory Memorandum, Niederländisches Gesetz, unveröffentlicht und in Österreich 1466 der Beilagen XXIV. GP – Regierungsvorlage – Materialien.

keinen Bedarf an gesetzgeberischem Tätigwerden. Nach und nach änderte sich die Ausgangssituation (a), so dass eine inhaltliche Anpassung (b) notwendig wurde.

a. Ursprüngliche Rechtslage

Da die Staaten unmittelbar an die Bestimmungen des internationalen Weltraumrechts gebunden sind, sind nationale Rechtsnormen für die Einhaltung der weltraumspezifischen internationalen Bestimmungen nicht erforderlich. In der Zeit, in der die Raumfahrt zunehmend von privaten Akteuren betrieben wurde, konnte allerdings zunächst noch sichergestellt werden, dass die Prinzipien des internationalen Weltraumrechts eingehalten werden. Dies war beispielweise der Fall in Frankreich, wo die „*doctrine de sauvegarde*" und der „*règlement de sauvegarde*" der nationalen Raumfahrtagentur für die erforderlichen Sicherheitskontrollen durch den Start sorgten[775]. Das Gleiche galt vor dem Gesetz auch für die Registrierung[776].

Die Einhaltung der völkerrechtlichen Regelungen konnte auch auf anderem Wege erfolgen, etwa durch vertragliche Regelungen des Staates mit dem Betreiber, beispielweise im Zusammenhang mit einer staatlichen Beteiligung[777] wie etwa in der Form von Aufträgen, Zuwendungen oder einer öffentlich-privaten Partnerschaft[778]. Bezüglich der internationalen Haftung konnten auch ohne nationales Weltraumgesetz die Verpflichtungen des internationalen Weltraumrechts auf die privaten Akteure abgewälzt werden. Dies war dann der Fall, wenn interne Richtlinien oder Verordnungen die Verantwortung und Rolle der Beteiligten verteilten. Meistens wurden die Fälle auch auf *ad hoc*-Basis geregelt. Spezifische Aspekte der Raumfahrtaktivitäten konnten durch die Anwendung anderer bestehender Rechtsgebiete geregelt werden[779] und machten die Einführung eines speziellen Weltraumrechts zunächst nicht notwendig. Auch im Fall einer Streitigkeit konnten eine Zeit lang auch ohne

775 Conseil d'Etat, Pour une politique juridique des activités spatiales, S. 53.

776 Conseil d'Etat, Pour une politique juridique des activités spatiales, S. 54.

777 Schmidt-Tedd, in: Actes du colloque, Quel environnement juridique pour les activités spatiales, S. 28.

778 Gerhard, in: Ley/Wittmann/Hallmann, Handbuch der Raumfahrttechnik, S. 757 (766).

779 Wie etwa in Frankreich, wo Starts teilweise unter der Anwendung des Umweltrechts umfasst wurden, s. Conseil d'Etat, Pour une politique juridique des activités spatiales, S. 52; oder auch in den Niederlanden, S. Explanatory Memorandum, Niederländisches Gesetz, unveröffentlicht, S. 7; s. in Österreich 1466 der Beilagen XXIV. GP – Regierungsvorlage – Materialien.

Gesetz verwaltungsinterne Regelungen getroffen werden. Der Erfolg dieser konsensualen Lösungen beruhte allerdings Großteils auf dem Einvernehmen mit dem privaten Sektor[780], sorgte aber in keiner Weise für Rechtssicherheit und wurde, sobald fremde Akteure hinzu kamen, nicht mehr effektiv.

Das Ausbleiben einer förmlichen Rechtsnorm wurde allerdings insbesondere in Frankreich immer schwieriger zu rechtfertigen[781]. Sollten zwischen den Beteiligten Streitigkeiten entstehen, konnten zunehmend Schwierigkeiten nicht mehr auf dem „kleinen Dienstweg" geklärt werden. Es wurde vermehrt entschieden, dass die Rechte und Pflichten aller Beteiligten festgestellt und gewahrt werden mussten[782]. Auch die internationale Dimension des Raumfahrtgeschäftes konnte nicht mehr weiter ignoriert werden, und die Rechtslage eines Staates entwickelte sich zum Wettbewerbsmerkmal: Erscheint die Rechtslage in einem Land unübersichtlich und nicht transparent, besteht die Gefahr, dass ein dort ansässiges Unternehmen sich aus dem Land zurückzieht[783].

Schließlich kam dazu, dass die Staaten sich progressiv von der Durchführung von Raumfahrtaktivitäten distanzierten und der Anteil der rein privaten Beteiligung an der Raumfahrt zunehmend stieg. So vermehrten sich die Raumfahrtaktivitäten, die allein von neuen, privaten Akteuren betrieben werden. Dies hat die mittelbare Umsetzung des internationalen Weltraumrechts erschwert; der Bedarf zur Übertragung der Verpflichtungen auf die nationalen Akteure war gegeben[784]. Der Staat hat ein direktes Interesse daran, dass die Rechte und Pflichten der Teilnehmer an einer Raumfahrtaktivität geregelt werden[785]. Weiter ist zum Zweck der ständigen Überwachung einer Rechtsnorm der Einblick der staatlichen Behörden in die privaten Raumfahrtaktivitäten notwendig und durch ein nationales Weltraumgesetz erfüllbar[786].

---

780 Conseil d'Etat, Pour une politique juridique des activités spatiales, S. 52.

781 Conseil d'Etat, Pour une politique juridique des activités spatiales, S. 20.

782 Conseil d'Etat, Pour une politique juridique des activités spatiales, S. 14.

783 An dieser Stelle wird auf die Problematik des Licence Shoppings verwiesen.

784 Conseil d'Etat, Pour une politique juridique des activités spatiales, S. 7, vgl. S. 50; s. auch den Beitrag Deutschlands in: Roelants du Vivier, Rapport fait au nom du groupe de travail "espace", S. 24.

785 So die Argumentation bezüglich des niederländischen Gesetzes, s. Explanatory Memorandum, Niederländisches Gesetz, unveröffentlicht, S. 9.

786 Conseil d'Etat, Pour une politique juridique des activités spatiales, S. 8; S. Explanatory Memorandum, Niederländisches Gesetz, unveröffentlicht, S. 7.

b. Inhaltlicher Modernisierungsbedarf

Die Änderung der Struktur der Raumfahrt und der Einstieg sowohl privater als auch fremder Akteure in die Raumfahrtszene schuf neue Bedürfnisse an die Rechtssicherheit: Ein gesetzgeberisches Tätigwerden des Staates wurde notwendig, da sich Raumfahrtaktivitäten entwickelten, die absolut ungeregelt stattfanden[787]. Es wurde festgestellt, dass die Annahme einer raumfahrtspezifischen Regelung zur Bereinigung des nationalen Markts sorgen kann[788], indem sie es ermöglicht, zuverlässige und gesetzeskonform agierende Raumfahrtbetreiber ins Land zu holen, während umgekehrt unzuverlässige Betreiber, die bislang von dem Ausbleiben eines nationalen Rechts für Raumfahrtaktivitäten profitiert hatten, ausgeschlossen werden können. Der Erlass eines Gesetzes dient also dem Sicherheitsinteresse des Staates.

Des Weiteren hat die Entwicklung der Raumfahrt eine Anpassung der bereits bestehenden Rechtslage erforderlich gemacht. So wurden etwa gewisse Bereiche, die anderweitig bereits reguliert waren, durch die Entstehung privater Raumfahrtaktivitäten überfordert. Es wurde festgestellt[789], dass die Bereiche Eigentum und Sicherheit, Haftung, geistiges Eigentum und Versicherungsrecht an die Bedürfnisse der Raumfahrt angepasst werden mussten[790]. Somit war nicht nur der Bedarf an einem neuen Recht gegeben, sondern auch an einer Anpassung der bestehenden Rechtsgebiete, deren Vorschriften nicht in der Lage waren, die Bedürfnisse der Raumfahrtfirmen zu decken[791].

2. Positionierung auf europäischer Ebene

Die vorliegenden Untersuchungen haben gezeigt, dass in der Entscheidung zum Erlass eines nationalen Weltraumgesetzes die europäische Dimension eine wichtige Rolle spielt. So lassen sich Überlegungen auflisten[792], wonach die Definition eines nationalen Weltraumrechts die Entwicklung eines möglichen zukünftigen

787 Conseil d'Etat, Pour une politique juridique des activités spatiales, S. 7 f.

788 So die belgische Position, s. Chambre des représentants de Belgique, DOC 51 1607/001, S. 6.

789 Conseil d'Etat, Pour une politique juridique des activités spatiales, S. 9.

790 Conseil d'Etat, Pour une politique juridique des activités spatiales, S. 9; vgl. Chambre des représentants de Belgique, DOC 51 1607/001, S. 5.

791 Conseil d'Etat, Pour une politique juridique des activités spatiales, S. 9.

792 Sowohl von französischer Seite, Conseil d'Etat, Pour une politique juridique des activités spatiales, S. 9, als auch von deutscher Seite, s. den Beitrag Deutschlands, in: Roalants du Vivier, Rapport fait au nom du groupe de travail "espace", S. 25.

europäischen Weltraumrechts prägen beziehungsweise beeinflussen könnte[793]. Die Staaten ohne nationales Weltraumgesetz und ohne klare Positionierung dazu, wie ein solches Recht zu gestalten wäre, haben an dieser Stelle erhebliche Nachteile, denn ihre Vorstellungen sind nicht niedergelegt. Es besteht somit die Gefahr, dass bereits existierende und formulierte Vorstellungen anderer Länder als Muster übernommen werden, sollte eine solche Diskussion und Positionsbestimmung auf europäischer Ebene stattfinden. Umgekehrt verschaffen sich die Staaten mit Weltraumrecht – und damit verbundenen, konkreten Positionen – den Vorteil, dass sie ihr geltendes Recht als Muster beziehungsweise Modell anbieten können, wenn die Europäische Union sich damit auseinandersetzen sollte. Somit spielt die Annahme des nationalen Weltraumrechts auch eine strategische Rolle für die Umsetzung der eigenen Positionen auf europäischer Ebene. Schließlich spricht der internationale Wettbewerb für ein Tätigwerden des Staates im nationalen Raumfahrtrecht, wie es in Frankreich deutlich ausgedrückt wird[794]. Der Vorsprung und die Dominanz der USA sind in der Raumfahrt extrem ausgeprägt und auch im Bereich des Weltraumrechts ergibt sich die starke Dominanz der USA, ihre eigenen Standards und Rechtsnormen universal anzuwenden. Um die eigene Rechtsidentität zu behaupten, ist es daher auch für andere Staaten notwendig, durch ein Gesetz die nationalen Vorstellungen zu verankern[795]. Mit der Modernisierung des bereits bestehenden Rechts und dem Erlass eines raumfahrtspezifischen Rechts wurde etwa im Fall des französischen Weltraumgesetzes eindeutig das Ziel verfolgt, die Anwendung des französischen Rechts in internationalen Verträgen zu unterstützen[796].

3. Absicherung finanzieller Risiken

Die Notwendigkeit ein nationales Weltraumgesetz zu erlassen, ergibt sich letztlich aus finanzieller Perspektive: Aus hoheitlichen Gründen ist es notwendig, dass die Risiken der Raumfahrt von denjenigen getragen werden, die in den Genuss der Aktivitäten kommen[797]. Wenn ausschließlich Staaten solche Aktivitäten durchführen, kann man von einer vergleichsweise sicheren Durchführung ausgehen,

793 Conseil d'Etat, Pour une politique juridique des activités spatiales, S. 9.
794 Conseil d'Etat, Pour une politique juridique des activités spatiales, S. 9.
795 Conseil d'Etat, Pour une politique juridique des activités spatiales, S. 14; aus industriepolitischen Gründe wird diese Meinung auch im niederländischen Recht vertreten, s. Explanatory Memorandum, Niederländisches Gesetz, unveröffentlicht, S. 9.
796 Conseil d'Etat, Pour une politique juridique des activités spatiales, S. 9.
797 Conseil d'Etat, Pour une politique juridique des activités spatiales, S. 50.

weil Staaten an die Weltraumverträge gebunden sind und sich darüber hinaus gehend Gedanken über ihre Zuverlässigkeit machen[798]. Schließlich ist ein Staat stets sein eigener Versicherer und gilt als solvent[799]. Die Entwicklung der privaten Raumfahrt und das Streben nach Profit und Rendite kann die Frage aufwerfen, ob Unternehmen nicht wissentlich an der falschen Stelle sparen und Kompromisse im Bereich der Sicherheit ihrer Aktivitäten eingehen, um kurzfristig Gewinne zu erzielen. Eine Regelung dieser Aktivitäten durch den Staat ist daher notwendig. Die Versicherung von Raumfahrtaktivitäten und die tatsächliche Entschädigung etwaiger Geschädigter hängen auch von der Verfügbarkeit einer entsprechenden und passenden Versicherungsform auf dem Markt sowie deren Inanspruchnahme durch den Betreiber ab. Die Einführung einer Versicherungspflicht sollte eine zusätzliche Motivation für einen Staat sein, gesetzgeberisch tätig zu werden. Diese soll nicht nur die Industrie vor möglichen Insolvenzfällen schützen, sondern sorgt auch für einen angemessenen Schutz unbeteiligter Dritter.

II. Unterstützung der Industrie

Neben der Erfüllung hoheitlicher Aufgaben können industriepolitische Überlegungen die Staaten zum Erlass eines nationalen Weltraumgesetzes motivieren. Diese Überlegungen verfolgen eindeutig das Ziel, die nationale Industrie durch gesetzgeberische Maßnahmen in eine wettbewerbsfähigere Lage auf dem internationalen Raumfahrtmarkt zu versetzen. Man erkennt in verschiedenen Ländern das staatlich Gesetze Ziel, durch Raumfahrtrecht die Entwicklung des Markts und der privaten Initiativen zu unterstützen[800].

Gesetzgeberische Maßnahmen betreffen in erster Linie die Haftungskette zwischen allen beteiligten Akteuren. Die vertragliche Praxis hatte ausgleichende Mechanismen in Raumfahrtverträge eingebaut, insbesondere eine so genannte Praxis der „Haftungsverzichtsklausel“, wonach jeder Akteur für die ihm selbst entstandenen Schäden zuständig ist und die Haftung der weiteren

---

798 Conseil d'Etat, Pour une politique juridique des activités spatiales, S. 13.

799 Conseil d'Etat, Pour une politique juridique des activités spatiales, S. 13.

800 Ministère délégué à la recherche et aux nouvelles technologies, L'évolution du droit de l'espace en France, S. 52; vgl. Chambre des représentants de Belgique, DOC 51 1607/001, S. 5; s. auch Kerrest, National Space Legislation – Crafting Legal Engines for the Growth of Space Activities, S. 5, vorgestellt am 22. März 2011 beim IISL/ECSL Symposium, abrufbar unter http://www.oosa.unvienna.org/pdf/pres/lsc2010/symp01.pdf, zuletzt abgerufen am 2. Oktober 2012.

Beteiligten nicht in Anspruch nimmt[801]. Die Gültigkeit solcher Klauseln vor zivilrechtlichen Gerichtsbarkeiten ist in Europa umstritten[802], während sie vom US-amerikanischen Recht in Raumfahrtverträgen als Pflicht vorgeschrieben werden. Diese Art von Klauseln ermöglicht eine von allen Beteiligten empfundene faire Lastenverteilung und Einschätzung der Risikolage[803] und vereinfacht den Zugang zum Versicherungsmarkt. Unter dieser Betrachtung ist ein gesetzgeberisches Handeln notwendig, um die Gültigkeit dieser Klauseln abschließend zu verankern und um die dadurch geschaffene und akzeptierte Solidarität zwischen den Akteuren nicht in Fragen zu stellen.

Einen anderen Schwerpunkt greift die Frage der Versicherungspflicht auf. Diese Pflicht kann nur aus einer verbindlichen Rechtsnorm entstehen[804]. Viele Staaten beziehungsweise Betreiber sprechen sich für die Einführung einer differenzierten Versicherungspflicht aus, je nach „Gefährdungspotenzial" der betroffenen Aktivität[805]. Folglich würde der in den Weltraumverträgen vorgesehene Schutzmechanismus für Geschädigte eine konforme Anwendung finden, indem die Versicherung für die Bonität der Unternehmen sorgt. Die Versicherungspflicht garantiert die Solvenz des jeweiligen Betreibers und Schuldners im Schadensfall und stellt insoweit eine Ergänzung der Weltraumverträge dar. Weiter muss auch ins Auge gefasst werden, dass es praktisch unmöglich ist, eine entsprechende Versicherung auf unbegrenzte Haftung abzuschließen. Diese faktische Einschränkung spricht daher für die Einführung einer Höchstgrenze bei der Haftung, damit die Deckungssummen im Voraus festgesetzt sind und eine entsprechende Versicherung abgeschlossen werden kann. Die Einführung einer Pflichtversicherung erleichtert weiterhin das

---

801 Ministère délégué à la recherche et aux nouvelles technologies, L'évolution du droit de l'espace en France, S. 52; vgl. Conseil d'Etat, Pour une politique juridique des activités spatiales, S. 55; s. hierzu Dritter Teil, K. I. der vorliegenden Arbeit.

802 S. z. B. das Urteil der französischen Cour de Cassation, Cass., Comm., 3. Februar 1998; vgl. Conseil d'Etat, Pour une politique juridique des activités spatiales, S. 52 und S. 113.

803 Ministère délégué à la recherche et aux nouvelles technologies, L'évolution du droit de l'espace en France, S. 52; vgl. Ersfeld, in: ZLW 2010, S. 241 (248).

804 Ministère délégué à la recherche et aux nouvelles technologies, L'évolution du droit de l'espace en France, S. 53.

805 Diese Unterteilung wurde ausdrücklich ins französische Gesetz übernommen. Der niederländische Gesetzgeber hat sich dieser Meinung angeschlossen, s. Explanatory Memorandum, Niederländisches Gesetz, unveröffentlicht, S. 9.

entsprechende Weltraumgeschäft, wobei sich die Staaten bewusst sind, dass die tätigen Unternehmen möglicherweise selbst nicht in der Lage wären, für den maximalen Schadensersatz aufzukommen – oder mit der Gefahr der anschließenden Insolvenz der Gesellschaft konfrontiert wären[806].

Auch die Einführung eines nationalen Registers für Weltraumgegenstände kann eine Maßnahme zur Unterstützung der Industrie darstellen. Wie bereits untersucht, stellt die Registrierung die notwendige Bindung zwischen dem Staat und dem Weltraumgegenstand her, mit welchem der Staat Kontrolle und Gerichtsbarkeit über den Gegenstand besitzt. Somit wird der Staat in die Lage versetzt, seine eigene Rechtsordnung auf den Gegenstand anzuwenden. Dies ist hinsichtlich der Rechtsicherheit im Bereich des geistigen Eigentumsrechts von hoher Relevanz für die Industrie[807].

III. Fazit

Seitens des gesetzgeberisch tätig werdenden Staates bestehen über die internationalen Verpflichtungen hinaus weitere Gründe, ein Weltraumgesetz zu erlassen. Im Ergebnis kann festgestellt werden, dass sowohl die Erfüllung hoheitlicher Aufgaben als auch der Wille, die nationale Industrie zu unterstützen die Weltraumgesetzgebung beeinflussen können. Darunter fallen die aus dem Weltraumvertrag stammenden Pflichten zur Erlaubnis, ständige Kontrolle und Überwachung von nationalen, nichtstaatlichen Raumfahrtaktivitäten sowie die Feststellung, dass in Anbetracht einer wachsenden Anzahl nichtstaatlicher Aktivitäten ein nationales Gesetz das Mittel der Wahl zur Umsetzung dieser Verpflichtung darstellt. Die Gesetzgebung kann weiter von dem Bedarf getrieben werden, Raumfahrtaktivitäten grundsätzlich mit einem sicheren und zuverlässigen Rechtsrahmen zu versehen, wobei die nationale Rechtslage auch Weichen für die europäische beziehungsweise internationale Ebene stellen kann. Aus industriepolitischer Perspektive kann also festgestellt werden, dass die Schaffung eines Rechtsrahmens unter anderem durch die Bestrebung motiviert ist, der nationalen Industrie ein sicheres und planbares Rechtssystem zu geben.

---

806 Explanatory Memorandum, Niederländisches Gesetz, unveröffentlicht, S. 10.

807 Ministère délégué à la recherche et aux nouvelles technologies, L'évolution du droit de l'espace en France, S. 53; vgl. Chambre des représentants de Belgique, DOC 51 1607/001, S. 9.

B. Auswirkungen unterschiedlicher nationaler Weltraumgesetze

Es ist bemerkenswert, dass fast alle europäischen Raumfahrtbetreiber einer unterschiedlichen Rechtsordnung unterworfen sind: Intelsat und SES Astra sind in Luxemburg ansässig, Eutelsat in Frankreich, Hispasat in Spanien, *Telenor Satellite Broadcasting* in Norwegen[808]. Da Intelsat, SES Astra und Hispasat in Staaten ansässig sind, in denen kein Weltraumgesetz existiert, finden sich letztlich keine zwei Unternehmen, die dasselbe Recht bezüglich der Durchführung von Weltraumaktivitäten beachten müssen. Somit sind die europäischen Raumfahrtunternehmen mit der Situation konfrontiert, dass ihre Aktivitäten, abhängig von deren Sitz, entweder gar nicht gesetzlich erfasst sind oder wegen der Einführung eines Gesetzes vom Status „nicht erfasst" auf „erfasst" wechseln. Es ist bereits angeklungen, dass die Gesetze unterschiedlich gestaltet sind und für unterschiedliche Rechtsregime sorgen. Diese unterschiedlichen Ausgangssituationen bewirken zwangsläufig, dass die betroffenen Raumfahrtaktivitäten jeweils anderen Rahmenbedingungen unterworfen sind.

Dieser Problematik widmet sich der vorliegende Abschnitt. Zunächst wird untersucht, was entweder das Ausbleiben oder aber die Einführung eines nationalen Weltraumgesetzes bewirken kann (I). Sodann befassen sich die folgenden Ausführungen damit, die Effekte der inhaltlichen Unterschiede darzustellen und zu bewerten (II).

Es ist anzumerken, dass die neuesten, hier zu untersuchenden Gesetze Frankreichs und Österreichs erst seit Kurzem in Kraft getreten sind[809]. Eine tiefere Betrachtung der Praxis, insbesondere inwieweit das Verhalten der betroffenen Unternehmen damit beeinflusst wird, ist somit noch nicht möglich. Der folgende Abschnitt und die Ergebnisse der Untersuchungen beruhen allerdings auf persönlichen Gesprächen mit repräsentativen Akteuren von betroffenen Unternehmen, zuständigen Behörden und Ministerien und sorgen für praxisorientierte Ergebnisse.

---

808 Quelle: Space News Volume 21, Issue 27, 5. Juli 2010, S. 11.

809 Das französische nationale Weltraumgesetz Loi sur les opérations spatiales tritt gemäß Art. 24 des Décret n°2009-643 vom 9. Juni 2009 spätestens achtzehn Monaten nach Veröffentlichung des Décrets in Kraft. Das Gesetz ist somit am 10. Dezember 2010 in Kraft getreten.

I. Gegenüberstellung der staatlichen Herangehensweisen

Für die Fälle, dass ein nationales Weltraumgesetz besteht, eingeführt wird oder ausbleibt, ergeben sich für die private Raumfahrt verschiedene Rechtslagen, deren Umfänge untersucht werden. So wird zunächst erörtert, was das Ausbleiben eines nationalen Weltraumgesetzes bewirken kann (1). Sodann wird erläutert, was die Einführung eines Gesetzes an Konsequenzen für die nationale Industrie nach sich zieht (2).

1. Ausbleiben eines nationalen Weltraumgesetzes

Die überwiegende Anzahl der Raumfahrtnationen Europas haben bislang kein Weltraumgesetz erlassen. Lediglich sieben der 27 Mitgliedstaaten der Europäischen Union und der 20 Mitgliedstaaten der ESA gestalteten bislang einen Rechtsrahmen für private Raumfahrtaktivitäten. Man kann daher davon ausgehen, dass Raumfahrtaktivitäten in Europa ungeregelt durchgeführt werden können.

In Hinblick auf die staatliche Haftung haben die bereits dargelegten Untersuchungen gezeigt, dass das Ausbleiben einer rechtlichen Wahrnehmung privater nationaler Raumfahrtaktivitäten nichts an der absoluten Haftung eines Startstaates ändert. Somit stellt das Nichterlassen eines Gesetzes eine Gefahr für den Startstaat dar, denn die internationale Haftung für Raumfahrtschäden bleibt unberührt, ganz gleich ob der Staat Kenntnis der Raumfahrtaktivitäten hatte oder ob diese Aktivitäten von einer Rechtsregel erfasst wurden[810].

Das Nichterlassen eines Gesetzes kann aus unternehmerischer Perspektive eine entscheidende Bedeutung erhalten. Da Weltraumgesetze in der Regel aus den aus den Weltraumverträgen identifizierten Bausteinen bestehen, kann davon ausgegangen werden, dass der Nichterlass eines Gesetzes dem Ausbleiben administrativer Maßnahmen wie etwa der Genehmigungspflicht von Raumfahrtaktivitäten, dem Einblicksrecht nationaler Behörden in die durchgeführten Aktivitäten oder den staatlichen Ansprüchen gegen den Betreiber gleichzusetzen ist[811]. Dies heißt im Umkehrschluss, dass die betroffenen Unternehmen völlige Freiheit bei der Durchführung ihrer Raumfahrtaktivitäten genießen. Dies wirft mehrere Fragenkomplexe auf. Zum einen stellen sich Sicherheitsfragen: Es ist

810 Vgl. hierzu Dritter Teil, A. der vorliegenden Arbeit.

811 An dieser Stelle wird auf die Ausführungen zu den gesetzlichen Bausteinen verwiesen; vgl. Gerhard, in: Ley/Wittmann/Hallmann, Handbuch der Raumfahrttechnik, S. 757 (766).

zumindest bedenklich, ob Unternehmen ohne gesetzlichen Druck von sich aus Sicherheitsstandards anwenden, die denen des Staates vergleichbar wären. Es könnte davon ausgegangen werden, dass die Unternehmen höchstens Sicherheitsstandards anwenden würden, um den Verlust oder die Zerstörung der eigenen Rechtsgüter zu vermeiden oder die Gewährleistung der eigenen Sicherheit zu erhalten. Umgekehrt kann nicht zwingend davon ausgegangen werden, dass die Unternehmen Rechts- oder Schutzgüter anderer Personen in Betracht ziehen, wie beispielsweise den Schutz der Bevölkerung oder der Umwelt. Zum anderen gilt es aus industriepolitischer Sicht zu betrachten, dass Unternehmen, die an keine gesetzlichen Bestimmungen gebunden sind, eine geringere Verwaltungslast tragen, als diejenigen Unternehmen, welche die Einhaltung vorgegebener Sicherheitsstandards beweisen oder sonstige Genehmigungen und Pflichtversicherungen einholen müssen. Zudem kann die Einhaltung der Verpflichtungen mitunter zu zeitlichen Projektverzögerungen führen. Es ist nennenswert, dass in den betrachteten Gesetzen Zeiträume für die Erteilung einer Genehmigung von bis zu sechs Monaten eingeplant sind. Weiter kann die juristische Lage bedingen, dass Unternehmen sich vertieft mit einer neuen Rechtslage auseinandersetzen und hierfür umfangreiche Personalkapazitäten einsetzen müssen. Dies kann gegenüber Wettbewerbern, die in einem ungeregelten Ausübungsregime tätig sind, zu einem bedeutenden Nachteil werden. All die genannten Argumente wurden von französischen Unternehmen im Rahmen des Gesetzgebungsverfahrens wiederholt verwendet, um eine Reduzierung der Verwaltungslast zu erreichen.

Wenn die Raumfahrtaktivitäten eines Unternehmens nicht in den Anwendungsbereich eines Gesetzes fallen, kann sich für das Unternehmen international ein Wettbewerbsvorteil ergeben. Es zeigt sich also im Ergebnis, dass das Ausbleiben eines nationalen Weltraumgesetzes diejenigen Unternehmen bevorzugt, die ihre Aktivität unabhängig planen können. Dies kann insoweit einen Wettbewerbsvorteil darstellen, als eine gleiche Aktivität in einem Staat gesetzlich erfasst wird und in einem anderen nicht. Es ergäbe sich auf europäischer Ebene bei gleicher Sachlage ein ungleiches Handeln.

2. Einführung eines nationalen Weltraumgesetzes

Der Erlass eines nationalen Weltraumgesetzes kann auf der Kodifizierung bestehender kommerzieller Praktiken beruhen. Aus staatlicher Perspektive erweist sich diese Methode der Gesetzgebung als praxisnah. Sie kann dafür sorgen, dass eine bestehende Praxis durch Einführung eines nationalen Weltraumgesetzes als Standard definiert wird. Dabei wird sichergestellt, dass die Einführung des

Gesetzes keine oder möglichst nur geringe Brüche in den Geschäftsabläufen der Unternehmen bewirkt und der Übergang zu der neuen gesetzlichen Regelung möglichst reibungslos erfolgt. Dies sorgt ebenfalls dafür, dass die im Gesetz vorgegebenen Standards dem Stand der Technik entsprechen. Ob dies für alle Unternehmen von Vorteil ist, bleibt allerdings fraglich. Das *European Space Policy Institute* – ESPI belegt, dass Unternehmen, deren Praktiken als Maßstab genommen werden, einen erheblichen Vorteil gegenüber den Wettbewerbern genießen, deren Praktiken nicht gesetzlich verankert wurden und die damit gezwungen sind, ihre Geschäftsabläufe umzustrukturieren[812]. Auch die durch Einführung neuer Maßstäbe zwangsläufig notwendige Aneignung neuer Prozeduren kann in der Einführungsphase zu Verzögerungen und wettbewerbsrechtlichen Nachteilen führen. Dies ließe sich vermeiden, wenn europaweit einmalig ein allgemeines Rechtsregime entstehen würde.

II. Zu Regelungsunterschieden der nationalen Weltraumgesetze

Nicht nur das Bestehen oder Ausbleiben eines nationalen Weltraumgesetzes, sondern auch die inhaltliche Gestaltung der Gesetze kann Auswirkungen auf die Betreiber haben. Dies betrifft in erster Linie Genehmigungs- (2), Registrierungs- (3) und Haftungsthemen (6) sowie die technische Regelung (4) und die Versicherung (5), welche im Folgenden dargelegt werden. Die Neigung kann auch bestehen, den nationalen Unternehmen einen Standortvorteil verschaffen zu wollen (1). Darüber hinaus sollte das Thema des *Licence Shopping* angesprochen werden (7).

1. Kodifizierung einer Praxis – Standortvorteil für heimische Unternehmen

Es ist bereits angeklungen, dass in manchen Staaten die notwendige Expertise für die Prüfung eines Antrags zur Erlaubnis einer nationalen Raumfahrtaktivität (zunächst) fehlen kann, gerade wenn der Staat in Erwartung zukünftiger Raumfahrtaktivitäten gesetzgeberisch tätig geworden ist. Nach den Untersuchungen des ESPI[813] wird belegt, dass dies zur Folge haben kann, dass die zuständige Behörde eines Landes mehr Vertrauen in ein Unternehmen hat, das

812 Sánchez Aranzamendi, in: ESPI Report 21, S. 33.

813 Sánchez Aranzamendi, ESPI Report 21, S. 33.

über langjährige Erfahrungen im Raumfahrtbereich verfügt und dazu neigt, faktische Beschränkungen für kleinere beziehungsweise Unternehmen ohne Raumfahrtexpertise aufzustellen. Es besteht auch die Möglichkeit, dass diejenigen Unternehmen bevorzugt werden, mit denen der Staat schon vertraut ist und positive Erfahrung gesammelt hat. Auf inoffizieller Basis kann an dieser Stelle berichtet werden, dass Behörden das Genehmigungsverfahren bereits vor dem Inkrafttreten des nationalen Gesetzes eines Staates informell eröffnet haben, damit die betroffenen Unternehmen bereits am Tag des Inkrafttretens des Gesetzes die Genehmigung erteilt bekommen. Dies ist nur für diejenige Unternehmen möglich, die auf dem Markt bereits etabliert und bekannt sind. Sich auf dem Markt neu etablierende oder ausländische Unternehmen haben keinen Zugang zu diesen informellen Wegen und müssen somit mit den vom Gesetzgeber vorgesehenen Bearbeitungszeiten zur Erteilung der Genehmigung rechnen.

Nationale Unternehmen können ebenfalls einen Vorteil bekommen, wenn der Staat die Durchführung einer Raumfahrtaktivität an die Nutzung vorhandener nationaler Industrien oder Startdienstleister bindet[814]. Dies kann erfolgen, indem Genehmigungen für Aktivitäten aus Sicherheitsgründen nicht erteilt werden, wenn die Aktivität die Teilnahme fremder Unternehmen, die selbst nicht kontrollierbar sind, vorsieht. Dasselbe gilt für die staatliche Freistellungsgarantie im Haftungsfall, die in manchen Fällen ausschließlich nationalen Betreibern zur Verfügung steht. Um in den Genuss der Freistellungsgarantie zu kommen, muss das Unternehmen selbst die Nationalität des die Garantie erteilenden Staates nachweisen, oder Unterauftragnehmer eines Unternehmens sein, das zu der Garantie berechtigt wäre.

Diese Durchführungsbestimmungen können einen Einfluss auf die Wettbewerbsfähigkeit der europäischen Unternehmen haben. Raumfahrtaktivitäten werden daran bemessen, ob die ohnehin hohen Risiken der Aktivitäten möglichst niedrig und die entstehenden Kosten in Grenzen gehalten werden. Bei der Auswahl der Vertragspartner geht es also darum, den zuverlässigsten und günstigsten zu finden[815]. Zuverlässigkeit und Wettbewerbsfähigkeit sind somit die Treiber der Entscheidungen der Unternehmen, wenn es darum geht, den richtigen Vertragspartner zu wählen. Sollte es durch ein Gesetz oder durch dessen Anwendung dazu kommen, dass nur das eine oder das andere nationale Unternehmen auswählbar ist,

814 Sánchez Aranzamendi, ESPI Report 21, S. 33.

815 Deshalb ist auch die Starterfolgsquote ein entscheidender Maßstab in der Auswahl des Startdienstleisters, s. diesbezüglich Air & Cosmos N° 2200, 8. Januar 2010, S. 22.

um eine Genehmigung zu bekommen, so kann der Antragsteller gezwungen sein, seine Entscheidung aus rein administrativen und nicht-marktorientierten Gründen treffen zu müssen. Dies kann zur Folge haben, dass das ausgewählte Unternehmen nicht das günstigste ist, dass die Projektkosten steigen und die Wettbewerbsfähigkeit des Antragsstellers somit gefährdet wird. Zum anderen kann es auch dazu führen, dass man dadurch auf ein einzelnes Unternehmen angewiesen ist und keine Alternative im Fall eines Ausfalls des ursprünglich ausgewählten Partners hat. Dies ist nicht nur für das Projekt von Nachteil, sondern für die gesamte europäische Industrielandschaft: für den Erhalt von Aufträgen muss für einzelne Unternehmen die uneingeschränkte Wettbewerbsfähigkeit nicht mehr als zwingend notwendig erscheinen, sondern es könnte als ausreichend betrachtet werden, den Firmensitz im adäquat erscheinenden Land zu haben.

2. Erlaubnis – Verwaltungslast für betroffene Unternehmen

Die bis hier geführten Analysen haben gezeigt, dass die internationalen Verpflichtungen zur Genehmigung, ständigen Kontrolle und Überwachung von nationalen Weltraumaktivitäten in unterschiedlicher Art und Weise umgesetzt werden. Auch wenn punktuelle Gemeinsamkeiten hervorzuheben sind, gilt im Ergebnis, dass die seitens der nationalen Gesetzgeber vorgegebenen zu erfüllenden gesetzlichen Bedingungen vielfach unterschiedlich sind. Ähnliches findet man bezüglich der Transparenz des Verfahrens zur Erteilung einer Genehmigung und der Ausführlichkeit des Prüfverfahrens. Dadurch, dass eine Raumfahrtaktivität gleichzeitig von mehreren Gesetzen erfasst werden kann, sind mitunter mehrere Genehmigungen einzuholen. Folglich würde sich nicht nur eine erhöhte Verwaltungslast für die Unternehmen[816], sondern auch Kompetenzkonflikte zwischen den Rechtsordnungen ergeben. Dies wäre nicht im Sinne der europäischen Politiken[817]. Obwohl ersichtlich ist, dass die Auslegung des Völkerrechts und die nationale Weltraumgesetzgebung allein den einzelnen Staaten obliegt, müsste – mit Blick auf eine erleichterte, praktikablere Handhabung nationaler Weltraumrechtsordnungen – die Regulierung durch bestehende Gesetze Berücksichtigung im europäischen Rechtsraum finden. Das belgische Gesetz, das als Mittel zur Anerkennung der durch ausländische Rechtsordnungen erteilten Erlaubnisse ausdrücklich die Möglichkeit internationaler Abkommen vorsieht, bietet insofern einen progressiven

816 S. Dritter Teil, D. IV. 2. der vorliegenden Arbeit.

817 So auch Mayence, in: Dunk, National Space Legislation in Europe, S. 116.

und pragmatischen Ansatz, dessen Ausbau zur Vereinfachung der Verwaltungslast für die Unternehmen beitragen könnte.

3. Registrierung – Übertragung des Eigentums eines gestarteten Weltraumgegenstandes

Durch die Registrierung eines Weltraumgegenstandes in das nationale beziehungsweise internationale Register für Weltraumgegenstände wird einerseits derjenige Staat verzeichnet, der die Kontrolle und Jurisdiktion für diesen Gegenstand ausübt, und es wird gleichzeitig – gemäß Weltraumhaftungsübereinkommen – ein haftbarer Startstaat identifiziert. Da die Registrierungsanforderungen der verschiedenen Gesetze in Europa unterschiedlich ausfallen, stellt die Registrierung auch eine wichtige Grundlage für Geschäftsentscheidungen dar[818].

Die Registrierung von Weltraumgegenständen erweist sich im Fall einer Eigentumsübertragung eines Gegenstandes im Orbit als untersuchungswürdig. Bei solchen Fällen wäre es notwendig, dass die Registrierung des Weltraumgegenstandes angepasst wird, damit die Rechtslage der Sachlage entspricht und die oben genannten Zwecke der Registrierung erfüllt werden können. Es ist jedoch fraglich, ob das internationale Weltraumrecht eine solche Anpassung stets vorsieht. Im Folgenden soll daher aus registrierungsrechtlicher Sicht untersucht werden, was die Rechtsfolgen der Übertragung des Eigentums an einem Weltraumgegenstand sind, wie die gegenwärtige Praxis der Staaten diesbezüglich ist, ob Handlungsbedarf geboten ist und – gegebenenfalls – welche Lösungsansätze aus der nationalen beziehungsweise internationalen Rechtsperspektive geboten werden.

Es ist zu untersuchen, welche konkreten Fälle unter den Begriff „Übertragung des Eigentums eines gestarteten Weltraumgegenstandes“ fallen (a), und wie die Position der Staaten sich dabei darstellen lässt (b). Hier sind verschiedene Szenarien vorstellbar[819], welche völkerrechtliche Schlussfolgerungen nach sich ziehen (c).

---

818 So Hörl/Gungaphul, in: Hobe/Schmidt-Tedd/Schrogl, Current Issues in the Registration of Space Objects, S. 63 (71).

819 Insbesondere Aoki hat sich diese Frage gewidmet, s. Satellite Ownership Transfers and the Liability of the Launching States, vorgestellt am 19. März 2012 beim IISL/ECSL Symposium, abrufbar unter http://www.oosa.unvienna.org/pdf/pres/lsc2012/symp-03E.pdf, zuletzt abgerufen am 2. Oktober 2012.

a. Fallbeispiele

Erstens kann der gestartete Weltraumgegenstand von einem Betreiber an einen anderen Betreiber verkauft werden; dabei ist die Eigentumsübertragung Gegenstand einer geschäftlichen Transaktion. Dies ist beispielweise für den Satelliten BSB-1 der Fall gewesen, der 1989 vom US-amerikanischen Gebiet aus für den britischen Betreiber *British Satellite Broadcasting Ltd.* gestartet und registriert wurde[820]. Der Satellit wurde 1996 vom schwedischen Unternehmen SES Sirius gekauft, umbenannt in Sirius 1 und anschließend durch Schweden mit dem Hinweis des Erwerbs im Orbit ins Register der Vereinten Nationen eingetragen[821].

Zweitens kann das Eigentum des Weltraumgegenstandes übertragen werden, sofern sich Änderungen in der Gesellschaftsform des Betreibers ergeben; die Eigentumsübertragung des Gegenstandes stellt dann einen Nebeneffekt des Zusammenschlusses oder der Übernahme einer Gesellschaft dar. Dies ist für den Satellit LMI-1 der Fall gewesen, der 1996 von Baikonour, Kasachstan, aus für den US-amerikanischen Betreiber *Lockheed Martin Space and Communications Venture* – LMSCV gestartet und von Russland für die USA registriert wurde[822]. 2006 übernahm die chinesische Firma *Asia Broadcast Satellite* die LMSCV, die zur *Asia Broadcast Satellite Holdings* wurde und den Satelliten in ABS-1 umbenannte. Eine Änderung des Eintrags im Register der Vereinten Nationen, die den Eigentumsübertrag kennzeichnet, konnte jedoch nicht gefunden werden.

Drittens kann auch das Eigentum an einem Weltraumgegenstand im Falle einer Staatennachfolge in eine andere Rechtsordnung übergehen. So wurde etwa im Jahr 1997 vom Vereinigten Königreich von Großbritannien und Nordirland die territoriale Souveränität über Teile von Hong-Kong an die Volksrepublik China übertragen[823]. Damit China die Registrierung der vom Vereinigten Königreich für Hong-Kong gestarteten Satelliten übernehmen durfte, musste China Vertragsstaat der relevanten Weltraumverträge sein[824] und darüber hinaus nach Art. I des Weltraumhaftungsübereinkommens als Startstaat fungieren. Im Ergebnis wurden die durch das Vereinigte Königreich

---

820 ST/SG/SER.E/219 vom 12. April 1990.

821 ST/SG/SER.E/352 vom 1. Februar 1999.

822 ST/SG/SER.E/367 vom 10. Dezember 1999.

823 S. hierzu Daillier/Pellet, Droit International Public, Rn. 313 und 343.

824 S. http://www.unoosa.org/oosatdb/showTreatySignatures.do, zuletzt abgerufen am 2. Oktober 2012.

von Großbritannien und Nordirland registrierten Satelliten Asiasat 1[825], APSTAR 1[826] und APSTAR 1A[827] im internationalen Register mit folgenden Bestimmungen versehen: „[*the satellites*] *ceased to be carried on the Register of Space Objects of the UK*"; „*from that date China has been the State of registry of these space objects*"[828].

Die eben geführte Darstellung der konkreten Sachverhalte erlaubt die Feststellung, dass sich in Bezug auf den registrierenden Staat drei mögliche Ausgangssituationen ergeben[829].

b. Position der Staaten

Erstens kann die Übertragung „innerhalb eines Startstaates" erfolgen, wenn Verkäufer und Erwerber dieselbe Nationalität haben. Dies ist hinsichtlich der Registrierung gemäß Art. VIII des Weltraumvertrages ohne Schlussfolgerungen.

Zweitens kann die Übertragung „zwischen zwei Startstaaten" erfolgen. Dies ist ebenfalls problemlos, da der „erwerbende Staat" gleichzeitig Startstaat und daher auch registrierungsberechtigt ist. Gemäß Art. IV. 2 der Registrierungskonvention lässt sich eine Änderung beziehungsweise Anpassung im internationalen Register vornehmen. Die nachträgliche Änderung der Registrierung der ursprünglich britischen Satelliten Asiasat 1, APSTAR 1 und APSTAR 1A war aus weltraumrechtlicher Sicht möglich, weil der Start der Satelliten von chinesischem Hoheitsgebiet aus erfolgte und China somit *per se* zur Registrierung berechtigt war.

Drittens kann die Übertragung eines Weltraumgegenstandes zwischen einem Startstaat und einem „Nicht-Startstaat" erfolgen. Dies ist zum Beispiel dann der Fall, wenn der Betreiber eines Weltraumgegenstandes diesen erst nach dessen Start erwirbt, so dass die Rechtsordnung des Staates des Betreibers erst dann relevant wird, wenn der Gegenstand betriebsbereit ist. Gemäß Art. IV (1)(a) des

---

825 ST/SG/SER.E/222 vom 29. August 1990.

826 ST/SG/SER.E/300/Corr. 1 vom 23. Januar 1996.

827 ST/SG/SER.E/316 vom 21. Oktober 1996.

828 S. Register of Space Objects, United Nations Office for Outer Space Affairs, ST/SG/SER.E/33 vom 3. April 1998 und ST/SG/SER.E/334 vom 3. April 1998.

829 S. hierzu Kerrest, Legal Aspects of Transfer of Ownership and Transfer of Activities, vorgestellt am 19. März 2012 beim IISL/ECSL Symposium, abrufbar unter http://www.oosa.unvienna.org/pdf/pres/lsc2012/symp-01E.pdf, zuletzt abgerufen am 2. Oktober 2012; Trögeler, Practice of States and International Organisations in Registering the Transfer of Ownership of Space Objects, vorgestellt am 19. März 2012 beim IISL/ECSL Symposium, abrufbar unter http://www.oosa.unvienna.org/pdf/pres/lsc2012/symp-02E.pdf, zuletzt abgerufen am 2. Oktober 2012.

Registrierungsübereinkommens ist nur ein Startstaat zur Eintragung eines Weltraumgegenstandes berechtigt. Dies führt dazu, dass ein Staat, der im Augenblick des Starts (noch) keine Beziehung zu dem potenziellen Weltraumgegenstand hat, auch keinen Anspruch auf Eintragung in das nationale Weltraumregister besitzt[830]. Der den Gegenstand erwerbende Staat wird nicht nachträglich zum Startstaat, und er ist zur Eintragung des Gegenstandes weder verpflichtet noch berechtigt. Dies führt dazu, dass der registrierende Staat die Hoheitsgewalt und Kontrolle über den vom nationalen Gesetz bereits erfassten Weltraumgegenstand behält, auch wenn der Gegenstand *de facto* nicht mehr von einem Unternehmen des Startstaates betrieben wird[831]. Dies weist auf eine Lücke im internationalen Weltraumrecht hin. An dieser Stelle ist also Flexibilität im Bereich der Registrierung gefordert, um die Effizienz des internationalen Weltraumrechts sicherzustellen und eine Ausübung der Hoheitsrechte der raumfahrenden Staaten zu ermöglichen.

c. *Völkerrechtliche Schlussfolgerungen*

Über die Eigentumsübertragung hinaus entsteht folgende völkerrechtliche Interessenslage[832]: Gemäß Art. VI des Weltraumvertrages wird der erwerbende Staat „zuständiger Staat" und ist daher für den Gegenstand verantwortlich; er muss die damit verbundene Raumfahrtaktivität entsprechend seiner inneren Rechtsordnung (beziehungsweise seines Weltraumgesetzes) genehmigen und beaufsichtigen. Da dieser Staat möglicherweise wie bereits dargestellt als Startstaat nicht qualifiziert ist, kann er diesen Gegenstand nicht registrieren und ist daher weder zur Jurisdiktion noch zur Kontrolle des Gegenstandes berechtigt. Darüber hinaus gilt für den Staat des Veräußerers, dass er bei der

---

830 Schmidt-Tedd/Gerhard, in: Benkö/Schrogl, Essential, Air and Space Law, S. 123 (133); vgl. Mick, in: Hobe/Schmidt-Tedd/Schrogl, Current Issues in the Registration of Space Objects, S. 7 (16). S. hierzu auch Hörl/Gungaphul, in: Hobe/Schmidt-Tedd/Schrogl, Current Issues in the Registration of Space Objects, S. 63 (64); vgl. Kerrest, National Space Legislation – Crafting Legal Engines for the Growth of Space Activities, S. 6, vorgestellt am 22. März 2011 beim IISL/ECSL Symposium, abrufbar unter http://www.oosa.unvienna.org/pdf/pres/lsc2010/symp01.pdf, zuletzt abgerufen am 2. Oktober 2012.

831 Schmidt-Tedd/Gerhard, in: Benkö/Schrogl, Essential, Air and Space Law, S. 123 (133).

832 Kerrest, Legal Aspects of Transfer of Ownership and Transfer of Activities, vorgestellt am 19. März 2012 beim IISL/ECSL Symposium, abrufbar unter http://www.oosa.unvienna.org/pdf/pres/lsc2012/symp-01E.pdf, zuletzt abgerufen am 2. Oktober 2012.

Eigentumsübertragung zwar die Verantwortung über den Weltraumgegenstand nicht aber die Haftung für diesen verliert. Es ist daher ersichtlich, dass dieser Startstaat die Übertragung mittels seines nationalen Weltraumgesetzes kontrollieren beziehungsweise im Zweifelsfall gänzlich untersagen möchte. Die Grundlagen hierfür sind in den Gesetzen von Belgien und Frankreich gegeben. So sieht beispielsweise das französische Weltraumgesetz vor, dass die Änderung des Eigentums an einem Weltraumgegenstand entsprechend ins Register einzutragen ist.

d. Fazit

Die oben geführte Analyse hat gezeigt, dass sich die Vorgabe der nachträglichen Änderung der Registrierung in einzelnen Sachlagen nicht realisieren lässt. Das französische Gesetz stößt an dieser Stelle also an die Grenzen des internationalen Weltraumrechts, und es zeigt sich, dass ein Lösungsansatz auf nationaler Ebene nicht gefunden werden kann. Mehr Erfolg verspricht der Rückgriff auf eine völkerrechtliche Lösung[833], wie etwa durch den Abschluss eines Abkommens zwischen den betroffenen Staaten – wie es das belgische Weltraumgesetz vorsieht – oder eine Resolution der Generalversammlung der Vereinten Nationen[834].

833 S. Dunk, Towards „Flags of Convenience“ in Space?, vorgestellt am 19. März 2012 beim IISL/ECSL Symposium, unveröffentlicht. Eine notwendige Begründung warum eine Änderung der völkerrechtlichen Weltraumverträge nicht erwünscht ist, findet man in Kerrest, National Space Legislation – Crafting Legal Engines for the Growth of Space Activities, S. 6, vorgestellt am 22. März 2011 beim IISL/ECSL Symposium, abrufbar unter http://www.oosa.unvienna.org/pdf/pres/lsc2010/symp01.pdf, zuletzt abgerufen am 2. Oktober 2012.

834 Bittencourt Neto untersuchte, ob die unilaterale Vorgehensweise von Staaten, die in manchen Fällen zur Entstehung einer internationalen Verpflichtung führen kann, zu Lösungsansätzen dieser völkerrechtlichen Problematik beiträgt. Er stellte fest, dass ein einseitiger Weg den Ausgleich des internationalen Weltraumrechts in Frage stellen würde und schließt diesen Weg daher aus, s. Bittencourt Neto, in: Regulatory Options for Dealing with the Transfer of Ownership, vorgestellt am 19. März 2012 beim IISL/ECSL Symposium, abrufbar unter http://www.oosa.unvienna.org/pdf/pres/lsc2012/symp-06E.pdf, zuletzt abgerufen am 2. Oktober 2012; vgl. Kerrest, National Space Legislation – Crafting Legal Engines for the Growth of Space Activities, S. 6, vorgestellt am 22. März 2011 beim IISL/ECSL Symposium, abrufbar unter http://www.oosa.unvienna.org/pdf/pres/lsc2010/symp01.pdf, zuletzt abgerufen am 2. Oktober 2012.

Im Ergebnis kann festgehalten werden, dass eine Flexibilisierung der Registrierung von Weltraumgegenständen geboten ist, damit auch erwerbende Staaten die Registrierung von Weltraumgegenständen vornehmen können, auch wenn sie zum Moment des Starts keine Berührung mit dem Weltraumgegenstand aufweisen. Dafür wäre es notwendig, dass sie die vollen Rechte und Pflichten, die mit der Qualifikation als Startstaat verbunden sind, ausdrücklich übernehmen.

Schließlich muss daran erinnert werden, dass das internationale Weltraumrecht mit einem starken „Opferschutzgedanken"[835] konzipiert wurde, dem es Rechnung zu tragen gilt. Denn letztlich dient die Registrierung eines Weltraumgegenstandes der Identifikation eines – haftbaren – Startstaates und soll damit in erster Linie dem Gedanken der finanziellen Absicherung von durch Weltraumaktivitäten Geschädigten dienen[836].

4. Technische Regelungen – Vorzüge der etablierten Standards

Einen weiteren Schwerpunkt bei der kritischen Betrachtung der nationalen Weltraumgesetze in Europa stellt die Problematik der technischen Regulierung dar. Wie bereits dargestellt, geht es hierbei für den gesetzgeberisch tätig werdenden Staat darum, technische Standards zu definieren und durch das Genehmigungsverfahren zu prüfen, ob das zu genehmigende Projekt den gesetzlichen Vorgaben entspricht. Solche technischen Regulierungen sind nicht in allen untersuchten Rechtsordnungen zu finden. Insbesondere die Gesetze der ersten und zweiten Generation sehen ein rein administratives Verfahren vor, während die Gesetze der dritten beziehungsweise der letzten Generation für eine vertiefte und eingehende Prüfung sorgen[837]. Es ist ersichtlich, dass eine solche intensive Prüfung nur für die Staaten möglich ist, welche auch über die technische Expertise zum Erlass der Regelungen und Überprüfungen seiner Einhaltung verfügen. Die Regelung kann entweder *ex nihilo* angenommen werden oder sie kann, wie der Rest des Gesetzes selbst, eine Übernahme beziehungsweise Kodifizierung bestehender und geltender Praktiken darstellen. Dabei kann der Staat entweder auf die Praxis eines Unternehmens zugreifen, die er für zuverlässig und angebracht hält oder standardisierte Maßstäbe anderer Organisationen übernehmen. Es bestehen

835 Gerhard, Nationale Weltraumgesetzgebung, S. 96.

836 So hat sich auch Aoki diese Frage gewidmet, s. Satellite Ownership Transfers and the Liability of the Launching States, vorgestellt am 19. März 2012 beim IISL/ECSL Symposium, abrufbar unter http://www.oosa.unvienna.org/pdf/pres/lsc2012/symp-03E.pdf, zuletzt abgerufen am 2. Oktober 2012.

837 Auch wenn diese für die österreichische Rechtsordnung derzeit noch ausbleibt.

in der Raumfahrtszene einige allgemein anerkannte Standards, die von diversen Akteuren angewandt werden[838]. Aufgrund seiner Souveränität besteht allerdings für jeden Staat die Möglichkeit, die allgemeinen Maßstäbe anzunehmen oder aber in einer verschärften Form zu erlassen. Die Einhaltung der Maßstäbe der technischen Regelungen kann einen nicht unbedeutenden Einfluss auf die Entwicklungskosten eines Projektes und auf das Budget für notwendige Infrastrukturen haben. Auf der einen Seite kann die Einführung anerkannter und weltweit angewandter Standards zu einer allgemeinen Kostenreduzierung führen. Auf der anderen Seite lässt sich durch die Einführung eigener nationaler Standards ein ausgewähltes Erfahrungswissen als Maßstab verankern. Dies kann dazu führen, dass ausländische beziehungsweise neue Unternehmen, die sich dieses Wissen zunächst erst aneignen müssen, benachteiligt werden, und die etablierte nationale Industrie somit eine gewisse Bevorzugung findet.

5. Versicherung – Planbarkeit des Geschäftsmodells839

Der Zugang zu einer Versicherung und dem Versicherungsmarkt allgemein ist durch die Bestimmung von Haftungsverzichtsklauseln zwischen den Parteien bedingt. Für Raumfahrtprojekte unterscheiden die Versicherungsgesellschaften zwischen Versicherungen zwischen den Teilnehmern der Raumfahrtoperation und Versicherungen gegenüber Dritten. Versicherungsfragen sind insoweit entscheidend, als sie die finanzielle Situation der Betreiber erheblich beeinflussen. Allein die Versicherung für die für die Raumfahrtoperation notwendigen Systeme und Infrastrukturen können bis zu 20% der Gesamtprojektkosten betragen[840]. Der Gesamtablauf einer Raumfahrtaktivität muss versichert werden, ungeachtet der Tatsache, dass die verschiedenen Projektphasen unterschiedliche Risiken beinhalten. So dauert die mit dem höchsten Risiko behaftete Startphase in der Regel lediglich wenige Tage, während sich die anschließende Betriebsphase eines

838 S. z. B. die European Cooperation of Space Standardisation, speziell für die Raumfahrt, Jain/Kriedte, in: Hobe/Schmidt-Tedd/Schrogl, Towards a Harmonised Approach for National Space Legislation in Europe, S. 87 ff.; vgl. Gerhard/Moll, in: Hobe/Schmidt-Tedd/Schrogl, Towards a Harmonised Approach for National Space Legislation in Europe, S. 7 (20).

839 Ausführliche Darstellung aus der Versicherungsperspektive: vgl. Moysan, in: Hobe/Schmidt-Tedd/Schrogl, Towards a Harmonised Approach for National Space Legislation in Europe, S. 113 ff.

840 Moysan, in: Hobe/Schmidt-Tedd/Schrogl, Towards a Harmonised Approach for National Space Legislation in Europe, S. 114.

Satelliten mitunter über mehr als fünfzehn Jahre erstrecken kann. Eine Versicherung für einen solchen Zeitraum ist dementsprechend kostenintensiv und stellt für einen Satellitenbetreiber einen wesentlichen Nachteil gegenüber reinem Startdienstleistern dar. Zur Vermeidung von innereuropäischen Wettbewerbsnachteilen wäre die maximal zu versichernde Deckungssumme sowie die Höchstgrenze für die staatliche Garantie einheitlich zu regeln. Eine Praxis mit einer Wertgrenze von 60 Mio. € hat sich im Bereich der Startdienstleistungen bereits eingebürgert[841].

Die Versicherungsfrage bezüglich Schäden an anderen Weltraumgegenständen ist in Bezug auf *Space Debris* von zunehmender Bedeutung, da diese mitunter auch noch Jahre nach Beendigung einer Raumfahrtaktivität im Weltraum verbleiben und bislang weder technische Möglichkeiten noch Pflichten bestehen, diese zu beseitigen. In den meisten untersuchten europäischen Gesetzen erlischt die Haftung des Betreibers nicht mit dem Abschluss seiner Raumfahrtaktivität. In diesem Sinne stellt das französische Gesetz eine Ausnahme dar: Nach einer bestimmten Zeit nach Beendigung der Weltraumaktivität übernimmt der französische Staat an Stelle des Betreibers dessen Haftung und erklärt sich für etwaige Schadensersatzansprüche Dritter zuständig. Dies bedeutet, dass der Betreiber – außer unter dem französischen Gesetz – eine ausreichende Versicherung noch mehrere Jahre nach dem Abschluss seiner Raumfahrtaktivität beibehalten muss. Dies wirft konkrete, praktische Fragen auf, weil es über die Jahre nicht gewährleistet werden kann, dass ehemalige Betreiber oder Versicherer als juristische Person noch existieren und auffindbar sind[842].

6. Haftung und Verantwortlichkeit – Folgen der freien Nutzung des Weltraums

Die Schwerpunkte der Haftung und der Verantwortlichkeit lassen sich unter dem Aspekt des Harmonisierungsbedarfs (a) und der völkerrechtlichen Qualifizierung untersuchen (b).

a. Zum Harmonisierungsbedarf unter den nationalen Weltraumgesetzen

Raumfahrtaktivitäten sind *per se* gefährliche und risikobehaftete Aktivitäten, und es ließe sich die Meinung vertreten, dass erhebliche Forschungs- und Entwicklungskosten erforderlich wären, um das Gefahrenniveau zu reduzieren. Es wird allerdings allgemein anerkannt, dass solche Investitionen jeweils nur zu

841 S. Ersfeld, in: ZLW 2010, S. 241 (247).

842 Gaubert, in: Dunk, National Space Legislation in Europe, S. 173 ff.

marginalen Steigerungen der Zuverlässigkeit der Systeme führen würden. Die allgemein akzeptierten Risiken werden von allen Beteiligten und den Staaten somit gemeinschaftlich getragen[843]. In Hinblick auf die internationale Haftung der Startstaaten ist festzuhalten, dass die staatliche Haftung unbegrenzt und nicht mit einer Schuldzuweisung verbunden ist[844]. Die völkerrechtliche Haftung, die der Staat aufgrund der Weltraumverträge trägt, kann im Außenverhältnis nicht auf den Betreiber übertragen werden. Im Innenverhältnis kann der Staat nur dann Rückgriff auf den Betreiber nehmen, wenn hierzu eine Rechtsnorm vorliegt. Fraglich bleibt, ob ein Versicherer zur Absicherung dieses Risikos gefunden werden kann. Eine Garantie des Staates, dass der Rückgriff nur bis zu einer vorab festgesetzten Höchstgrenze ausgeübt werden kann, stellt eine wesentliche Erleichterung bei den Planungen privater Weltraumaktivitäten dar. Die staatliche Garantie ist daher zum internationalen Standard geworden[845], so dass sich das Ausbleiben eines solchen Mechanismus zum erheblichen Wettbewerbsnachteil der betroffenen Unternehmen entwickeln könnte[846]. Ausgenommen von diesen Überlegungen bleiben Unternehmen, die eigenständig in der Lage wären, für die Gesamthaftung in einem etwaigen Schadensfall aufzukommen. In diesen Fällen haben etwa das französische und das österreichische Gesetz vorgesehen, dass von einer Versicherung abgesehen und eine finanzielle Garantie des Unternehmens vorgelegt werden kann. Wird ein Betreiber von einer gerichtlichen Instanz verurteilt und schadenersatzpflichtig, so muss er die volle Schadensersatzsumme tragen, wenn eine gesonderte Rechtsnorm hierzu ausbleibt. Im französischen Gesetz ist vorgesehen, dass der gesetzeskonforme Betreiber dann Anspruch auf die staatliche Garantie hat, wenn die Entschädigung die festgelegte Versicherungsdeckung überschreitet. Die steht jedoch nur den Betreibern zur Verfügung, die vom

843 Parquet, in: Hobe/Schmidt-Tedd/Schrogl, Towards a Harmonised Approach for National Space Legislation, S. 29 ff.

844 Die belgische Auslegung der weltraumspezifischen Haftung führt allerdings zu einer anderen Wahrnehmung dieser Haftung, s. Dritter Teil, H. II. 4. der vorliegenden Arbeit sowie folgenden Abschnitt.

845 Vgl. Sánchez Aranzamendi, ESPI Report 21, S. 33.

846 Diese Meinung wird sehr weit vertreten: s. Stefania Barbieri von der ESA, Jean-François Mayence vom belgischen Ministère de la Politique Scientifique Fédérale, Prof. Dr. Stephan Hobe vom Institut für Luft- und Weltraumrecht der Universität zu Köln, Alan Cooper von der Europäischen Kommission, alle zitiert in: Roelants du Vivier, Rapport fait au nom du groupe de travail "espace", S. 14 f. und 28.

Gesetz erfasst sind. Es ist daher annehmbar, dass Raumfahrtbetreiber je nach betrachtetem Land mit einer unterschiedlichen Risikoplanung konfrontiert werden. Um die Planung und die Geschäftsabläufe zu vereinheitlichen, wäre eine europäische Harmonisierung des Haftungsrahmens erstrebenswert.

b. Zur Qualifikation der weltraumspezifischen Verantwortlichkeit im Völkerrecht

Das internationale Weltraumrecht wird heute meistens als autarker Teil des Völkerrechts – als *corpus juris spatialis* mit ausführlichen normativen Prinzipien zu den einzelnen Schwerpunkten sowie zum gesamten Ablauf von Weltraumaktivitäten – betrachtet. Diese Abtrennung vom allgemeinen Völkerrecht erscheint in der Literatur allgemein akzeptiert[847]. Die Verknüpfung der beiden Rechtsbereiche miteinander gewinnt aber gerade in Hinsicht auf die nationale Weltraumgesetzgebung insofern an Bedeutung, als es darum geht, die kodifizierten Prinzipien der Anfangszeit der Weltraumaktivitäten in die Praxis umzusetzen.

Die bereits betonten Unterschiede zwischen den einzelnen nationalen Bestimmungen bezüglich der Haftung beziehungsweise der Verantwortlichkeit für Weltraumaktivitäten sind nicht ausschließlich auf nationale Sonderheiten zurückzuführen. Vielmehr zeigt sich, dass über die augenscheinlichen Unterschiede hinaus, die grundsätzliche „Positionsbestimmung" und die mögliche „Sonderstellung" der Weltraumverantwortlichkeit[848] im Völkerrecht eine zentrale Rolle spielen. Zum Zweck der vorliegenden Untersuchung sei erinnert, dass insbesondere der belgische Gesetzgeber die Verantwortlichkeit des belgischen Staates gemäß Art. VI des Weltraumvertrages ablehnt, wenn der Staat die in Art. VI enthaltenen Verpflichtungen rechtmäßig umgesetzt hat[849]. Diese Position ist auf die Annahme des Gesetzgebers zurück zu führen, dass es sich bei der in Art. VI des Weltraumvertrages enthaltenen Weltraumverantwortlichkeit um eine völkerrechtliche Verantwortlichkeit im klassischen Sinne handelt, die bei der Verletzung einer völkerrechtlichen Pflicht ausgelöst wird. Es ist hierzu jedoch fraglich, ob es sich nicht vielmehr um eine spezielle, für Weltraumaktivitäten entwickelte Verantwortlichkeit handelt, die von dem allgemeinen Völkerrecht abweicht.

---

847 S. hierzu Hutz/Küpers, in: ZLW 2012, S. 451 (451).

848 Um den Wortlaut von Wins aufzugreifen, s. Wins, Weltraumhaftung, S. 214 ff.

849 Mayence, Jean-François, Etude Juridique, Position de la Belgique à l'égard des Articles VI, VII et VIII du Traité de l'Espace, nicht veröffentlicht.

Wie das internationale Weltraumrecht unterscheidet das Völkerrecht[850] zwischen staatlicher Verantwortlichkeit („*Responsibility*“[851]) und völkerrechtlicher Haftung („*Liability*“[852]). Es ist nennenswert, dass nicht alle Sprachen den Unterschied zwischen Verantwortlichkeit und Haftung vorsehen. Insbesondere im Französischen und im Spanischen gibt es für beide Begriffe nur eine Ausdruckweise, nämlich jeweils „*responsabilité*“ und „*responsibilidad*“, was die Wahrnehmung der Unterschiede zwischen beiden Begriffen erschwert[853]. Die vorliegende Untersuchung soll sich der Verantwortlichkeit widmen. Zum Zweck der Bereichsabgrenzung soll dennoch ein notwendiger Überblick über die völkerrechtliche Haftung und die Haftung im weltraumspezifischen Recht gegeben werden. Die Ausführungen im Rahmen der vorliegenden Arbeit dienen nicht der ausführlichen Darstellung der Problematiken des Völkerrechts, sondern zielen darauf ab, die weltraumspezifische Haftung beziehungsweise Verantwortlichkeit im gesamtvölkerrechtlichen Kontext zu betrachten.

aa. Haftung

(1) Haftung im Völkerrecht

Das Bestehen eines Schadens, den es gilt, wiedergutzumachen, stellt den zentralen Tatbestand der internationalen Haftung[854] und den wesentlichen Unterschied zwischen der völkerrechtlichen Haftung und der völkerrechtlichen Verantwortlichkeit dar. Die internationale Haftung knüpft in der Regel an das nicht rechtswidrige Verhalten eines Staates an[855], der einem anderen Völkerrechtssubjekt einen Schaden zufügt. Zugrunde liegt der Gedanke, dass auch rechtmäßig durchgeführte Aktivitäten Schaden verursachen können. Die

850 Wobei die Notwendigkeit der Feststellung eines begrifflichen Unterschieds zwischen Verantwortlichkeit und Haftung in Frage gestellt wird (…) und sogar durch manche Völkerrechtler als „gefährlicher rückschrittlicher Schritt“ („dangerously retrograde step“) in der Entwicklung des Völkerrechts kritisiert wird, s. Boyle, in: International and Comparative Law Quarterly 1990, S. 1 f.

851 Die Verantwortlichkeit für (nationale) Tätigkeiten im Weltraum wird in Art. VI des Weltraumvertrages behandelt.

852 Die Haftung [für Schäden durch ein Weltraumobjekt] wird in Art. VII des Weltraumvertrages behandelt.

853 S. Dunk, in: IISL Proceedings 1991, S. 363 (364); vgl. Daillier/Pellet, in: Droit International Public, Rn. 498; vgl. Kerrest, in: IISL Proceedings 1997, S. 134 (135).

854 Dunk, in: IISL Proceedings 1991, S. 363 (364).

855 Daillier/Pellet, in: Droit International Public, Rn. 498.

Rechtmäßigkeit einer solchen schadensverursachenden Aktivität darf dennoch den Anspruch des Geschädigten auf Wiedergutmachung nicht beeinträchtigen. Diese Haftung wird meistens als Gefährdungs- beziehungsweise Risikohaftung im Einzelfall konventional geregelt[856].

(2) Haftung im Weltraumrecht

Im Gegensatz zum allgemeinen Völkerrecht scheint das weltraumspezifische Regime der Haftung für Weltraumgegenstände detaillierter zu sein als das Regime der Verantwortung für Raumfahrtaktivitäten. Demzufolge wird von einem „Schaden" ausgegangen, welcher in Art. I a) des Weltraumhaftungsübereinkommens[857] definiert wird[858]. Dieser Schaden löst die Haftung eines oder mehrerer Startstaaten aus[859]. Art. II und III des Weltraumhaftungsübereinkommens fügen

---

856 Daillier/Pellet, in: Droit International Public, Rn. 499; vgl. Herdegen, § 58, Rn. 10. Es besteht ein Engagement, das Völkerrechtgewohnheitsrecht in dieser Hinsicht zu kodifizieren. So wurde die Völkerrechtskommission durch die Vereinten Nationen mit dem Auftrag gegründet, die fortschreitende Entwicklung des Völkerrechts und dessen Kodifizierung zu fördern. Diese wurde am 21. November 1947 durch die Generalversammlung der Vereinten Nationen ins Leben gerufen (A/RES/174(II)). Die internationale Haftung stand ab dem Jahr 1978 auf der Tagesordnung der Völkerrechtskommission, s. Boyle, in: International and Comparative Law Quarterly 1990, S. 1 f.; vgl. Rao, in: Environmental Policy and Law 2002, S. 27 (27). Die Völkerrechtskommission hat 2001 einen Vertragsentwurf erarbeitet, welcher sich Präventionsmaßnahmen widmet, s. Prevention of Transboundary Harm from Hazardous Activities, Report of the International Law Commission, Official Records of the General Assembly, Fifty-Third Session, Supplement No. 10 (A/66/10); vgl. Herdegen, Völkerrecht, § 59, Rn. 12; Daillier/Pellet. in: Droit International Public, Rn. 498.

857 Wobei manche Autoren der Auffassung sind, dass es sich bei Art. VII und dem Weltraumhaftungsübereinkommen um zwei unabhängige Rechtsgrundlagen handelt. So wäre Art. VII anwendbar in Fällen, in denen die Bestimmungen des Weltraumhaftungsübereinkommens für den Geschädigten nicht von Vorteil sind, s. Kerrest/Smith, Art. VII, in: Hobe/Schmidt-Tedd/Schrogl, CoCoSL, Rn. 59 ff. Diese Position entspricht jedoch nur einer teilweise vertretenen Meinung. Mithin ist die Auffassung vorzuziehen, dass das Weltraumhaftungsübereinkommen eine Ausarbeitung des Art. VII des Weltraumvertrages im Sinne einer notwendigen Ergänzung darstellt.

858 Demnach „bedeutet der Ausdruck « Schaden » Tod, Körperverletzung oder sonstige Gesundheitsbeeinträchtigung sowie Verlust oder Schädigung des Vermögens eines Staates oder einer natürlichen oder juristischen Person (…)".

859 Dieser Begriff wird anhand von vier Kriterien definiert. Hier wird auf den Dritten Teil, F. I. 1. a. und Vierter Teil, B. II. 3. der vorliegenden Arbeit verwiesen.

den Begriffsbestimmungen eine Unterteilung hinzu[860]: die Haftung gilt für Schäden „auf der Erdoberfläche oder an Luftfahrzeugen im Flug“ als „unbedingt“, während der Startstaat für Schäden „anderswo als auf der Erdoberfläche (…)“ [nur dann haftet], wenn der Schaden verschuldet wurde. Es wurde festgestellt[861], dass die in Art. III des Weltraumhaftungsübereinkommens erforderliche Verschuldung keine Verschuldung im Sinne eines völkerrechtlichen Delikts wie im Fall der internationalen Verantwortlichkeit darstellt; es ist daher keine Verletzung des Völkerrechts nachzuweisen[862]. Wäre eine Verletzung des Völkerrechts als Haftungstatbestand vorgeschrieben, so handele es sich nicht um einen Haftungsfall, sondern um völkerrechtliche Verantwortlichkeit, wie die folgenden Erläuterungen darstellen. Indem Art. VII des Weltraumvertrages in Verbindung mit dem Weltraumhaftungsübereinkommen die Haftung ausschließlich an das Vorhandensein eines Schadens knüpft – und nicht an die Verletzung einer völkerrechtlichen Norm – kann soweit von einem „klassischen“ Haftungsregime ausgegangen werden. Obwohl das Haftungsregime mit der Begriffsbestimmung sowohl des Schadens als auch des Startstaats ausführlich erscheint, entwickeln sich immer mehr Diskussionen über die Zulänglichkeit dieses Konstrukts. Insbesondere das Kriterium „einen Start [durchführen zu lassen] wird immer kritischer angesehen und führt zu Umsetzungsschwierigkeiten[863].

bb. Verantwortlichkeit

(1) Verantwortlichkeit im Völkerrecht

Die völkerrechtliche Verantwortlichkeit wird ausgelöst durch die „Verletzung einer völkerrechtlichen Pflicht durch Tun oder Unterlassen (Verletzung einer sog. *Primärnorm)*“[864] eines Staates[865]. Der erste Grundstein der Verantwortlichkeit ist

860 S. hierzu Lyall/Larsen, in: Space Law. S. 108 f.

861 Dunk, in: IISL Proceedings 1991, S. 363 (366).

862 „The fault meant here, is not intent or negligence in respect of a rule of international law, but intent or negligence to cause damage in respect of someone else active in space (…)“; s. Dunk, in: IISL Proceedings 1991, S. 363 (366).

863 S. Dritter Teil, F. I. 1. a. der vorliegenden Arbeit, sowie Aoki, Satellite Ownership Transfers and the Liability of the Launching States, vorgestellt am 19. März 2012 beim IISL/ECSL Symposium, abrufbar unter http://www.oosa.unvienna.org/pdf/pres/lsc2012/symp-03E.pdf, zuletzt abgerufen am 2. Oktober 2012.

864 Herdegen, Völkerrecht, § 58, Rn. 1.

865 Wobei die „Sekundärnormen“ das allgemeine Regime der Verantwortlichkeit bilden, von Tatbestand hin bis zu Rechtsfertigungsgründen und Rechtsfolgen der Verantwortlichkeit, s. hierzu Herdegen, Völkerrecht, Rn. 58, Rn 1.

demnach ein „begangenes (...) Delikt“[866]. Andere Völkerrechtslehren betrachten das Bestehen eines Schadens als Grundlage der staatlichen Verantwortlichkeit, unabhängig davon, ob dieser durch ein rechtmäßiges oder rechtwidriges Tun aufgetreten ist[867]. Diese Philosophie wurde allerdings durch die Auffassung der Völkerrechtskommission der Vereinten Nationen[868], die einen Entwurf zur Kodifizierung der völkerrechtlichen Verantwortung vorgenommen hat[869], widerlegt. Demnach hat „ jedes völkerrechtswidrige Handeln eines Staates die völkerrechtliche Verantwortlichkeit dieses Staates zur Folge“. Die völkerrechtliche Verletzung stellt somit einen „notwendigen und ausreichenden Tatbestand“ der staatlichen Verantwortlichkeit dar[870], unabhängig davon, ob daraus ein Schaden entstanden ist[871]. Irrelevant ist auch, ob eine subjektive Verschuldung („*culpa*“) vorliegt[872].

Der zweite Grundstein der Verantwortlichkeit ist die Zurechenbarkeit. Das internationale Delikt muss einem Staat „zurechenbar“ sein[873], das heißt, dass das Handeln der „eigenen Organe“ des Staates die Verantwortlichkeit auslöst, auch wenn ein Organ seine Kompetenz überschritten haben sollte[874]. Hingegen kann das Verhalten von Privatpersonen dem Staat „grundsätzlich nie“ zugerechnet werden[875] – es sei denn, der Staat ist in das Verhalten der betroffenen Privatpersonen einbezogen (worden)[876]. Es ist hinzuzufügen, dass dem Staat eine

866 Herdegen, Völkerrecht, § 58, Rn. 1.

867 S. Daillier/Pellet, in: Droit International Public, § 469.

868 Insbesondere hat die Kommission 59 Artikel zu Staatenverantwortlichkeit angenommen. S. hierzu Herdegen, § 21, Rn. 2; vgl. Daillier/Pellet, in: Droit International Public, Rn. 216.

869 Report of the International Law Commission, Official Records of the General Assembly, Fifty-Sixth Session, Supplement No. 10 (A/56/10), S. 43 ff.; s. Kommentar von Crawford/Peel/Olleson, in: EJIL 2001, S. 963 ff.

870 Daillier/Pellet, in: Droit International Public, Rn. 469, eigene Übersetzung.

871 Dunk, in: IISL Proceedings 1991, S. 363 (363).

872 Dunk, in: IISL Proceedings 1991, S. 363 (363); außer man betrachtet die völkerrechtliche Verletzung grundsätzlich als Schuld im Sinne von „faute“ im Französischen, s. Daillier/Pellet, in: Droit International Public, Rn. 470.

873 Herdegen, Völkerrecht, § 58, Rn. 1; s. auch Dunk, in: IISL Proceedings 1991, S. 363 (363); vgl. Daillier/Pellet, in: Droit International Public, Rn. 474.

874 Herdegen, Völkerrecht, § 58, Rn. 5.

875 Herdegen, Völkerrecht, § 58, Rn. 5; vgl. Daillier/Pellet, in: Droit International Public Rn. 475.

876 Herdegen, Völkerrecht, § 58, Rn. 7; vgl. Daillier/Pellet, in: Droit International Public Rn. 475.

„Überwachungspflicht“[877] beziehungsweise eine Pflicht der „*due diligence*“ oder „*due care*“[878] zukommt, wenn das Verhalten von Privatpersonen „wegen seiner Gefährlichkeit besondere Risiken für den Nachbarstaat in sich birgt“, wobei eine „unzureichende Kontrolle“ eine „mittelbare Haftung“ des Staates begründet[879]. Dennoch sollte in diesem Fall nicht davon ausgegangen werden, dass dem Staat das Verhalten privater Personen zugerechnet wurde. Vielmehr handelt es sich um eine Unterlassung des Staates, seiner „Sorgfaltspflicht“ nachzukommen[880].

(2) Verantwortlichkeit im Weltraumrecht

Die Verantwortung für Weltraumaktivitäten wird in Art. VI des Weltraumvertrages festgelegt. Gemäß Art. VI Satz 1 ist der (zuständige) Staat für „nationale Tätigkeiten im Weltraum [verantwortlich], (…) gleichgültig, ob solche Tätigkeiten von Regierungsbehörden oder nichtstaatlichen Stellen gesetzt werden“.

Solche „nationalen Tätigkeiten“ umfassen eindeutig Raumfahrtaktivitäten privater Personen, auch wenn der Staat an diesen in keiner Art und Weise beteiligt ist[881]. Diese Erweiterung stellt einen außerordentlichen Tatbestand der internationalen Verantwortung und somit eine Abweichung vom allgemeinen Völkerrecht dar. Diese Erweiterung der Verantwortung des Staates stellt keine Anwendung des Grundsatzes der Sorgfaltspflicht dar[882], sondern ist als bewusste Übertragung der Verantwortung durch den internationalen Gesetzgeber zu subsumieren. Unter dem internationalen Weltraumrecht kann der Staat also nicht nur aufgrund einer mangelnden Kontrolle der Aktivitäten verantwortlich gemacht werden, wie im allgemeinen Völkerrecht der Fall, sondern er ist auch verantwortlich für die Raumfahrtaktivitäten seiner Staatsangehörigen[883].

Betrachtet man, dass die völkerrechtliche Verantwortung aufgrund der Verletzung einer Primärnorm des Völkerrechts entsteht, so ist es fraglich, welche Normen

877 Herdegen, Völkerrecht, § 58, Rn. 7.

878 Dunk, in: IISL Proceedings 1991, S. 363 (364); vgl. Trail Smelter Fall, wo Kanada aufgrund einer fehlenden Kontrolle verantwortlich gefunden war, s. Trail Smelter Case, U.S. vs. Canada, RIAA III, S. 1905 ff.; s. auch Kerrest, in: IISL Proceedings 1997, S. 134 (138).

879 Herdegen, Völkerrecht, § 58, Rn. 6.

880 Daillier/Pellet, in: Droit International Public Rn. 475; vgl. Herdegen, Völkerrecht, § 58, Rn. 7.

881 S. Erster Teil, B. I. 1. b. der vorliegenden Arbeit sowie Dunk, in: IISL Proceedings 1991, S. 363 (367).

882 Wie im vorigen Absatz dargestellt.

883 S. auch Kerrest, in: IISL Proceedings 1997, S. 134 (138).

für die weltraumspezifische Verantwortung relevant sind. Der Weltraumvertrag sieht vor, dass Raumfahrtaktivitäten in „Übereinstimmung mit dem Völkerrecht einschließlich der Satzung der Vereinten Nationen" (Art. III des Weltraumvertrages) und im Einklang mit den Prinzipien des internationalen Weltraumrechts (Art. VI Satz 1) durchgeführt werden müssen. In diesem Sinne stellt Art. VI Satz 2 eine Primärnorm dar. Das Nicht-Bestehen der vorgeschriebenen Kontrolle und ständigen Überwachung – privater – Raumfahrtaktivitäten stellt also eine Verletzung dieser Verpflichtung dar. Dies allein sollte die Verantwortung des Staates bedingen, sofern diese Verletzung dem Staat zurechenbar ist. Ob darüber hinaus aufgrund einer fehlenden Kontrolle durch den verantwortlichen Staat ein Schaden entstanden ist, spielt hinsichtlich der Qualifizierung der Verantwortung keine Rolle. Höchstens ließe sich der Schaden als konkrete Ausdruckform des Unrechts ansehen.

Mayence argumentiert, dass die Erfüllung der in Art. VI Satz 2 des Weltraumvertrages enthaltenen Verpflichtung von der vorgeschriebenen Verantwortlichkeit des Satzes 1 befreit. Es wird also davon ausgegangen, dass die im Satz 1 vorgeschriebene Verantwortlichkeit erst bei der Verletzung der Primärnorm des zweiten Satzes ausgelöst wird – Satz 2 des Art. VI führe einen Tatbestand der im Satz 1 enthaltenen Verantwortlichkeit ein. Es stellt sich also die Frage der Verbindung zwischen Satz 1 und Satz 2 des Art. IV des Weltraumvertrages.

Diese Verpflichtung zur Kontrolle und fortsetzenden Überwachung taucht in Art. VI des Weltraumvertrages zwischen zwei Sätzen auf, die sich der Verantwortlichkeit der Staaten für private Raumfahrtaktivitäten (Satz 1) und für die Raumfahrtaktivitäten internationaler Organisationen (Satz 3) widmen. Der Eindruck entsteht, als bezöge sich Satz 2 spezifisch auf die Verantwortlichkeit des Satzes 1. In dieser Reihenfolge sollte dennoch keine auslösende Verbindung gesehen werden. Der Mehrwert des Art. VI in Hinsicht auf die Verantwortung sollte vielmehr in der abweichenden Verantwortung des Staates gesehen werden. Diese ist selbst an keine weitere Bedingung geknüpft. Wäre es die Absicht des internationalen Gesetzgebers gewesen, die Verpflichtungen des Satzes 2 als Tatbestand für die internationale Verantwortlichkeit für nichtstaatliche Raumfahrtaktivitäten einzusetzen, so wäre der erste Satz des Art. VI unnötig gewesen: die internationale Verantwortlichkeit des Staates läge bereits bei der Verletzung der Primärnorm vor. Der Ausgangspunkt dieser Verantwortlichkeit wäre das Handeln des Staates und nicht das Verhalten der nichtstaatlichen Stelle. Der Zweck des Art. VI Satz 1 hingegen ist vielmehr die Verantwortlichkeit des Staates an das Verhalten der nichtstaatlichen Stelle zu binden. Die Verantwortlichkeit des Staates aufgrund der Umsetzung des Art. VI Satz 2 abzulehnen – wie vom belgischen Gesetzgeber angenommen – ist gleichzusetzen mit der Untergrabung des Geistes des Artikels.

Durch die Umsetzung des Art. VI Satz 2 in die nationale Rechtsordnung wird der zuständige Staat in die Lage versetzt, Kenntnis über diese Aktivitäten zu erlangen. Je nach Interessenslage kann er die Kontrolle und Überwachung derart gestalten, dass diese eine präventive Überprüfung darstellen. Im Übrigen stellt die Einführung einer Kontrolle und Überwachung durch den Staat an sich keine Garantie der rechtmäßigen Durchführung von nichtstaatlichen Raumfahrtaktivitäten dar.

cc. Fazit

Obwohl das internationale Weltraumrecht auf den gewöhnten Wortlaut der Haftung im Völkerecht zurückgreift, soll im Ergebnis die internationale Verantwortung des Staates im Sinne des Art. VI Satz 1 des Weltraumvertrages als eigenständiges außerordentliches Verantwortungsregime subsumiert werden. Das Regime bildet eine völkerrechtliche Ausnahme, unterliegt somit speziellen Regelungen und duldet keine Befreiung[884].

7. Licence Shopping – Gefahr von Billigflaggen in der Raumfahrt

Unterschiedliche raumfahrtspezifische Regelungen können mitunter bewirken, dass sich Unternehmen vorzugsweise einem bestimmten Gesetz unterwerfen oder eine bestimmte Rechtsordnung vermeiden wollen[885]. Gewisse Geschäftsmerkmale lassen sich hierzu gezielt anpassen, um von einem bestimmten Gesetz erfasst zu werden[886]. Es böte sich beispielweise an, die Ansässigkeit des Unternehmens durch Wahl des Firmensitzes, durch Verlegung des bereits bestehenden Firmensitzes oder durch Gründung eines Tochterunternehmens

---

884 So auch Goh, Dispute Settlement in International Space Law, S. 28 ff.; vgl. Lyall/ Larsen, Space Law, S.105.

885 S. auch Kerrest, National Space Legislation – Crafting Legal Engines for the Growth of Space Activities, vorgestellt am 22. März 2011 beim IISL/ECSL Symposium, abrufbar unter http://www.oosa.unvienna.org/pdf/pres/lsc2010/symp01.pdf, zuletzt abgerufen am 2. Oktober 2012.

886 Gerhard/Moll, in: Hobe/Schmidt-Tedd/Schrogl, Towards a Harmonised Approach for National Space Legislation in Europe, S. 7(10); s. z. B. Reif, in: Space Policy 2002, S. 157 (161).

in einen entsprechenden Staat zu bestimmen[887]. Die Forschung fasst dieses Phänomen unter dem Begriff *Licence Shopping* beziehungsweise „Billigflaggen“ – wie im internationalen Seerecht – zusammen[888]. Es stellt sich allerdings die Frage, ob im Raumfahrtbereich das Risiko der Verbreitung der Praxis der Billigflaggen besteht. Vorweg muss klargestellt werden, dass alle Überlegungen bezüglich Billigflaggen und *Licence Shopping* ausschließlich diejenigen Rechtsordnungen betreffen, die weltraumspezifische Regelungen und entsprechende Lizenzierungssysteme für Raumfahrtaktivitäten eingeführt haben[889].

Die Problematik der Billigflaggen findet ihren Ursprung im Seebereich beziehungsweise im Seerecht[890], wo die Registrierung der Schiffe verankert ist. So wurde in Art. 5 des Genfer Übereinkommens über die Hohe See[891] die seit dem Anfang der Seefahrt geführte Praxis kodifiziert[892], die daran besteht, einem Schiff die Nationalität des Staates zu geben, dessen Flagge es führt[893]. Demnach legt „jeder Staat die Bedingungen fest, unter denen er Schiffen seine Nationalität

---

887 Gerhard/Moll, in: Hobe/Schmidt-Tedd/Schrogl, Towards a Harmonised Approach for National Space Legislation in Europe, S. 7(10); s. z.B. Reif, in: Space Policy 2002, S. 157 (161); s. auch Kerrest, National Space Legislation – Crafting Legal Engines for the Growth of Space Activities, vorgestellt am 22. März 2011 beim IISL/ECSL Symposium, abrufbar unter http://www.oosa.unvienna.org/pdf/pres/lsc2010/symp01.pdf, zuletzt abgerufen am 2. Oktober 2012.

888 Gerhard/Moll, in: Hobe/Schmidt-Tedd/Schrogl, Towards a Harmonised Approach for National Space Legislation in Europe, S. 7 (10); s. z. B. Reif, in: Space Policy 2002, S. 157 (161); das Risiko hat auch Kerrest identifiziert, s. Kerrest, National Space Legislation – Crafting Legal Engines for the Growth of Space Activities, vorgestellt am 22. März 2011 beim IISL/ECSL Symposium, abrufbar unter http://www.oosa.unvienna.org/pdf/pres/lsc2010/symp01.pdf, zuletzt abgerufen am 2. Oktober 2012.

889 Ein Staat ohne weltraumspezifische Regelung, der international aufgrund nationaler Weltraumaktivitäten Schadensersatz geleistet hat, würde ohne Zweifel auf andere Rechtsgrundlagen (wie etwa das allgemeine Schuldrecht) zurückgreifen, um Erstattung durch den Betreiber zu erhalten. Die Option, sich durch einen Staat registrieren zu lassen, bietet daher mehr Transparenz, Planbarkeit und Rechtssicherheit, so Dunk, Towards „Flags of Convenience“ in Space?, vorgestellt am 19. März 2012 beim IISL/ECSL Symposium, unveröffentlicht.

890 Daillier/Pellet, Droit International Public, Rn. 325.

891 Genfer Übereinkommen über die Hohe See von 29. April 1958, BGBl. 1972 II, 1089, 450 UNTS 11.

892 Zum Kodifizierungsprozess, S. Daillier/Pellet, Droit International Public, Rn. 665 ff.

893 S. Dunk, Towards „Flags of Convenience“ in Space?, vorgestellt am 19. März 2012 beim IISL/ECSL Symposium, unveröffentlicht.; s. auch Daillier/Pellet, Droit International Public, Rn. 694 ff.

gewährt, sie registriert und ihnen das Recht einräumt, seine Flagge zu führen. Schiffe besitzen die Nationalität des Staates, dessen Flagge zu führen sie berechtigt sind". Dies führt dazu, dass ein Staat, welcher ein Schiff registriert, eine Art der territorialen Jurisdiktion auf dieses Schiff ausüben darf[894] und somit das anwendbare Recht bestimmen kann, wie etwa bezüglich der Sicherheitsstandards, der Besatzung oder der Zertifizierung des Schiffs. Die Registrierung ermöglicht, dass für alle Schiffe eine Nationalität definiert wird, um die Entwicklung von Piraterie[895], beziehungsweise nationalitätslose Schiffe zu vermeiden[896]. Art. 5 des Übereinkommens widmet sich allerdings nicht nur der Nationalität der Schiffe, sondern auch der Sicherheit des Seeverkehrs. Es entwickelte sich nämlich die Praxis, dass Unternehmen ein *Licence Shopping* führten, um den Staat mit den geringsten Verpflichtungen und den niedrigsten Kosten ausfindig zu machen, um dort ihr Schiff registrieren zu lassen[897]. Dies hatte zur Folge, dass das Schiff nicht umfangreich kontrolliert wurde und damit eine Gefährdung des Seeverkehrs darstellte[898]. Art. 5 definiert daher die weitere Voraussetzung, dass „zwischen dem Staat und dem Schiff eine echte Verbindung bestehen [muss]; insbesondere muss der Staat über die seine Flagge führenden Schiffe seine Hoheitsgewalt und seine Kontrolle in technischen, sozialen und Verwaltungsangelegenheiten tatsächlich ausüben". Mit dem Gebot einer solchen „echten Verbindung" sollte sichergestellt werden, dass die Unternehmen ihre Schiffe tatsächlich durch den Staat ihres Firmensitzes registrieren lassen und nicht durch Staaten, welche mitunter niedrige Sicherheits- oder kostengünstige Standards vorschreiben.

Das Seerecht Übereinkommen der Vereinten Nationen des Jahres 1982[899], das sogenannte Montego Bay Übereinkommen, übernahm das Gebot dieser „echten Verbindung" und fügte zusätzlich eine Reihe von Verpflichtungen für den Staat hinzu, um die Sicherheitsstandards bezüglich der Schiffe und der Besatzung zu erhöhen (Art. 94 des Seerecht Übereinkommens)[900]. Ob diese Verpflichtungen

---

894 S. Dunk, Towards „Flags of Convenience" in Space?, vorgestellt am 19. März 2012 beim IISL/ECSL Symposium, unveröffentlicht; s. auch Daillier/Pellet, Droit International Public, Rn. 694 ff.

895 Zur Piraterie im Seerecht, s. Daillier/Pellet, Droit International Public, Rn. 697.

896 Daillier/Pellet, Droit International Public, Rn. 325.

897 Daillier/Pellet, Droit International Public, Rn. 325 und 659.

898 Egiyan, in: Maritime Policy 1990, S. 106 (106).

899 Seerecht Übereinkommen der Vereinten Nationen von Montego Bay von 10. Dezember 1982, BGBl. II S. 1798, 1833 UNTS 396.

900 Zur Übereinstimmung der Bestimmungen der Genfer und Montego Bay Übereinkommens, s. Daillier/Pellet, Droit International Public, S. Rn. 666.

zur Sicherheit der Seefahrt beigetragen haben, muss in einem anderen Rahmen beantwortet werden[901].

Autoren untersuchten bereits, ob die Entwicklung der Billigflaggen im Raumfahrtbereich droht und ob die im Seerecht gewonnenen Erkenntnisse als Richtwert dienen können. Insbesondere stellt Dunk fest[902], dass das internationale Weltraumrecht zwar wie das internationale Seerecht eine Registrierung vorsieht, diese aber weder mit dem Gebot einer „echten Verbindung" noch mit vergleichbaren Verpflichtungen bezüglich der Sicherheit verknüpft ist[903]. Daher müsste die Parallelität mit dem Seerecht auf einer anderen Ebene gesucht werden. Zu diesem Zweck führt Dunk eine Einschätzung der Risiken der Entwicklung der Billigflaggen im Raumfahrtbereich anhand der Praxis der Staaten bezüglich der Haftung für nationale Raumfahrtaktivitäten durch. Dabei stellt er fest, dass es bei der Behandlung der Haftung auf zwei Punkten ankommt, die Betreiber zu einem *Licence Shopping* ermuntern könnten. Zum einen geht es um die Frage, ob der Staat in sein nationales Weltraumgesetz eine Rückgriffsklage gegenüber dem Betreiber einführt, um eine (komplette oder teilweise) Rückerstattung im Schadensfall zu erhalten. Zum anderen stellt sich die Frage, ob eine (gedeckelte oder nicht-gedeckelte) Versicherungspflicht besteht. Im Ergebnis stellt Dunk fest, dass sich die existierenden Weltraumgesetze bei den Themen der Rückgriffsklage und der Versicherungspflicht unterscheiden; dies kann Unternehmen dazu ermuntern, strategische Abwägungen bezüglich der „Wahl des Gesetzes" durchzuführen.

Ob dies allein zu einem staatlichen beziehungsweise internationalen Handlungsbedarf führt, zweifelt Dunk an. Erstens ist der registrierende Staat im Weltraumrecht gemäß dem Registrierungsübereinkommen notwendigerweise auch Startstaat. Dies bedeutet, dass dieser unmittelbar und uneingeschränkt für nationale Aktivitäten im Weltraum haftet. Im Gegensatz zum Seerecht stellt also diese Haftung einen wesentlichen Anreiz für den Staat dar, sicherzustellen, dass angebrachte Sicherheitsstandards bei der Durchführung dieser privaten Raumfahrtaktivitäten eingehalten werden. Zweitens stellt Dunk fest, dass die Praxis der Staaten bezüglich der Haftung im Ergebnis ähnlich ausgestattet ist: Die

---

901 S. insbesondere hierzu Daillier/Pellet, Droit International Public, Rn. 325.

902 Dunk, Towards „Flags of Convenience" in Space?, vorgestellt am 19. März 2012 beim IISL/ECSL Symposium, unveröffentlicht.

903 An dieser Stelle käme höchstens Art. IX des Weltraumvertrages in Betracht, wobei die dort enthaltenen Bestimmungen bei Weitem nicht so ausführlich wie Art. 94 der Montego Bay Konvention sind.

europäischen Staaten, die eine Haftungshöchstgrenze eingeführt haben, legen den Betrag von etwa 60 Mio. € fest. Die europäischen Staaten, die keine Höchstgrenzen vorschreiben, sehen andere Möglichkeiten vor, um im Fall eines Schadens einen Rückzahlungsbeitrag vorzuschreiben. Im Ergebnis kann praktisch nicht von schwerwiegenden Unterschieden ausgegangen werden.

Auf den ersten Blick scheint laut Dunk also kein Handlungsbedarf bezüglich der Behandlung von Billigflaggen gegeben. Er betont jedoch, dass die Vermehrung von *Space Debris* Raumfahrtaktivitäten zunehmend gefährlicher macht. Hinzu komme, dass auch die weitgehende Privatisierung der Raumfahrt und die Vermehrung der Raumfahrtakteure einen wachsenden Wettbewerb der Staaten untereinander zur Ansiedlung von Raumfahrtunternehmen nach sich zöge, der mitunter eine Senkung der verordneten Sicherheitsanforderungen herbeiführen könnte. Schließlich spricht sich Dunk für einen präventiven Ansatz in der Behandlung der Entstehung von Billigflaggen in der Raumfahrt aus und fordert, wie im Seerecht, die Einführung des Gebots einer „echten Verbindung" zwischen dem registrierenden Staat und dem registrierten Gegenstand, möglicherweise durch eine Resolution der Generalversammlung der Vereinten Nationen[904].

III. Fazit

Schon die Einführung eines nationalen Raumfahrtgesetzes kann für Rechtsunsicherheit sorgen, denn die meisten Unternehmen, die bereits vor der Einführung des Gesetzes tätig waren, haben ihre Aktivitäten – ohne Gesetze – gemäß vertraglicher Vereinbarungen durchgeführt. Mit den neuen Gesetzen und den neu eingeführten Verpflichtungen kann eine Unsicherheit entstehen, ob die bis dato durchgeführte Praxis noch rechtmäßig ist und ob die notwendigen Genehmigungen zur Fortführung der bisherigen Aktivitäten erteilt werden. Ferner ergibt sich, dass die Umsetzung des internationalen Weltraumrechts durch die Einführung bürokratischer Verfahren, technischer Verifizierungen und finanzieller

904 Dies wird von anderen Autoren ebenfalls befürwortet: s. zum Beispiel Trögeler, Practice of States and International Organisations in Registering the Transfer of Ownership of Space Objects, vorgestellt am 19. März 2012 beim IISL/ECSL Symposium, abrufbar unter http://www.oosa.unvienna.org/pdf/pres/lsc2012/symp-02E.pdf, zuletzt abgerufen am 2. Oktober 2012. S. auch Olavo de O. Bittencourt Neto, in: Regulatory Options for Dealing with the Transfer of Ownership, vorgestellt am 19. März 2012 beim IISL/ECSL Symposium, abrufbar unter http://www.oosa.unvienna.org/pdf/pres/lsc2012/symp-06E.pdf, zuletzt abgerufen am 2. Oktober 2012.

Anforderungen erfolgt, die eine Verwaltungslast darstellen. Daher kann das Ausbleiben eines Gesetzes und somit des Verwaltungsaufwandes einen vergleichsweise vereinfachten Geschäftsablauf der betroffenen Akteure bedeuten. Die unternehmensstrategische Bestrebung kann somit sein, das anwendbare Recht durch die Bestimmung des geografischen Sitzes des Unternehmens zu wählen. Dies stellt eine Möglichkeit dar, die gesetzliche Erfassung der Raumfahrtaktivitäten eines Unternehmens zu verhindern. Solange nicht alle Vertragsstaaten der völkerrechtlichen Raumfahrtverträge die Umsetzung ihrer Bestimmungen in nationale Rechtsordnungen vorsehen, besteht die Gefahr, dass Betreiber dementsprechend versuchen, ihre Aktivität unbeaufsichtigt durchzuführen.

Weiter hat die vorliegende Untersuchung gezeigt, dass die Hauptanliegen der Betreiber in der Erteilung der Genehmigung und der Einhaltung technischer Standards der Raumfahrtaktivität liegen. Von Bedeutung sind darüber hinaus Versicherungs- und Haftungsfragen. Zu der Thematik der Genehmigung ergab sich, dass Staaten teilweise flexible und entwicklungsfähige Gesetze erlassen haben, die dazu dienen, dass sich die regulierenden Behörden vorerst, nach und nach, die notwendige Raumfahrtexpertise erarbeiten und Einzelfallentscheidungen ermöglichen. Solche flexiblen Verfahren erlauben, dass die Erteilung einer Genehmigung an den Stand der Technik angepasst werden kann. Für Unternehmen ist dieses Verfahren jedoch mitunter unvorhersehbar und erscheint unter Umständen seitens der zuständigen Behörde willkürlich. Kommerzielle Betreiber würden insoweit besser von einem detaillierten, verpflichtenden und zuverlässigen Rechtsrahmen profitieren.

Zum Thema Versicherung wurde gefunden, dass ein differenziertes Versicherungsregime angebracht wäre. Dies beruht auf der Erkenntnis, dass Raumfahrtaktivitäten aus mehreren Projektphasen bestehen, deren Gefährdungspotenziale sehr verschieden sind. An der Stelle böte sich demzufolge an, extrem risikohaltige Aktivitäten (wie etwa den Start) und weniger risikobehaftete Tätigkeiten (wie etwa die Sachherrschaft im Orbit) unterschiedlich zu bewerten. Eine differenzierte Risikoabschätzung aufgrund ungleicher Sachverhalte und Projektphasen wäre angebracht.

Die Einführung einer Begrenzung der privaten Haftung wird im Allgemeinen als positiv betrachtet, da sie für den Betreiber für kalkulierbare Rahmenbedingungen sorgt. Weiterhin vereinfacht dies die Planung von Raumfahrtaktivitäten und kann für die Entwicklung neuer Betreiber sowie die Ansiedlung ausländischer Unternehmen auf dem eigenen Hoheitsgebiet sorgen. Allerdings beruhen die gesetzlichen Bestimmungen oftmals auf der vertraglichen Praxis, so dass der Gesetzgeber aus wettbewerbsrechtlichen Gründen darauf achten muss, Neuankömmlinge nicht zu benachteiligen.

Im Ergebnis kann festgehalten werden, dass ein nationales Weltraumgesetz, das ein klares Genehmigungsverfahren mit standardisierenden Regulierungen und einer Begrenzung der privaten Haftung einführt, die Entwicklung privater Raumfahrtaktivitäten unterstützt. Die Tatsache, dass in einigen Ländern Erlaubnis-, Haftungs-, Freistellungs- und Versicherungssysteme existieren, dient dort der Rechtssicherheit und sorgt für eine kalkulierbare Risikolage. Aus Wettbewerbsgründen, aber auch um die notwendige Risikobegrenzung für privatrechtliche Raumfahrtaktivitäten zu schaffen, sollten einheitliche gesetzliche Grundlagen gelten.

C. Ausblick

Bezogen auf die oben erörterten Ziele einzelner Staaten durch Einführung nationaler Weltraumgesetze kann festgehalten werden, dass die internationale Haftung des Staates zumeist auf die privaten Akteure abgewälzt wird. Dies erfolgt in allen Gesetzen durch die Einführung eines Haftungsregimes beziehungsweise Regressanspruches des Staates. Ein anderes erkanntes Ziel einzelner Staaten war die Bestrebung, eine zukünftige europäische Regelung privater Raumfahrtaktivitäten mit einer eigenen nationalen Position zu beeinflussen. Da die Europäische Union in diesem Bereich bislang allerdings nicht tätig geworden ist, kann hierzu keine Stellung bezogen werden. Die grundsätzliche Erlaubnis zur Durchführung privater Raumfahrtaktivitäten ist in Art. VI des Weltraumvertrages vorgesehen, jedoch findet diese Bestimmung in Europa keine einheitliche Anwendung. Dies ist insbesondere in den europäischen Staaten der Fall, die Vertragsstaaten der Weltraumverträge sind und dennoch private Raumfahrtaktivitäten nicht vertragsgemäß beaufsichtigen. Mangels einer Umsetzung des internationalen Rechts in die nationale Rechtsordnung wird der entsprechende Staat nicht in die Lage versetzt, die nichtstaatlichen Raumfahrtaktivitäten seiner Staatsangehörigen vertragsgemäß zu kontrollieren. Dies stellt nicht nur einen Vertragsbruch dar, sondern wirkt sich darüber hinaus bei Eintritt eines Schadensfalls zum Nachteil des zuständigen Staates aus: Dieser haftet letztlich unbegrenzt für private Aktivitäten, für die er zuvor die Ausübungsbedingungen nicht bestimmte und nicht kontrollierte. Die unterschiedliche und möglicherweise vertragswidrige Auslegung der Weltraumverträge kann ferner dazu führen, dass der in den Weltraumverträgen vorgesehene Ausgleich zwischen den Interessen der Teilnehmenden und Nichtteilnehmenden an einer Raumfahrtaktivität nicht gewährleistet wird.

Das internationale Weltraumrecht besteht aus einem ausführlichen und ausgeglichenen System, welches sich über Jahrzehnte entwickelt und bewährt hat. Das grundlegende Ergebnis der vorliegenden Arbeit ist, dass ein nationales Weltraumgesetz ein geeignetes Mittel darstellt, um die Einhaltung der Bestimmungen des internationalen Weltraumrechts auch durch private Raumfahrtakteure zu gewährleisten. Viele Bestimmungen innerhalb des internationalen Weltraumrechts sind jedoch nicht eindeutig; auch wenn einige nationale Weltraumgesetze den internationalen Rahmen hilfreich auslegen, können sie die in dieser Arbeit dargestellten Lücken des internationalen Regimes nicht füllen. Eine europäische Koordinierung zur Auslegung weltraumrechtlicher Begriffe wäre daher erstrebenswert, da isolierte nationale Interpretationen eine effektive internationale Umsetzung hindern. Gleichzeitig wäre auch eine koordinierte Handlung auf UN-COPUOS-Ebene angebracht, um eine notwendige Flexibilität zu ermöglichen – insbesondere im Bereich der Registrierung von Weltraumgegenständen. Ferner haben international unterschiedliche Auslegungen des internationalen Weltraumrechts auch industriepolitische Konsequenzen. Die bereits dargelegten Besonderheiten der europäischen Raumfahrtindustrie sowie der strategische und politische Charakter der Raumfahrt für Europa erfordern, dass der geltende Rechtsrahmen bezüglich der Ausübung privater Raumfahrtaktivitäten keine zusätzlichen Hindernisse für die Entstehung und Entwicklung nachgeordneter Märkte und Dienstleistungen schafft. In den letzten Jahrzehnten hat sich eine drastische Veränderung im internationalen Raumfahrtwettbewerb ergeben. So sind die USA, Russland[905] und Europa nicht mehr die einzigen Raumfahrtakteure, sondern immer mehr Länder wie zum Beispiel China, Indien und Südkorea verfügen zunehmend über Raumfahrttechnologien und dementsprechend weiterführende Ambitionen[906]. Die europäische Raumfahrtindustrie steht heute somit neuen Wettbewerbern auf dem weltweiten Markt gegenüber[907] und damit vor der zunehmenden Herausforderung, ihre Wettbewerbsfähigkeit zu behaupten. Es herrscht in Europa Konsens darüber, dass die Entwicklung von Raumfahrtinfrastrukturen und deren Anwendungen zu fördern ist[908], namentlich durch die Gewährung von Beihilfen für Forschung und Entwicklung und das Einsetzen eines fördernden Rechtsrahmens[909]. Die Analyse der gegenwärtigen

905 S. Bilan spatial, Air & Cosmos Nr. 2247, vom 7. Januar 2011, S. 18 ff.

906 Reuter, Die ESA als Raumfahrtagentur der Europäischen Union, S.1.

907 Pisano, in: Space Policy 2006, S. 176 (176).

908 L'évolution du droit de l'espace en France, S. 15.

909 L'évolution du droit de l'espace en France, S. 15.

Rechtslage in Europa führt zu der Feststellung, dass die nationalen gesetzlichen Unterschiede eindeutige Hindernisse zur Entstehung einer wettbewerbsfähigen europäischen Raumfahrtindustrie darstellen. Vergleichbare gesetzliche Unterschiede wurden in anderen Dienstleistungssektoren wie etwa dem Telekommunikationsbereich bereits als Entwicklungshindernisse anerkannt und entsprechend durch eine gemeinschaftsrechtliche Aktion beseitigt[910].

---

910 KOM(87)290 endg., vom 30. Juni 1987; die europarechtlichen Vorgaben bezüglich des Telekommunikationsrechts betreffen sowohl die Liberalisierung des Sektors als auch seine Harmonisierung. Die Entwicklungslinie und Systematik des europäischen Telekommunikationsrechts beruht auf einer zehnjährigen Geschichte, die sich zwischen 1990 und 2002 abspielte.

Abschließende Betrachtungen

Die Raumfahrt hat sich vom prestigeträchtigen Symbol des Technologiewettlaufs zu einem Instrument der Bewältigung gesellschaftlicher Probleme, globaler Herausforderungen und zur zivilen und militärischen Sicherheitsvorsorge entwickelt. Raumfahrt ist Teil unserer Gesellschaft geworden und in der heutigen Zeit allgegenwärtig. Raumfahrtaktivitäten werden von Staaten, internationalen Organisationen und auch von privaten Akteuren eigenständig durchgeführt. Dabei ist die Raumfahrt Gegenstand wissenschaftlicher Forschung, kommerzieller Anwendungen und politischer Positionierung. Durch ihre gesellschaftlichen und strategischen Aspekte genießt sie eine gesonderte politische Aufmerksamkeit und verfügt über einen eigenen Rechtsrahmen, der von der internationalen bis hin zur nationalen Ebene reicht. Trotz der gemeinsamen Basis des internationalen Raumfahrtrechts sind allerdings die Rahmenbedingungen für die Ausübung privater Raumfahrtaktivitäten in Europa unterschiedlich ausgestaltet. Die vorliegende Arbeit hat diese Pluralität der Rechtsetzung in Europa untersucht und deren Auswirkung auf die betroffenen Akteure dargestellt. Es lässt sich feststellen, dass der Rechtsrahmen, bestehend aus den heterogenen, nationalen Gesetzen, ein Hindernis für die Entwicklung der von der Europäischen Union angestrebten wettbewerbsfähigen europäischen Raumfahrtindustrie darstellt. Schon bei der Frage der Erlaubnis privater Raumfahrtaktivitäten durch den nationalen Gesetzgeber können die eingeführten Genehmigungsbedingungen mitunter bereits Marktzugangsbeschränkungen für ausländische Unternehmen beziehungsweise Betreiber darstellen. Weiter sind die Haftungsregelungen für einen Raumfahrtbetreiber von Staat zu Staat unterschiedlich bestimmt, was zu ungleichen Risikoabschätzungen seitens der tätig werdenden Unternehmen führen und damit für länderspezifische Wettbewerbsvorteile oder -nachteile sorgen kann. So ist etwa in den Ländern, in denen die Haftung auf den privaten Betreiber abgewälzt wird, dieser damit konfrontiert, das Haftungsrisiko in seinem Geschäftsplan zu berücksichtigen.

Durch die einzelnen Gesetzgebungsverfahren setzen die nationalen Gesetzgeber nicht allein internationale Verpflichtungen aus dem internationalen Weltraumrecht um, sondern reagieren darüber hinaus auf die Entwicklung der privaten Raumfahrtaktivitäten auf ihren Hoheitsgebieten. In dieser Hinsicht sind deutliche Unterschiede zwischen Ländern mit langer, ausgeprägter Erfahrung in Raumfahrtaktivitäten und denjenigen Ländern zu erkennen, deren Raumfahrtaktivitäten sich erst in der Entwicklungsphase befinden. Die erst genannten Länder verfügen über eine hinreichende Expertise, um durch ein nationales Gesetz private Raumfahrtaktivitäten tiefgreifend zu regulieren und damit für umfassende Rechtssicherheit zu sorgen. In den Ländern, in denen diese Expertise nicht vorhanden ist, haben die nationalen Gesetze einen vorwiegend administrativen Charakter. Diese Staaten erhalten einen geringen Einblick in die privaten Aktivitäten und verfügen lediglich über eine marginale technische Einflussnahme auf die eingesetzten Raumfahrtsysteme. Aufgrund der unterschiedlichen inhaltlichen Gestaltung der einzelnen europäischen Gesetze entsteht für den privaten Betreiber die Möglichkeit abzuwägen, welche europäische Rechtsordnung den profitabelsten Rahmen für die vorgesehene Raumfahrtaktivität darstellt. Hierdurch können strategische Geschäftsentscheidungen mitunter anstelle ökonomischer und wettbewerblicher Entscheidungskriterien allein aufgrund der Besonderheiten eines speziellen Rechtsrahmens getroffen werden.

Über die Analyse der inhaltlichen Gestaltung der nationalen Raumfahrtgesetze hinaus wurde in der vorliegenden Arbeit weiter gezeigt, dass das alleinige Bestehen oder Ausbleiben eines Gesetzes einen – mitunter entscheidenden – Einfluss auf private Raumfahrtaktivitäten haben kann. Die Tatsache, dass einige europäische Betreiber gesetzlich erfasst werden, andere aber nicht, stellt bereits *per se* einen Wettbewerbsunterschied beziehungsweise einen Vor- oder Nachteil dar. Ein Wettbewerbsnachteil kann dadurch entstehen, dass ein Betreiber seine Geschäftsplanung umstellen muss, um sich neuen gesetzlichen Bestimmungen anzupassen. Ein Wettbewerbsvorteil kann sich dadurch ergeben, dass der Erlass eines auf der Kodifizierung einer bestehenden Praxis basierenden Gesetzes gerade diejenigen Betreiber bevorzugt, die über umfangreiche – teils langjährige – Vorerfahrung verfügen. Somit können national dominierende Positionen auf dem internationalen Markt gestärkt und folglich der Marktzugang für neue Betreiber erschwert oder sogar verhindert werden.

Im Bereich der kommerziellen Anwendungen ergibt sich ein scharfer Wettbewerb zwischen raumgestützten und terrestrischen Diensten, da der europäische Rechtsrahmen bezüglich der vollständigen Liberalisierung des Telekommunikationsmarktes[911] neue Chancen für den grenzüberschreitenden, europaweiten

911 S. hierzu Rapp, in: Le droit de l'espace et la privatisation des activités spatiales S. 17 ff. Das im Jahr 2002 verabschiedete Richtlinienpaket der Europäischen

Einsatz terrestrischer Technologien geschaffen hat. Auch Satellitensysteme sind grenzüberschreitend und bedürfen ebenfalls einer entsprechenden Wahrnehmung, sowie „eine[r] einheitliche[n], europäischen unionweite[n] Lizenzierungsregelung, damit Regulierungsanreize greifen können. Folglich wird sich möglicherweise ein harmonisiertes europäisches Konzept für die Rolle und die Stellung der Satellitenkommunikationsdienste erweisen“[912]. Somit erkennt auch die Europäische Kommission die Bindung zwischen dem gültigen Rechtsrahmen und der Stellung der europäischen Raumfahrtunternehmen[913] an. Im Fortschrittsbericht der europäischen Raumfahrtpolitik vom 11. September 2008[914] geht die Europäische Kommission erneut von einer wettbewerbsfähigen europäischen Raumfahrtindustrie aus[915] und bestimmt als anstehende Aufgabe die „Weiterentwicklung einer Industriepolitik, die die Besonderheiten der Raumfahrtindustrie berücksichtigt“[916]. Weiter erkennt sie, dass „ein entscheidendes Element einer jeden Industriepolitik

---

Gemeinschaft besteht aus fünf Richtlinien und einer Entschließung. Es handelt sich um die Rahmen-Richtlinie (Richtlinie 2002/21/EG des Europäischen Parlaments und des Rates vom 7. Mai 2002 über einen gemeinsamen Rechtsrahmen für elektronische Kommunikationsnetze und -dienste, ABl. L 108 vom 24. April 2002, S. 33); die Genehmigungsrichtlinie (Richtlinie 2002/20/EG des Europäischen Parlaments und des Rates vom 7. Mai 2002 über die Genehmigung elektronischer Kommunikationsnetze und -dienste, ABl. L 108 vom 24. April 2002, S. 21); die Zugangs- und Zusammenschaltungsrichtlinie (Richtlinie 2002/19/EG des Europäischen Parlaments und des Rates vom 7. Mai 2002 über den Zugang zu elektronischen Kommunikationsnetzen und zugehörigen Einrichtungen sowie deren Zusammenschaltung, ABl. L 108 vom 24. April 2002, S. 7); die Universaldienst- und Nutzerrichtlinie (Richtlinie 2002/22/EG des Europäischen Parlaments und des Rates vom 7. Mai 2002 über den Universaldienst und nutzerrechte bei elektronischen Kommunikationsnetze und -diensten, ABl. L 108 vom 24. April 2002, S. 51) und die Datenschutz-Richtlinie (Richtlinie 2002/58/EG des Europäischen Parlaments und des Rates vom 12. Juli 2002 über die Verarbeitung personenbezogener Daten und den Schutz der Privatsphäre in der elektronischen Kommunikation, ABl. L 2001 vom 31. Juli 2002, S. 37). In Betracht kommt ebenso die Frequenzentscheidung (Entscheidung Nr. 676/2002/EG des Europäischen Parlaments und des Rates vom 7. Mai 2002 über einen Rechtsrahmen für die Funkfrequenzpolitik in der Europäischen Gemeinschaft, ABl. L 108 vom 24. April 2002, S. 1).

912 So KOM(2000)597 endg. S. 9.

913 KOM(2000)597 endg. S. 1.

914 KOM(2008)561 endg.

915 KOM(2008)561 endg. S. 11.

916 KOM(2008)561 endg. S. 11.

die rechtlichen Rahmenbedingungen sind“[917]. Im Sinne eines einheitlichen europäischen Marktes und einer Stärkung der europäischen Industrie erscheint somit ein Tätigwerden der Europäischen Union im Bereich der Gesetzgebung für private Raumfahrtaktivitäten angebracht. Die Europäische Union beruft sich nicht zuletzt seit dem Vertrag von Lissabon auf die Verwirklichung des Binnenmarktes[918] und auf „redlichen Wettbewerb“[919]. Jedoch sind wie gezeigt die Bedingungen für ein koordiniertes Handeln mit der jetzigen Gestaltung des Weltraumrechts in Europa nicht gewährleistet. Es stellt sich somit die abschließende, nicht im Rahmen dieser Arbeit zu beantwortende Frage, ob die Europäische Union über die erforderlichen Mittel verfügt, um zur Schaffung eines einheitlichen Rechtsrahmens für die privaten europäischen Raumfahrtakteure beizutragen.

917 KOM(2008)561 endg. S. 11.
918 AEUV, Art. 26.
919 Präambel des AEUV.

Abkürzungen

Abl.	Amtsblatt der Europäischen Union
AIAA	American Institute of Aeronautics and Astronautics
AJDA	Actualité juridique du droit administratif
AUEV	Vertrag über die Arbeitsweise der Europäischen Union
BMWi	Bundesministerium für Wirtschaft und Technologie
BNSC	British National Space Center
CNES	Centre national d'études spatiales
CoCoSL	Cologne Commentary on Space Law
COSPAR	Committee on Space Research
DLR	Deutsches Zentrum für Luft- und Raumfahrt
EADS	European Aeronautic Defence and Space Company
ECSL	European Center for Space Law
EGV	Vertrag zur Gründung der Europäischen Gemeinschaft
ELDO	European Launcher Development Organisation
ESA	European Space Agency
ESAC	European Space Astronomy Center
ESRO	European Space Research Organisation
ESOC	European Space Operations Center
ESPI	European Space Policy Institute
ESRIN	European Space Research Institute
ESTEC	European Space Research and Technology Center
Fn.	Fußnote
GMES	Global Monitoring for Environment and Security
GNSS	Global Navigation Satellite System
GV	Generalversammlung
HSPG	High Level Space Policy Group
IAA	International Academy of Aeronautics

IISL	International Institute for Space Law
ISS	International Space Station
LMSCV	Lockheed Martin Space and Communications Venture
NASA	National Aeronautics and Space Administration
RAÜG	Raumfahrtaufgabenübertragungsgesetz
RL	Richtlinie
SatDSiG	Satellitendatensicherheitsgesetz
SSA	Space Situational Awareness
Sec.	Section
UdSSR	Union der Sozialistischen Sowjetrepubliken
UN	United Nations
UN-COPUOS	United Nations Committee on the Peaceful Uses of Outer Space
UNESCO	United Nations Educational, Scientific and Cultural Organisation
UNTS	United Nations Treaties Series
USA	Vereinigte Staaten von Amerika
Vol.	Volume
ZLW	Zeitschrift für Luft- und Weltraumrecht

Literatur

Albat, Dirk Rüdiger, Startinfrastrukturen, in: Ley/Wittmann/Hallmann, Handbuch der Raumfahrttechnik, S. 203 ff.

Balogh, Werner, Rechtliche Aspekte von Raketenstarts, in: Brünner, Christian/Soucek, Alexander/Walter, Edith, Raumfahrt und Recht, Faszination Weltraum. Regeln zwischen Himmel und Erde, 2007, S. 56 ff.

Baumann, Ingo, Diversification of Space Law, in: Benkö, Marietta/Schrogl, Kai-Uwe (Hrsg.), Essential, Air and Space Law, Space Law: Current Problems and Perspectives for Future Regulation, 2005, S. 47 ff. (zit.: Baumann, in: Benkö/Schrogl, Essential, Air and Space Law).

Baut-Ferrarese, Bernadette, Le Droit Spatial Européen – Chroniques de l'Union Européenne, in: Pedone (Hrsg.), Revue Française de Droit Aérien et Spatial, Vol. 246, Nr. 2, 2008, S. 163 ff.

Belanger, Dian Olson, The International Geophysical Year in Antarctica: Uncommon Collaborations, Unprecedented Results, in: Journal of Government Information, Bd. 30 (2004), S. 482 ff.

Benkö, Marietta/Schrogl, Kai-Uwe (Hrsg.), Essential, Air and Space Law, Space Law: Current Problems and Perspectives for Future Regulation, 2005 (zit.: Benkö/Schrogl, in: Benkö/Schrogl, Essential, Air and space Law).

Benkö, Marietta/Schrogl, Kai-Uwe, Introduction, in: Benkö, Marietta/Schrogl, Kai-Uwe, Essential, Air and Space Law, Space Law: Current Problems and Perspectives for Future Regulation, 2005, S. 1 f. (zit.: Benkö/Schrogl, in: Benkö/Schrogl, Essential, Air and Space Law).

Benkö, Marietta/Schrogl, Kai-Uwe/Gruber, Gerhard, Space Debris – Legal Problems to be Solved Within the United Nations, in: ESA (Hrsg.), Proceedings of the First European Conference on Space Debris, 1993, S. 679 ff.

Beresford, Spencer, The Future of National Sovereignty, in: AIAA (Hrsg.), Proceedings of the First Colloquium on the Law of Outer Space 1958, S. 5 ff.

Bigot, Bernard/d'Escatha, Yannick/Collet-Billon, Laurent, L'enjeu d'une politique européenne de lanceurs: assurer durablement à l'Europe un accès autonome à l'espace, http://www.premier-ministre.gouv.fr (zit.: Bigot/d'Escatha/Collet-Billon, Politique européenne de lanceurs, S.).

Bildt, Carl/Peyrelevade, Jean/Späth, Lothar, Towards a Space Agency for the European Union, 2000.

Bittlinger, Horst, Private Space Activities – Questions of International Responsibility, in: AIAA (Hrsg.), Proceedings of the Thirtieth Colloquium on the Law of Outer Space, 1987, S. 191 ff.

Bittlinger, Horst, Das Gebot der Rücksichtnahme, in: Böckstiegel, Karl-Heinz (Hrsg.) Handbuch des Weltraumrechtes, 1. Auflage 1991, S. 119 ff.

Böckstiegel, Karl-Heinz (Hrsg.), Handbuch des Weltraumrechts, 1. Auflage 1991.

Böckstiegel, Karl-Heinz, Grundlagen des Weltraumrechts, in: Böckstiegel, Karl-Heinz (Hrsg.), Handbuch des Weltraumrechtes, 1. Auflage 1991, S. 1 ff.

Böckstiegel, Karl-Heinz, Die kommerzielle Nutzung des Weltraumraums, in: Böckstiegel, Karl-Heinz (Hrsg.), Handbuch des Weltraumrechts, 1. Auflage 1991, S. 277 ff.

Böckstiegel, Karl-Heinz (Hrsg.) „Project 2001“ – Legal Framework for the Commercial Use of Outer Space, Recommendations and Conclusions to Develop the Present State of the Law, 1. Auflage 2002 (zit.: Böckstiegel, Project 2001).

Böckstiegel, Karl-Heinz, Legal Aspect of Space Activities by Private Enterprises, in: AIAA (Hrsg.), Proceedings of the Ninetieth Colloquium on the Law of Outer Space, 1976.

Bohlmann, Ulrike, The Registration Policy of the European Space Agency, in: Hobe, Stephan/Schmidt-Tedd, Bernhard/Schrogl, Kai-Uwe (Hrsg.), Current Issues in the Registration of Space Objects, 2005, S. 47 ff.

Borschardt, Klaus-Dieter, Die rechtlichen Grundlagen der Europäischen Union: eine systematische Darstellung für Studium und Praxis, 3. Auflage 2006 (zit.: Borschardt, Die rechtlichen Grundlage der Europäischen Union, Rn.).

Bourély, Michel, Rules of International Law Governing the Commercialization of Space Activities, in: AIAA (Hrsg.), Proceedings of the Twenty-Ninth Colloquium on the Law of Outer Space, 1986.

Bourély, Michel, Quelques particularités du régime de la responsabilité du fait des activités spatiales, in Matte, Nicolas Matessco, Annales de Droit Aérien et Spatial, Vol. VX (1990), S. 251 ff.

Boyle, Alan, State Responsibility and International Liability for Injurious Consequences of Acts Not Prohibited by International Law: A Necessary Distinction? in: International and Comparative Law Quarterly, Vol. 39, 1990, S. 1 ff.

Bueckling, Adrian, Die Freiheiten des Weltraumrechts und ihre Schranken, in: Böckstiegel, Karl-Heinz (Hrsg.) Handbuch des Weltraumrechtes, 1. Auflage 1991, S. 55 ff.

Bradley, Andrew/Wein, Lawrence, Space Debris: Assessing Risk and Responsibility, in: Space Research, Bd. 43 (2009), S. 1372 ff.

Braun, Wernher von/Ordway, Frederick, Raketen, 1979 (zit.: Braun/Ordway, Raketen, S.).

Canales, Martin, Technology, Limitations and Applications of Space Technology in Developing Countries, in: Advances in Space Research, Bd. 34 (2004), S. 2203 ff.

Carson, Mary Kay, Exploring the Solar System, 2. Ausgabe 2008.

Chambre des représentants de Belgique, Projet de Loi relative aux activités de lancement, d'opération de vol ou de guidage d'objets spatiaux, 14. février 2005, DOC 51 1607/001.

Cheng, Bin, "International Responsibility and Liability for Launch Activities", in: Journal of Space Law, Bd. 20 (1995), S. 297 ff.

Cheng, Bin, Introduction, in: Cheng, Bin, Studies in International Space Law, 2004, S. lx ff. (zit.: Cheng, in: Studies in International Space Law, S.)

Cheng, Bin, In the Beginning: the International Geophysical Year, in: Cheng, Bin, Studies in International Space Law, 2004, S. 3 ff. (zit.: Cheng, in: Studies in International Space Law, S.)

Cheng, Bin, The United Nations and Outer Space, in: Cheng, Bin, Studies in International Space Law, 2004, S. 91 ff. (zit.: Cheng, in: Studies in International Space Law, S.)

Cheng, Bin, United Nations Resolutions on Outer Space; "Instant" International Customary Law?, in: Cheng, Bin, Studies in International Space Law, 2004, S. 125 ff. (zit.: Cheng, in: Studies in International Space Law, S.)

Cheng, Bin, The United Nations and the Development of International Space Law Relating to Outer Space, in: Cheng, Bin, Studies in International Space Law, 2004, S. 150 ff. (zit.: Cheng, in: Studies in International Space Law, S.)

Cheng, Bin, The 1967 Space Treaty, in: Cheng, Bin, Studies in International Space Law, 2004, S. 215 ff. (zit.: Cheng, in: Studies in International Space Law, S.)

Cheng, Bin, The 1972 Convention on International Liability for Damage Caused by Space Objects, in: Cheng, Bin, Studies in International Space Law, 2004, S. 286 ff. (zit.: Cheng, in: Studies in International Space Law, S.)

Cheng, Bin, Outer Space: The International Legal Framework – the International Legal Status of Outer Space, Space Objects, and Spacemen, in: Cheng, Bin, Studies in International Space Law, 2004, S. 381 ff. (zit.: Cheng, in: Studies in International Space Law, S.)

Cheng, Bin, International Responsibility and Liability for Launch Activities, in: Cheng, Bin, Studies in International Space Law, 2004, S. 598 ff. (zit.: Cheng, in: Studies in International Space Law, S.)

Cheng, Bin, Nationality for Spacecraft?, in: Cheng, Bin, Studies in International Space Law, 2004, S. 475 ff. (zit.: Cheng, in: Studies in International Space Law, S.)

Close, Roger, UK Outer Space Act 1986: Scope and Implementation, in: Böckstiegel, Karl-Heinz (Hrsg.), „Project 2001" – Legal Framework for the Commercial Use of Outer Space, 1. Auflage 2002, S. 579 ff.

Cocca, Aldo, From Full Compensation to Total Responsibility, in: Proceedings of the Twenty-Sixth Colloquium on the Law of Outer Space 1983, S. 157 ff.

Contant, Corinne/Lala, Petr/Schrogl, Kai-Uwe (Hrsg.), Cosmic Study on Space Traffic Management, 1. Auflage 2006.

Constant, Corinne/Lala, Petr/Schrogl, Kai-Uwe, Status of the IAA Study Group on Traffic Management Rules for Space Operations, in: Acta Astronautica, Bd. 61 (2007), S. 644 ff.

Conseil d'Etat, Pour une politique juridique des activités spatiales, 2006.

Cooper, John, High Altitude Flights and National Sovereignty, in: International Law Quaterly, 1951, S. 411 ff.

Costes, Alain, Remerciements, in: Ministère délégué à la recherche et aux nouvelles technologies (Hrsg.), Rapport d'étude, L'évolution du droit de l'espace en France, 2003, S. 5 ff.

Couston, Mireille, Commentaires sur la loi française relative aux opérations spatiales, in: Pedone (Hrsg.), Revue francaise de Droit Aérien et Spatial, Vol. 246, Nr. 2, 2008, S. 327 ff.

Couston, Mireille, Etude – Droit spatial économique, proposition théorique relative à l'encadrement des activités spatiales commerciales, in: Pedone (Hrsg.), Revue Française de Droit Aérien et Spatial, Vol. 221, 2002, S. 13 ff.

Couston, Mireille, La loi française sur les opérations spatiales, in: Zeitschrift für Luft- und Weltraumrecht, Bd. 2 (2009), S. 253 ff.

Crawford, James/Peel, Jacqueline/Olleson, Simon, The ILC's Draft Articles on Responsibility of States for International Wrongful Acts: Completion of the Second Reading, in: European Journal of International Law, Vol. 12 No.5, 2001, S. 963 ff.

Creola, Peter, Some comments on the ESA/EU Space Strategy, in: Space Policy, Bd. 17 (2001), S. 87 ff.

Csabafi, Imre, The Concept of State Jurisdiction in International Space Law, 1. Auflage 1971 (zit.: Csabafi, State Juridiction, S.).

Danilenko, Gennady, The Boundary between Air Space and Outer Space in Modern Internationals Law: Delimitation on the Basis of Customary Law, in: AIAA (Hrsg.), Proceedings of the Twenty Sixth Colloquium on the Law of Outer Space 1983, S. 71 ff.

Daillier, Patrick/Pellet, Alain, Droit International Public, 7. Auflage 2002 (zit.: Daillier/Pellet, Droit International Public, Rn.).

Dornberger, Walter., V-2 – Der Schuß ins Weltall, 2. Auflage 1952 (zit.: Dornberger, V-2 – Der Schuß ins Weltall, S.).

Doyle, Stephen, Concepts of Space Law Before Sputnik, in: AIAA (Hrsg.), Proceedings of the Fortieth Colloquium on the Law of Outer Space 1997, S. 3 ff.

Dubouis, Louis/Blumann, Claude, Droit matériel de l'Union Europénne, 5. Auflage 2009 (zit.: Dubouis/Blumann, Droit matériel, Rn.).

Duden (Hrsg.), Deutsches Universalwörterbuch, 5. Auflage 2003 (zit.: Duden, S.).

Dunk, Frans van der, Implementing the United Nations Outer Space Treaties, the Case of the Netherlands, in: AIAA (Hrsg.), Proceedings of the Forty-Seventh Colloquium on the Law of Outer Space, 2004, S. 139 ff.

Dunk, Frans van der, Private Enterprise and Public Interest in the European "Spacescape", 1998.

Dunk, Frans van der, Future Developments Relating to Outer Space Treaties, in AIAA (Hrsg.), Proceedings of the Fortieth Colloquium on the Law of Outer Space 1997, S. 49 ff.

Dunk, Frans van der, Liability Versus Responsibility in Space Law, in: AIAA (Hrsg.), Proceedings of the Thirty-Fourth Colloquium on the Law of Outer Space, 1991, S. 363 ff.

Dunk, Frans van der, Article VI of the Outer Space Treaty "in the European Context", in: AIAA (Hrsg.), Proceedings of the Fifty-first Colloquium on the Law of Outer Space 2008, S. 547 ff.

Dunk, Frans van der (Hrsg.), National Space Legislation in Europe, 1. Auflage 2011 (zit.: Dunk, National Space Legislation in Europe, S.).

Dunk, Franz van der, Liability Versus Responsibility in Space Law: Misconception or Miscontruction? in: AIAA (Hrsg.), Proceedings of the Thirty-Fourth Colloquium on the Law of Outer Space, 1991, S. 363 ff.

Eisermann, Karl Stefan, The "fair return" Principle in Programmes of the European Space Agency, in: Böckstiegel, Karl-Heinz (Hrsg.) „Project 2001" – Legal Framework for the Commercial Use of Outer Space, 1. Auflage 2002, S. 657 ff.

Egiyan, G.S., "Flag of Convenience" or "Open Registration of Ships", in: Marine Policy, Volume 14, Issue 2, März 1990, S. 106 ff.

Ersfeld, Hermann, Neue deutsche Weltraumgesetzgebung aus Industriesicht, in: Zeitschrift für Luft- und Weltraumrecht, Bd. 2 (2010), S. 241 ff.

ESA (Hrsg.), Proceedings of the Third ECSL Colloquium, International Organisations and Space Law, 1999.

ESA (Hrsg.), Proceedings of the First European Conference on Space Debris, 1993.

Eurospace (Hrsg.), The European Space Industry in 2009, 14th Edition, August 2010.

Eurospace (Hrsg.), The European Space Industry in 2010, 15th Edition, June 2011.

Fischer, Hans Georg, Angleichung der Rechtsvorschriften, in: Lenz, Carl Otto/ Borchardt, Klaus-Dieter (Hrsg.), EU- und EG-Vertrag. Kommentar zu dem Vertrag über die Europäische Union und zu dem Vertrag zur Gründung der Europäischen Gemeinschaft, 4. Auflage 2006 (zit.: Fischer, in: Lenz/Borchardt, EU- und EG-Vertrag, Art., Rn.).

Franke, Burkhard, Forschungsraketen, Technologische Experimente unter Schwerelosigkeit durchgeführt mit TEXUS – 1976 – 2006 – Bd. 1, 1. Auflage 2007.

Freeland, Steven/Jakhu, Ram, Article II, in: Hobe, Stephan/Schmidt-Tedd, Bernhard/Schrogl, Kai-Uwe (Hrsg.), CoCoSL, Cologne Commentary on Space Law, 1. Auflage 2009, S. 44 ff. (zit.: Freeland/Jakhu, in: Hobe/ Schmidt-Tedd/Schrogl, CoCoSL, Art. II, Rn.).

Froehlich, Annette, Les relations entre l'ESA et l'Union Européenne et les défis des projets communs Galileo et GMES, in: Pedone (Hrsg.), Revue Francaise de Droit Aérien et Spatial, Vol. 244, 2007, S. 357 ff.

Gàl, Gyula, Fundamental Links and Conflicts Between Legal Rules of Air and Space Flights, in: AIAA (Hrsg.), Proceedings of the Twenty Sixth Colloquium on the Law of Outer Space 1983, S. 77 ff.

Galloway, Eilene, The United States and the 1967 Treaty on Outer Space, in: AIAA (Hrsg.), Proceedings of the Fortieth Colloquium on the Law of Outer Space 1997, S. 18 ff.

Gaubert, Alain, Viewpoint – Is there Really Any Duplication in Europe's Space Activities? in: Space Policy, Bd. 22 (2006), S. 1 ff.

Gaubert, Alain/Lebeau, André, Reforming European Space Governance, in: Space Policy, Bd. 25 (2009), S. 37 ff.

Gaubert, Cécile, Insurance in the Context of National Authorisation, in: Dunk, National Space Legislation in Europe, S. 163 ff.

Gerhard, Michael, Nationale Weltraumgesetzgebung, Diss., Köln 2002 (zit.: Gerhard, Nationale Weltraumgesetzgebung, S.).

Gerhard, Michael/Moll, Kristina, The Gradual Change from „Building Blocks" to a Common Shape of National Space Legislations in Europe – Summary of Findings and Conclusions, in: Hobe, Stephan/Schmidt-Tedd, Bernhard/Schrogl, Kai-Uwe (Hrsg.), Towards a Harmonised Approach for National Space Legislation in Europe, 1. Auflage 2004, S. 7 ff.

Gerhard, Michael/Schrogl, Kai-Uwe, Report of the „Project 2001" Working Group on National Space Legislation, in: Böckstiegel, Karl-Heinz (Hrsg.) „Project 2001" – Legal Framework for the Commercial Use of Outer Space, 1. Auflage 2002.

Gerhard, Michael/Schrogl, Kai-Uwe, A Common Shape for National Space Legislation in Europe. Summary Findings and Conclusions of the Project 2001 Plus Workshop, in: AIAA (Hrsg.), Proceedings of the Forty-Seventh Colloquium on the Law of Outer Space, 2004, S. 81 ff.

Gerhard, Michael, The National Registration of Space Objects, in: Hobe, Stephan/Schmidt-Tedd, Bernhard/Schrogl, Kai-Uwe (Hrsg.), Current Issues in the Registration of Space Objects, 2005, S. 37 ff.

Gerhard, Michael, Article VI, in: Hobe, Stephan/Schmidt-Tedd, Bernhard/Schrogl, Kai-Uwe (Hrsg.), CoCoSL, Cologne Commentary on Space Law, 1. Auflage 2009, S. 104 ff. (zit.: Gerhard, in: Hobe/Schmidt-Tedd/Schrogl, CoCoSL, Art. VI, Rn.).

Gerhard, Michael, Raumfahrtrecht, in: Ley, Wilfried/Wittmann, Klaus/Hallmann, Willi (Hrsg.), Handbuch der Raumfahrttechnik, 3. Auflage 2008, S. 757 ff.

Gerhard, Michael/Kroymann, Max/Schmidt-Tedd, Bernhard, Ein Gesetz für die Raumfahrt: Das neue Satellitendatensicherheitsgesetz, in: Zeitschrift für Luft- und Weltraumrecht, Bd. 1 (2008), S. 40 ff.

Gibson, Roy, Die Zukunft im All, 1. Auflage 1992 (zit.: Gibson, Die Zukunft im All, S.).

Goh, Gérardine Meishan, Dispute Settlement in International Space Law – A Multi-Door Courthouse for Outer Space, Diss., Leiden 2006 (zit.: Goh, Dispute Settlement in International Space Law, S.).

Górbiel, Andrzej, Question of Analogies Between See and Space International Law, in: AIAA (Hrsg.), Proceedings of the Twenty-Eighth Colloquium on the Law of Outer Space 1985, S. 143 ff.

Gorove, Stephen, Sources and Principles of Space Law, in: Jasentuliyana, Nandasiri (Hrsg.), Space Law, Development and Scope, 1. Auflage 1992 (zit.: Gorove, in: Space Law, Development and Scope, S.).

Greschner, Georg, Zur Geschichte der deutschen Raumfahrt, in: Kaiser, Karl/ Welck, Stephan von (Hrsg.), Weltraum und internationale Politik (1987) S. 255 ff.

Haanapel, Peter, Comparisons Between the Law of the Sea and Outer Space Law: Exploration and Exploitation, in: AIAA (Hrsg.), Proceedings of the Twenty-Eighth Colloquium on the Law of Outer Space, 1985, S. 145 ff.

Hagerty, James, C., Plans for Launching of Earth-Circling Satellites. White House Press Statement, 8. August 1955.

Haigneré, Claudie, Préface, in: Ministère délégué à la recherche et aux nouvelles technologies (Hrsg.), Rapport d'étude, L'évolution du droit de l'espace en France, S. 3 ff.

Haley, Andrew, Space Age Presents Immediate Legal Problems, in: AIAA (Hrsg.), Proceedings of the First Colloquium on the Law of Outer Space 1958, S. 5 ff.

Haley, Andrew, Space Law and Government, 1. Auflage 1963 (zit.: Haley, Space Law and Government, S.).

Hall, Rex/Shayler, David, The Rocket Men: Vostok & Voskhod. The First Soviet Manned Spaceflights, 1. Auflage 2001.

Hannover, Welf Heinrich, von, Problems in Establishing a Legal Boundary Between Air Space and Space in: AIAA (Hrsg.), Proceedings of the Twenty-Eight Colloquium on the Law of Outer Space 1985, S. 28 ff.

Harris, Philip, Overcoming Obstacles to Private Enterprise in Space, in: Space Policy, Bd. 24 (2008), S. 124 ff.

Hays, Peter/Lutes, Charles, Towards a Theory of Space Powers, in: Space Policy, Bd. 23 (2007), S. 206 ff.

Herdegen, Matthias, Völkerrecht, 7. Auflage 2008 (zit.: Herdegen, Völkerrecht, §, Rn.).

Hermida, Julian, Legal Basis for a National Space Legislation, 1. Auflage 2004 (zit.: Hermida, National Space Legislation, S.).

Hernandez, Daniel, Promoting North-South Partnership in Space Research and Application, in: Advances in Space Research, Bd. 34 (2004), S. 2190 ff.

Hintz, Manfred, Weltraumgegenstände, in: Böckstiegel, Karl-Heinz (Hrsg.) Handbuch des Weltraumrechtes, 1. Auflage 1991, S. 157 ff.

Hobe, Stephan/Schmidt-Tedd, Bernhard/Schrogl, Kai-Uwe (Hrsg.), Proceedings of Project 2001 Plus – Global and European Challenges for Air and Space Law at the Edge of the 21st Century, 2001.

Hobe, Stephan., Preface, in: Hobe, Stephan/Schmidt-Tedd, Bernhard/Schrogl, Kai-Uwe (Hrsg.), Towards a Harmonised Approach for National Space Legislation in Europe, 1. Auflage 2004, S. 5 ff.

Hobe, Stephan/Schmidt-Tedd, Bernhard/Schrogl, Kai-Uwe (Hrsg.), Current Issues in the Registration of Space Objects, 2005.

Hobe, Stephan/Kunzmann, Katharina/Reuter, Thomas, Forschungsbericht ESA-EU: Rechtliche Rahmenbedingungen einer zukünftigen kohärenten Struktur der europäischen Raumfahrt, 2006 (zit.: Hobe/Kunzmann/Reuter, Zukünftige Struktur der europäischen Raumfahrt).

Hobe, Stephan/Heinrich, Oliver/Kerner, Irina/Froehlich, Annette, Entwicklung der Europäischen Weltraumagentur als "Implementing Agency" der Europäischen Union; Rechtsrahmen und Anpassungserfordernisse, 2009 (zit.: Hobe/Heinrich/Kerner/Froehlich, die Europäische Weltraumagentur als "Implementing Agency" der Europäischen Union, S.).

Hobe, Stephan/Schmidt-Tedd, Bernhard/Schrogl, Kai-Uwe (Hrsg.), Towards a Harmonised Approach for National Space Legislation in Europe, Proceedings of the Workshop, 29/30 January 2004 in Berlin, 2004.

Hobe, Stephan/Schmidt-Tedd, Bernhard/Schrogl, Kai-Uwe (Hrsg.), Legal Aspects of The Future Institutional Relationship Between The European Union and the European Space Agency, 2003.

Hobe, Stephan, ESA and the EU: A Coherent Approach in Space, in: Hobe, Stephan/Schmidt-Tedd, Bernhard/Schrogl, Kai-Uwe (Hrsg.), Legal Aspects of the Future Institutional Relationship Between the European Union and the European Space Agency, 2003, S. 9 ff.

Hobe, Stephan, Preface, in: Hobe, Stephan/Schmidt-Tedd, Bernhard/Schrogl, Kai-Uwe (Hrsg.), Towards a Harmonised Approach for National Space Legislation in Europe. Proceedings of the Workshop, 29/30 January 2004 in Berlin, 2004 (zit.: Hobe, Preface, Harmonised Approach for National Space Legislation, S.).

Hobe, Stephan/Neumann, Julia, Report – Global and European Challenges for Space Law at the Edge of the 21st Century, in: Space Policy, Bd. 21 (2005), S. 131 ff.

Hobe, Stephan/Schmidt-Tedd, Bernhard/Schrogl, Kai-Uwe (Hrsg.), 'Project 2001 Plus' – Global and European Challenges for Air and Space Law at the Edge of the 21st Century, 2006.

Hobe, Stephan/Schmidt-Tedd, Bernhard/Schrogl, Kai-Uwe (Hrsg.), CoCoSL Cologne Commentary on Space Law, 1. Auflage 2009 (zit.: Autor, in: Hobe/Schmidt-Tedd/Schrogl, CoCoSL, Art. Rn.).

Hobe, Stephan, Article I, in: Hobe, Stephan/Schmidt-Tedd, Bernhard/Schrogl, Kai-Uwe (Hrsg.), CoCoSL, Cologne Commentary on Space Law, 1. Auflage 2009, S. 26 ff. (zit.: Hobe, in: Hobe/Schmidt-Tedd/Schrogl, CoCoSL, Art. I, Rn.).

Hobe, Stephan/Hofmannovà, Mahulena/Wouters, Jan, A Coherent European Procurement Law and Policy for the Space Sector – Towards a Third Way (2010), (zit.: Hobe/Hofmannovà/Wouters, A Coherent European Procurement Law and Policy for the Space Sector, S.).

Hohmann, Walter, Über die Erreichbarkeit der Himmelskörper, 1. Auflage 1925.

Hörl, Kai-Uwe/Gungaphul, Kamlesh, Problems Related to the „Change of Ownership" with Respect to Registration – the Industry View, in: Hobe, Stephan/Schmidt-Tedd, Bernhard/Schrogl, Kai-Uwe (Hrsg.), Current Issues in the Registration of Space Objects, 2005, S. 63 ff.

Huntress, Wesley, Preface, in: Acta Astronautica, Bd. 58 (2006), S. 303 ff.

Hutz, Maria/Küpers, Lisa, In Heaven as on Earth ? The Interaction of Public International Law on the Legal Regulation of Outer Space, in: Zeitschrift für Luft- und Weltraumrecht, Bd. 3 (2012), S. 451 ff.

Hurwitz, Bruce, State Liability for Outer Space Activities in Accordance with the 1972 Convention on International Liability for Damages caused by Space Objects. 1. Auflage 1992 (zit.: Hurwizt, State Liability, S.).

Hurwitz, Bruce, Liability for Private Commercial Activities in Outer Space, in: AIAA (Hrsg.), Proceedings of the Thirty-Third Colloquium on the Law of Outer Space 1990, S. 37 ff.

Hyman, William, Magna Carta of Space, 1. Auflage 1966 (zit.: Hyman, Magna Carta of Space, S.).

Jain, Andreas/Kriedte, Werner, European Cooperation of Space Standardization (ECSS) and its Capability to Support National Space Legislation, in: Hobe, Stephan/Schmidt-Tedd, Bernhard/Schrogl, Kai-Uwe (Hrsg.),

Towards a Harmonised Approach for National Space Legislation in Europe, 1. Auflage 2004, S. 87 ff.

Jankowitsch, Peter, International Relations during the Days of Cold War and Today: The situation within COPUOS, in: Brünner, Christian/Soucek, Alexander/Walter, Edith, Raumfahrt und Recht, Faszination Weltraum. Regeln zwischen Himmel und Erde, 2007, S. 21 ff.

Jankowitsch, Peter, From Cold War to Détente in Outer Space: The Role of the United Nations in Outer Space Law Development, in: AIAA (Hrsg.), Proceedings of the Fortieth Colloquium on the Law of Outer Space 1997, S. 43 ff.

Jenks, Wilfred, C., International Law and Activities in Space, in: International and Comparative Law Quarterly, 1956, S. 99 f.

Jenks, Wilfred, Space Law, 1. Aufgabe, 1965 (zit.: Jenks, Space Law, S.).

Jenks, Wilfred, The Common Law of Mankind, 1958.

Jones, Robert, They Came in Peace for All Mankind: Popular Culture as a Reflection of Public Attitudes to Space, in: Space Policy, Bd. 20 (2004), S. 45 ff.

Keeting, Keneth, The Law and the Conquest of Space, in: Journal of Air Law and Commerce, 1958, S. 182 ff.

Kerrest, Armel, Remarks on the Responsibility and Liability for Damages Caused by Private Activity in Outer Space, in: AIAA (Hrsg.), Proceedings of the Fortieth Colloquium on the Law of Outer Space, 1997, S. 134 ff.

Kerrest, Armel, Avant Propos, in: Société Française pour le droit international (Hrsg.), Le droit de l'espace et la privatisation des activités spatiales, 2003, S. 1 ff.

Kerrest, Armel, D'un droit inter-étatique issu de la guerre froide à l'encadrement des activités privées, in: Société Française pour le droit international (Hrsg.), Le droit de l'espace et la privatisation des activités spatiales, 2003, S. 3 ff.

Kerrest, Armel, International Organisations as Active Subjects of International Law of Outer Space, in: ESA (Hrsg.), Proceedings of the Third ECSL Colloquium, International Organisations and Space Law, 1999, S. 257 ff.

Kerrest, Armel, Liability for Damage Caused by Space Activities, in: Benkö, Marietta/Schrogl, Kai-Uwe (Hrsg.), Essential, Air and Space Law, Space Law: Current Problems and Perspectives for Future Regulation, 2005, S. 91 ff. (zit.: Kerrest, in: Benkö/Schrogl, Essential, Air and Space Law).

Kerrest, Armel, Status of the Implementation of National Space Legislation and the Results of the Project 2001 Plus Working Group, in: Hobe, Stephan/Schmidt-Tedd, Bernhard/Schrogl, Kai-Uwe (Hrsg.), 'Project 2001 Plus' – Global and European Challenges for Air and space Law at the Edge of the 21st Century, 2006, S. 51 ff.

Kerrest, Armel/Smith, Lesley Jane, Article VII, in: Hobe, Stephan/Schmidt-Tedd, Bernhard/Schrogl, Kai-Uwe (Hrsg.), CoCoSL, Cologne Commentary on Space Law, 1. Auflage 2009, S. 126 ff. (zit.: Kerrest/Smith, Art. VII, in: Hobe/Schmidt-Tedd/Schrogl, CoCoSL, Rn.).

Kerrest, Armel, Remarks on the Responsibility and Liability for Damages Caused by Private Activity in Outer Space, in: AIAA (Hrsg.), Proceedings of the Fortieth Colloquium on the Law of Outer Space, 1997, S. 134 ff.

Konstantinov, Emil, Some Aspects of the Spacial and Functional Delimitation Between International Air and Space Law, in: AIAA (Hrsg.), Proceedings of the Twenty-Sixth Colloquium on the Law of Outer Space 1983, S. 81 ff.

Kolosov, Yuri, The USSR and the 1967 Treaty on Outer Space, in: AIAA (Hrsg.), Proceedings of the Fortieth Colloquium on the Law of Outer Space 1997, S. 14 ff.

Kopal, Vladimir, International and National Space Law, in: Böckstiegel, Karl-Heinz (Hrsg.) „Project 2001" – Legal Framework for the Commercial Use of Outer Space, 1. Auflage 2002, S. 571 ff. (zit.: Kopal, in: Böckstiegel, Project 2001).

Kopal, Vladimir, United Nations Space Treaties: Achievements and Further Developments, in: ESA (Hrsg.), Proceedings of the Third ECSL Colloquium, International Organisations and Space Law, 1999, S. 265 ff.

Kries, Wulf von, Which Future for Europe's Space Agencies? in: Space Policy, Bd. 19 (2003), S. 157 ff.

Kries, Wulf von/Schmidt-Tedd, Bernhard/Schrogl, Kai-Uwe, Grundzüge des Raumfahrtrechts, 2002 (zit.: Kries/Schmidt-Tedd/Schrogl, Raumfahrtrecht, S.).

Kunzmann, Katharina/Reuter, Thomas, Report – Crafting a Legal Framework for a Coherent Future Structure for European Space Activities, in: Space Policy, Bd. 20 (2004), S. 59 ff.

Lachs, Manfred, The Law of Outer Space, 1. Auflage 1972 (zit.: Lachs, the Law of Outer Space, S.).

Lala, Petr, The Role of the United Nations in Promoting International Cooperation in Peaceful Uses of Outer Space, in: Acta Astronautica, 1996, Vol. 39, No. 9–12, S. 647 ff.

Lafferranderie, Gabriel, The European Space Agency (ESA) and International Space Law, in: ESA (Hrsg.), Proceedings of the Third ECSL Colloquium, International Organisations and Space Law, 1999, S. 19 ff.

Lafferranderie, Gabriel, Basic Principles Governing the Use of Outer Space in Future Perspective, in: Benkö, Mariett /Schrogl, Kai-Uwe (Hrsg.), Essential, Air and Space Law, Space Law: Current Problems and Perspectives for Future Regulation, 2005, S. 5 ff. (zit.: Lafferranderie, in: Benkö/Schrogl, Essential, Air and Space Law).

Lafferranderie, Gabriel/Crowther, Daphné, Essays Published for the 30th Anniversary of the Outer Space Treaty, 1. Auflage 1997 (zit.: Lafferranderie/ Crowther, Outlook on Space Law).

Lall, S., Space Exploration-Some Legal and Political Aspects, in: AIAA (Hrsg.), Proceedings of the Second Colloquium on the Law of Outer Space 1959, S. 75 ff.

Lange, Thomas, Raumfahrteuphorie und Raketentechnik 1925–1945, in: Trischler, Helmuth/Schrogl, Kai-Uwe (Hrsg.), Ein Jahrhundert im Flug, 2007, S. 123 ff.

Larsen, Paul, Cross-Waivers of Liability, in: AIAA (Hrsg.), Proceedings of the thirty-Fifth Colloquium on the Law of Outer Space 1992, S. 91 ff.

Laude, Emil, Comment s'appellera le Droit qui régira la vie dans l'air?, in: Revue juridique Internationale de Locomotion Aérienne, 1910, S. 16 ff.

Launius, Roger, Viewpoint – A Significant Moment for the Space Age, in: Space Policy, Bd. 23 (2007), S. 141 ff.

Lyall, Francis/Larsen, Paul (Hrsg.), Space Law – A Treatise, 1. Auflage 2009 (zit.: Lyall/Larsen, Space Law, S.).

Lee, Yoon, Registration of Space Objects: ESA Member States' Practice, in: Space Policy, Bd. 22 (2006), S. 42 ff.

Lenz, Carl Otto/Borchardt, Klaus-Dieter (Hrsg.), EU- und EG-Vertrag. Kommentar zu dem Vertrag über die Europäische Union und zu dem Vertrag zur Gründung der Europäischen Gemeinschaft, 4. Auflage 2006 (zit.: Autor, in: Lenz/Borchardt, EU- und EG-Vertrag, Art. Rn.).

Ley, Wilfried/Wittmann, Klaus/Hallmann, Willi (Hrsg.), Handbuch der Raumfahrttechnik, 3. Auflage 2008 (zit.: Autor, in: Ley/Wittmann/ Hallmann, S.).

Lieb, Julia/Maurer, Andreas (Hrsg.), Der Vertrag von Lissabon, 3. Auflage 2009 (zit.: Lieb/Maurer, Der Vertrag von Lissabon, S.).

Madders, Kevin, The Background and Context of Institutional Realignement, in: Hobe, Stephan/Schmidt-Tedd, Bernhard/Schrogl, Kai-Uwe (Hrsg.), Legal Aspects of the Future Institutional Relationship Between the European Union and The European Space Agency, 2003, S. 34 ff.

Madders, Kevin/Wouters, Jan, Finding a „Genuine" Space Policy for Europa: the European Space Policy Workshop Series, in: Space Poliy, Bd. 19 (2003), S. 41 ff.

Madders/Wouters, Taking Stock of Europe's Developping Space Policy: From the European Space Policy Workshops to the European Space Policy Forum, in: Space Policy, Bd. 20 (2004), S. 31 ff.

Madders, Kevin/Thiebaut, Walter, Carpe Diem: Europe Must Make a Genuine Space Policy Now, in: Space Policy, Bd. 23 (2007), S. 7 ff.

Malanczuk, Peter, Haftung, in: Böckstiegel, Karl-Heinz (Hrsg.) Handbuch des Weltraumrechtes, 1. Auflage 1991, S. 755 ff.

Malanczuk, Peter, Actors: States, International Organisations, Private Entities, in: Lafferranderie, Gabriel/Crowther, Daphné, Outlook on Space Law over the Next 30 Years, Essays published for the 30th Anniversary of the Outer Space Treaty, 1. Auflage 1997, S. 23 ff (zit.: Malanczuk, in: Lafferranderie/Crowther, Outlook on Space Law).

Manciaux, Sébastien, Le phénomène de regroupement des entreprises du secteur spatial, in: Ravillon, Laurence, Droit des activités spatiales – Adaptation aux phénomènes de commercialisation et de privatisation, 1. Auflage 2004 (zit.: Manciaux, in: Ravillon, Droit des activités spatiales, Rn.).

Mandl, Vladimir, Das Weltraum-Recht: Ein Problem der Raumfahrt, 1. Auflage 1932.

McDougall, Walter, The Heavens and the Earth: A Political History of the Space Age, 1985, S. 43 ff.

Marchisio, Sergio, Potential European Space Policy and its Impact on National Space Legislation, in: Hobe, Stephan/Schmidt-Tedd, Bernhard/Schrogl, Kai-Uwe (Hrsg.), Towards a Harmonised Approach for National Space Legislation in Europe, 1. Auflage 2004 (zit.: Marchisio, Potential European Space Policy, S.).

Marchisio, Sergio, Article IX, in: Hobe, Stephan/Schmidt-Tedd, Bernhard/Schrogl, Kai-Uwe (Hrsg.), CoCoSL, Cologne Commentary on Space Law, 1. Auflage 2009, S. 169 ff. (zit.: Marchisio, in: Hobe/Schmidt-Tedd/Schrogl, CoCoSL, Art. IX, Rn.).

Marcoff, Marco, Droit International Public de l'Espace, 1. Auflage 1973 (zit: Marcoff, Droit International Public de l'Espace, S.).

Martin-Moreno, Annie, La Politique Spatiale Européenne, in: Ravillon, Laurence, Droit des activités spatiales – Adaptation aux phénomènes de commercialisation et de privatisation, 1. Auflage 2004 (zit.: Martin-Moreno, in: Ravillon, Droit des activités spatiales, Rn.).

Matte, Nicolas Mateesco (Hrsg.), Annales de Droit Aerien et Spatial, Vol. XV (1990).

Maurer, Andreas, Das ordentliche Gesetzgebungsverfahren, in: Lieb, Julia/ Maurer, Andreas, Der Vertrag von Lissabon, 2009, S. 46 ff.

Mayence, Jean-François, Implementing the United Nations Outer Space Treaties, the Belgian Act in the Making, in: AIAA (Hrsg.), Proceedings of the Forthy-Seventh Colloquium on the Law of Outer Space, 2004, S. 134 ff.

Mayence, Jean-François, Granting Access to Outer Space: Rights and Responsibilities, An Alternative Approach to Article VI of the Outer Space Treaty, Notably Through the Belgian Space Legislation, in: Dunk, National Space Legislation in Europe, S. 73 ff (zit.: Mayence, in: Dunk, National Space Legislation in Europe, S.).

McNair, Arnold, The Law of the Air, 2. Auflage, 1953.

Mejìa-Kaiser, Martha, Verification of European Farm Subsidies by Satellite, in: AIAA (Hrsg.), Proceedings of the Thirty-Seventh Colloquium on the Law of Outer Space 1994, S. 257 ff.

Meyer, Franz/Hinz, Stefan/Laika, Andreas/Weihing, Diana/Bamler, Richard, Performance Analysis of the TerraSAR-X Traffic Monitoring Concept, in: ISPRS Journal of Photogrammetry & Remote Sensing, Bd. 61 (2006), S. 225 ff.

Mick, Stephan, Summary of findings and conclusions, in: Hobe, Stephan/ Schmidt-Tedd, Bernhard/Schrogl, Kai-Uwe (Hrsg.), Current Issues in the Registration of Space Objects, 2005, S. 7 ff.

Ministère délégué à la recherche et aux nouvelles technologies (Hrsg.), Actes du colloque, Quel environnement juridique pour les activités spatiales, 2003.

Ministère délégué à la recherche et aux nouvelles technologies (Hrsg.), L'évolution du droit de l'espace en France, 2002.

Ministère délégué à la recherche et aux nouvelles technologies (Hrsg.), Rapport d'étude, L'évolution du droit de l'espace en France, 2003.

Montluc, Bertrand de, Les enjeux de l'espace après la Guerre Froide, in: Fondation nationale des Sciences Politiques, Nr. 44, 1998.

Moysan, Sophie, The Insurance Point of View, in: Hobe, Stephan/Schmidt-Tedd, Bernhard Schrogl, Kai-Uwe (Hrsg.), Towards a Harmonised Approach for National Space Legislation in Europe, Proceedings of the Workshop, 29/30 January 2004 in Berlin, 2004, S. 113 ff.

Nagel, Karl-Friedrich, Current Plan for National Space Laws – Germany, in: Böckstiegel, Karl-Heinz (Hrsg.) „Project 2001" – Legal Framework for the Commercial Use of Outer Space, Recommendations and Conclusions to Develop the Present State of the Law, 1. Auflage 2002, S. 565 ff. (zit.: Nagel, in: Böckstiegel, Project 2001, S.).

Oberth, Hermann, Die Rakete zu den Planetenräumen, 5. Auflage, 1984.

Office for Outer Space Affairs, Recent and future activities of the UN Office for Outer Space Affairs, in: Space Policy, Bd. 17 (2001), S. 187 ff.

Ogunbanwo, Ogunsola, International Law and Outer Space Activities, Diss. Leiden, 1975.

Oppermann, Thomas, Europarecht, 3. Auflage 2005.

Parquet, Claude-Alain, du, Lauch Services Agreement and Inter Party Waiver of Liability, in: Hobe, Stephan/Schmidt-Tedd, Bernhard/Schrogl, Kai-Uwe (Hrsg.). Towards a Harmonised Approach for National Space Legislation in Europe, 1. Auflage 2004, S. 129 ff.

Peeters, Walter, Effects of Commercialisation in the European Space Sector, in: Space Policy, Bd. 18 (2002), S. 199 ff.

Peter, Nicolas, The Changing Geopolitics of Space Activities, in Space Policy, Bd. 22 (2006), S. 100 ff.

Petroni, Giorgio/Santini, Stefano, Innovation and Change? The Evolution of Europe's Small Satellite Manufacturers, in: Space Policy, Bd. 28 (2012), S. 25 ff.

Phan Van Phi, Raymond, La privatisation des activités spatiales, le point de vue des lanceurs, in: Société française pour le droit international (Hrsg.), Le droit de l'espace et la privatisation des activités spatiales, 2003, S. 39 ff.

Pisano, Marco, Moving Europe Towards a More Effective Procurement of Space-Based Assets, in: Space Policy, Bd. 22 (2006), S. 176 ff.

Pörneczi, Esther, ESA and EU Cooperation, in: AIAA (Hrsg.), Proceedings of the Forty-Seventh Colloquium on the Law of Outer Space 2004, S. 171 ff.

Portelli, Claudio/Fernand, Alby/Crowther, Richard/Wirt, Uwe, Space Debris Mitigation in France, Germany, Italy and United Kingdom, in: Advances in Space Research, 2010, zur Veröffentlichung.

Qizhi, He, The Outer Space treaty in Perspective, AIAA (Hrsg.), Proceedings of the Fortieth Colloquium on the Law of Outer Space 1997, S. 51 ff.

Queneudec, Jean-Pierre, Conclusions, Libéralisation des activités spatiales et évolution du droit de l'espace, in: Société Française pour le droit international (Hrsg.), Le droit de l'espace et la privatisation des activités spatiales, 2003, S. 91 ff.

Rapp, Lucien, Une loi spatiale française, in: Actualité juridique du droit administratif (AJDA), 29 septembre 2008, S. 1755 ff.

Rapp, Lucien, L'ouverture à la concurrence du marché française des activités spatiales, l'expérience des télécommunications spatiales, in: Société française pour le droit international (Hrsg.), Le droit de l'espace et la privatisation des activités spatiales, 2003, S. 17 ff.

Rauchhaupt, Wilhem von, A Light from the Past to Show up the Legal Problems of Our Age in Space, in: AIAA (Hrsg.), Proceedings of the First Colloquium on the Law of Outer Space 1958, S. 1 ff.

Ravillon, Laurence, Droit des activités spatiales – Adaptation aux phénomènes de commercialisation et de privatisation, 1. Auflage 2004 (zit.: Ravillon, Droit des activités spatiales, Rn.).

Ravillon, Laurence, Les télécommunications par satellite, Aspects juridiques, 1. Auflage 1997 (zit.: Ravillon, Les télécommunications par satellite, Rn.).

Rao, Mukund/Murthi, Sridhara, Keeping up with Remote Sensing Signal and GI Advances – Policy And Legal Perspectives, in: Space Policy, Bd. 22 (2006), S. 262 ff.

Rehm, Georg, Das Aneignungsverbot, in: Böckstiegel, Karl-Heinz (Hrsg.), Handbuch des Weltraumrechtes, 1. Auflage 1991, S. 103 ff.

Reif, Susanne/Schmidt-Tedd, Bernhard/Wannenmacher, Kathrin, Report of the „Project 2001" Working Group on Privatisation, in: Böckstiegel, Karl-Heinz (Hrsg.) „Project 2001" – Legal Framework for the Commercial Use of Outer Space, 1. Auflage 2002, S. 426 ff.

Reifarth, Jürgen, Besondere nationale Kodifikationen (Schweden, das Vereinigte Königreich von Großbritannien und Nordirland), in: Böckstigel, Karl-Heinz (Hrsg.), Handbuch des Weltraumrechts, 1. Auflage 1991, S. 879 ff.

Reinke, Niklas, Raumfahrtforschung in der Bundesrepublik, in: Trischler, Helmuith/Schrogl, Kai-Uwe (Hrsg.), Ein Jahrhundert im Flug, 2007, S. 320 ff.

Reuter, Thomas, Die ESA als Raumfahrtagentur der Europäischen Union, 2007.

Reuter, Thomas, The Framework Agreement Between the European Space Agency and the European Community, in: AIAA (Hrsg.), Proceedings of the Fourty-Seventh Colloquium on the Law of Outer Space 2004, S. 148 ff.

Reuter, Thomas, The Framework Agreement Between the European Space Agency and the European Community, in: Zeitschrift für Luft- und Weltraumrecht, Bd. 2 (2004), S. 56 ff.

Reynolds, Glenn/Merges, Robert, Outer Space, Problems of Law and Policy, 2. Aufl.1997 (zit.: Glenn/Merges, Outer Space, Problems of Law, S.).

Ribbelink, Olivier, Article III, in: Hobe, Stephan/Schmidt-Tedd, Bernhard/Schrogl, Kai-Uwe (Hrsg.), CoCoSL, Cologne Commentary on Space Law, 1. Auflage 2009, S. 64 ff. (zit.: Ribbelink, in: Hobe/Schmidt-Tedd/Schrogl, CoCoSL, Art. III, Rn.).

Rivoire, Jean, Design for a Law of Space, in: AIAA (Hrsg.), Proceedings of the First Colloquium on the Law of Outer Space 1958, S. 97 ff.

Rivoire, Jean, How to Introduce the Law into Space, in: AIAA (Hrsg.), Proceedings of the Second Colloquium on the Law of Outer Space 1959, S. 129 ff.

Rode-Verschoor, Isabella, The Influence of the Exploration of Outer Space on Mankind, in: AIAA (Hrsg.), Proceedings of the Second Colloquium on the Law of Outer Space 1959, S. 134 ff.

Rode-Verschoor, Isabella, The Responsibility of States for Damage Caused by Launched Space-Bodies, in: AIAA (Hrsg.), Proceedings of the Second Colloquium on the Law of Outer Space 1958, S. 103 ff.

Rodrigues, Natercia, The United Nations Register of Objects Launched into Outer Space, in: Hobe, Stephan/Schmidt-Tedd, Bernhard/Schrogl, Kai-Uwe (Hrsg.), Current Issues in the Registration of Space Objects, 2005, S. 25 ff.

Roelants du Vivier, Francois, Rapport fait au nom du groupe de travail "espace" (finances et affaires économiques), 2007, S. 1 ff.

Roisse, Christian, EUTELSAT et le droit de l'espace, Considérations juridiques, in: ESA (Hrsg.), Proceedings of the Third ECSL Colloquium, International Organisations and Space Law, 1999, S. 63 ff.

Rosenfield, Stanley, Some Thoughts on the Distinction between Air Space and Outer Space, in: AIAA (Hrsg.), Proceedings of the Twenty-Sixth Colloquium on the Law of Outer Space 1983, S. 93 ff.

Rothblatt, Martin, State Jurisdiction and Control in Outer Space, in: AIAA (Hrsg.), Proceedings of the Twenty-Sixth Colloquium on the Law of Outer Space 1983, S. 135 ff.

Sadeh, Eligar/Lester, James/Sadeh, Willy, Modeling International Cooperation for Space Exploration, in: Space Policy, Bd. 12 (1996), S. 2007 ff.

Sadeh, Eligar, Prologue – Human Space Exploration: A Myth or a Must, in: Sadeh, Eligar (Hrsg.), Space Politics and Policy, An Evolutionary Perspective, 1. Auflage 2002.

Sagar, David, Privatisation of intergouvernemental Satellite Organizations, in: Société française pour le droit international (Hrsg.), Le droit de l'espace et la privatisation des activités spatiales, 2003, S. 43 ff.

Saleh, Joseph, Will We See a Regional or Global Duopoly in the Satellite Manufasturing Industry? The European Perspective, in: Space Policy, Bd. 21 (2005), S. 277 ff.

Sánchez Aranzamendi, Matxalen, Economic and Policy Aspects of Space Regulations in Europe, Part I: the Case of National Space Legislation – Finding the Way Between Common and Coordinated action, ESPI, Report 21, 2009.

Sánchez Aranzamendi, Matxalen, European Commission Communication "Towards a Space Strategy for the European Union that Benefits its Citizens" – Towards a Lisbon Generation Competence?, in: ESPI Perspectives 46, 2011, S. 1 ff.

Scharf, Daniel, Die Kompetenzordnung im Vertrag von Lissabon – Zur Zukunft Europas: Die Europäische Union nach dem Vertrag von Lissabon, Beiträge zum Europa- und Völkerrecht, Heft 3, Januar 2009.

Schmidt-Tedd, Bernhard, Les legislations en préparation, in: Ministère délégué à la recherche et aux nouvelles technologies (Hrsg.), Actes du colloque, Quel environnement juridique pour les activités spatiales, 2003, S. 27 ff.

Schmidt-Tedd, Bernhard/Arnold, Isabelle, The French Act Relating to Space Activities, from International Law Idealism to Industrial Pragmatism, in: ESPI Perspectives 11, 2008, S. 1 ff.

Schmidt-Tedd, Bernhard/Arnold, Isabelle, The UNIDROIT Draft of a Space Assets Protocol, A Civil Law Instrument Under a Public Framework, in: AIAA (Hrsg.), Proceedings of the Fifty-First Colloquium on the Law of Outer Space, 2008, S. 71 ff.

Schmidt-Tedd, Bernhard/Gerhard, Michael, Registration of Space Objects: Which are the Advantages for States Resulting from Registration?, in: Benkö, Marietta/Schrogl, Kai-Uwe (Hrsg.), Essential, Air and Space Law (zit.: Schmidt-Tedd/Gerhard, in: Benkö/Schrogl, Essential, Air and Space Law, S.).

Schmidt-Tedd, Bernhard/Mick, Stephan, Article VIII, in: Hobe, Stephan/Schmidt-Tedd, Bernhard/Schrogl, Kai-Uwe (Hrsg.), CoCoSL, Cologne Commentary on Space Law, 1. Auflage 2009, S. 146 ff. (zit.: Schmidt-Tedd/Mick, in: Hobe/Schmidt-Tedd/Schrogl, CoCoSL, Art. VIII, Rn.).

Schrogl, Kai-Uwe/Hedman, Niklas, The Results of the UNCOPUOS Legal Subcommittee Working Group on "Practice of States and International

Organizations in Registering Space Objects", in: AIAA (Hrsg.), Proceedings of the Fifty-First Colloquium on the Law of Outer Space 2007, S. 514 ff.

Schrogl, Kai-Uwe, Is the Legal Concept of "Launching State" Still Adequate?, in: ESA (Hrsg.), Proceedings of the Third ECSL Colloquium, International Organisations and Space Law, 1999, S. 327 ff.

Schrogl, Kai-Uwe/Neumann, Julia, Article IV, in: Hobe, Stephan/Schmidt-Tedd, Bernhard/Schrogl, Kai-Uwe (Hrsg.), CoCoSL, Cologne Commentary on Space Law, 1. Auflage 2009, S. 70 ff. (zit.: Schrogl/Neumann, in: Hobe/ Schmidt-Tedd/Schrogl, CoCoSL, Art. III, Rn.).

Schrogl, Kai-Uwe/Mathieu, Charlotte/Bruston, Jean/Rieder, Sebastian, Governance of Space Activities in an Evolving European Framework – How to Achieve Coherence and Effectiveness, in: ESPI Perspectives 18, 2009.

Siddiqi, Asif, Challenge to Apollo: The Soviet Union and the Space Race, 1945–1974, in: NASA Special Publication, SP-2000-4408, 2000, S. 282 ff.

Smirnoff, Michel, the Need for a New System of Norms for Space Law and the Danger of Conflict with the Terms of the Chicago Convention, in: AIAA (Hrsg.), Proceedings of the Twenty-Eight Colloquium on the Law of Outer Space 1985, S. 105 ff.

Smith, Lesley Jane/Hörl, Kay-Uwe, Institutional Challenges for Space Activities in Europe, in: Acta Astronautica, Bd. 60 (2007), S. 210 ff.

Smith, Lesley Jane, Article XII in: Hobe, Stephan/Schmidt-Tedd, Bernhard/Schrogl, Kai-Uwe (Hrsg.), CoCoSL, Cologne Commentary on Space Law, 1. Auflage 2009, S. 207 ff. (zit.: Smith, in: Hobe/Schmidt-Tedd/Schrogl, CoCoSL, Art. XII, Rn.).

Spude, Matthias, Integrierte Zusammenarbeit: die europäische Weltraumagentur ESA, in: Böckstiegel, Karl-Heinz (Hrsg.), Handbuch des Weltraumrechts, 1. Auflage 1991, S. 667 ff.

Société française pour le droit international (Hrsg.), Le droit de l'espace et la privatisation des activités spatiales, 2003.

Sterns, Patricia/Tennen, Leslie, Obligations of States in the Corpus Juris Spatialis: Fathoming Unchartered Waters, in: AIAA (Hrsg.), Proceedings of the Twenty-Sixth Colloquium on the Law of Outer Space 1983, S. 169 ff.

Stovitz, Chuck, Space Law: Lessons Learned from the Antarctic, in: AIAA (Hrsg.), Proceedings of the Twenty-Eighth Colloquium on the Law of Outer Space 1985, S. 165 ff.

Stubbe, Peter, Magisterarbeit (unveröffentlicht), Technische Universität Dresden, 2009.

Théraulaz, Jean-Daniel, Droit de l'Espace et Responsabilité, Dissertation (unveröffentlicht), Université de Lausane, 1971.

Traa-Engelman, Hanneck, Problems of State Responsibility in International Space Law, in: AIAA (Hrsg.), Proceedings of the Twenty-Sixth Colloquium on the Law of Outer Space 1983, S. 139 ff.

Tremayne-Smith, Richard, UK registration Policy & Practices, in: Hobe, Stephan/ Schmidt-Tedd, Bernhard/Schrogl, Kai-Uwe (Hrsg.), Current Issues in the Registration of Space Objects, 2005, S. 59 ff.

Tronchetti, Fabio, The Non-Appropriation Principle Under Attack: Using Article II of the Outer Space Treaty in its Defence, in: AIAA (Hrsg.), Proceedings of the Fifty-First Colloquium on the Law of Outer Space 2007, S. 526 ff.

Vassilevskaya, Era, The Importance of the Delimitation for Air and Space Law, in: AIAA (Hrsg.), Proceedings of the Twenty-Sixth Colloquium on the Law of Outer Space 1983, S. 101 ff.

Verdross, Alfred/Simma, Bruno, Universelles Völkerrecht, Theorie und Praxis, 3. Auflage 1984 (zit.: Verdross/Simma, Universelles Völkerrecht, §.).

Veshchunov, Victor, Legal Reform of INTERSPUTNIK in the Light of Commercialization of its Activity, in: ESA (Hrsg.), Proceedings of the Third ECSL Colloquium, International Organisations and Space Law, 1999, S. 77 ff.

Vitt, Elmar, Begriffsdefinitionen – der Begriff des Weltraums, in: Böckstiegel, Karl-Heinz (Hrsg.), Handbuch des Weltraumrechts, S. 35 ff.

Williamson, Ray, International Cooperation and Competition in Space, in: Papp, Daniel/McIntyre, John (Hrsg.), International Space Policy – Legal, Economic and Strategic Options for the Twentieth Century and Beyond, S. 105 ff.

Wins, Elmar, Weltraumhaftung im Völkerrecht, Diss., Tübingen, 1999 (zit.: Wins, Weltraumhaftung, S.).

Workgroup of the Strategy and International Affairs Committee of the French Aeronautics and Astronautics Association (3AF), Europe's Major Challenge for the 21st Century: Access to Space, in Space Policy, Bd. 25 (2009), S. 99 ff.

Wouters, Jan, The EU and Space Policy: Constitutional and Institutional Aspects, in: Hobe, Stephan/Schmidt-Tedd, Bernhard/Schrogl, Kai-Uwe (Hrsg.), Legal Aspects of the Future Institutional Relationship Between the European Union and the European Space Agency, 2003, S. 17 ff.

Yeager, Philipp, A Code for a New Frontier, in: AIAA (Hrsg.), Proceedings of the First Colloquium on the Law of Outer Space 1958, S. 117 ff.

Zukov, Gennadij, Weltraumrecht, 1. Auflage 1968 (zit.: Zukov, Weltraumrecht, S.).

Zylicz, Marek, Sur quelques problèmes de droit astronautique, Extrait de la Revue Générale de Droit International Public, Nr. 4, 1959.

Sachregister

G

H

I

L

M

N

O

P

W

Z

Résumé

Développées initialement dans un contexte de compétition technologique sur fond de guerre froide, les technologies spatiales sont devenues un outil incontournable au quotidien et trouvent leur place dans la gestion de questions aussi bien civiles que militaires. Conduites à l'origine exclusivement par les Etats, ces activités deviennent progressivement l'objet de coopérations interétatiques avant d'être menées uniquement par des acteurs privés. En raison de ses aspects stratégiques, le domaine spatial jouit d'une attention politique particulière et il dispose d'un cadre juridique propre, élaboré au niveau international dans le cadre de l'Organisation des Nations Unies. Le présent travail se consacre à la mise en œuvre du droit spatial international en droit interne afin d'en étudier l'impact sur les acteurs concernés.

Ce travail présente dans une première partie l'origine ainsi que le développement des technologies spatiales et dresse le portrait des Etats, organisations internationales et opérateurs privés impliqués. Les actions communes de l'Agence Spatiale Européenne et de l'Union Européenne dans le domaine spatial sont également présentées sous l'angle de leur rapprochement progressif. La deuxième partie de l'étude est consacrée à une présentation du cadre juridique international et national applicable aux activités spatiales, en particulier les lois spatiales de la Norvège, de la Suède, du Royaume-Uni de Grande Bretagne et d'Irlande du Nord, de la Belgique, des Pays-Bas, de la France et de l'Autriche. Ces lois font l'objet d'une étude comparée dans la troisième partie. La quatrième partie analyse enfin l'impact de la diversité juridique constatée sur les acteurs concernés.

L'analyse montre en premier lieu que la simple introduction d'une loi spatiale dans l'ordre juridique interne d'un Etat peut avoir des effets considérables sur les opérateurs concernés : Le fait que les activités d'un opérateur se trouvent dorénavant soumises à un cadre juridique auparavant inexistant, tandis qu'un autre opérateur peut continuer d'opérer dans un secteur non réglementé peut être constitutif de déséquilibres concurrentiels. L'introduction d'une loi spatiale nationale peut ainsi contribuer à renforcer la position d'opérateurs présents sur le marché national et restreindre l'accès à de nouveaux entrants.

Le travail montre ensuite que les conditions d'exercice des activités spatiales peuvent différer en fonction du lieu de leur exécution. Les conditions de délivrance des autorisations requises pour la conduite des activités spatiales privées diffèrent d'un Etat à un autre. L'immatriculation des objets spatiaux n'est également pas traitée de manière uniforme. Enfin, alors que certaines législations nationales imputent la responsabilité pour les dommages causés par les objets spatiaux à l'opérateur privé, d'autres mettent à la charge de l'Etat de lancement une partie des réparations dues pour dommage, déchargeant ainsi l'opérateur de tout ou partie de sa responsabilité grâce à un système de garantie d'Etat et d'assurance obligatoire.

L'étude constate également des différences fondamentales entre les réglementations des activités spatiales des Etats disposant d'une expertise consolidée dans ce domaine et celles mises en place par des Etats moins expérimentés. Les premiers exercent un contrôle intensif des activités spatiales privées, renforçant ainsi la sécurité juridique sur leur territoire. Les seconds tendent à mettre en œuvre des lois au caractère essentiellement administratif qui influencent la conduite des activités spatiales de façon plus modérée. Ces Etats recherchent moins d'informations que les premiers sur les activités effectivement conduites et n'influencent que marginalement les systèmes mis en œuvre.

Enfin, l'analyse des travaux législatifs préparatoires des lois étudiées révèle des différences d'interprétation du droit spatial international par le législateur national. Ces différences peuvent traduire une volonté politique de consolider une position sur la scène européenne et internationale, de renforcer la sécurité juridique et de préserver les intérêts financiers de l'Etat eu égard au développement d'activités privées à hauts risques sur son territoire. L'auteure démontre que certaines dispositions nationales relatives à l'immatriculation des objets spatiaux et la responsabilité pour dommages causés par ces objets témoignent de différences fondamentales dans l'appréhension et l'interprétation de ces concepts. Elles conduisent à une application non-uniforme de certains concepts de droit international public et risquent à terme de remettre en cause l'équilibre recherché entre les prérogatives accordées aux puissances spatiales et la protection des Etats ne prenant pas part à ces activités.

Le présent travail conclut que le paysage juridique européen est composé d'un ensemble de lois nationales aux dispositions hétérogènes pouvant inciter les opérateurs à identifier le cadre juridique le plus favorable à l'exercice de leurs activités. Ils peuvent ainsi être amenés à effectuer des choix opérationnels fondés sur l'opportunité juridique et non sur la base d'arguments économiques, financiers ou concurrentiels, ce qui, à terme, ne contribue pas à l'essor et à la consolidation d'une industrie spatiale européenne compétitive et concurrentielle. Il est également démontré que les conditions d'exercice des activités spatiales peuvent constituer des limites à l'accès au marché interne pour les opérateurs étrangers et, de ce fait, assurer des avantages concurrentiels à l'industrie des Etats concernés. Il est établi que ces disparités constituent une entrave au développement d'une industrie spatiale européenne compétitive aux termes du droit et des politiques de l'Union Européenne.

La concurrence est forte dans le domaine commercial entre les systèmes terrestres et les systèmes spatiaux. L'étude montre qu'il est urgent que les conditions d'exercice des activités spatiales privées cessent de constituer un frein au développement de ces activités. L'Union Européenne a développé au cours des trois dernières décennies un cadre juridique applicable aux télécommunications terrestres qui, contribuant à leur dérégulation et à leur libéralisation, a favorisé l'émergence et le développement d'un marché commun dans ce domaine. Les systèmes spatiaux, par nature transfrontaliers, ont vocation à délivrer des services identiques à ceux offerts par les infrastructures terrestres. L'étude relève que l'Union Européenne a reconnu à plusieurs reprises la relation directe entre la position de l'industrie spatiale européenne sur le marché international et le cadre juridique applicable à ces activités. Le travail pose donc en conclusion la question de l'opportunité de l'harmonisation du droit applicable aux activités spatiales privées, ce qui conduit à s'interroger sur la compétence et capacité d'agir de l'Union Européenne dans ce domaine.

Schriften zum internationalen und zum öffentlichen Recht

Herausgegeben von Gilbert Gornig

Band 1 Michael Waldstein: Das Asylgrundrecht im europäischen Kontext. Wege einer europäischen Harmonisierung des Asyl- und Flüchtlingsrechts. 1993.

Band 2 Axel Linneweber: Einführung in das US-amerikanische Verwaltungsrecht. Kompetenzen, Funktionen und Strukturen der „Agencies" im US-amerikanischen Verwaltungsrecht. 1994.

Band 3 Tai-Nam Chi: Das Herrschaftssystem Nordkoreas unter besonderer Berücksichtigung der Wiedervereinigungsproblematik. 1994.

Band 4 Jörg Rösing: Beamtenstatut und Europäische Gemeinschaften. Eine Untersuchung zu den gemeinschaftsrechtlichen Anforderungen an die Freizügigkeit der Arbeitnehmer im Bereich des öffentlichen Dienstes. 1994.

Band 5 Wolfgang Wegel: Presse und Rundfunk im Datenschutzrecht. Zur Regelung des journalistischen Umgangs mit personenbezogenen Daten. 1994.

Band 6 Sven Brandt: Eigentumsschutz in europäischen Völkerrechtsvereinbarungen. EMRK, Europäisches Gemeinschaftsrecht, KSZE – unter Berücksichtigung der historischen Entwicklung. 1995.

Band 7 Alejandro Alvarez: Die verfassunggebende Gewalt des Volkes unter besonderer Berücksichtigung des deutschen und chilenischen Grundgesetzes. 1995.

Band 8 Martin Thies: Zur Situation der gemeindlichen Selbstverwaltung im europäischen Einigungsprozeß. Unter besonderer Berücksichtigung der Vorschriften des EG-Vertrages über staatliche Beihilfen und der EG-Umweltpolitik. 1995.

Band 9 Rolf-Oliver Schwemer: Die Bindung des Gemeinschaftsgesetzgebers an die Grundfreiheiten. 1995.

Band 10 Holger Kremser: „Soft Law" der UNESCO und Grundgesetz. Dargestellt am Beispiel der Mediendeklaration. 1996.

Band 11 Michael Silagi: Staatsuntergang und Staatennachfolge: mit besonderer Berücksichtigung des Endes der DDR. 1996.

Band 12 Reinhard Franke: Der gerichtliche Vergleich im Verwaltungsprozeß. Auch ein Beitrag zum verwaltungsrechtlichen Vertrag. 1996.

Band 13 Christoph Eichhorn: Altlasten im Konkurs. 1996.

Band 14 Dietrich Ostertun: Gewohnheitsrecht in der Europäischen Union. Eine Untersuchung der normativen Geltung und der Funktion von Gewohnheitsrecht im Recht der Europäischen Union. 1996.

Band 15 Ulrike Pieper: Neutralität von Staaten. 1997.

Band 16 Harald Endemann: Kollektive Zwangsmaßnahmen zur Durchsetzung humanitärer Normen. Ein Beitrag zum Recht der humanitären Intervention. 1997.

Band 17 Jochen Anweiler: Die Auslegungsmethoden des Gerichtshofs der Europäischen Gemeinschaften. 1997.

Band 18 Henrik Ahlers: Grenzbereich zwischen Gefahrenabwehr und Strafverfolgung. 1998.

Band 19 Heinrich Hahn: Der italienische Verwaltungsakt im Lichte des Verwaltungsverfahrensgesetzes vom 7. August 1990 (Nr. 241/90). Eine rechtsvergleichende Darstellung. 1998.

Band 20 Christoph Deutsch: Elektromagnetische Strahlung und Öffentliches Recht. 1998.

Band 21 Cordula Fitzpatrick: Künstliche Inseln und Anlagen auf See. Der völkerrechtliche Rahmen für die Errichtung und den Betrieb künstlicher Inseln und Anlagen. 1998.

Band 22 Hans-Tjabert Conring: Korporative Religionsfreiheit in Europa. Eine rechtsvergleichende Betrachtung. Zugleich ein Beitrag zu Art. 9 EMRK. 1998.

Band 23 Jörg Karenfort: Die Hilfsorganisation im bewaffneten Konflikt. Rolle und Status unparteiischer humanitärer Organisationen im humanitären Völkerrecht. 1999.

Band 24 Matthias Schote: Die Rundfunkkompetenz des Bundes als Beispiel bundesstaatlicher Kulturkompetenz in der Bundesrepublik Deutschland. Eine Untersuchung unter besonderer Berücksichtigung natürlicher Kompetenzen und der neueren Entwicklung im Recht der Europäischen Union. 1999.

Band 25 Hermann Rothfuchs: Die traditionellen Personenverkehrsfreiheiten des EG-Vertrages und das Aufenthaltsrecht der Unionsbürger. Eine Gegenüberstellung der vertraglichen Gewährleistungen. 1999.

Band 26 Frank Alpert: Zur Beteiligung am Verwaltungsverfahren nach dem Verwaltungsverfahrensgesetz des Bundes. Die Beteiligtenstellung des § 13 Abs. 1 VwVfG. 1999.

Band 27 Matthias Reichart: Umweltschutz durch völkerrechtliches Strafrecht. 1999.

Band 28 Nikolas von Wrangell: Globalisierungstendenzen im internationalen Luftverkehr. Entwicklung der Regulierung und Liberalisierung unter Berücksichtigung strategischer Allianzen und des Code-Sharing. 1999.

Band 29 Marietta Hovehne: Ein demokratisches Verfahren für die Wahlen zum Europäischen Parlament. Legitimation gemeinschaftlicher Entscheidungsstrukturen im europäischen Integrationsprozeß. 1999.

Band 30 Nina Kaden: Der amerikanische Clean Air Act und das deutsche Luftreinhalterecht. Eine rechtsvergleichende Untersuchung. 1999.

Band 31 Brigitte Daum: Grenzverletzungen und Völkerrecht. Eine Untersuchung der Rechtsfolgen von Grenzverletzungen in der Staatenpraxis und Folgerungen für das Projekt der International Law Commission zur Kodifizierung des Rechts der Staatenverantwortlichkeit. 1999.

Band 32 Andreas Fürst: Die bildungspolitischen Kompetenzen der Europäischen Gemeinschaft. Umfang und Entwicklungsmöglichkeiten. 1999.

Band 33 Gilles Despeux: Die Anwendung des völkerrechtlichen Minderheitenrechts in Frankreich. 1999.

Band 34 Michael Reckhard: Die rechtlichen Rahmenbedingungen der Sanktionierung von Beitragsverweigerung im System der Vereinten Nationen. 1999.

Band 35 Carsten Pagels: Schutz- und förderpflichtrechtliche Aspekte der Religionsfreiheit. Zugleich ein Beitrag zur Auslegung eines speziellen Freiheitsrechts. 1999.

Band 36 Bernhard Mehner: Die grenzüberschreitende Wirkung direktempfangbaren Satellitenfernsehens aus völkerrechtlicher Sicht. 2000.

Band 37 Karl-Josef Ulmen: Pharmakologische Manipulationen (Doping) im Leistungssport der DDR. Eine juristische Untersuchung. 2000.

Band 38 Jochen Starke: Die verfassungsgerichtliche Normenkontrolle durch den Conseil constitutionnel. Zum Kompetenztitel des Art. 61 der französischen Verfassung. 2000.

Band 39 Marco Herzog: Rechtliche Probleme einer Inhaltsbeschränkung im Internet. 2000.

Band 40 Gilles Despeux: Droit de la délimitation maritime. Commentaire de quelques décisions plutoniennes. 2000.

Band 41 Christina Hackel: Der Untergang des Landes Braunschweig und der Anspruch auf Restitution nach der Wiedervereinigung Deutschlands. 2000.

Band 42 Peter Aertker: Europäisches Zulassungsrecht für Industrieanlagen. Die Richtlinie über die integrierte Vermeidung und Verminderung der Umweltverschmutzung und ihre Auswirkungen auf das Anlagenzulassungsrecht der Bundesrepublik Deutschland. 2000.

Band 43 Karsten Bertram: Die Gesetzgebung zur Neuregelung des Grundeigentums in der ersten Phase der Französischen Revolution (bis 1793) und deren Bedeutung für die deutsche Eigentumsdogmatik der Gegenwart. 2000.

Band 44 Ulrike Hartmann: Die Entwicklung im internationalen Umwelthaftungsrecht unter besonderer Berücksichtigung von *erga omnes*-Normen. 2000.

Band 45 Thomas Jesch: Die Wirtschaftsverfassung der Sonderverwaltungsregion Hongkong. Eine Darstellung vor dem Hintergrund der Wiedereingliederung in die Souveränität der Volksrepublik China. 2001.

Band 46 Sven Gottschalkson: Der Ausschluß des Zivilrechtsweges bei Eigentumsverlusten an Immobilien in der ehemaligen DDR. 2002.

Band 47 Gilbert Hanno Gornig / Gilles Despeux: Seeabgrenzungsrecht in der Ostsee. Eine Darstellung des völkerrechtlichen Seeabgrenzungsrechts unter besonderer Berücksichtigung der Praxis der Ostseestaaten. 2002.

Band 48 Andreas Zühlsdorff: Rechtsverordnungsersetzende Verträge unter besonderer Berücksichtigung des Umweltrechts. 2003.

Band 49 Katja Schmitz: Durchgriffswirkung von Maßnahmen der UN und ihrer Sonderorganisationen unter besonderer Berücksichtigung von Resolutionen des UN-Sicherheitsrates – Die Entwicklung supranationaler Strukturen. 2003.

Band 50 Stefanie Rothenberger: Die angemessene Nutzung gemeinschaftlicher Ressourcen am Beispiel von Flüssen und speziellen Ökosystemen. Eine vergleichende Betrachtung zum modernen Verständnis eines klassischen völkerrechtlichen Nutzungsprinzips. 2003.

Band 51 Christoph von Burgsdorff: Die Umsetzung der EG-Datenschutzrichtlinie im nicht-öffentlichen Bereich. Möglichkeit einer zukunftsorientierten Konzeption des Datenschutzes in der Privatwirtschaft unter besonderer Berücksichtigung des BDSG. 2003.

Band 52 Frank Reinhardt: Powerline. Verfassungs-, verwaltungs- und telekommunikationsrechtliche Probleme. 2003.

Band 53 Chie Sato: Immunität Internationaler Organisationen. 2004.

Band 54 Johannes Thoma: EU-Recht und Schranken hoheitlicher Staatstätigkeit. 2004.

Band 55 Wolf Peterhoff: Rechtsansprüche enteigneter Volksgruppen und ihre Durchsetzbarkeit. 2004.

Band 56 Do-Hyub Kim: Das deutsche parlamentarische Regierungssystem als mögliches Modell für Korea. 2004.

Band 57 Alexander Koberg: Die Exilregierung im Völkerrecht. Eine Untersuchung ihrer rechtlichen Klassifikation. 2005.

Band 58 Nils Christian Carstensen: Das Verhältnis des Seerechtsübereinkommens der Vereinten Nationen von 1982 zu fischereirechtlichen Übereinkommen und deren Streitbeilegungsvorschriften. 2005.

Band 59 Oliver Franz: Osttimor und das Recht auf Selbstbestimmung. Eine Untersuchung zur Anwendung des Selbstbestimmungsrechts der Völker am Beispiel Osttimors. 2005.

Band 60 Michael Kadgien: Das Habsburgergesetz. 2005.

Band 61 Felix Wolf: Terrorversicherungen und europäisches Wettbewerbsrecht. Verschiedene Modelle staatlicher Beteiligung an einer Terrorversicherung für Wirtschaftsbetriebe und ihre Vereinbarkeit mit dem europäischen Wettbewerbsrecht. 2005.

Band 62 Heiko Bertelmann: Die Europäisierung des Staatshaftungsrechts. Eine Untersuchung zum Einfluss des Europäischen Gemeinschaftsrechts auf das deutsche Staatshaftungsrecht unter besonderer Berücksichtigung der Haftung für judikatives Unrecht. 2005.

Band 63 Cedric Christian Meyer: Konkretisierung unbestimmter Rechtsbegriffe im deutschen und französischen Anlagenzulassungsrecht. 2005.

Band 64 Philippe Gréciano: Die Gerichtsbarkeit der Europäischen Gemeinschaften. Rechtsprechung und Rechtssprache Europas aus französischer Perspektive. Mit einem Vorwort von Theodor Öhlinger. 2007.

Band 65 Anne-Louise Schümer: Die Stellung des Ministerpräsidenten in den Bundesländern im Vergleich. 2006.

Band 66 Helen Ghebrewebet: Identifying Units of Statehood and Determining International Boundaries. A Revised Look at the Doctrine of *Uti Possidetis* and the Principle of Self-Determination. 2006.

Band 67 Arne Hertel: Beihilfen an kleine und mittlere Unternehmen. 2006.

Band 68 Markus Günther: Europol. Rechtsschutzmöglichkeiten und deren Vereinbarkeit mit nationalen und internationalen Anforderungen. 2006.

Band 69 Christian Wicker: The Concepts of Proportionality and State Crimes in International Law. An Analysis of the Scope of Proportionality in the Right of Self-Defence and in the Regime of International Countermeasures and an Evaluation of the Concept of State Crimes. 2006.

Band 70 Hauke Stöwsand: Zyperns Beitritt zur Europäischen Union. Vom Antrag auf Mitgliedschaft bis zum Protokoll der Beitrittsakte. 2007.

Band 71 Natalie Rowohl: Weltbank und Internationaler Währungsfonds: Ihre Mandate und deren Abgrenzung. Stand und Reformvorschläge. 2007.

Band 72 Ru-Huei Liu: Europäisierung des deutschen Umweltrechts. 2008.

Band 73 Katja Lange: Der Status der Aufständischen im modernen humanitären Völkerrecht. 2007.

Band 74 Tarik El-Shabassy: Die Durchsetzung finanzieller Sanktionen der Europäischen Gemeinschaften gegen ihre Mitgliedstaaten. 2008.

Band 75 Karsten Seifert: Das interamerikanische System zum Schutz der Menschenrechte und seine Reformierung. 2008.

Band 76 Nora Graaff: Staatenverantwortlichkeit. Vom „völkerrechtlichen Verbrechen" zur „schwerwiegenden Verletzung einer zwingenden Völkerrechtsnorm" anhand der ILC-Kodifikationsarbeit. 2008.

Band 77 Aldona Szczeponek: Die Umsetzung des Völkerrechts und des europäischen Gemeinschaftsrechts in Polen. Unter Berücksichtigung verfassungsrechtlicher Lösungen anderer europäischer Staaten. 2008.

Band 78 Christian Friedrich Fonk: Europäische Luftqualitätsziele und nationale Erfüllungsverantwortung. 2009.

Band 79 Christina Prinzhorn: Der Grundsatz des öffentlichen Zugangs zu amtlichen Dokumenten aus der Perspektive des internationalen Rechts. Materiell-rechtliche Vorgaben durch das internationale Recht für Informationszugangsrechte in den nationalen Rechtsordnungen Europas. 2009.

Band 80 Steffen Eicker: Der Deutsch-Herero-Krieg und das Völkerrecht. Die völkerrechtliche Haftung der Bundesrepublik Deutschland für das Vorgehen des Deutschen Reiches gegen die Herero in Deutsch-Südwestafrika im Jahre 1904 und ihre Durchsetzung vor einem nationalen Gericht. 2009.

Band 81 Niels Beisinghoff: Corporations and Human Rights. An Analysis of ATCA Litigation against Corporations. 2009.

Band 82 Gesine Wolf-Zimper: Zielgerichtete Sanktionen des Sicherheitsrates der Vereinten Nationen und effektiver Rechtsschutz. 2009.

Band 83 David Bergius: Die offene Frage des Privateigentums der Vertriebenen im deutsch-polnischen Verhältnis. 2009.

Band 84 Axel Rolf Schneider: Petitionen zum Europäischen Parlament mit Berücksichtigung des Bürgerbeauftragten. 2009.

Band 85 Tobias Nord: Rechtsnachfolge bei zwischenstaatlichen Organisationen. 2010.

Band 86 Marcel Bongard: Emissionshandel und effektiver Rechtsschutz: Ein unvereinbarer Gegensatz? Eine Untersuchung zu den Auswirkungen marktwirtschaftlicher Umweltschutzinstrumente auf den Individualrechtsschutz am Beispiel des Emissionshandelssystems. 2010.

Band 87 Armin Huhn: Amtshaftung im bewaffneten Auslandseinsatz. Anwendbarkeit und Leistungsfähigkeit des Amtshaftungsrechts bei Verletzung des *ius in bello*. 2010.

Band 88 Johannes Mosters: Ethische Beschaffung. Sekundärzwecke im Zeitalter der Globalisierung. 2010.

Band 89 Thomas Herntrich: Thüringen. Von den thüringischen Kleinstaaten nach Zerfall des Alten Reiches bis zum Freistaat Thüringen. Eine völkerrechtliche und verfassungsrechtliche Betrachtung. 2010.

Band 90 Marcelo Antonio Villagrán Abarzúa: Verfassungsrechtliche Grundlagen der Gemeindeverwaltung in Chile. Auch ein Beitrag zur Dezentralisierung und Dekonzentration. 2010.

Band 91 Manfred Hechtl: Die offensive Defensive: Das Recht der präventiven Selbstverteidigung? Lösungsansätze für (scheinbare) Bedrohungen durch einzelne Staaten und internationale Terrornetzwerke. 2011.

Band 92 Christian Grüner: Quantität und Qualität der europäischen Rechtsetzung. 2011.

Band 93 Anna Keller: Der neue Rechtsrahmen für den öffentlichen Rundfunk in Frankreich. 2011.

Band 94 Jörn Eschment: Musterprozesse vor dem Europäischen Gerichtshof für Menschenrechte. Probleme und Perspektiven des Piloturteilsverfahrens. 2011.

Band 95 Marija Dietrich: Staatliches Souveränitätsverständnis im Wandel der gesellschaftspolitischen Strukturen. Eine Perspektive der Europäischen Union nach Inkrafttreten des Vertrags von Lissabon. 2011.

Band 96 Philipp Austermann: Die Anrechnungsbestimmungen im Abgeordnetenrecht des Bundes und der Länder. Eine verfassungsrechtliche und verfassungspolitische Untersuchung unter besonderer Berücksichtigung des Abgeordnetenstatus. 2011.

Band 97 Gilbert Gornig (Hrsg.): Krisengebiete der Welt. Völkerrechtliche und politische Aspekte. 2011.

Band 98 Jörg Brackmann: Genehmigung, Anmeldung und Anzeige gentechnischer Arbeiten und Anlagen. Nach den Änderungen des Gentechnikrechts 2002, 2005 und 2008. 2011.

Band 99 Giuseppe de Vergottini / Valeria Piergigli (eds.): Topographical Names and Protection of Linguistic Minorities. 2011.

Band 100 Nevzat Kirkagac: Verdachtsausweisungen im deutschen Rechtsstaat. 2011.

Band 101 Karlheinz Rode: Verfassungsidentität und Ewigkeitsgarantie. Anmerkungen zu einem Mythos der Deutschen Staatsrechtslehre. 2012.

Band 102 Markus Kühnl: Enteignung und Mediation. Ansätze mediativer Konfliktlösung hinsichtlich einer Enteignung zur Realisierung planfeststellungsbedürftiger Großvorhaben. 2012.

Band 103 Max Fischer: Das System konsistenter Entgeltregulierung im deutschen Telekommunikationsrecht. 2012.

Band 104 Jennifer Satish: Nationale Handlungsspielräume beim Anbau von gentechnisch veränderten Organismen (GVO). Europa- und welthandelsrechtliche Implikationen. 2012.

Band 105 Eva Marie Lischka: Völkerrechtliches und nationales Schifffahrtsrecht. 2013.

Band 106 Friederike Maria Posor: Der Darfur-Konflikt und seine Auswirkungen auf die internationale Staatengemeinschaft. Vor dem Hintergrund neuer völkerrechtlicher Rechtsfortbildung. Möglichkeiten und Grenzen der internationalen Friedenskonsolidierung. 2013.

Band 107 Kai Georg Krenz: Rechtliche Probleme des internationalen Kulturgüterschutzes. Durchsetzung, Harmonisierungsbestrebungen und Restitutionen von Kulturgütern. 2013.

Band 108 Jörg Sommer: Das Recht der Kriegsgefangenen in modernen bewaffneten Konflikten. 2013.

Band 109 Henning Hildebrandt: Die Rechtsproblematik multipler Regulierungsstrukturen in der Doping-Bekämpfung. Zur Notwendigkeit und Möglichkeit einer globalen öffentlich-rechtlichen Kontrolle sozialmächtiger Sportverbände. 2013.

Band 110 Isabelle Reutzel: Das Weltraumrecht in Europa. Eine Analyse der nationalen Regelungen zur Raumfahrt. 2014.

www.peterlang.com

www.ingramcontent.com/pod-product-compliance
Ingram Content Group UK Ltd.
Pitfield, Milton Keynes, MK11 3LW, UK
UKHW022102051026
15623UKWH00003B/633

9 783631 651162